"정신철학 천재들의 사상을 부활시키고 소생시키는 인간학의 탁월하고도 열정적인 종합. 『죽음의 부정』은 이 사상들을 명료하고 아름답고 놀랍도록 간결하게 조합하여, 인간의 의미 있고 합리적인 생존의 가능성을 설명하는 유기적 이론 체계를 구축한다."
미니애폴리스 트리뷴

"대단하다. 의미 있는 '인간 과학'을 창조하려는 베커의 시도는 정점에 이르렀을 뿐 아니라 승리를 거두었다. 사회학자와 이론가를 넘어 모든 유한한 존재에게 말을 거는 감동적이며 중요하고 필수적인 저작이다."
코먼윌

"균형 잡히고 설득력 있고 독창적이다. 점진적으로, 또한 신중하게, 박식함과 활력을 발휘하며 정교한 정신분석적 사고(와 이따금 불거지는 혼란)와 총체적 철학 문헌을 소개한다."
워싱턴 포스트 북 월드

"심리학과 신학에 대한 우리 시대 방대한 탐구의 종합에 독창적이고 창의적으로 기여한 책."
보스턴 헤럴드 아메리칸

"매혹적인 동시에 재기가 스며 있다. 죽음에 대한 견해를 연구한 책 가운데 가장 흥미로우며 틀림없이 가장 창의적이고 용기 있는 책이라 하겠다."
미네소타 데일리

"인간의 본성과 삶(과 죽음)의 짐에서 벗어나려는 부단한 노력에 대한 신학적 통찰과 심리학적 통찰의 심오한 종합. 이 책이 얼마나 중요한 책인지는 아무리 이야기해도 지나치지 않다. 베커는 목표를 멋지게 달성했다. 그의 노력은 꼭 필요한 것이었다."
시카고 선 타임스

죽음의 부정

죽음의 부정

어니스트 베커 지음
노승영 옮김

THE
DENIAL
OF
DEATH

ERNEST BECKER

북북서가

일러두기

1. 원주는 ■로, 옮긴이 주는 □로 표시했다.
2. 본문 중 고딕체는 원서에서 이탤릭체로 강조한 부분이다.

영웅주의에 대한 의구심이라는

무엇보다 역설적인 선물을

본의 아니게 선사해주신

사랑하는 부모님을 기리며.

Non ridere, non lugere, neque detestari, sed intelligere.

비웃거나 한탄하거나 혐오하지 말고 오직 이해할 것.

스피노자

차례

2023년판 서문

물리적 실재의 성질을 탐구한 사상가 중에서 가장 통찰력이 뛰어난 사람이라 할 알베르트 아인슈타인이 말했다. 무한할지도 모르는 것이 딱 두 가지 있는데, 바로 우주와 인간의 어리석음이라고. 그러고는 이렇게 덧붙였다. 우주가 무한한지는 확신하지 못하겠다고. 우스갯소리였겠지만 인간 본성의 핵심에 놓인 심란한 이중성을 적나라하게 표현한다. 인류가 베토벤과 셰익스피어처럼 초월적 경지로 올라갈 수도 있고 끝없는 권력욕과 지배욕 때문에 동족을 살육하는 지경까지 내려갈 수도 있다는 것. 아인슈타인의 가장 유명한 방정식 $E=mc^2$조차 이 이중성과 맞닿아 있다. 이 방정식은 생명을 떠받치는 에너지가 태양에서 어떻게 만들어지는지 멋지게 설명하지만, 동시에 수십만 명의 목숨을 앗고 우리를 인류 절멸의 망령에 사로잡히게 하는 핵무기의 위력도 계산해준다.

이중성이 안무하는 춤은 초월과 죽음을 오간다. 초월과 죽음은 인간에게만 있는 조합으로, 아마도 우리를 인간이게 하는 결정적 특징이며 넓게 보자면 인류가 진화하는 과정 어디에선가 생겨났을 것이다. 인정사정없는 생존 투쟁에서 인류가 승리한 비결은 우리 머릿속에 들어 있다. 1000억 개의 신경세포가 복잡하게 얽혀 100조 개의 시냅스 연결을 이루는 축축한 덩어리인 인간 두뇌는 지구상의 다른 어떤 생물도 엄두를 내지 못하는 인과 추론, 집단 협력, 창의적 이론화를 해낼 수 있다. 종 차원에서 우리는 경쟁자들을 능가하는 마음을 계발하여 죽음을 벗어났으며 그 마음들은 계속 성숙하여 우리가 별에 도달할 수 있음을 입증하기에 이르렀다.

하지만 이런 정신적 재능과 나란히 발달한 또다른 능력이 있다. 대부분의 생물은 순간을 살아가며 오로지 지금 여기에만 정신이 팔려 있지만 인간은 다르다. 우리는 순간 너머로, 지금의 바깥쪽으로 스스로를 내보내는 능력이 있으며 순간의 제약에서 벗어나 과거를 성찰하고 미래를 상상한다. 시간을 넘나들 수 있는 마음이 생존에 유리하다는 것은 분명하다. 과거 경험을 톺아보면서 교훈을 얻을 수도 있고 미래의 만남을 예상하거나 심지어 예행연습을 할 수도 있다. 하지만 이런 시간적 유연성에는 암울한 깨달음이 따른다. 먼 미래를 상상하면 태양이 여전히 떠오르지만 그 세계에 우리는 존재하지 않는 시간을 떠올리게 된다. 이것은 가슴 저미는 자각이며 어니스트 베커가 남긴 기념비적 저작 『죽음의 부정』의 핵심이다. 그는 이렇게 말한다. "인간은 말 그대로 둘로 나뉘어 있다. 위풍당당하게 우뚝 솟아 자연으로부터 돋보인다는 점에서 자신이 독보적임을 자각하면서도, 눈멀고 말문이 닫힌 채 1미터 아래 땅속으로 돌아가 영영 썩어 사라진다."

내가 대학 2학년생일 때 누나가 책 한 권을 읽어보라고 권했다. 인류는 모든 사람이 필멸자라는 독특한 인식을 가지고 있는데, 이런 인식의 관점에서 인간 본성을 탐구한 책이라고 했다. 누나도 알고 있었듯, 나는 물리학을 전공하긴 했어도 쿼크와 퀘이사를 그 자체로 흥미를 느껴서 이해하고 싶었다기보다는 물리적 실재를 더 깊이 파악하는 것이 장엄한 우주적 질서 속에서 우리의 위치를 이해하는 데 어떤 의미가 있을지 파악하고 싶었다. 누나는 베커의 책이 그 여정에 도움이 될 거라 생각했다. 누나는 옳았다. 아주 정확히 옳았다. 나는 인간 동기를 하나의 포괄적 개념으로 설명할 수 있다고 믿지 않지만, 우리가 개인과 사회로서 행하는 일들이 죽음에 대한 고통스러운 자각을 가라앉히려는 시도라는 베커의 주장을 접한 뒤 나 자신의 탐구열을 올바른 관점에서 바라볼 수 있었다. 수학 방정식에 매혹되는 것과 기본적 물리법칙을 발견하려는 희망을 품는 것은 시간을 초월하는 특별한 방법이요, 소멸하거나 부패하지 않으려는 갈망이요, 죽을 운명을 (적어도 상징적으로) 부정하려는 시도임을 깨달았다. 에피파니˙를 많이 경험한 적은 없지만 그때의 깨달음은 분명 에피파니였다. 물리학과 수학은 나의 개인적 불멸 기획이었다.

　　늦은 밤 기숙사에서 철학적 사유에 골몰하던 들뜬 시절을, 40년 뒤 젊음의 무한한 지평에 대한 그리움과 적당한 회의론을 품고서 돌이켜본다. 그때로부터 수십 년이 지난 지금 베커의 기본적

˙ 　신적인 진리나 초월적인 진리를 깨닫는 것.

가르침이 중요하고 핵심적이라는 확신은 더욱 커졌다. 내가 "말문이 닫힌 채 1미터 아래 땅속으로 돌아가 영영 썩어 사라질" 시기가 점점 가까워지고 있어서 그런 것만은 아니다. 사회·진화심리학자들의 경이로운 실험 연구를 통해 필멸성 자각이 우리의 결정과 행동에 영향을 미친다는 확고한 증거가 쌓이고 있다. 이는 베커의 개념을 떠받치는 탄탄한 경험적 토대다. 나로 말할 것 같으면 오랫동안 물리적 실재의 수학적 기초를 연구하면서 형성된 세계관에 베커의 관점이 또렷이 새겨져 있다.

나는 철학자들이 물리주의 관점이라고 부르는 형이상학적 입장을 고수한다. 물리주의는 실재를 구성하는 물리적 요소들 너머에는 아무것도 존재하지 않는다고 여긴다. 이 요소들은 어마어마하게 다양한 구성으로 조합되어 은하, 항성, 행성, 동물, 식물, 인간 같은 다채로운 구조를 만들어냈다. 하지만 생명이 있든 없든, 의식이 있든 없든 이 모든 구조는 자연의 기본 입자들이 특정 패턴에 따라 결합된 것에 불과하다. 물질의 구성에 생명을 불어넣을 엘랑 비탈[□] 같은 것은 필요하지 않으며 물질의 구성에 의식을 부여할 마음 비슷한 것도 필요 없기는 마찬가지다. 물질이 올바르게 구성되기만 하면 생명과 마음은 자연스럽게 생겨난다. 이 주장을 입증하는 것은 아직 요원한 일이지만(솔직히 말하자면 생명계와 동떨어진 실재 영역에서 **실제로** 생명과 의식이 생겨난다는 사실이 언젠가 밝혀진다면 황홀할 것이다) 모든 과학적 추세는 확고하게 이 방향을 가리킨다.

□   철학자 앙리 베르그송이 제시한 개념으로, 물질에서 생명으로의 도약을 뜻한다.

다윈과 그가 불러일으킨 놀라운 생물학적 통찰은 행성 지구에 있는 모든 생명 사이에 깊은 연속성이 있음을 드러냈다. 물리주의 관점은 한발 더 나아가 모든 것 사이에 풍성한 연속성이 있다고 주장한다. 당신과 나와 바위 모두 전자, 양성자, 중성자로 이루어졌다. 다른 점은 입자가 어떻게 구성되었는가뿐이다. 바위를 이루는 입자들의 기본적 배열은 바위의 행동을 제약한다. 바위가 가만히 있는 것 말고는 할 수 있는 일이 별로 없는 것은 이 때문이다. 이에 반해 당신과 나를 이루는 입자들의 복잡하고 고도로 세련된 배열은 풍성한 행동의 레퍼토리를 만들어낸다. 하지만 오해하지 말라. 근본적으로 말하자면 우리 인간은 물리법칙의 지배를 받는 입자 주머니에 불과하다.

이 연속성에서 도출되는 결론은 생명에서 행성, 항성, 그 너머까지 모든 물질 구조의 운명이 입자 배열의 내구성에 의해 좌우된다는 것이다. 그렇다면 이런 본질적 질문이 제기된다. 입자들의 질서 정연한 구성 중에서 무한정 지속될 수 있는 것이 있을까? 이것은 물리학의 가장 심오한 사유를 동원해야 하는 질문이지만 한마디로 말하자면 우리는 정답이 '아니요'라고 믿는다. 열역학 제2법칙에 따르면 질서는 궁극적으로 붕괴하여 무질서가 되며 아무리 튼튼하고 아무리 붕괴에 저항하더라도 모든 것은 결국 부서진다. 이런 소멸에 필요한 시간 척도는 어마어마하게 클 때도 있다. 하지만 죽음을 부정하고 필멸을 피하고자 우리는 영원에 가치를 부여한다. 영원이라는 시간 척도에서 바라보면 모든 유한한 기간은 (비록 인간은 결코 그 끝을 경험할 수 없지만) 우주적 눈 깜박임에 불과하다.

질서 정연한 구조가 무너지는 과정은 무척 다양하지만 먼 미래에 모든 행성과 모든 항성과 모든 은하와 모든 블랙홀과 나머지 모든 복잡한 물질 배열은 맹렬히 불타든(우주 팽창이 역전된다면) 격렬히 찢기든(우주 팽창 속도가 극적으로 빨라진다면) 어둠 속을 떠다니는 입자 욕조˙로 서서히 소멸하든(우주 팽창이 현재 패턴대로 지속된다면) 의심할 여지 없이 종말을 맞이할 것이다. 그러므로 필멸은 생명이 겪는 고통일 뿐 아니라 우주가 겪는 고통이기도 하다.

베커의 주장에 따르면 생명의 필멸성을 자각하여 느끼는 공포 때문에 우리는 영생을 약속받든 후세를 통해 지속되는 영속적 정치 운동에 참여하든 창조적이거나 학문적인 기여를 통해 상상 속에서 자취를 남기든, 어떤 방식으로든 죽음을 초월하는 가치 체계에 이끌린다. 만물이 붕괴하고 마는 우주적 맥락에 이 통찰을 적용하면 이렇듯 깊숙이 새겨진 (대부분의 사람들에게는) 무의식적 죽음 부정 전략의 심리적 효과에 어떤 영향을 미치게 될까? 개인적 사례를 언급하자면 나는 우주가 필연적으로 종말한다는 물리적 사실을 오래전부터 알고 있었지만 몇 년 전 이를 (관념적으로뿐만 아니라 정서적으로) 온전하게 받아들여야 하는 상황이 벌어졌을 때 처음으로 압도당하는 느낌을 받았다. 그럼에도 만물의 보편적 죽음이라는 사실은 나 자신을 우주적 소멸 속으로 가라앉게 함으로써 지금 여기에 있는 모든 것에 새로운 빛을 비췄다. 이 우주적 필멸 자각의 공포를 누그러뜨리면서 비로소 나는 우주적 역사가 전개되는 과정

˙   우주가 무질서한 입자로 가득찬 상태.

에서 입자들이 복합체를 형성하여 인상적인 자의식 능력을 성취하는 짧은 찰나를 고스란히 음미할 수 있었다. 그것은 우리가 사랑하고 미워하고 웃고 아끼고 위로하고 슬퍼하고 기리고 축성하고 환호하고 후회하고, 결정적으로 자신이 이것들을 경험한다는 사실을 알게 해주는 능력이다.

이 사실을 깨닫고 무엇도 영속하지 않음을 인식하면서 나는 발견되길 기다리는 거대한 목적, 거대한 설계 같은 것은 존재하지 않음을 진심으로 받아들이게 되었다. 인간 조건을 이해하려는 탐구는 우리의 특별한 입자 배열이 남다른 능력을 선사한다는 사실을 찬미하는 방향으로 바뀔 수 있고 바뀌어야만 한다. 우리는 몸과 마음, 이성과 감정으로 실재를 탐구할 수 있다. 이 정교한 능력은 우리의 갈망과 좌절, 혼란과 확신, 실패와 승리를 표현하는 말과 이미지와 구조와 소리를 빚어냈다. 인간이 오랜 세월을 거치며 피라미드를 건설하고 피타고라스 정리를 유도하고 나단조 미사곡을 작곡하고 운동 법칙을 수립하고 〈모나리자〉를 그리고 장엄한 〈9번 교향곡〉을 세상에 선사하고 『햄릿』과 『보바리 부인』과 『전쟁과 평화』를 쓰고 상대성 이론과 양자역학을 규명하고 달에 로켓을 쏘아 보내고 빅뱅 직후의 시간까지 거슬러올라갈 수 있었던 것은 이 능력 덕분이다. 물론 우리에게는 어두운 면도 있다. 베커도 인식했을 테지만 죽음을 부정하려는 우리의 절박한 욕구를 이해한다면 언젠가 우리는 다른 생명을 죽이는 것이 필멸을 다스리려는 헛된 시도에 불과함을, 결국은 필멸의 무지막지한 계산을 조금도 변화시키지 못하는 망상에 불과함을 밝혀냄으로써 어두운 면을 줄일 수 있을 것이다. 이것이 진정으로 인류가 악에서 벗어나는[ㅁ] 이정표인지 아직은 알 수 없다. 하지만 어둠 위에는 초월적인 것이 떠 있다. 그러한 초월은 우리의 입자 배열이 위대한 아름다움을 창조하고 위대한 신비에 빛을 비추고 위대한 경이로움을 경험할 수 있다는 부정할 수 없는 증거다. 물리법칙의 지배를 받는 입자 주머니가 이 모든 일을 해낼 수 있다는 사실에 감사하는 마음이 가득 차오른다. 그것은 인류 이야기의 (찰나적일지언정) 작은 일부인 것에 감사하는 마음이며 아무리 우려스럽고 덧없고 헛되더라도 인간이 존재한다는 것에 감사하는 마음이다.

브라이언 그린(물리학자)

ㅁ   베커는 『악에서 벗어나기』라는 유작을 남겼다.

서문

어니스트 베커의 병실을 찾아갔을 때 그가 맨 처음 꺼낸 말은 이렇다. "최후의 순간에 절 찾아오셨군요. 제가 죽음에 대해 쓴 모든 것을 드디어 검증할 때가 되었습니다. 사람이 어떻게 죽는지, 어떤 태도를 취하는지 보여줄 기회가 찾아온 거죠. 제가 과연 존엄하고 인간답게 죽음을 맞이하는지, 죽음에 대해 어떤 생각을 하는지, 어떻게 죽음을 받아들이는지 보여드리겠습니다."

1973년 말엽 『사이콜로지 투데이』 사무실에 『죽음의 부정』이 배달되어 검토용으로 내 책상에 놓였다. 그로부터 한 시간도 지나지 않아 어니스트 베커를 인터뷰해야겠다는 생각이 들었다. 잡지 인터뷰가 가능한지 알아보려고 12월 6일 밴쿠버에 있는 그의 자택에 전화를 걸었다. 그의 아내 마리가 전화를 받았는데, 베커가 막 병원에 실려갔으며 말기암이어서 일주일 이상 살지 못할 거라고 말했다. 뜻밖에도 이튿날 그녀가 내게 전화를 걸어, 만일 베커에게 기력이 남아 있고 정신이 맑을 때 병원으로 찾아온다면 대화를 나눌 의향이 있다고 전해 왔다. 그래서 쿵쾅거리는 가슴을 진정시키며 서둘러 밴쿠버로 갔다. 죽어가는 이의 사적인 세계를 침범하는 것보다 주제넘은 유일한 일은 그런 이의 초대를 거절하는 것이기에.

어니스트와 나는 한 번도 만난 적이 없었지만 이내 깊은 대화를 나누기 시작했다. 죽음이 임박했고 기력이 쇠잔한 터라 한담을 주고받을 여유가 없었다. 우리는 죽음의 면전에서 죽음에 대해 이야기했고 암을 앞에 두고서 악에 대해 이야기했다. 결국 어니스트의 기력이 소진되었다. 시간도 소진되었다. 우리는 잠시 멋쩍게 머뭇거렸다. 최후의 작별 인사를 건네는 것은 힘든 일이며 그가 이 대화가 실린 지면을 보지 못할 것임을 우리 둘 다 알고 있었기 때문이다. 고맙게도 이별주로 제격인 약용 셰리주가 종이컵에 담긴 채 침대맡 탁자에 놓여 있었다. 함께 셰리주를 마신 뒤 나는 병실을 나섰다.

사반세기 전 그날은 내 죽음의, 따라서 내 삶의 신비를 대하는 태도를 정립한 결정적 계기였다. 어니스트의 용기 있는 모습, 고통이라는 대가를 치르며 얻어낸 명료함, 한 계절 동안 죽음을 붙들어둔 (사상에 대한) 열정은 평생 잊지 못할 것이다. 그런 사람이 죽음의 영웅적 고통을 겪는 장면을 목격한 것은 내겐 특권이었다.

베커는 사후에 우리 시대의 위대한 영적 지도 제작자이자 영혼을 치료하는 지혜로운 의사로 널리 평가받았다. 그가 처방한 쓴 약(필연적 죽음의 공포에 대한 사색)이 역설적이게도 필멸성에 감미로움을 더하는 약제임을 우리는 내키지 않지만 조금씩 받아들이기 시작했다.

『죽음의 부정』과 『악에서 벗어나기』에 나타난 베커의 철학은 네 가닥의 끈으로 꼰 수술이다.

첫번째 가닥. 세상은 끔찍하다. 아무리 좋게 보려 해도 자연에 대한 베커의 해석은 월트 디즈니와 공통점이 거의 없다. 어머니 자연은 이빨과 발톱을 피로 물들인 채 자신의 피조물을 찢어발기는 잔혹한 암캐다. 베커 말마따나 우리가 살아가는 창조 세계에서 유기체의 일상적 활동은 "온갖 종류의 이빨로 물어뜯고, 식물의 줄기와 동물의 살과 뼈를 어금니로 짓이기고, 기뻐하며 육질을 게걸스럽게 식도로 내려보내고, 먹이의 정수를 자신의 체제에 통합하고, 그러고 나서 악취와 가스를 내뿜으며 잔여물을 배설하"는 것이다.

두번째 가닥. 인간 행동의 기본적 동기는 자신의 기본적 불안을 다스리고 죽음의 공포를 부정해야 하는 생물학적 욕구다. 인간이 불안할 수밖에 없는 이유는 죽을 운명인 세상에서 결국 무력하고 버려진 신세이기 때문이다. "이것이 공포의 근원이다. 무에서 생겨나 이름, 자의식, 깊은 내적 감정, 삶과 자기표현에 대한 고통스러운 내적 열망을 가지는 것, 이 모든 것을 가지고도 죽어야 한다는 것."

엘리자베스 퀴블러 로스와 어니스트 베커는 죽음과 죽어감을 공론화하는 문화혁명에 앞장선 기묘한 동맹이었다. 퀴블러 로스가 우리로 하여금 품위 있게 죽는 법을 실천하게 해주었다면 베커는 죽음에 대한 성찰이 두려움과 공포와 존재론적 불안을 동반할 수밖에 없음을 일깨웠다.

세번째 가닥. 죽음의 공포가 어찌나 압도적인지 우리는 이 공포를 무의식에 묻어두려 한다. '성격의 필수적 거짓'은 무력함의 고통스러운 자각으로부터 우리를 보호하는 첫번째 방어선이다. 모든 아이는 성인에게서 힘을 빌리며, 신과 같은 존재의 특징을 내면화함으로써 성격을 창조한다. 내가 전능한 아버지와 같다면 나는 죽지 않을 것이다. 성격의 방어기제(빌헬름 라이히가 '성격 갑옷'이라고 부른 것) 안에 얌전히 머무는 한 우리는 안전하다고 느낄 수 있으며 세상이 만만한 척할 수 있다. 하지만 그러려면 비싼 대가를 치러야 한다. 우리는 시간이 망가뜨릴 수 없는 영혼을 사기 위해 자신의 몸을 억압하고 불멸을 사기 위해 쾌락을 희생하며 죽음을 피하기 위해 자신을 꽁꽁 싸맨다. 우리가 성격의 방어 요새 안에 웅크리고 있는 동안 삶은 우리에게서 달아난다.

사회는 우리의 타고난 무력함에 맞서는 두번째 방어선을 치는데, 그것은 영웅 체계를 만들어냄으로써 우리로 하여금 영속적 가치가 있는 일에 동참하여 죽음을 초월한다고 믿도록 하는 것이다. 우리는 제국을 정복하고 신전을 건설하고 책을 쓰고 가족을 이루고 부를 쌓고 발전과 번영에 이바지하고 정보사회와 전 세계적 자유시장을 창조하는 일에 자신을 희생함으로써 가짜 불멸을 얻는다. 인간의 삶에서 주된 임무는 영웅이 되어 죽음을 초월하는 것이기에 모든 문화는 은밀한 종교성이 깃든 교묘한 상징체계를 구성원에게 제공해야 한다. 이는 문화 간의 이데올로기적 갈등이 본질적으로 불멸 기획 사이의 전투, 즉 성전聖戰임을 뜻한다.

베커 덕에 우리는 기업과 국가를 추동하는 무의식적 동기가 겉으로 천명된 목표와 거의 무관할 수도 있음을 알게 되었다. 이것은 사회심리학에 대한 그의 항구적 기여 중 하나다. 비즈니스 세계에서의 성공이나 전쟁터에서의 승리는 경제적 필요나 정치적 현실보다 자신이 영속적 가치가 있는 것을 얻었다고 스스로를 확신시켜야 할 필요성과 관계있다. 베트남전쟁을 생각해보라. 미국의 동기는 현실적인 경제적·정치적 이익이 아니라 '무신론 공산주의'를 패배시켜야 한다는 중차대한 요구였다.

네번째 가닥. 악의 섬멸을 목표로 삼는 영웅 기획은 더 많은 악을 세상에 불러들이는 역설적 결과를 낳는다. 인간의 갈등은 나의 신과 너의 신이 대적하고 나의 불멸 기획과 너의 불멸 기획이 대적하는 생사의 투쟁이다. 인간에게서 비롯한 악의 뿌리는 동물적 본성이나 영역을 지키려는 공격성이나 타고난 이기심이 아니라 자존감을 느끼고 필멸성을 부정하고 영웅적 자아상을 얻으려는 욕구다. 최고를 향한 욕망이야말로 최악을 낳는 원인이다. 우리는 세상을 청소하고 완벽하게 하고 민주주의나 공산주의로부터 안전하게 지키고 신의 적으로부터 정화하고 악을 섬멸하고 인간의 눈물에 바래지 않는 석고 도시인 천년왕국을 세우고 싶어한다.

어쩌면 베커의 가장 위대한 업적은 악의 학문을 창조한 것인지도 모르겠다. 그는 우리가 어떻게 전쟁, 인종 청소, 집단 살해 같은 불필요한 악을 만들어내는지 이해하는 새로운 방법을 제시했다. 유사 이래 인류가 (카를 융이 '그림자 측면'이라고 부른) 열등감, 자기 증오, 죄책감, 적대감에 대처한 방법은 이를 적에게 투사하는 것이었다. 전쟁이 세상을 정화하는 사회적 제의이며 그 제의에서 적은 추악하고 위험한 무신론자 역할을 한다는 사실을 베커는 명쾌하게 꿰뚫어보았다. 다하우, 케이프타운, 미라이, 보스니아, 르완다에서 벌어진 비극은 유대인, 흑인, 더러운 공산주의자, 무슬림, 투치족 같은 희생양이 어디에나 필요함을 암울하게 증언한다. 전쟁은 의로움을 위협하는 비겁한 적군을 물리치기 위해 우리의 용감한 청년을 희생하는 죽음의 포틀래치□다. 전쟁에서는 피를 많이 흘릴수록 좋다. 사상자가 많을수록 거룩한 대의, 운명의 편, 신의 계획을 위한 희생이 커지는 것이기 때문이다.

더 큰 전체와 하나가 되고 고귀한 대의에 목숨을 바치고 우주적 힘에 봉사하려는 욕망인 이타적 동기가 세상을 시체 안치소로 바꾼다는 베커의 급진적 결론은 모든 사람에게, 또한 모든 나라에 심란하고도 혁명적인 물음을 던진다. 우리는 자신이 영웅적이라는 확신을 얻기 위해 어떤 대가를 치르고 있는가? 베커가 대중에게 읽히지 않는 이유 중에서 의심할 여지가 없는 한 가지는 이것이다. 우리는 자신이 의롭다는 확신을 사기 위해 기꺼이 손에 피를 묻히는데, 베커는 이런 모순을 까발려 우리를 부끄럽게 한다. 그는 우리가 자신이 벌거벗었음을 부정하며 영광을 입으려는 욕구 때문에 황제가 벌거숭이임을 인정하지 못한다는 사실을 폭로한다.

인간 조건을 이토록 암울하게 진단한 뒤에 베커가 내리는 처방이 임시방편에 불과한 것은 놀랄 일이 아니다. 기적의 치료약, 인간의 신격화, 계몽된 미래, 이성의 승리는 결코 기대할 수 없다.

□　북서부 아메리카 해안 지역 선주민들의 과시적이고 경쟁적인 잔치 의식.

베커는 파괴적이지 않은 영웅주의의 두 가지 유형을 제시한다.

사회 일반에 대해 우리가 바랄 수 있는 최선은 무의식적 개인으로 이루어진 대중이 전쟁의 도덕적 등가물을 만들어내는 것이다. 인간학에서 밝혀낸바 사회는 언제나 수동적 신민, 강력한 지도자, (우리가 죄책감과 자기증오를 투사하는) 적으로 이루어진다. 이 사실을 알면 '객관적 증오'를 발전시킬 수 있다. 우리가 증오해야 하는 것은 인간 희생양이 아니라 빈곤, 질병, 억압, 자연재해 같은 비인격적 대상이다. 증오는 불가피하지만 여기에 지성과 지식을 접목하면 파괴적 에너지를 창조적 행위로 돌릴 수 있을지도 모른다.

남다른 개인은 지혜에 이르는 고대의 철학적 길을 걸을 수 있다. 소크라테스처럼 베커도 우리에게 죽음을 연습하라고 권고한다. 죽음에 대한 자각을 기르면 미망에서 깨어나고 성격 갑옷을 벗고 공포를 의식적으로 직면할 수 있다. 이 자기분석의 길을 따르는 실존적 영웅이 평균적 인간과 다른 점은 자신이 사로잡혀 있음을 안다는 것이다. 그는 성격의 미망 속에 숨지 않고 자신의 무력함과 연약함을 직시한다. 미망에서 깨어난 영웅은 대중문화의 상투적 영웅상을 거부하고 우주적 영웅주의를 받아들인다. 그러면 무비판적이고 자기방어적인 의존의 사슬을 떨쳐버리고 선택과 행위의 새로운 가능성, 변화와 끈기의 새로운 형식을 발견하는 진정한 기쁨을 누릴 수 있다. 죽음을 자발적으로 의식하며 살아감으로써 영웅적 개인은 절망을 선택할 수도 있고 키르케고르적 도약을 단행하여 '우주에 깃든 신성불가침의 활력'을 믿을 수도 있다. 우리가 알지 못하는 이 생명의 신이 품고 있는 신비한 목적은 우주적 진화의 장대한 드라마로 표현된다.

몇몇 사람들이 부족주의와 국가주의의 길고 어두운 밤에서 깨어나 틸리히가 말하는 '초도덕적 양심(민족적이기보다는 보편적인 윤리)'을 기르고 있다는 징조가 보인다. 베커의 책이 인정받는 것도 그런 징조 중 하나다. 우리의 미래 임무는 개개인이 지구촌이라는 친족 연합의 구성원이 된다는 것의 의미를 탐구하는 것이다. 우리가 자유를 악용하여 옹졸하고 부족적이고 편집증적인 성격으로 자신을 감싸 더 피비린내나는 유토피아를 건설할지, 버려진 자들을 모아 공감의 공동체를 이룰지는 여전히 미지수다. 인간이 자유의 수단을 소유하는 한 미래에 대한 모든 희망은 가정법으로 진술해야 한다. 어떤 전문가도 인류가 번성할지 몰락할지 예측할 수 없다. 우리는 악의 지배를 늘리는 쪽을 선택할 수도 있고 줄이는 쪽을 선택할 수도 있다. 내일의 대본은 아직 쓰이지 않았다.

결국 베커가 우리에게 남긴 희망은 지독하게 연약하고 놀랍도록 강력하다. 그는 말한다. "우리를 추한 몰골로 살게 하는 것은 위장된 공포이지 자연적인 동물적 본성이 아니다. 이 말은 악 자체를 비판적 분석에, 또한 생각건대 이성의 지배에 회부할 수 있다는 뜻이다." 만일 어느 먼 미래에 이성이 우리의 자기파괴적 영웅주의를 정복하여 우리가 스스로 퍼뜨리는 악의 양을 줄인다면 우리는 죽음의 부정과 악의 지배가 서로 연관되어 있음을 일깨운 베커에게 큰 공로를 돌려야 할 것이다.

베커의 연구가 철학자, 사회학자, 심리학자, 신학자에게 어떻게 활용되고 계승되는지 궁금한 사람은 어니스트 베커 재단(The Ernest

Becker Foundation, 1627 Cohassett Ave. Lakewood, OH 44107 USA. 웹사이트: http://ernestbecker.org/)을 통해 소식지와 강연 및 대회 공지를 받을 수 있다.

샘 킨(철학자)

저자 서문

당분간 글쓰기를 그만두기로 했습니다.

소비할 수 없을 만큼 글이 과잉생산되고 있으니까요.

이미 세상에는 진실이 어찌나 많은지요!

—오토 랑크[1]

존슨 박사가 말하길 죽음을 앞두면 놀라운 집중력을 발휘할 수 있다지만, 이 책의 주된 논지에 따르면 그건 약과다. 죽음의 관념, 죽음의 공포는 인간이라는 동물을 무엇보다 사납게 뒤쫓는다. 죽음은 인간 활동의 주된 원동력이다. 이 활동의 목표는 대체로 죽음이라는 숙명을 피하고, 죽음이 인간의 최종 목적지임을 부정함으로써 죽음을 극복하는 것이다. 저명한 인류학자 A. M. 호커트는 이렇게 주장했다. 원시인은 죽음의 공포에 시달리지 않았고, 인류학적 증거를 면밀히 검토하면 죽음이 기쁨과 축제를 동반하는 경우가 많음을 알 수 있으며, 죽음은 두려워하기보다는 전통적인 아일

랜드 경야經夜에서 보듯 축하할 사건이었으리라고. 호커트는 원시인이 현대인에 비해 유치하며 현실에 공포를 느낀다는 통념을 반박하고자 했다. 원시인에 대한 이러한 재조명은 이제 인류학자들에게 널리 받아들여지고 있다. 하지만 이 주장에도 불구하고 죽음의 공포가 실제로 인간 조건에 보편적임은 엄연한 사실이다. 호커트를 비롯한 연구자들은 원시인이 죽음을 종종 찬미한다는 사실을 밝혀냈지만 그 이유는 죽음을 궁극적 승격, 즉 더 고등한 형태의 삶으로 올라가 일종의 불멸을 누리기 위한 마지막 관문이라고 믿기 때문이다. 대다수의 현대 서구인은 이런 식으로 믿지 못하는데, 죽음의 공포가 우리의 심리 구조에서 두드러지는 것은 이 때문이다.

이 책에서 나는 죽음의 공포가 보편적임을 밝히고자 한다. 죽음에 대한 공포의 보편성은 인간학의 여러 분야에서 수집된 자료를 하나로 묶는 끈이며 (사실의 산더미 아래에 묻히고 '진정한' 인간 동기에 대한 지리한 논란으로 모호해진) 인간 행위를 놀랍도록 명료하게 이해하는 열쇠다. 우리 시대의 식자는 자신이 결코 상상하지 못했을 짐을 짊어지고 있다. 그것은 바로 소비할 수 없을 만큼 과잉생산되는 진실이다. 수 세기 동안 사람들은 진실이 호리호리하고 날렵하며 일단 발견하기만 하면 인류의 문제들을 모두 해결해줄 것이라 믿었다. 그런데 21세기를 몇십 년 앞둔 지금 우리는 진실에 짓눌려 질식할 지경이다. 빼어난 글이 이토록 넘쳐나고 천재적 발견이 이토록 많은데다 발견의 넓이와 깊이가 이토록 엄청난데도 세상은 여전히 악의 길을 걷고 마음은 여전히 침묵한다. 1904년 세인트루

이스 세계 박람회에서 이름난 과학 학술대회가 열렸는데, 근처에서 신무기를 시연하는 소음 때문에 연사의 목소리가 들리지 않았다고 한다. 마치 미래는 군사가 아니라 과학에 달렸다는 듯 연사는 달갑잖은 훼방꾼을 깔보면서도 너그러운 태도를 취했다. 하지만 1차대전은 지구상에서 무엇이 가장 우선인가를 만방에 보여주었다. 올해° 전 세계 국방 예산이 2040억 달러인 것을 보면 우선순위는 여전히 분명하다. 이 땅을 살아가는 인간의 삶의 조건은 어느 때보다 열악한데 말이다.

독자 여러분은 이런 의문이 들지도 모르겠다. 그렇다면 쓸모없이 과잉생산되고 있는 글 무더기에 왜 두툼한 책 한 권을 보태는 거냐고. 물론 여기에는 취미, 이끌림, 끈질긴 희망 같은 개인적인 이유들이 있다. 경험의 통합을 향한, 형상을 향한, 더 큰 의미를 향한 충동인 에로스도 빼놓을 수 없다. 내 생각에 지식이 쓸모없이 과잉생산되는 한 가지 이유는 사방에 흩뿌려진 채 중구난방 울려 퍼지기 때문이다. 지식의 하찮은 단편들이 터무니없이 부풀려지는가 하면 중대한 세계사적 통찰은 눈길을 끌지 못한 채 처박힌다. 이것은 박동하는 생명의 중추가 없기 때문이다. 노먼 O. 브라운은 위대한 세상에는 에로스가 더 필요하고 분쟁이 덜 필요하다고 설파했다. 지성의 세계도 마찬가지다. 다양한 입장을 통합하여 "무익하고 무지한 논쟁"을 해소할 수 있는 조화를 드러내야 한다.[2]

내가 이 책을 쓴 근본적 이유는 인간과 인간 조건에 대한 견해

° 베커가 이 글을 쓴 것은 1973년이다.

의 바벨탑에 조화를 가져오기 위해서다. 나는 인간학에서 종교에 이르는 여러 분야의 으뜸가는 사상들을 아우르는 종합의 시대가 무르익었다고 믿는다. 나는 개인적으로 아무리 싫은 관점이라도 그 속에 진실의 고갱이가 담겨 있다고 생각되면 배척하거나 부정하지 않으려고 노력했다. 지난 몇 년 동안 인간 지식의 관건은 반대 견해를 반박하고 무너뜨리는 것이 아니라 더 큰 이론적 구조 안에 포괄하는 것임을 점차 깨달았기 때문이다. 창조적 과정의 아이러니 중 하나는 어딘가 망가져야 제 기능을 한다는 것이다. 자신의 연구를 돋보이게 하려면 강조점을 과장하고 진실의 다른 버전에 대해 경쟁적으로 맞세우는 수밖에 없다. 이를 바탕으로 독자적 학문 세계를 구축하다보면 저자는 스스로 만들어낸 과장에 휩쓸리고 만다. 하지만 기본적으로 경험주의자인 정직한 사상가들의 견해에는 아무리 극단적으로 표현되었을지언정 일말의 진실이 담겨 있다. 문제는 과장 아래에 놓인 진실을 찾아내고 지나친 교언이나 왜곡을 잘라내어 진실을 제자리에 놓는 것이다.

내가 이 책을 쓴 두번째 이유는 지난 수십 년간 타당한 진실들을 이렇게 짜맞추면서 문제들이 나의 학문적 테두리를 넘어섰기 때문이다. 나는 프로이트와 그의 해석자와 계승자가 품은 사상과 현대 심리학의 정수라 할 만한 것을 이해하고자 노력했으며 마침내 성공을 거뒀다고 자부한다. 이 점에서 이 책은 내 학자적 영혼의 평안을 위한 시도이자 지적 사면을 위한 청원이다. 내가 쓴 최초의 성숙한 저작이라고 생각한다.

내가 이 책에서 이루고자 하는 주된 목표 중 하나는 심리학의 모든 논의를 아직도 우뚝 선 산맥인 키르케고르에 접목함으로써 프로이트 이후의 심리학을 개관하는 것이다. 이를 통해 나는 심리학적 관점과 신화종교적 관점이 통합되어야 한다고 주장한다. 이 주장의 주된 바탕은 오토 랑크의 연구이며 나는 그의 웅장한 사상체계가 지닌 타당성을 부각하는 데 주력했다. 랑크의 연구는 진작 이런 관점에서 조명되어야 했다. 내가 이 점에서 성공을 거둔다면 이 책의 값어치는 다할 수 있을 것이다.

이 책에서 랑크를 워낙 치켜세우다보니 여기서 몇 마디 해명을 해두는 게 좋겠다. 프레더릭 펄스는 랑크의 책 『예술과 예술가』를 일컬어 "아무리 칭송해도 모자란다"라고 평했다.[3] 이 평가가 하도 인상적이어서 다짜고짜 책을 집어든 기억이 난다. 학술서가 어떻게 "아무리 칭송해도 모자랄" 수 있는지 상상이 되지 않았다. 심지어 프로이트 자신의 저작조차 내게는 그저 칭찬에 값하는 정도였다. 말하자면 인간 정신의 산물로서 나의 예상을 벗어나지 않았다. 하지만 펄스가 옳았다. 랑크는 뭔가 달랐다. 그의 글은 단순히 칭송하는 것으로는 모자란다. 눈부시게 탁월할 뿐 아니라 환상적이고 한량없고 독보적이다. 그의 통찰은 필요를 뛰어넘는 선물과 같다. 그 이유는 랑크의 천재성과 더불어 그의 사유가 지식의 여러 분야를 늘 넘나들었기 때문일 것이다. 그가 인류학 자료에 대해 이야기할 때면 독자는 인류학적 통찰만을 기대하겠지만 그 밖에도 뭔가 다른 것, 그 이상의 무언가를 얻을 수 있다. 초전문화의 시대를 살아가면서 우리는 이런 즐거움을 기대하는 법을 잊어버렸다. 전문가들이 선사하는 희열은 기껏해야 감당할 수 있는 희열일 뿐이다.

랑크와의 대면에서 내가 바라는 결과 중 하나는 독자를 그의 책으로 곧장 인도하는 것이다. 랑크를 읽는 일은 무엇으로도 대체할 수 없다. 내가 가진 그의 책 본문에는 메모, 밑줄, 느낌표 두 개 등이 유난히 많이 표시되어 있다. 랑크는 오래전부터 내게 통찰과 성찰의 광맥이었다. 여기서 내가 소개하는 것은 랑크의 사상적 윤곽, 즉 사상의 토대, 기초적 통찰, 전반적 함의에 지나지 않는다. 이는 그의 책에 담긴 아찔하리만치 풍성한 랑크가 아니라 앙상한 랑크다. 랑크에 대한 아이라 프로고프의 개요와 찬사도 지극히 정확하고 균형 잡힌 판단이어서 간략한 평가로서는 흠잡을 데가 없다.[4] 랑크는 매우 장황하고 읽기 힘들고 풍성하기에 일반 독자가 접근하기란 불가능에 가깝다. 그는 이 사실을 뼈저리게 느끼고 있었으며 한동안은 자신의 책이 그에 걸맞은 영향력을 발휘할 수 있도록 아나이스 닌이 새로 써주었으면 하고 바라기도 했다. 이 책에서 제시하는 것은 내가 이해한 랑크, 내 나름의 방식으로 빈 곳을 채운 랑크다. 독자가 그에게 총체적으로 접근할 수 있도록 그의 체계를 간략하게 '번역'했다. 이 책에서는 그의 개인심리학만을 다루지만 또다른 책에서는 역사심리학에 대한 체계를 개관할 것이다.

랑크를 들여다보는 데는 여러 가지 방식이 있다. 어떤 사람들은 그가 프로이트의 지적인 동료이자 정신분석학회 초기 회합의 구성원으로서 박식함을 발휘해 정신분석학의 저변을 넓히고 정신분석이 문화사, 신화, 전설의 이해에 실마리를 던질 수 있음을 밝히고자 했다고 생각한다(이를테면 초기작 『영웅의 탄생』과 『시와 전설 속의 근친상간』이 그렇다). 그러고는 랑크가 한 번도 정신분석을 받은 적이 없어서 자신의 억압에 점차 사로잡혀 프로이트 곁에서 누리던 안정되고 창조적인 삶에서 멀어졌으며 말년에는 개인적 불안정에 차츰 잠식되어 좌절과 고독 속에서 때 이른 죽음을 맞았다고 말한다. 또 어떤 사람들은 랑크가 프로이트의 극성스러운 제자로서 섣불리 독창성을 추구하다 정신분석적 환원주의에 빠지고 말았다고 생각한다. 이 판단은 거의 전적으로 그의 1924년작 『출생의 외상』에 바탕을 두고 있으며 대개 거기에서 논의가 끝난다. 또 어떤 사람들은 랑크가 프로이트의 명민한 측근이자 열렬한 추종자로서 프로이트에게 대학 진학을 제안받고 학비를 지원받았으며 정신분석학의 통찰을 문화사, 아동 발달, 예술심리학, 문학 비평, 원시적 사고 등 다양한 분야에 접목했다고 생각한다. 한마디로 랑크는 다면적이면서도 지극히 체계적이거나 자제력을 갖추지는 못한 신동이었다. 지적으로 뛰어난 시어도어 라이크□라고나 할까.

하지만 이런 식의 요약은 전부 틀렸다. 알다시피 이런 평가는 대체로 정신분석학 회합 자체의 신화에서 비롯했다. 그들은 랑크가 프로이트에게서 돌아서 자기네의 불멸 상징을 축소한 것을(이것은 그들의 신랄함과 편협함을 랑크 나름의 방식으로 이해한 것이다) 결코 용서하지 않았다. 아닌 게 아니라 랑크의 『출생의 외상』은 비판자들에게 손쉬운 구실이자 그를 깎아내릴 정당한 이유가 되었다. 그 과장되고 불운한 책은 그의 공적 이미지를 훼손했다(정작 랑크는

□ Theodor Reik. 프로이트의 첫번째 제자들 중 한 명이었으나 의사 면허 없이 진료하여 정신분석가들에게 비판받았다.

자신의 과거 주장을 재검토하여 훌쩍 뛰어넘는 논의를 전개했는데도 말이다). 랑크는 단지 프로이트의 동료이자 정신분석학의 박식한 하인에 머무르지 않고 나름의 사상 체계를 독자적이고 완벽하게 구축했다. 그는 어디서 시작해야 할지, 어떤 자료를 섭렵해야 할지, 그 자료들이 모두 어디를 향하고 있는지 알았다. 특히 정신분석학 자체를 꿰뚫어보았다. 그는 정신분석학을 뛰어넘고 싶어했으며 실제로 그렇게 했다. 그는 자신의 사상 체계가 가진 철학적 함의를 어렴풋이 알고 있었으나 그것을 풀어내기에는 너무 이른 나이에 생을 마감했다. 그가 아들러와 융 못지않게 완전한 체계를 만들었음은 분명한 사실이다. 그의 사상 체계는 그들 못지않게 탁월하며 더 뛰어난 부분도 있다. 우리가 아들러를 존경하는 것은 견고한 판단력, 직접적 통찰, 타협하지 않는 인도주의 때문이며 융을 우러러보는 것은 과학과 종교를 끌어안은 용기와 열린 태도 때문이지만, 랑크의 체계는 이 두 사람을 훌쩍 뛰어넘어 사회학을 가장 깊고 넓게 발전시킬 수 있는 함의를 담고 있다. 우리는 이제야 그 진면목을 발견하고 있다.

폴 로즌은 '프로이트의 전설'을 다룬 책[5]에서 재치 있게도 "어떤 저술가의 실수가 바로잡히는 데 이토록 오랜 세월이 걸렸다면 그는 지성사의 거물이다"라고 말했다. 하지만 크게 보면 매우 미심쩍은 구석이 있다. 아들러, 융, 랑크가 일찌감치 프로이트의 기초적 실수를 바로잡았기 때문이다. 그렇다면 역사가가 물어야 할 물음은 정신분석학 운동과 정신분석학 사상 자체의 성격에, 또한 대중과 학자들의 마음에 무엇이 있었기에 이 같은 수정이 그토록 무시당하거나 누적적 과학적 사유의 주된 운동에서 소외되었는가다.

진실의 산이 우리를 짓누르고 있기에, 아무리 폭넓은 범위를 다루는 책이더라도 매우 선별적으로 진실을 고를 수밖에 없다. 이 책에서는 많은 주요 사상가들이 그저 지나가듯 언급된다. 이를테면 독자는 종교에 대한 정신분석학의 영향을 총체적으로 서술하고자 하는 책에서 랑크에 그토록 의존하고 융을 거의 언급하지 않는 것이 의아할지도 모르겠다. 한 가지 이유는 융이 명망가이고 뛰어난 해석자를 많이 거느린 반면에 랑크는 거의 알려지지 않았고 거의 누구도 그를 대변하여 말하지 않기 때문이다. 또다른 이유는 랑크의 사상이 어렵기는 하지만 중심 문제들에 대해 늘 옳은 반면에 융은 그렇지 않으며 상당 부분이 쓸데없이 난해하기 때문이다. 융의 사상은 여기서는 모호하고 저기서는 심오하다. 연금술을 다룬 그의 책들이 그의 정신분석학적 통찰에 조금의 무게라도 보태는 것 같지는 않다.

인간 본성에 대한 통찰을 표현한 수많은 문구는 마리 베커와의 대화에 빚지고 있다. 이 문제에 대한 그녀의 섬세함과 현실감각은 유례를 찾아보기 힘들다. 친절하게도 프로이트에 대한 크나큰 지식의 그물로 6장의 오류를 걸러준 폴 로즌에게 감사한다(이 책에 남아 있는 오류는 모두 내 책임이다). 로버트 N. 벨라가 전체 원고를 다 읽고 전해준 전반적 비평과 구체적 조언에 무척 감사한다. 내가 따를 수 있는 조언들은 이 책을 개선하는 데 결정적 역할을 했으나 그 밖의 조언들은 나 자신을 바꿔야 하는 거대하고 장기적인 과제가 되었다.

참고

오토 랑크의 아래 저작들은 자주 언급되기 때문에 편의를 위해 아래와 같이 약어로 표기한다.

PS   *Psychology and the Soul*, 1931 (New York: Perpetua Books Edition, 1961).

ME   *Modern Education: A Critique of Its Fundamental Ideas* (Agathon Press, 1968).

AA   *Art and Artist: Creative Urge and Personality Development* (Agathon Press, 1968).

WT   *Will Therapy and Truth and Reality* (New York: Knopf, 1936; One Volume Edition, 1945).

BP   *Beyond Psychology*, 1941 (New York: Dover Books, 1958). 한국어판은 『심리학을 넘어서』(부글북스, 2015).

랑크의 다른 저작들에 대한 새 번역의 발췌문은 *Journal of the Otto Rank Association*과 랑크의 강연과 대화 녹취록에 실려 있다. 이 간행물은 JORA로 약칭한다.

노먼 O. 브라운의 *Life Against Death: The Psychoanalytical Meaning of History* (New York: Viking Books, 1959)도 즐겨 인용했으며 LAD로 약칭한다.

여러 저자들의 논문과 단행본 중에서도 자주 인용되는 것은 처음에는 서지 사항을 전부 밝히되 이후로는 약어로 표기했다.

1장   머리말: 인간 본성과 영웅적인 것

요즘 같은 시대에 사람들은 자신의 딜레마를 이해하는 데 도움이 될 관념을 간절히 바란다. 그래서 필수적 사상을 습득하고 불필요하게 복잡한 지식을 단순화하려는 충동을 느끼며 이따금 이 때문에 긴장을 해소하는 커다란 거짓말이 등장하기도 한다. 이는 오로지 사람들로 하여금 최소한의 합리화만 하고도 수월하게 앞으로 나아가도록 하기 위한 것이다. 하지만 사람들에게 지금 무슨 일이 벌어지고 있는지 파악하게 해주고 진짜 문제가 있는 곳이 어디인지 알려주는 진실로부터는 서서히 멀어지게 하기도 한다.

그런 필수적 진실 중 오래전부터 알려진 것으로 **영웅주의** 개념이 있다. 학문이 '정상적'이던 시절에는 영웅주의를 써먹거나 칭송하거나 중심 개념으로 이용할 생각을 누구도 해본 적 없지만 대중은 영웅주의가 얼마나 중요한지 늘 알고 있었다. 안 다룬 주제가 없는 윌리엄 제임스는 20세기 들머리에 "인류가 공유하는 현실 본능"을 일컬어 이렇게 말했다. "현실은 사실상 세상이 본질적으로 영웅주의를 위한 극장이 되어야 한다고 주장해왔다."[1] 대중뿐 아니라 모든 시대의 철학자, 특히 서구 문화에서는 에머슨과 니체도 이 사실을 알았다. 우리가 여전히 이들에게 희열을 느끼는 것은 이 때문이다. 우리는 자신의 주된 소명, 이 땅에서의 주요 임무가 영웅적인 것임을 확인받고 싶어한다.■

마르크스 이후 사회과학과 프로이트 이후 심리학의 발전 과정을 전체적으로 조망하는 한 가지 방법은 이것을 인간 영웅주의의 문제를 상술하고 규명하는 대규모 작업으로 간주하는 것이다. 이 관점은 우리가 이 논의를 얼마나 진지하게 대할 것인가를 결정한다. 이제 우리는 영웅주의의 본성과 영웅주의가 인간의 삶에서 차지하는 위치를 진정으로 이해할 과학적 토대를 갖췄다. 만일 "인류가 공유하는 현실 본능"이 옳다면 우리는 그 현실을 과학적으로 밝혀내는 놀라운 위업을 달성한 것이다.

인간의 영웅주의 충동을 이해하기 위한 핵심 개념 중 하나는 '자기애' 관념이다. 에리히 프롬이 훌륭히 설명했듯 이 관념은 프로이트의 위대하고도 영구적인 업적 중 하나다. 프로이트는 우리 각자가 그리스신화에 나오는 나르키소스의 비극을 되풀이한다는 사실을 발견했다. 우리는 스스로에게 대책 없이 빠져 있다. 우리가 누군가를 마음에 두고 있을 때 대체로 그는 누구보다 우리 자신이다. 아리스토텔레스가 어디선가 이런 말을 했다. 행운이란 내 옆에 있

■ 이어지는 논의에서는 나머지 장의 토대를 놓기 위해 내가 다른 곳에 쓴 글(*The Birth and Death of Meaning*, Second Edition, New York: Free Press, 1971)을 반복하고 요약했다.

는 자가 화살을 맞는 것이라고. 2500년 역사가 흐르는 동안 인간의 기본적 자기애는 전혀 달라지지 않았다. 대부분의 시간 동안 대부분의 사람들에게 아리스토텔레스의 말은 여전히 행운의 정의로 손색이 없다. 자신을 제외한 사실상 모든 사람이 소모품이라고 느끼는 것은 자기애의 옹졸한 측면 중 하나다. 에머슨 말마따나 우리는 설령 아무도 존재하지 않더라도 자신으로부터 얼마든지 온 세상을 재창조할 수 있다고 느낀다. 이런 생각을 하면 겁이 난다. 우리는 남들 없이 어떻게 그럴 수 있는지 알지 못한다. 하지만 밑바탕에는 기본 재료가 주어져 있다. 필요하다면, 에머슨이 바란 대로 자신을 신뢰할 수 있다면 혼자로도 충분할 수 있다. 이 신뢰가 감정으로 느껴지지는 않더라도 대다수 사람들은 주위 사람들이 얼마나 많이 죽든 개의치 않고 온 힘을 다해 살아남으려고 애쓴다. 우리의 마음은 세상을 홀로 채운다는 생각에 움찔할지라도 우리의 몸은 얼마든지 그럴 준비가 되어 있다. 이 자기애는 전쟁에서 사람들을 총구 앞으로 행진하게 하는 비결이다. 사람들은 내심 자신이 죽으리라고는 생각하지 않는다. 옆에 있는 사람을 안쓰러워할 뿐. 이에 대한 프로이트의 설명은 무의식이 죽음이나 시간을 알지 못한다는 것이다. 인간은 자기 내면의 생리화학적인 유기체적 구석에 틀어박힌 채 자신이 불멸이라고 느낀다.

그렇다고 해서 인간이 교활하다는 뜻은 아니다. 인간은 자신의 이기심을 '어찌할' 수 없어 보인다. 이기심은 동물적 본성에서 비롯하는 듯하다. 헤아릴 수 없는 진화의 역사를 거치면서 유기체는 자신을 온전히 지켜내야 했다. 유기체는 제 나름의 생리화학적 정체성이 있으며 이를 보전하는 일에 전념했다. 이것은 장기 이식이 힘든 이유다. 새 심장이 생명을 연장시켜주더라도 유기체는 그 이물질에 맞서 스스로를 방어한다. 원형질은 스스로의 안에 깃들어 있으면서 세상과 외부의 침입에 맞서 스스로를 지킨다. 스스로의 박동을 즐기며 세상으로 확장되어 그 조각을 섭취한다. 눈멀고 말 못하는 유기체를 데려다 자의식과 이름을 부여하고 자연과 동떨어져 자신의 고유함을 의식하게 하면 그것은 자기애를 가질 것이다. 인간은 생리화학적 정체성을, 또한 권력과 활동의 감각을 의식적으로 느낀다.

인간에게서는 필요 수준의 자기애를 자존감이나 기본적인 자기가치감과 분리할 수 없다. 우리는 인간에게 가장 필요한 것은 자존감을 확고하게 느끼는 것임을 배웠다(주로 알프레트 아들러에게서). 하지만 인간은 그저 한가로이 노니는 원형질의 눈먼 덩어리가 아니라 이름을 가진 존재요 단지 물질이 아니라 상징과 꿈의 세계에서 살아가는 피조물이다. 자기가치감은 상징적으로 구성되며 인간이 소중히 여기는 자기애는 상징을 먹고 산다. 상징은 자신의 가치에 대한 추상적 관념이요 공기 중과 마음속과 종이 위에서 소리와 말과 이미지로 이루어지는 관념이다. 이는 유기체적 활동에 대한, 또한 통합과 확장의 쾌락에 대한 인간의 자연적 열망을 상징의 영역에서, 따라서 영원불멸토록 무한히 충족할 수 있다는 뜻이다. 하나의 유기체는 물리적 팔다리를 움직이지 않고도 세계와 시간의 차원으로 확장될 수 있다. 숨을 헐떡이며 죽어가면서도 영원을 내면에 받아들일 수 있는 것이다.

어릴 적에는 자존감을 얻으려고 투쟁할 때 꾸미는 법이 없다. 아동은 자신이 가장 필요로 하고 원하는 것에 대해 부끄러워하지 않으며 자신의 타고난 자기애가 요구하는 것을 온몸으로 외친다. 이렇게 요구하는 아동은 주위 어른에게 지옥과 같다. 아동 여러 명이 한없는 자기확장의 특권을 차지하려고 다툴 때면 더더욱 아수라장이다. 이 특권을 '우주적 의미'라고 불러도 좋을 텐데, 이 용어는 예사롭게 넘길 만한 것이 아니다. 이것이야말로 우리의 논의가 향하는 방향이기 때문이다. 우리는 '형제간 경쟁'이 성장의 부산물인 양, 너그러운 사교성을 익히지 못한 버릇없는 아이가 가진 약간의 경쟁심과 이기심인 양 대수롭지 않게 이야기한다. 하지만 형제간 경쟁은 일탈이라기에는 너무나 치열하고 집요하다. 이것은 존재의 핵심, 즉 돋보이려는 욕망, 피조물 중 단 하나가 되려는 욕망의 표출이다. 타고난 자기애가 기본적 자존감 욕구와 결합되면 자신을 일차적 가치의 대상으로, 즉 우주 첫번째로, 또한 모든 생명을 자신 안에서 표상하도록 느껴야 하는 피조물이 탄생한다. 형제들이 허구한 날 격렬하게 싸우는 것은 이런 까닭이다. 아동은 2등이 되거나 낮잡아 보이는 것을 용납하지 못한다. 따돌림당하는 것은 말할 것도 없다. "오빠한테 제일 큰 사탕 줬잖아요! 주스도 더 줬고요!" "그럼 너도 좀더 줄게" "그러면 쟤가 나보다 더 많잖아요! 왜 쟤가 모닥불에 불붙여요?" "알았어. 여기 종이로 불붙이렴" "근데 이 종이는 쟤 거보다 작다고요". 한도 끝도 없다. 가치감을 상징적으로 받아들이는 동물은 주변 존재들과 세심하게 비교하여 자신이 2등으로 전락하지 않도록 안간힘을 쓴다. 형제간 경쟁은 기본적 인간 조건을 반영하는 중대 문제다. 못됐거나 이기적이거나 호승해서가 아니다. 이 경쟁이 인간의 비극적 운명을 적나라하게 드러내기 때문이다. 아동은 자신이 우주에서 제일 가치 있는 대상임을 필사적으로 정당화해야 한다. 돋보이고 영웅이 되고 세상에 최대한 기여하고 자신이 무엇보다 누구보다 **중요함**을 입증해야 한다.

인간이 영웅이 되려고 분투하는 것이 얼마나 자연스러운지, 이 욕망이 진화적·유기체적 구성에 얼마나 깊이 자리잡고 있는지, 어릴 적에 이 욕망을 얼마나 적나라하게 드러내는지 이해하고 나면 대다수 사람이 자신이 무엇을 진정으로 원하고 필요로 하는지에 대해 이토록 (의식적으로) 무지한 것이 더더욱 의아스럽다. 어쨌든 서구 문화, 특히 현대 문화에서 영웅적인 것은 우리에게 너무 커보인다. 우리가 그에 비해 너무 작은 것일 수도 있지만. 젊은이에게 그가 영웅이 될 자격이 있다고 말해보라. 얼굴이 빨개질 것이다. 우리는 영웅적 가치감을 은밀히 반영하는 통장의 숫자를 늘림으로써 자신의 투쟁을 위장한다. 아니면 그저 동네에서 좀더 좋은 집이나 더 큰 차나 더 똑똑한 자녀를 가지는 것으로 표현하기도 한다. 하지만 우리가 아무리 사소한 관심사로 허울을 씌워도 그 아래에는 우주적 특별함을 향한 열망이 고동치고 있다. 이따금 자신이 영웅주의를 진지하게 받아들인다는 사실을 인정하는 사람이 있는데, 그런 사람은 대다수를 전율하게 한다. 미 의회 의원 멘덜 리버스가 그런 사람이었다. 그는 군사 행위에 예산을 지원했으며 자신이 율리우스 카이사르 이후로 가장 힘있는 사람이라고 말했다. 우리는 카이사르에게서든 그의 모방자에게서든 세속적 영웅주의의 우둔함에 치를 떨지도 모르지만 그것은 그들 잘못이 아니다. 사회가 그런 식으로 영웅 체계를 세우고 사람들로 하여금 그 역할을 충족하도록 하기 때문이다. 영웅주의 충동은 자연스러우며 이를 인정하는 것은 솔직한 처사다. 영웅주의 충동을 인정하는 모든 사람에게 영웅주의는 억눌린 힘을 분출하여 지금처럼 사회에 파괴적 영향을 미친다.

사회는 예나 지금이나 늘 이런 식이다. 사회란 세속적 영웅주의의 매개체로 설계된 상징적 행위 체계, 지위와 역할의 구조, 행동의 관례와 규칙이다. 각 구조는 나름대로 고유하며 문화마다 나름의 영웅 체계가 있다. 따라서 인류학자들이 말하는 '문화 상대성'은 사실 전 세계 영웅 체계의 상대성이다. 하지만 각 문화 체계는 세속적 영웅성을 극화한 것이다. 각 체계는 처칠, 마오, 부처의 '숭고한' 영웅주의에서 광부, 농부, 하급 성직자의 '저급한' 영웅주의에 이르기까지 다양한 수준의 영웅적 행위에 대해 역할을 규정해두었다. 뼈마디 굵은 손으로 굶주림과 질병으로부터 가족을 건사하는 평범하고 일상적이고 세속적인 영웅주의도 있다.

문화적 영웅 체계가 노골적으로 주술적인지, 종교적인지, 원시적이거나 세속적인지, 과학적인지, 문명적인지는 중요하지 않다. 어느 것이든 사람들은 일차적 가치감, 우주적 특별함, 창조에 대한 궁극적 유용함, 단단한 의미를 얻기 위해 이 신화적 영웅 체계에 봉사한다. 사람들이 이 느낌을 얻는 방법은 자연에서 장소를 깎아내는 것이자 신전, 성당, 토템 기둥, 마천루, 삼대에 걸친 가족처럼 인간적 가치가 반영된 체제를 구축하는 것이다. 그들의 바람과 신넘은 인간이 사회에서 창조하는 것이 영속적 가치와 의미를 가지는 것, 자신이 죽음과 부패보다 오래 살아서 빛나는 것, 자신과 자신의 산물이 인정받는 것이다. 노먼 O. 브라운은 뉴턴 이후의 서구 사회가 (아무리 과학적이거나 세속적이라고 주장해도) 여전히 어느 사회 못지않게 '종교적'이라고 말했는데, 이 말의 뜻은 다음과 같다. '문명'사회는 사회와 돈, 재화가 인간을 어느 동물보다 **중요한 존재로 만드는** 희망찬 신념이자 항변이다. 이 점에서 인간이 행하는 모든 일은 종교적이고 영웅적이다(허황하고 틀릴 위험이 있긴 하지만).

그렇다면 인간이 자신에게 제기할 수 있는 가장 중요한 질문은 이것이다. 인간은 자신이 영웅적 느낌을 얻으려고 행하는 일에 대해 얼마나 의식하고 있을까? 나는 모든 사람이 자신의 영웅 충동을 솔직히 인정하면 진실이 파괴적으로 분출될 것이라고 주장했다. 그들은 문화가 자신에게 정당한 몫을 주어야 한다고 요구할 것이다. 그 몫이란 우주적 삶에 고유하게 기여한다는 일차적인 인간적 가치감이다. 우리의 현대사회가 토대까지 흔들리지 않고서 그런 솔직한 요구를 충족하려면 어떻게 해야 할까? 우리가 오늘날 '원시적'이라고 부르는 사회만이 구성원에게 이런 느낌을 선사했다. 오늘날 산업사회에서 자유와 인간적 존엄성을 달라고 외치는 소수집단은 사실 자신들이 그동안 속아서 빼앗긴 일차적인 영웅적 감각을 돌려달라고 꼴사납게 요구하는 것이다. 그들의 끈질긴 주장이 그토록 골치 아프고 심란한 것은 이 때문이다. 지금의 사회구조에서 그렇게 '비합리적'인 일을 어떻게 하겠는가? 우리는 흔히 "불가능한 것을 요구한다"라는 말로 이러한 당혹감을 표현한다.

하지만 영웅주의 욕구에 대한 진실을 누구나 쉽사리 인정하는 것은 아니다. 자신의 주장이 인정받기를 바라는 사람들조차도 주저한다. 여기에 어려움이 있다. 이후의 논의에서 보겠지만 자신이 영웅적 느낌을 얻기 위해 하는 일을 의식하는 것은 삶의 주된 자기 분석 문제다. 정신분석학의 천재와 종교의 천재가 인간에 대해 발견한바 고통스럽고 진지한 모든 것은 자신이 자존감을 얻기 위해 무엇을 행하고 있는지 인정해야 한다는 것에 대한 공포를 중심으로 돌아간다. 인간적 영웅성이 사람들을 불사르는 맹목적 이끌림인 것은 이 때문이다. 열정적인 사람들이 영광을 요구하는 외침은 개 짖는 소리만큼이나 무비판적이고 반사적이다. 평범한 사람으로 이루어진 수동적 대중은 사회가 영웅성을 위해 제시하는 역할을 마지못해 겸손히 따르고 체제 안에서 자신의 지위를 높이려고 노력함으로써 영웅주의 충동을 감춘다. 표준적 제복을 입되 가슴에 작은 리본이나 빨간 부토니에르□를 다는 것과 같은 지극히 사소하고 안전한 수법으로 스스로를 돋보이게 할지언정 결코 남들의 이목을 끌려 하지는 않는다.

이 거대한 가림막, 영광을 얻기 위한 인간적 수법을 짓누르는 거대한 억압을 걷어낼 수 있다면 우리는 가장 해방적일 수 있는 물음, 인간의 삶에서 가장 중요한 물음에 도달할 것이다. 그것은 인간을 지탱하고 추동하는 문화적 영웅 체계가 **경험적으로** 얼마나 **참인** 가다. 인간의 우주적 영웅주의 충동에 천박한 면이 있음은 이미 언

□   양복 가슴에 꽂는 꽃.

급했지만 이 충동에는 고귀한 면도 있다. 인간은 자신의 나라, 사회, 가족을 위해 기꺼이 목숨을 내놓는다. 동료를 위해 수류탄 위로 몸을 던지고 지고한 아량과 자기희생을 발휘할 수 있다. 하지만 그러려면 자신이 진정으로 영웅적이며 시간을 초월하고 숭고한 의미를 가진 일을 하고 있다고 느끼고 믿어야 한다. 현대사회의 위기는 바로 문화가 만들어놓은 행동 계획에서 젊은이들이 더는 영웅적인 것을 느끼지 않는다는 것이다. 그들은 영웅적 행동이 삶과 시간의 문제에 경험적으로 부합한다고 믿지 않는다. 우리는 영웅주의의 위기를 겪고 있다. 이 위기는 사회적 삶의 모든 측면에 뻗어 있다. 대학의 영웅주의, 기업과 경력의 영웅주의, 정치적 행동의 영웅주의가 폐기되고 반反영웅이 떠오른다. 이 반영웅은 나름의 방식으로 영웅적이거나 살인마 찰스 맨슨과 그의 특수한 '패밀리' 같으며, 이들의 비틀린 영웅주의는 합의된 영웅주의를 더는 스스로 표상하지 못하는 체제에 채찍을 휘두른다. 우리 시대의 거대한 당혹감, 우리 시대의 혼돈은 젊은이들이 거대한 사회역사적 진실을 좋든 나쁘든 감지했다는 사실이다. 정의롭지 못한 전쟁에서 무의미한 자기희생이 벌어지는 것과 마찬가지로 사회 전체의 비열한 영웅성이 존재한다는 것이다. 이것은 히틀러 독일의 지독히 파괴적인 영웅성일 수도 있고 소비재의 획득과 과시, (자본주의와 소련을 막론하고 현재 삶의 총체적 방식을 특징짓는) 돈과 특권의 축적이라는 천박하고 어리석은 영웅성일 수도 있다.

물론 사회의 위기는 제도 종교의 위기이기도 하다. 종교는 영웅 체계로서의 정당성을 잃었으며 젊은이들은 종교를 조롱한다. 전통

문화가 영웅성의 자격을 잃으면 그 문화를 뒷받침하는 교회도 저절로 자격을 잃는다. 다른 한편으로 교회가 자신의 특수한 영웅성을 고집한다면 문화에 저항하고 젊은이들을 (그들이 살아가는 사회의 생활방식에 맞서는) 반영웅으로 소환하는 수밖에 없다. 이것이 우리 시대 종교가 처한 딜레마다.

결론

이 짧은 머리말에서 나는 영웅성의 문제가 인간 삶의 중심 문제이며 이 문제가 인간 본성을 무엇보다 깊숙이 파고든다고 주장했다. 영웅성의 문제는 유기체의 자기애에 바탕을 두며 삶의 유일한 조건으로서의 자존감에 대한 아동의 욕구를 토대로 삼는다. 사회는 그 자체로 성문화된 영웅 체계인데, 이는 어디에서나 사회가 인간 삶의 의미에 대한 살아 있는 신화이자 의미의 반항적 창조물이라는 뜻이다. 따라서 모든 사회는 인정하든 하지 않든 '종교적'이다. 소비에트 '종교'와 마오주의 '종교'는 과학 '종교'와 소비 '종교' 못지않게 진정으로 종교적이다. 삶에서 종교적 관념과 영적 관념을 제거하여 아무리 스스로를 위장하려 해도 소용없다. 뒤에서 보겠지만 인간의 모든 문화적 창조물에 담긴 이 종교적 성격을 심리학적으로 밝힌 사람이 오토 랑크다. 최근에는 노먼 O. 브라운이 『죽음에 맞서는 삶』에서, 로버트 제이 리프턴이 『혁명적 불멸』에서 이 개념을 되살렸다. 이 주장을 받아들인다면 우리가 다루는 것이 유일한 보편적 인간 문제임을 인정해야 한다. 우리는 이 문제를 최대한 솔직하게 탐구하고 (최상의 사유가 허용하는 한) 인간의 자기현

시에 충격받을 준비를 해야 한다. 키르케고르에게서 이 사유를 뽑아내어 프로이트를 거치면 이렇게 추린 지난 150년의 정수가 우리를 어디로 이끄는지 볼 수 있을 것이다. 몇 권의 책에 담긴 예리한 정직성이 당장 세상을 바꿀 수 있다면 방금 언급한 다섯 저자는 이미 세상을 뒤흔들었어야 마땅하다. 하지만 모든 사람은 인간에 대한 필수적 진실이 아직 존재하지 않는 듯 살아가기에 우리는 인간적 자기노출의 규모에 또다른 희망을 걸어야 한다. 지난 2500년간 우리는 인류가 스스로를 스스로에게 드러낼 수 있고 자신이 소중히 여기는 동기를 두루 알 수 있다면 균형추를 유리한 쪽으로 기울일 것이라고 희망하고 믿었으니 말이다.

1부   영웅주의의 심층심리

나는 포도주에서 그저 즐거움만을 마시는 것이 아니요

신앙을 조롱하려는 것도 아니다.

잠시 나 자신을 잊으려는 것일뿐.

그것만이 내가 술에 취하고 싶은 이유다.

―오마르 카이얌

2장

죽음의 공포

죽음에 대한 문명적 태도는 심리학적으로 우리의 처지에 맞지 않게
되었다는 것을 솔직히 고백해야 하지 않을까? 차라리 태도를 바꾸
어 진실을 인정해야 하지 않을까? 죽음이 현실과 우리의 생각 속에
서 마땅히 차지해야 할 자리를 인정하는 편이 낫지 않을까? 지금까
지는 죽음에 대한 무의식적 태도를 그토록 조심스럽게 억눌러왔지
만 이제는 좀더 겉으로 드러내는 게 낫지 않을까? 물론 이것은 더
높은 성취로 나아가는 것처럼 보이지는 않는다. 아니, 어떤 점에서
는 오히려 뒷걸음질─퇴행─로 보인다. 그러나 이것은 진실을 좀더
많이 고려한다는 이점과 삶을 좀더 견딜 만한 것으로 만들어준다는
이점을 갖고 있다.

— 지크문트 프로이트[1]

영웅주의와 관련하여 우리가 해야 하는 첫번째 일은 그 이면을
고스란히 드러내어 무엇이 인간적 영웅성에 특유의 성격과 원동력

을 부여하는지 밝히는 것이다. 여기서 현대사상의 위대한 재발견 중 하나를 직접 소개하고자 한다. 그것은 인간을 움직이는 것 중에서 가장 중요한 것이 바로 죽음의 공포라는 사실이다. 다윈 이후로 진화적 문제로서의 죽음의 문제가 수면에 떠올랐으며 많은 사상가들은 이것이 인간에게 주요한 심리적 문제임을 즉시 간파했다.[2] 또한 그들은 20세기 들머리에 셰일러가 썼듯[3] 진정한 영웅주의가 어떤 것인지 재빨리 알아차렸다. 영웅주의란 무엇보다 죽음의 공포에 대한 반사작용이다. 우리는 죽음과 맞서는 용기를 무엇보다 존경한다. 그런 용기에 가장 높고 꾸준한 경배를 바친다. 죽음과 맞서는 용기가 우리를 깊이 감동시키는 이유는 우리 자신이 죽음 앞에서 얼마나 용감할지 자신이 없기 때문이다. 자신의 소멸을 용감하게 맞닥뜨리는 사람을 보면 우리는 상상할 수 있는 가장 위대한 승리를 머릿속에서 재연한다. 그리하여 아마도 (구체적으로) 인류의 진화가 시작된 이래로 영웅은 인간적 영예와 칭송의 중심에 자리 잡았다. 하지만 심지어 그 이전에도 우리의 영장류 조상은 남다른 힘과 용기를 가진 개체에게 경의를 표했으며 비겁한 개체를 경멸했다. 인간은 더 나아가 동물적 용기를 숭배 대상으로 끌어올렸다.

19세기 들어 인류학과 역사학에서도 원시시대와 고대 이후의 영웅상을 짜맞추기 시작했다. 영웅은 영적 세계, 즉 죽음의 세계에 들어갔다가 산 채로 돌아올 수 있는 사람이었다. 이런 영웅상은 죽음과 부활을 섬기는 지중해 동부의 신비주의 숭배에서 계승되었다. 각 숭배에서 거룩한 영웅은 죽은 자 가운데서 돌아온 자였다. 오늘날 고대 신화와 제의에 대한 연구에서 밝혀진바 기독교 자체가 신비주의 숭배와의 경쟁에서 승리한 이유 중 하나는 무엇보다 죽은 자 가운데서 살아난 초능력의 치유자를 내세웠기 때문이다. 부활절의 위대한 승리는 "예수 사셨네!"라는 기쁨의 외침이다. 이것은 신비주의 숭배의 추종자들이 죽음에 대한 승리의 예식에서 표출한 바로 그 기쁨의 메아리다. G. 스탠리 홀이 절묘하게 표현했듯 이 숭배들은 죽음과 죽음 공포라는 최대의 악으로부터 '면제'받으려는 시도였다.[4] 모든 역사적 종교는 삶의 끝을 어떻게 감당할 것인가라는 문제를 다뤘다. 힌두교와 불교 같은 종교는 다시 태어나고 싶지 않은 척하는 기발한 수법을 썼는데, 이것은 일종의 부정 주술로서 실제로는 가장 원하는 것을 겉으로는 원하지 않는다고 주장하는 것이다.[5] 종교로부터 주도권을 넘겨받은 철학은 종교의 중심 문제 또한 넘겨받았는데, 죽음은 철학의 출발인 그리스에서부터 하이데거와 현대 실존주의에 이르기까지 진정한 '철학의 뮤즈'였다.[6]

이 주제를 놓고 종교와 철학과 (다윈 이후의) 과학에서 방대한 저작과 사유가 배출되었다. 관건은 이것들을 어떻게 이해하느냐다. 죽음의 두려움에 대한 연구와 견해가 너무 많이 축적된 탓에 다루고 요약하기가 쉽지 않기 때문이다. 지난 수십 년간 죽음에 대한 관심이 되살아나면서 이미 어마어마한 문헌이 쌓였으며 방향도 제각각이다.

'건전한 정신'의 주장

'건전한 정신'을 가진 사람들은 죽음에 대한 두려움이 인간에게 자연스럽지 않으며 우리가 이를 타고나지 않았다고 주장한다. 죽음에 대한 실제 두려움이 아동에게서 어떻게 발달하는가에 대해 면밀한 연구들이 쏟아져나오고 있는데,[7] 이 연구들은 아동이 약 3~5살 전에는 죽음을 전혀 알지 못한다는 데 의견을 같이한다. 어떻게 그럴 수 있을까? 죽음은 아동의 경험과 동떨어진 추상적 개념이기 때문이다. 아동은 살아 있고, 행동하며, 자신에게 반응하고 자신을 즐겁게 하고 먹여주는 것으로 가득한 세상에서 살아간다. 그래서 생명이 영영 사라진다는 것이 무슨 뜻인지 알지 못하며 생명이 나중에 어디로 가는지 이론화하지도 못한다. 어떤 사람들을 영영 데려가는 죽음이라는 것이 있다는 사실은 오로지 조금씩만 인식된다. 아동은 죽음이 모든 사람을 데려간다는 사실을 마지못해 받아들이지만 죽음의 필연성에 대한 이 점진적 깨달음은 9~10살이 되어서야 확고하게 자리잡는다.

아동은 절대적 부정 같은 추상적 개념을 알지 못하는 한 스스로 불안을 느끼지 않는다. 아동은 어머니에게 절대적으로 의존하며 어머니가 없으면 외로움을 느끼고 만족을 박탈당하면 좌절감을 느끼며 배고프고 불편하면 짜증을 낸다. 혼자 남겨지면 자신의 세상이 무너져내릴 것이며 그의 유기체는 이것을 어느 수준에서 틀림없이 감지한다. 이것을 '대상 상실'의 불안이라 한다. 그렇다면 이 불안은 소멸에 대한 자연적이고 유기체적인 두려움 아닐까? 다시 말하지만 이것을 매우 상대적인 문제로 보는 사람도 많다. 그들은 어머니가 따스하고 포근하게 자녀를 양육하면 아동의 타고난 불안과 죄책감이 적절히 발달할 것이며 아동이 불안과 죄책감을

영웅주의의 심층심리

(발달하는) 인격의 통제하에 단단히 매어둘 수 있을 것이라 믿는다.[8] 그에 따르면 어머니에 대해 좋은 경험을 한 아동은 기본적 안정감을 발달시키며 기댈 곳을 잃거나 소멸되는 것에 대한 끔찍한 두려움을 느끼지 않을 것이다.[9] 아동이 9~10살이 되어 죽음을 합리적으로 이해하게 되면 죽음을 제 세계관의 일부로 받아들일 테지만 죽음 개념은 삶을 향한 아동의 자신감 있는 태도를 훼손하지 않을 것이다. 정신의학자 라인골트는 소멸 불안이 아동의 자연적 경험이 아니며 어머니의 애정을 박탈당한 나쁜 경험으로부터 생긴다고 단언한다.[10] 이 이론은 불안의 모든 짐을 아동의 본성이 아닌 양육에 지운다. 또다른 정신의학자는 죽음의 두려움이 부모와의 경험, 생명 충동에 대한 부모의 적대적 부정, 더 일반적으로는 인간적 자유와 자기확장성에 대한 사회의 적대감으로 인해 부쩍 커진다고 (모성 박탈만큼 심각하지는 않지만) 생각한다.[11]

나중에 보겠지만 이 견해는 억압 없는 삶, 타고난 생물학적 충동에 대한 새로운 자유의 충동, 몸에 대해 자부심과 기쁨을 느끼는 새로운 태도, 부끄러움과 죄책감과 자기증오의 폐기 등을 추구하는 대중적 운동에서 큰 인기를 끌고 있다. 이 관점에서 보면 죽음에 대한 두려움은 사회가 만들어내는 것이며 이와 동시에 개인을 복종시키는 데 이용된다. 정신의학자 몰로니는 이것을 '문화 기제'라고 불렀으며 마르쿠제는 '이데올로기'라고 불렀다.[12] 노먼 O. 브라운은 좀 있다 논의할 매우 큰 영향력을 발휘한 책에서 죽음에 대한 두려움이 없는 '두번째 순수'에서 아동의 출생과 발달이 이루어질 수 있다고 말하기까지 했다. 죽음을 두려워하지 않으면 자연적

활력이 부정되지 않고 아동이 물리적 삶에 온전히 개방적일 수 있다는 이유에서였다.[13]

이 관점에서는 나쁜 초기 경험을 한 사람들이 죽음에 대한 불안에 가장 지독히 사로잡힐 것임을 쉽게 알 수 있다. 어쩌다 그들이 자라서 철학자가 되면 그들은 죽음에 대한 두려움을 사유의 중심에 놓을 것이다. 이를테면 쇼펜하우어는 어머니를 증오했으며 죽음을 '철학의 뮤즈'로 선포하기까지 했다. '신랄한' 성격 구조를 가졌거나 특히 비극적 사건을 겪은 사람이라면 비관적 태도를 취할 수밖에 없다. 한 심리학자는 내게 죽음에 대한 두려움이라는 개념 전체가 실존주의자와 프로테스탄트 신학자에게서 수입되었다고 말했다. 이들은 유럽에서의 경험에 상처를 입었거나 삶의 부정이라는 칼뱅파와 루터파의 유산에 짓눌렸다는 것이다. 심지어 저명한 심리학자 가드너 머피도 이 학파에 경도된 듯한데, 그는 죽음의 두려움을 드러내고 불안을 사유의 중심에 놓는 인물을 연구하라고 우리에게 촉구한다. 그러면서 사랑과 기쁨의 삶을 살아가는 것이 현실적이고 기본적인 것으로 간주될 수 없는 이유가 뭐냐고 묻는다.[14]

'불건전한 정신'의 주장

방금 논의한 '건전한 정신'의 주장은 죽음의 두려움이라는 문제에 대해 축적된 연구와 견해의 한 단면을 보여주지만 여기에는 또 다른 단면도 있다. 많은 사람이 초기 경험에 대한 이러한 주장에 동의할 것이며 이 경험이 타고난 불안과 이후의 두려움을 악화시킬지도 모른다고 인정할 것이다. 하지만 이 사람들은 죽음에 대한 두려움이 그럼에도 자연적이고 모든 사람에게 존재하며, 모두에게 영향을 미치는 기본적 두려움이자 아무리 위장하더라도 누구도 면제될 수 없는 두려움이라고 역설할 것이다. 윌리엄 제임스는 매우 초기에 이 학파에 동조했으며 예의 다채로운 현실주의를 발휘하여 죽음을 행복한 척하는 인간의 "중앙에 자리잡은 벌레[고통]"라고 불렀다.[15] 누구에게도 뒤지지 않는 인간 본성 연구자 막스 셸러는 모든 사람이 (인정하든 하지 않든) 이 '중앙에 자리잡은 벌레'에 대한 직관을 틀림없이 가지고 있다고 생각했다.[16] 프로이트 수준의 연구자들, 그의 여러 측근들, 정신분석학자가 아닌 진지한 연구자 등 헤아릴 수 없이 많은 권위자들이 이 학파에 속한다(몇몇 사람은 뒤에서 언급할 것이다). 서로 다른 두 진영에 각각 저명한 권위자들이 포진해 있는 논쟁을 우리는 어떻게 이해해야 할까? 자크 쇼롱은 죽음에 대한 두려움이 기본적 불안인지 아닌지 판단하는 것이 도대체 가능할 것인지가 의문스럽다고까지 이야기한다.[17] 그렇다면 이런 문제에서 우리가 할 수 있는 최선은 한쪽 편을 들고 가장 설득력 있는 권위에 근거하여 의견을 제시하고 설득력 있는 논증 몇 가지를 제시하는 것이다.

나는 솔직히 두번째 학파 편이다. 사실 이 책 전체가 죽음에 대한 두려움(죽음을 정면으로 바라볼 때의 압도적 느낌을 전달하려면 '공포'라고 부르는 게 낫다고 생각하지만)의 보편성에 바탕을 둔 논증의 그물망이다. 내가 소개하고 논의하고 싶은 첫번째 문헌은 저명한 정신분석가 그레고리 질부르크가 쓴 논문이다. 이 논문은 수십 년 전

발표되었는데도 간결성과 포괄성 면에서 타의 추종을 불허하는 예리한 글이다.[18] 질부르크에 따르면 죽음은 진짜 얼굴을 좀처럼 보여주지 않기에 대다수 사람들은 죽음에 대한 두려움이 존재하지 않는다고 생각하지만 모든 겉모습 아래에는 죽음에 대한 두려움이 보편적으로 존재한다.

위험에 직면한 불안감 뒤에는, 의기소침과 우울 뒤에는 언제나 죽음에 대한 기본적 두려움이 도사리고 있다. 이 두려움은 무척 복잡한 세공을 거쳐 간접적 방식으로 스스로를 드러낸다. 죽음에 대한 공포로부터 자유로운 사람은 아무도 없다. 불안 신경증, 온갖 공포증, 심지어 우울증으로 인한 상당수의 자살적 상태와 여러 조현병 또한 죽음에 대한 상존하는 두려움이 해당 정신병리적 조건의 주된 갈등에 엮여들어감을 충분히 보여준다. 그러므로 죽음에 대한 두려움이 우리의 정신 활동에 늘 존재함을 당연시해도 무방할 것이다.[19]

제임스도 똑같은 얘기를 나름의 방식으로 하지 않았던가?

쾌활한 낙관주의적 성품으로 하여금 순간적으로 살아가고 무시하고 망각하는 이상한 힘으로 최선을 다하게 하라. 그럼에도 여전히 사악한 배경이 실재하는 것으로 생각되고 두개골은 연회에서 이빨을 드러내며 싱글거릴 것이다.[20]

두 진술의 차이는 심상과 문체에 있다기보다는 질부르크가 거의 반세기 뒤에 등장하여 철학적 사변과 개인적 직관뿐 아니라 훨씬 현실적인 임상 작업에 근거를 두고 있다는 사실에 있다. 하지만 제임스로부터 (죽음에 대한 두려움을 생물학적·진화적 문제로 바라보는) 후기 다윈주의자들에 이르는 발전 경로는 일직선을 그린다. 여기서 나는 제임스가 매우 탄탄한 토대에 서 있다고 생각하며 그의 서술 방식이 특히 마음에 든다. 질부르크는 이 두려움이 실제로는 자기보전 본능의 표현이라고 지적한다. 이 본능은 생명을 유지하려는, 또한 삶을 위협하는 위험을 다스리려는 끊임없는 원동력의 역할을 한다.

> 생명을 유지하는 일에 심리적 에너지를 이토록 끊임없이 쏟는 것은 죽음에 대한 두려움이 그만큼 끊임없지 않다면 불가능할 것이다. '자기보전'이라는 용어 자체가 분해의 힘에 맞서는 노력을 함의한다. 이 노력의 정서적 측면은 두려움, 죽음에 대한 두려움이다.[21]

말하자면 유기체가 자기보전을 위해 무장하려면 모든 정상적 기능 뒤에 죽음에 대한 두려움이 있어야 한다. 하지만 죽음에 대한 두려움이 정신적 기능에 끊임없이 달라붙어 있을 수는 없다. 그랬다가는 유기체가 기능할 수 없기 때문이다. 질부르크는 계속해서 이렇게 말한다.

> 이 두려움을 끊임없이 의식한다면 우리는 정상적으로 기능하

지 못할 것이다. 우리가 그나마 편안하게 살아가려면 죽음에 대한 두려움을 적절히 억압해야 한다. 우리는 억압이라는 것이 그저 무언가를 치우고 무엇을 어디에 치웠는지 잊어버리는 것에 불과하지 않음을 잘 안다. 억압은 뚜껑을 닫아두고 내면의 경계를 결코 늦추지 않으려고 끊임없이 심리적 노력을 기울인다는 뜻이기도 하다.[22]

그리하여 우리는 불가능한 역설처럼 보이는 현상을 이해할 수 있다. 우리의 자기보전 본능이 정상적으로 생물학적 기능을 하는 동안 죽음에 대한 두려움이 상존하는 동시에 우리의 의식적 삶에서는 이 두려움이 완전히 망각된다는 사실 말이다.

> 따라서 정상적 시기에 우리는 자신의 육체적 불멸을 온전히 믿는 양 자신의 죽음을 실제로는 결코 믿지 않으며 살아간다. 우리는 죽음을 정복하고자 한다. 물론 어떤 사람은 자신이 언젠간 죽는다는 사실을 안다고 말할 테지만 사실 그는 개의치 않는다. 그는 삶에서 즐거운 시간을 보내고 있고 죽음에 대해 생각하지 않으며 구태여 죽음을 생각하려 들지 않는다. 하지만 이것은 순전히 지적이고 언어적인 시인是認이다. 두려움의 정서는 억압되어 있다.[23]

생물학과 진화론에서 제기된 주장은 기본적 주장이며 진지하게 받아들여야 한다. 어떻게 이것이 논의에서 배제될 수 있는지 이해되지 않는다. 동물은 생존을 위해서 두려움 반응을 통해 다른 동

　　　　　　　　영웅주의의 심층심리

물에 대해서뿐 아니라 자연 자체에 대해서도 보호받아야 했다. 자신의 제한된 힘이 자신이 몸담고 있는 위험한 세상과 실제로 어떤 관계인지 파악해야 했다. 현실과 두려움이 짝을 이루는 것은 자연스러운 현상이다. 인간 유아는 위험에 더 무방비로 노출되기 때문에 이토록 연약하고 고도로 민감한 종에서 동물의 두려움 반응이 사라졌으리라는 것은 어리석은 생각이다. 초기 다윈주의의 일부 견해처럼 오히려 더 커졌으리라 생각하는 것이 합리적이다. 초기 인류 중에서 두려움을 가장 심하게 느낀 사람들은 자연에서 자신이 처한 상황을 가장 현실적으로 파악한 사람이었으며 그들은 높은 생존 가치를 가진 현실감각을 자식에게 물려주었다.[24] 그 결과 우리가 아는 바의 인간, 즉 불안해할 이유가 하나도 없을 때조차 그럴 이유를 끊임없이 만들어내는 초불안적 동물이 탄생했다.

정신분석학의 논증은 덜 사변적이며 우리는 이를 훨씬 진지하게 받아들여야 한다. 정신분석학은 우리가 한 번도 깨닫지 못한 아동의 내면세계를 보여주었다. 아동이 나머지 동물과 다를수록 그의 세계가 더욱 공포로 가득했다는 사실 말이다. 하등동물은 타고난 본능에 의해 두려움이 내장되어 있다고 말할 수 있지만 본능이 없는 동물은 내장된 두려움이 없다. 인간의 두려움은 세상을 인식하는 방식에서 비롯한다. 그렇다면 아동의 세계 인식에서 독특한 점은 무엇일까? 하나는 인과관계를 극단적으로 혼동하는 것이고 다른 하나는 제 힘의 한계를 매우 비현실적으로 파악하는 것이다. 아동은 절대적으로 의존한 채 살아가며, 자신의 욕구가 충족되면 자신에게 주술적 힘이 있고 진정으로 전능하다고 생각한다. 통증,

굶주림, 불편함을 느끼면 비명을 지르기만 하면 된다. 그때마다 부드럽고 다정한 소리가 어르고 달래주니 말이다. 아동은 주술사이자 텔레파시 초능력자다. 자신이 중얼거리기만 하면 세상이 자신의 욕망에 귀기울인다고 상상한다.

하지만 이제 그런 인식에는 처벌이 따른다. 단지 생각이나 불쾌한 표정만으로 사건을 일으킬 수 있는 주술적 세상에서는 무슨 일이 누구에게든 일어날 수 있다. 부모에게서 필연적이고 실질적인 불만을 느낀 아동은 증오와 파괴적 감정을 부모에게 쏟는다. 악감정이 자신의 나머지 소망과 같은 주술로 실현될 수 없음을 알지 못한 채. 정신분석가들은 이 혼동이야말로 아동이 죄책감과 무력감을 느끼는 주원인이라고 믿는다. 발은 빼어난 논문에서 이 역설을 아래와 같이 요약했다.

> 사회화 과정은 어떤 아동에게든 고통스럽고 실망스럽기에 그는 자신을 사회화하는 사람이 죽기를 바라는 적대적 소망을 품는다. 따라서 직접적 형태로든 상징적 형태로든 개인적 죽음에 대한 두려움을 피할 수 있는 사람은 아무도 없다. 억압은 대체로 직접적이고 실질적이다.[25]

아동은 연약하기에 이 모든 파괴적 감정에 책임을 지지 못하며 자신의 욕망이 주술적으로 실현되는 것을 통제하지 못한다. 이것이 바로 '미성숙한 에고'의 의미다. 아동은 자신의 인식을, 또한 세상과의 관계를 체계화할 확실한 능력이 없고 자신의 행동을 통제하지 못하며 타인의 행동에 확실한 지배력을 행사하지 못한다. 따라서 아동은 자기 내부에서나 외부의 자연과 타인에게서나 자신이 감지하는 주술적 인과관계에 대한 실질적 통제권이 전혀 없다. 아동의 파괴적 소망은 부모의 소망처럼 터져버린다. 자연의 힘은 외적으로든 내적으로든 혼란스러우며 이 때문에 연약한 에고는 과장된 잠재력과 과도한 공포를 경험한다. 그리하여 아동은 적어도 한동안은 다른 동물이 겪지 않는 내적 혼돈감을 지닌 채 살아간다.[26]

아이러니하게도 아동이 만들어내는 실제 인과관계도 자신에게 부담이 되는데, 이는 인과관계를 과잉 일반화하기 때문이다. 그런 일반화 중 하나를 정신분석가들은 '탈리온 원칙'□이라고 부른다. 아동은 곤충을 짓이기고, 고양이가 쥐를 잡아먹어 없어지게 하는 것을 목격하고, 가족과 함께 애완용 토끼를 먹어 자기네 뱃속으로 사라지게 한다. 아동은 세상의 권력관계에 대해 무언가를 알게 되지만 여기에 경중을 부여하지는 못한다. 부모가 자신을 잡아먹어 없어지게 할 수 있고 자신도 부모를 잡아먹을 수 있다고 생각하는 것이다. 아버지가 몽둥이로 쥐를 때릴 때 눈에 감도는 살기를 본 아동은 자신도 몽둥이세례를 받으리라 예상할지도 모른다. 자신이 나쁜 주술적 생각을 품고 있었다면 더더욱.

그렇다고 해서 여전히 우리에게 불확실한 과정들을 내가 정확히 묘사한다거나 모든 아동이 같은 세계에서 살고 같은 문제를 겪는다고 주장하려는 것은 아니다. 아동의 세계가 대부분의 시간에

□   '눈에는 눈, 이에는 이' 원칙.

실제보다 더 끔찍하게 보인다고 말하려는 것도 아니다. 하지만 적어도 일부 시기에 틀림없이 존재하는 고통스러운 모순을 밝히고 아동의 삶에서 첫 몇 년간 세상이 얼마나 비현실적인지 밝히는 것은 중요한 일이다. 그러면 우리는 죽음의 두려움이 "무척 복잡한 세공을 거치며 여러 간접적인 방식으로 스스로를 드러낸"다고 질부르크가 말한 이유를 더 분명하게 이해할 수 있을 것이다. 발이 완벽하게 표현했듯 죽음은 **복합적 상징**이며 아동에게는 결코 뚜렷하게 정의되거나 특별하지 않다.

> 아동의 죽음 관념은 단일한 것이 아니라 서로 모순된 역설의 복합물이다. 죽음 자체는 단순한 상태가 아니라 복합적 상징이며 그 의미는 사람마다 문화마다 달라질 수 있다.[27]

아동이 거듭 악몽을 꾸고 예외 없이 벌레와 사나운 개를 무서워하는 이유도 이해할 수 있다. 아동의 고통받는 내면에서는 세계에 대한 공포, 자신의 소망에 대한 공포, 실제로 부모가 복수하고 사물이 사라지고 무엇에도 통제권을 가지지 못하리라는 두려움 등 받아들일 수 없는 여러 현실에 대한 복합적 상징이 분출된다. 이것은 어떤 동물도 받아들이지 못할 부담이지만 아동은 이를 감내해야 한다. 그리하여 그는 자신의 연약한 에고가 견고해지는 시기에 뻔질나게 비명을 지르며 잠에서 깬다.

영웅주의의 심층심리

죽음에 대한 두려움이 '사라지다'

하지만 악몽은 간격이 점차 벌어지며 일부 아동에게서는 더더욱 벌어진다. 우리는 논의의 처음으로 돌아왔다. 죽음에 대한 두려움이 정상이라고 믿지 않는 사람, 죽음에 대한 두려움이 나쁜 초기 경험에서 비롯하는 신경증적 과장이라고 생각하는 사람 말이다. 그들은 묻는다. 그게 아니라면 그 많은 절대다수의 사람들이 어린 시절 악몽의 아수라장에서 살아남아 건전하고 대체로 낙관적이며 죽음에 개의치 않는 삶을 살아가는 듯 보이는 것을 어떻게 설명하겠느냐고. 몽테뉴 말마따나 농부는 죽음에 대해, 또한 삶의 짓궂은 측면에 대해 지독한 무관심과 인내를 발휘한다. 이것이 어리석음 때문이라면 "모두가 어리석음에서 배워"야 한다는 것이다.[28] 오늘날 몽테뉴보다 많이 아는 우리는 "모두가 억압에서 배워야 한다"라고 말할 것이다. 하지만 교훈의 무게는 똑같다. 억압은 대다수 사람들에게서 죽음의 복합적 상징을 처리한다.

하지만 죽음이 사라진다고 해서 죽음에 대한 두려움이 결코 존재하지 않았다는 뜻은 아니다. 죽음에 대한 타고난 공포가 보편적이라고 믿는 사람들은 억압이 얼마나 효과적인지에 대한 우리의 지식을 주요 근거로 내세운다. 하지만 그들의 주장은 결코 명료하게 판단할 수 없을 것이다. 어떤 관념이 존재하지 않는 이유가 그것이 억압되기 때문이라고 주장한다면 아무도 당신을 이길 수 없다. 그것은 지적으로 공정한 경기가 아니다. 당신이 언제나 으뜸 패를 쥐고 있기 때문이다. 이런 유형의 논증 때문에 정신분석학은 많은 사람들에게 비과학적으로 비친다. 어떤 사람이 자신의 관념을 부인하더라도 정신분석학 옹호자들은 그것이 진실성에 대한 의식을 억압하기 때문이라고 주장할 수 있기 때문이다.

하지만 억압은 논증을 필승으로 이끄는 마법 단어가 아니라 엄연한 현상이다. 우리는 억압이 작용하는 여러 방식을 연구할 수 있었는데, 이 연구는 억압에 학문적 개념으로서의 타당성을 부여하며 그 덕에 억압은 우리의 논증에서 그럭저럭 의지할 수 있는 동맹이 된다. 한편으로 피부 전기 반응을 측정하는 등의 심리검사를 이용하여 피험자가 자신이 죽음에 대한 의식을 억압하고 있음을 부정하는 현상을 파악하려는 연구가 늘고 있다. 이는 가장 단조로운 겉모습 아래에 보편적 불안, 즉 '중앙에 자리잡은 벌레'가 숨어 있음을 강력히 시사한다.[29]

다른 한편으로 현실 세계에서 느슨한 억압을 자극하기에는 충격적 사건만한 것이 없다. 최근에 정신의학자들은 캘리포니아 남부의 약한 지진 때문에 아동의 불안신경증이 증가했다고 보고했다. 이 아동들은 부정 체계가 아직 불완전했기에 재앙의 위험이 삶에 실재한다는 인식을 감당할 수 없었다. 그래서 불안이 밖으로 분출된 것이다. 임박한 재앙에 직면했을 때 성인의 불안은 공황의 형태로 표출된다. 최근에 비행기가 이륙할 때 승객들이 안전문을 강제로 열고 날개에서 땅으로 뛰어내리다 여러 사람이 팔다리가 부러지거나 그 밖의 부상을 입었다. 소동이 일어난 원인은 엔진에서 폭발음이 들렸기 때문이다. 비행기의 이 무해한 소음 아래에서 다른 것들이 덜컹거리고 있었음이 틀림없다.

하지만 훨씬 중요한 것은 억압이 어떻게 작동하는가다. 억압은 단순히 생명 에너지에 맞서는 부정적 힘이 아니다. 억압은 생명 에너지로 살아가며 이를 창의적으로 활용한다. 즉, 두려움은 유기체의 확장 노력에 의해 자연스럽게 흡수된다. 자연은 타고난 건전한 정신을 유기체에 불어넣은 듯하다. 유기체는 스스로 기뻐하고 자신의 능력을 세상에 펼치고 그 세상에서 사물을 통합하고 무한한 경험을 누리면서 자신을 표현한다. 이것은 매우 긍정적인 경험이며 강력한 유기체는 이 경험에서 만족감을 느낀다. 산타야나 말마따나 신이 제 편이라는 확신은 가젤보다 사자가 더 크게 느낄 것이다. 가장 기초적인 차원에서 유기체는 삶의 경험에 자신을 확장하고 영속화하려 함으로써 스스로의 나약함에 적극적으로 맞선다. 움츠러들기보다는 더 많은 생명을 향해 나아가는 것이다. 또한 자신의 활동에 전념할 수 있도록 한 번에 한 가지 일만 한다. 이렇게 하면 죽음에 대한 두려움을 신중하게 무시하거나 생명 확장 과정에 실제로 흡수할 수 있다. 이따금 인간 차원에서 그런 생기 넘치는 유기체가 등장하기도 한다. 내가 염두에 둔 것은 니코스 카잔차키스가 그려낸 **그리스인 조르바**의 초상이다. 조르바는 포괄적인 일상의 열정이 소심함과 죽음에 맞서 아무렇지도 않게 승리를 거두는 장면을 이상적으로 보여주었다. 그는 삶을 긍정하는 불꽃으로 사람들을 정화했다. 하지만 카잔차키스 자신은 조르바가 아니었으며(조르바라는 인물이 약간 가짜처럼 보이는 데는 이런 탓도 있다) 대다수 사람들도 마찬가지였다. 그럼에도 모든 사람은 적당한 양의 기본적 자기애를 누린다(비록 사자만큼은 아니지만). 앞에서 말했듯 훌륭한 양육과 사랑을 받는 아동은 주술적 전능감, 자신이 난공불락이라는 느낌, 탄탄한 힘과 든든한 보호자가 있다는 느낌을 발달시킨다. 그런 아동은 마음속 깊은 곳에서 자신을 영생하는 존재로 상상할 수 있다. 아동이 자신의 죽음이라는 개념을 쉽게 억압할 수 있는 것은 매우 자기애적인 활력 덕에 죽음에 맞서 강해지기 때문이라고 말할 수 있다. 프로이트가 무의식은 죽음을 모른다고 말한 것은 이런 유형의 성격에서 비롯했는지도 모르겠다. 어쨌든 우리가 알다시피 삶을 뒷받침하는 경험, 자아감각을 따스하게 강화하는 경험, 진정으로 특별한 피조물 중의 피조물이라는 느낌을 북돋우는 경험을 어릴 적에 하면 일차적 자기애가 커진다. 그 결과로 어떤 사람들은 정신분석가 리언 J. 솔이 적절하게도 '내적 떠받침'이라고 부른 것을 더 많이 가지고 있다.[30] 내적 떠받침은 경험을 직면했을 때의 신체적 자신감으로, 심각한 인생의 위기뿐 아니라 급격한 성격 변화까지도 더 쉽게 헤쳐 나갈 수 있게 해준다. 심지어 하등동물이 가진 명령하는 본능을 대체하는 것처럼 보이기까지 한다. 여기서 프로이트를 다시 생각하지 않을 수 없다. 그는 자상한 어머니와 우호적인 성장 환경 덕에 대다수 사람보다 더 많은 내적 떠받침을 받았다. 그는 내적 떠받침이 인간에게 선사하는 자신감과 용기를 알았으며 그 자신도 삶과 치명적 암에 금욕적 영웅주의로 맞섰다. 이것은 죽음에 대한 두려움의 복합적 상징이 세기 면에서 매우 다양하다는 또다른 증거다. 발의 결론처럼 이 상징의 세기는 "발달 과정의 성격과 부침에 매우 의존한"다.[31]

하지만 자연적 활력과 내적 떠받침을 너무 부풀리지 않도록 신중을 기하고 싶다. 6장에서 보겠지만 남달리 좋은 환경에서 자란 프로이트도 평생 공포증과 죽음 불안에 시달렸으며 결국 세상을 오로지 자연적 공포라는 측면에서 인식하고 말았다. 어떤 사람에게 활력과 내적 떠받침이 아무리 많더라도 죽음의 복합적 상징이 전혀 없을 수는 없다. 게다가 이 힘들 덕에 억압이 쉽고 자연스러워지면 우리 눈에 보이는 것은 절반에 지나지 않는다. 사실 사람들이 바로 그 힘들을 얻는 것은 억압에서다. 정신의학자들은 죽음에 대한 두려움의 세기가 발달 과정에 따라 다르다고 주장하는데, 나는 그 두려움이 그 과정에서 변화하는 것이야말로 중요한 이유 중 하나라고 생각한다. 아동이 매우 좋은 환경에서 자랐더라도 그 환경은 죽음에 대한 두려움을 더 감쪽같이 숨기는 데 한몫할 뿐이다. 결국 억압이 가능해지는 것은 아동이 자신을 부모의 힘과 자연스럽게 동일시하기 때문이다. 아동이 보살핌을 잘 받았다면 동일시가 쉽고 탄탄하게 이루어지며 죽음에 대한 부모의 막강한 승리는 저절로 아동의 것이 된다. 두려움을 몰아내고자 할 때, 위임된 권력에 기대어 사는 것보다 더 자연스러운 일이 어디 있겠는가? 또한 성장기 전체란 인생 기획을 보여주는 것이 아니라면 무엇을 의미하겠는가? 이 책에서 이 문제를 계속해서 언급할 것이기에 지금의 개괄적 논의에서 발전시키고 싶지는 않다. 뒤에서 보겠지만 인간은 자신이 감당할 수 있도록 세계를 깎아낸다. 그는 무비판적으로 무모하게 자신을 행동에 던진다. 문화적 계획은 그가 보아야 하는 곳으로 그의 얼굴을 돌리는데, 그는 이를 받아들인다. 그는 거인처럼 세상을 한꺼번에 집어삼키는 것이 아니라 비버처럼 자신이 감당할 수 있는 작은 조각으로 자른다. 그는 온갖 수법을 동원하는데,

이것을 '성격 방어'라고 부른다. 그는 자신을 드러내지 않고 돋보이지 않는 법을 배운다. 구체적 사람과 사물의, 또한 문화적 명령의 외부적 힘에 자신을 깃들게 하는 법을 배운다. 그리하여 주위 세상의 상상 속 무류성 속에서 존재하게 된다. 발을 단단히 디디고 기성품 미로에서 삶을 헤쳐 나갈 때는 두려워할 필요가 없다. 그가 해야 하는 일은 강박적으로 이끌리듯 '세상의 방식'에 뛰어드는 것이다. 아동은 이 방식을 학습하여 훗날 잔잔한 평정심(제임스가 말한 "순간적으로 살아가고 무시하고 망각하는 이상한 힘")을 발휘하며 세상을 살아간다. 이것은 몽테뉴의 농부가 자신의 어깨에 늘 앉아 있던 죽음의 천사가 날개를 펼치는 최후의 순간까지 심드렁한 심층적 이유다. 존 캐서비티스의 수작 영화 『남편들』에서처럼 그전에 말문이 막히는 깨달음이라도 얻는다면 모를까. 분주한 기성품 활동으로 늘 얼룩져 있던 자각이 드러나는 이런 시기에는 억압의 변화가 '재증류'되어 죽음에 대한 두려움이 순수한 정수로서 나타난다. 더는 억압이 작동하지 않고 더는 활동의 추진력을 낼 수 없을 때 사람들이 정신증적 발작을 일으키는 것은 이 때문이다. 게다가 농부의 사고방식은 몽테뉴가 말한 것보다 훨씬 덜 낭만적이다. 평정심이 농부를 보호하는 것은 그의 생활방식에 진정한 광기의 요소가 있기 때문이다. 끊임없는 증오와 괴로움의 저류는 갈등, 괴롭힘, 말다툼, 가족 간의 불화, 쩨쩨한 심보, 자기비하, 미신, 엄격한 권위주의에 의한 강박적 일상생활 통제로 표출된다. 요세프 로프레아토의 최근 논문 제목이 이를 한마디로 표현한다. "농부가 되면 심정이 어떻겠는가?"

영웅주의의 심층심리

우리는 죽음의 복합적 상징이 인간에 의해 변화되고 초월되는 더 큰 차원(불멸을 믿고 자신의 존재를 영생으로 확장하는 것)도 논의할 것이다. 하지만 지금으로서는 인간 동물이 불안해할 필요가 없도록 억압이 여러 방법을 통해 인간 동물의 불안을 가라앉힌다고 결론 내릴 수 있을 것이다.

우리는 죽음의 두려움에 대한 두 이질적 입장을 화해시켰다. '환경적' 입장과 '선천적' 입장은 같은 그림의 두 부분이다. 두 입장은 자연스럽게 섞인다. 그림을 어느 각도에서 보느냐, 즉 죽음에 대한 두려움의 위장과 변화라는 측면에서 보느냐, 죽음에 대한 두려움의 외견상 결여라는 측면에서 보느냐에 따라 달라질 뿐이다. 학문적으로 거북한 노릇이기는 하지만 어느 각도에서 보든 우리는 죽음에 대한 실제 두려움에 도달하지 못한다. 그래서 나는 논쟁에서 결코 깔끔하게 '승리'할 수 없으리라는 쇼롱의 말에 마지못해 동의한다. 그럼에도 매우 중요한 무언가가 모습을 드러내는데, 그것은 인간이 서로 다른 이미지를 그리고 선택할 수 있다는 것이다.

한편에 있는 인간 동물은 세상에 대해 부분적으로 죽었으며 자신의 운명을 어느 정도 잊어버리고 삶을 살아지는 대로 내버려둘 때 가장 '존엄'하다. 주변의 힘에 안온하게 의존하여 살아가고 스스로에 대한 책임에서 가장 많이 벗어났을 때 가장 '자유'롭다. 다른 한편에 있는 인간 동물은 세상에 지나치게 예민하여 세상을 닫아버리지 못하며 자신의 변변찮은 힘에 의존해야 하고, 움직이고 행동하는 데 가장 덜 자유롭고, 스스로에 대한 책임에서 가장 벗어나 있으며, 가장 비천하다. 자신을 어느 이미지와 동일시하기로 선택하는가는 자신에게 달렸다. 이제 이 이미지가 우리에게 무엇을 드러내 보이는지 자세히 들여다보자.

영웅주의의 심층심리

3장　　　　　　　정신분석학 기초 개념의 재정립

다섯 살배기에게서 지금의 나까지는 한달음이다. 하지만 신생아에서 다섯 살배기까지는 어마어마하게 멀다.

—레프 톨스토이

앞의 두 장에서 논증의 윤곽을 잡았으니 이제 세부 사항을 채울 차례다. 인간 동물에게 세상이 이토록 끔찍한 이유는 대체 무엇일까? 왜 사람들은 그 공포를 터놓고 용감하게 맞설 자원을 마련하는 일을 그토록 힘들어할까? 이 문제를 이야기하려면 정신분석 이론의 심장부로, 또한 심리학에서 실존적 재탄생이라고 부르는 것의 핵심으로 곧장 파고들어야 한다. 이 분야는 인간 본성을 놀랍도록 명료하고 포괄적으로 속속들이 드러내 보인다.

인간의 실존적 딜레마
누구나 알다시피 인간에게는 뭔가 고유한 점이 있다. 그것은 깊숙한 곳에서 인간을 특징짓고 다른 동물과 구별한다. 그것은 곧장 핵심으로 들어가야 하는 것, 인간이 고유한 운명을 겪도록 하는 것, 그로부터 벗어나는 것을 불가능하게 하는 것이었다. 오랫동안 철학자들은 인간의 핵심에 대해 이야기할 때 '정수'라는 표현을 썼다. 이것은 인간 본성에 깊이 박혀 있는 것으로, 어떤 특별한 성질이나 기질을 일컫는다. 하지만 이런 것은 한 번도 발견되지 않았다. 인간의 고유함은 여전히 딜레마다. 정수가 한 번도 발견되지 않은 이유는 에리히 프롬이 탁월한 논의에서 지적했듯 존재하지 않기 때문이다. 인간의 정수는 실은 그의 **역설적** 본성, 즉 반은 동물적이고 반은 상징적이라는 사실이다.[1] 5장에서 보겠지만 실존적 역설을 현대 심리학에 강력하게 도입한 사람은 키르케고르다. 이를 위해 그는 이 역설을 모든 시대의 서구 정신에 전수한 아담과 이브 신화를 빼어나게 분석했다. 최근에 중요한 연구를 한 심리학자들은 모두 이 역설을 자기 사상의 주된 문제로 삼았다. 오토 랑크(나중에 그에게 몇 개의 장을 특별히 할애할 것이다)는 키르케고르 이후 누구보다 일관되고 훌륭하게 이 문제를 다뤘으며 그 밖에도 카를 융, 에리히 프롬, 롤로 메이, 에르네스트 샤흐텔, 에이브러햄 매슬로, 해럴드 F. 셜스, 노먼 O. 브라운, 로라 펄스 등을 눈여겨볼 만하다.

이 실존적 역설은 **유한성 속의 개별성** 조건이라 부를 수 있다. 인간에게는 자신을 자연과 뚜렷이 구분하는 상징적 정체성이 있다. 그는 상징적 자아이고 이름과 인생사가 있는 피조물이다. 원자와 무한에까지 사유를 뻗을 수 있는 창조자다. 상상 속에서 우주의 어느 지점에든 갈 수 있고 자신의 행성을 고요히 사색할 수도 있다. 이 어마어마한 확장, 이 민첩성, 이 영성, 이 자의식은 르네상스 사상가들이 알고 있었듯 말 그대로 자연 속의 작은 신이라는 지위를 인간에게 부여한다.

하지만 이와 동시에 동양의 현자들도 알고 있었듯 인간은 벌레이자 벌레의 먹잇감이다. 이것은 역설이다. 인간은 자연 바깥에 있으면서도 자연 안에 속절없이 갇혀 있다. 인간은 이중적 존재다. 별을 우러러보면서도, 심장이 뛰고 숨을 쉬는 몸에 깃들어 있다. 이 몸은 한때 물고기에 속하던 것으로, 아직도 남아 있는 아가미 흔적이 이를 입증한다. 인간의 몸은 여러 면에서 낯선 물질적 살덩어리다. 가장 기묘하고 가장 혐오스럽게 통증을 느끼고 피를 흘리고 늙고 죽는다. 인간은 말 그대로 둘로 나뉘어 있다. 위풍당당하게 우뚝 솟아 자연으로부터 돋보인다는 점에서 자신이 독보적임을 자각하면서도, 눈멀고 말문이 닫힌 채 1미터 아래 땅속으로 돌아가 영영 썩어 사라진다. 이것은 우리가 처한, 짊어진 채 살아가야 하는 끔찍한 딜레마다. 물론 하등동물은 이런 고통스러운 모순을 겪지 않는다. 상징적 정체성과 그에 따르는 자의식이 없기 때문이다. 하등동물은 본능에 이끌리는 대로 반사적으로 행동하고 움직일 뿐이다. 결딴나더라도 몸이 결딴나는 것에 불과하다. 내면은 익명이며 심지어 얼굴에도 이름이 없다. 시간이 없는 세상에서 마치 말 못하는 존재처럼 꿈틀대며 살아간다. 물소나 코끼리 무리를 쉽게 몰살시킬 수 있는 것은 이 때문이다. 이 동물들은 죽음이 벌어지고 있음을 알지 못하기에 옆에서 동료들이 쓰러지는데도 무심히 풀을 뜯는다. 죽음의 지식은 반성적이고 관념적이어서 동물에게는 결여되어 있다. 동물은 생각 없이 살고 생각 없이 죽는다. 몇 분간 두려움을 느끼고 몇 초간 고통을 느끼면 그만이다. 하지만 꿈에서도, 심지어 화창한 낮에도 죽음에 대한 두려움에 시달리며 평생을 살아가는 것은 그와 다르다.

죽음에 대한 두려움을 느끼는 것이 동물에게 불가능한 상황임을 깨달으려면 이 역설의 무게가 당신의 마음과 감정에 온전히 내려앉도록 하면 된다. 인간 조건을 온전히 이해한 사람은 미쳐버릴 것이라는 말은 옳다. 말 그대로 매우 옳다고 나는 믿는다. 아가미와 꼬리가 달린 채 태어나는 아기들이 있지만 이 사건은 공개되지 않고 묻혀버린다. 우리와 같은 존재가 자신의 은신처 바깥의 우주에서 발톱을 휘두르고 숨을 헐떡이는 모습을 온전히 맞닥뜨리고 싶은 사람이 누가 있겠는가? 그런 사건을 접하면 파스칼의 오싹한 묘사에 담긴 의미를 알 수 있다. "사람은 필연적으로 미쳐 있다. 그래서 미치지 않은 것도 다른 형태의 광기라는 점에서 미친 것과 같다." 필연적인 이유는 실존적 양면성으로 인해 불가능한 상황, 고통스러운 딜레마가 생겨나기 때문이다. 미친 이유는 (나중에 보겠지만) 인간이 상징적 세계에서 행하는 모든 것이 자신의 괴이한 운명을 부정하고 극복하려는 시도이기 때문이다. 인간은 자신을 맹목적 망각 속으로 말 그대로 몰아가려고 사회적 게임, 심리적 트릭, 개인적 집착을 동원하는데, 이런 행동은 자신이 처한 상황의 현실과 하도 동떨어져 있기에 그 자체로 일종의 광기다. 합의된 광기, 공유된 광기, 위장되고 근엄한 광기이지만 그래봐야 광기다. 프로이트와 친했던 초기 정신분석가 회합에서 가장 명석한 사람 중 한 명인 페렌치 샨도르는 이렇게 말했다. "성격 특질은 은밀한 정신증이다." 이것은 제 나름의 설명력과 성공에 취한 애송이 과학도가 지나가는 말로 우쭐대며 내놓은 재담이 아니다. 인간이 자신을 이해하려고 만들어낸 것 중에서 가장 파괴적이고 자기계시적인 성숙한 과학적 판단이다. 사람들은 자신의 은밀한 정신증과 관련하여 세상과 스스로를 속이려고 가면을 쓰지만 페렌치는 입술을 굳게 다문 가면, 웃는 가면, 진심어린 가면, 만족한 표정의 가면 뒤를 일찍이 들여다보았다. 최근에 에리히 프롬[2]은 (사물의 무시간적 도식에서 인간에게 무한한 가치를 부여하는 듯한) 상징적 자아와 (98센트의 가치를 지닌) 몸 사이의 실존적 모순 앞에서 대다수 사람들이 미쳐버리지 않은 이유가 무엇인지 의문을 던졌다. 둘을 어떻게 화해시킬 수 있단 말인가?

인간 조건의 양면성이 지닌 무게를 이해하려면 아동이 인간 조건의 어느 면도 실제로 다루지 못한다는 사실을 알아야 한다. 아동의 가장 큰 특징은 조숙하거나 미숙하다는 것이다. 그의 세계는 그의 위에 쌓이고 그는 자신 위에 쌓인다. 아동은 처음부터 정교한 감각계통을 가지고 있는데, 이 감각계통은 재빨리 발달하여 세상의 모든 감각을 솜씨 좋게 받아들인다. 여기에다 언어와 자아감각도 빠르게 발달하여, 세상을 정확하고 안전하게 파악하려고 헛되이 애쓰는 무력한 유아의 몸에 쌓인다. 그 결과는 우스꽝스럽다. 아동은 두 영역에서 자기와 몸의 양면성 경험에 압도된다. 자아와 몸 어느 쪽의 지배자도 될 수 없기 때문이다. 자신감 있는 사회적 자아가 아닐뿐더러 말이나 생각, 이름, 장소, 특히 그에게 거대한 신비인 시간 같은 상징적 범주를 능숙하게 다루지도 못한다. 심지어 시계가 무엇인지도 모른다. 제 몫을 하는 다 자란 동물도 아니어서 일하고 자식을 낳고 주변에서 벌어지는 버젓한 일을 하지도 못한다. 아동은 어떤 면에서도 "아버지처럼 하지" 못한다. 아동은 연옥에 빠진 영재다. 경험의 양쪽 절반 둘 다 아동의 소유가 아니지만 느낌이 계속 그에게 쏟아지고 내부에서는 감각이 계속 솟아올라 몸에 차고 넘친다. 아동은 느낌과 감각을 나름대로 이해하여 일종의 지배권을 확립해야 한다. 생각이 몸을 지배할 것인가, 몸이 생각을 지배할 것인가? 쉬운 문제는 아니다. 아동이 처한 실존적 딜레마에는 명확한 승리나 간단한 해결책이 있을 수 없다. 이것은 인생의 첫 순간부터 직면한 문제이지만 이 문제를 해결해야 하는 그는 아이에 불과하다. 아동은 무엇에 필요한지 알 수 없는 상징, 무의미해 보이는 언어적 요구, (타고난 에너지를 직접 표현하는) 쾌락을 멀리하라고 명령하는 규칙과 규범에 시달린다고 느낀다. 아동이 몸에 익숙해지고 몸이 존재하지 않는 척하고 '작은 인간처럼' 행동하려고 하면 몸은 갑자기 그를 압도하여 토하거나 똥을 싸게 한다. 순전히 상징적인 동물인 척하려던 시도가 좌절된 아동은 절망의 눈물을 흘리며 허물어진다. 종종 아동은 인위적인 상징적 규칙의 부과에 저항하려고 일부러 똥을 싸거나 밤에 오줌을 싼다. 아동은 몸이 자신의 일차적 현실이며, 단순한 물리적 에덴에 머물고 싶지 '옳고 그름'의 세계에 내던져지고 싶지는 않다고 말하는 듯하다.

이런 식으로 우리는 아동의 성격이라는 것이 어떤 동물이 겪어야 하는 것보다도 불공평한 투쟁 뒤에 얻는 **잠정 협정**임을 직접적이고 통렬하게 깨닫는다. 이 투쟁은 아동이 결코 이해할 수 없는 것인데, 그 이유는 무슨 일이 일어나고 있는지, 자신이 왜 그렇게 반응하는지, 전투에 실제로 무엇이 걸려 있는지 알지 못하기 때문이다. 이런 전투에서 거둔 승리는 그야말로 상처뿐인 영광이다. 성격은 세상에 보이는 얼굴이지만 내적 패배를 감춘다. 아동은 자신을 위해 명확히 구성된 이름과 가족, 놀이 동무를 얻는다. 하지만 그의 내면은 불가능한 전투, 피와 고통과 외로움과 어둠의 무시무시한 불안에 대한 악몽 같은 기억으로 가득하다. 이 기억은 한없는 욕망, 형언할 수 없는 아름다움, 위엄, 경외감, 신비와 뒤섞여 있다. 이것들이 어우러져 만들어내는 환상과 환각은 몸과 상징을 화해시키려는 불가능한 시도다. 이제 성性이 초점을 명확히 맞춘 채 등장하는 것을 보게 될 것이다. 아동의 세계는 이 때문에 더욱 혼란스럽고 복잡해진다. 성장한다는 것은 우리의 꿈에서 고동치는 내면의 흉터 조직 덩어리를 숨기는 것이다.

그리하여 우리는 인간 존재의 두 차원인 몸과 자아를 결코 말끔하게 화해시킬 수 없음을 안다. 이것은 파스칼의 성찰에서 두번째 문장을 설명한다. "미치지 않은 것도 다른 형태의 광기라는 점에서 미친 것과 같다." 여기서 파스칼이 입증하듯 과학적 정신분석학이 등장하기 오래전에도 인간 본성의 위대한 연구자들은 인간의 가면 뒤를 볼 수 있었다. 임상 기록은 없었지만 그들은 가장 냉혹한 억압, 가장 확고한 평정심, 가장 따스한 자기만족이 세상과 자신을 향한 능숙한 거짓말임을 간파했다. 우리는 정신분석적 사고의 임상 기록 덕분에 인간 성격 유형(이제는 파스칼을 따라 '광기의 유형'

이라고 불러도 좋으리라)의 꽤 포괄적인 그림을 얻었다. 인간 조건의 진실을 부정하는 데 따르는 복합적 처벌을 정신분석학이 우리에게 드러냈다고 말해도 무방할 것이다. 이것을 미치지 않은 척하려고 치르는 대가라고 불러도 좋다. 유사 이래 오늘날까지 인간이 스스로와 세상에 저지른 온갖 악을 한마디로 설명해야 한다면 그것은 인간의 동물적 유산, 그의 본능과 진화에서 비롯한 것은 아닐 것이다. 그것은 단지 자신의 진정한 조건을 부정하려 안간힘을 쓰면서 자신이 멀쩡한 척하려고 치르는 대가일 것이다. 하지만 이 중요한 아이디어에 대해서는 나중에 더 설명하겠다.

항문성의 의미

프로이트 시대의 예리한 사상가는 고통스러운 지적 삶을 살아야 했다. 적어도 프로이트의 자서전에 따르면 그렇다. 프로이트적 세계관에는 수많은 진실이 담겨 있는 듯하지만 그중 상당수가 엉뚱한 방향을 향하고 있는 듯하다. 프로이트가 남긴 유산의 모호성은 잘못된 아이디어에 있지 않았다. 그의 잘못은 쉽게 한쪽으로 제쳐둘 수 있었다. 문제는 그의 찬란하도록 진실한 통찰에 있었다. 이 통찰이 현실의 한 측면에 치우쳤던 것이다. 현실의 두 측면을 하나로 꿰려면 어마어마한 작업과 설명을 동원해야 한다. 실제로 필요한 것은 정신분석학적 통찰의 덩어리에 들어맞는 얼개다. 그래야 그 통찰의 진실성이 프로이트가 사로잡혀 있던 19세기 환원주의와 본능주의와 생물학주의에 얽매이지 않고 뚜렷하고 분명하게 드러날 수 있기 때문이다. 이 얼개는 실존적이다. 프로이트를 실존적 맥락에서 재해석하면 그의 통찰에 온전한 과학적 위상을 부여할 수 있다. 최근 노먼 O. 브라운[3]은 '항문성' 개념과 이것이 정신분석 이론에서 행하는 중심적 역할을 해석한 책에서 이 목표를 훌륭히 달성했다. 그 책의 주된 역사적 가치는 프로이트의 사상 중에서 가장 난해하고 정반대로 왜곡된 것을 바로잡아 인간학의 어엿한 분야로 만들었다는 것이다.

브라운의 책에 담긴 풍부한 분석을 한껏 인용하고 싶지만, 그가 이미 쓴 것을 되풀이하는 것은 의미가 없다. 다만 항문성 문제의 핵심은 인간 조건의 양면성(자아와 몸)을 반영하는 것임을 살펴보자. 항문성과 그로 인한 문제들이 아동기에 생기는 이유는 그때 이미 아동이 자기 신체가 이상하고 유류有謬하며 요구와 필요를 내세워 자신에 대해 확고한 우위를 차지한다는 놀라운 사실을 발견하기 때문이다. 환상 속으로 아무리 도피하려 해도 언제나 돌아오고야 만다. 그중에서도 가장 이상하고 비참한 발견은 몸의 보이지 않는 뒤쪽 아래 구멍에서 냄새나고 심지어 악취나는 물질이, 모두에게, 심지어 아동 자신에게도 그 혐오스러운 물질이 나온다는 것이다.

처음에 아동은 똥구멍에 유쾌하게 손가락을 넣어 냄새를 맡고 벽에 똥을 칠하고 물건에 항문 갖다대기 놀이를 하는 등 자신의 항문과 똥을 재미있어한다. 이것은 모든 놀이의 본격적 요소가 들어 있는 보편적 놀이 형태다. 이 놀이는 타고난 몸의 기능을 발견하고 행사하는 행위, 낯선 영역을 깨치는 행위, 자연계의 결정론적 법칙에 대해 힘과 통제력을 확립하는 행위다. 이 모든 행위에는 상징과 환상이 동원된다.* 아동은 항문 놀이를 하면서 이미 인간 조건의 철학자가 되는 것이다. 하지만 여느 철학자처럼 아동은 여전히 매여 있다. 삶에서 그의 주된 임무는 항문이 나타내는 것을 부정하는 것이다. 사실 자연이라는 측면에서 보자면 아동은 몸 이외에 아무것도 아니다. 자연의 가치는 신체적 가치이며 인간의 가치는 정신적 가치다. 아동이 아무리 높이 날아오르더라도 그의 토대는 대변이며 대변 없이는 그의 존재가 불가능하고 그는 언제나 대변으로 돌아와야 한다. 몽테뉴 말마따나 세상에서 가장 높은 권좌에 올라도 정작 깔고 앉은 것은 자기 궁둥이다. 이 경구가 웃음을 자아내는 것은 세상을 인위적 자부심과 속물근성으로부터 되찾아 평등주의적 가치를 부여하기 때문이다. 하지만 이 주장을 더 밀어붙여 인간이 궁둥이를 깔고 앉았을 뿐 아니라 따끈하고 김이 모락모락 나는 자신의 똥더미 위에 앉아 있다고 말한다면 이 농담은 더는 웃기지 않다. 인간의 양면성, 그 우스꽝스러운 상황에서 연출되는 비극이 너무 현실적으로 다가오기 때문이다. 항문과 그 불가해하고 혐오스러운 산물은 몸이 결정론에 매여 있음을 나타낼 뿐 아니라 신체적인 모든 것의 운명 또한 보여준다. 바로 노화와 죽음이다.

이제 우리는 정신분석가들이 '항문성', 즉 항문의 성격 특질이라고 부른 것이 실은 사고와 죽음에 맞서는 보편적 저항의 형태임

■   항문 놀이는 인간적 숙달의 필수적 연습이기 때문에 금지하지 않는 편이 낫다. 성인이 항문 놀이를 불안하게 중단시키는 것은 그 동물적 기능에 불안을 더하는 셈이다. 항문 놀이는 더 위협적으로 바뀌며 자신의 이질적 부분으로서 과도하게 부정되고 회피된다. 이 과도하게 음울한 부정이야말로 '항문적 성격'이 뜻하는 바다. 그렇다면 '항문적' 양육은 유례없는 인간적 부담으로서의 모멸적인 동물적 몸의 공포를 격렬한 억압을 통해 긍정하는 것이다.

영웅주의의 심층심리

을 알았다. 이런 식으로 바라보면 가장 난해한 정신분석적 통찰의 덩어리 중 많은 부분이 새로운 활력과 의미를 얻는다. 누군가를 '항문적'이라고 말하는 것은 그가 삶에서 사고와 죽음의 위험으로부터 자신을 보호하려고 각별히 노력하고, 자연의 신비에 승리할 확실한 수단으로서 문화의 상징을 이용하려 애쓰고, 결코 동물이 아닌 체하려고 노력한다는 뜻이다. 인류학 문헌을 뒤지면 어디서나 사람들이 문화적 분투의 기본적 차원에서 항문적이었으며 원시인들이 항문성을 가장 거리낌없이 드러냈음을 알 수 있다. 그들은 자신의 진짜 문제에 대해 더 무지했으며 말하자면 인간 조건의 유류성을 위장하는 일에 능숙하지 못했다. 샤가족은 평생 항문 마개를 하고 다니며 항문이 밀봉되어 똥을 눌 필요가 없는 척한다고 한다. 이것은 단순한 신체성에 대한 명백한 승리다. 아니면 여성을 월경 기간에 특수 오두막에 격리하는 보편적 관습이나 월경과 관련한 온갖 금기를 생각해보라. 인간이 자신의 몸안에서 나타나는 자연의 신비한 과정을 통제하려 한다는 것은 분명한 사실이다. 몸이 인간 자신에 대해 우위를 차지하는 것은 용납되지 않는다.[4]

항문성은 인간이 모순과 모호성으로부터 자유를 갈망하는 이유, 자신의 상징이 순수하기를 바라는 이유, 자신의 진실이 진정한 진리이길 바라는 이유를 설명한다. 다른 한편으로 인간은 정말로 인위성에 저항하고 싶을 때, 문화의 상징주의에 맞서 봉기하고 싶을 때 신체적인 것에 기댄다. 그들은 생각을 땅으로, 매너리즘을 기본적 성질로 불러 내린다. 이것을 완벽히 보여주는 예가 1970년 개봉한 '항문적' 영화 〈운명의 맥클라우드〉다. 이 영화에서는 하늘에서 똥이 떨어져 말하는 사람과 공무원 배지, 물건의 반짝거리는 표면에 묻는다. 영화의 메시지는 현대 영화 제작자들이 대담하게 내세우는 바로 그것으로, 생명과 몸의 기본적인 것을 부각함으로써 세상을 위선으로부터 돌이켜 세운다는 것이다. 스탠리 큐브릭은 〈2001 스페이스 오디세이〉에서 인간이 우주로 발을 내디디는 장면을 유인원이 슈트라우스의 감상적인 왈츠 음악에 맞춰 춤추는 것에 빗댐으로써 관객의 심기를 긁었으며 〈시계태엽 오렌지〉에서는 인간이 영웅적 초월성을 표현하는 베토벤 교향곡 제9번에 맞춰 얼마나 자연스럽고 만족스럽게 살인과 강간을 저지를 수 있는지 보여주었다.

항문성의 심란한 점은 모든 문화, 인간의 모든 창조적 생활방식이 기본적 측면에서 자연적 현실에 대한 허구적 저항이요 인간 조건의 진실에 대한 부정이요 인간이 애처로운 존재임을 잊으려는 시도임을 폭로한다는 것이다. 브라운의 연구에서 가장 놀라운 부분 중 하나는 조너선 스위프트의 작품에서 항문성을 발견한 것이다. 스위프트가 궁극적으로 두려워한 것은 숭고하고 아름답고 거룩한 것이 기본적인 동물적 기능과 떼려야 뗄 수 없는 관계라는 사실이었다. 여인을 흠모하는 남성의 머릿속에 들어 있는 것은 숭고한 아름다움이 "머리와 날개로만 이뤄졌으며 [아름다움을] 배신할 아랫도리는 없"다는 착각이다.[5] 스위프트의 시에서는 젊은 남자가 자신을 찢어발기는 기괴한 모순을 설명한다.[6]

내가 이성을 잃을 만도 하지.

오! 카일리아가, 카일리아가, 카일리아가 똥을 누다니!

말하자면 스위프트의 마음속에는 "사랑에 빠진 상태와 연인의 배변 기능에 대한 자각 사이"의 절대적 모순이 있었다.[7]

그전에도 에르빈 슈트라우스는 강박을 주제로 한 빼어난 논문[8]에서 스위프트가 몸의 동물성과 흙으로 돌아가 썩어야 하는 신세를 얼마나 혐오했는지를 비슷하게 보여주었다. 슈트라우스는 스위프트의 혐오에 대해 임상적 판단을 내리면서 그것을 전형적 강박증 환자의 세계관으로 간주했다. "모든 강박증 환자에게서 성교는 합일과 생식으로부터 분리되어 있다. 생식기를 몸 전체로부터 고립시킴으로써 성기능은 배변과 부패로 경험된다."[9] 이 정도의 파편화는 극단적이지만 우리 모두 적어도 어느 때 어느 정도로는 강박적 시선으로 세상을 본다. 프로이트 말마따나 우리가 "오줌과 똥 사이에서 태어났"다는 사실을 예외로 치부하려 드는 것은 신경증 환자만이 아니다.[10] 인간의 부조화에 대한 이 같은 공포 속에서 시인 스위프트는 우리 모두를 괴롭히는 딜레마에 더 괴로워하는 목소리를 부여하는데, 여기서 마지막으로 한 번 요약할 만하다. 배변이 광기를 들먹이며 위협하는 저주인 까닭은 인간에게 그의 비참한 유한성, 신체성, 꿈과 희망의 비현실성을 보여주기 때문이다. 하지만 더 직접적으로는 창조의 순전한 무의미에 대한 인간의 철저한 당혹감을 나타낸다. 인간 얼굴의 숭고한 기적, 여인의 빛나는 아름다움이 자아내는 두려운 신비감, 아름다운 여인에게서 보이는 진정한 여신의 모습을 만들어내고 이것을 무에서, 공허에서 가져와 한

낮에 빛나게 하고 무뚝뚝한 다윈마저 전율케 할 신비로운 눈 깊숙이 기적에 기적을 더하고는 이 모든 것에다 똥을 누는 항문을 결합하는 것이다! 이것은 지나친 처사다. 자연은 우리를 조롱하고 시인은 고통에 겨워한다.

나는 항문성 문제에 대한 과학적·시적 논의의 충격을 조금이나마 재현하려 했다. 내가 서툴게나마 성공을 거뒀다면 우리는 실존적 역설이 무엇을 의미하는지 이해할 수 있을 것이다. 그것은 사람을 괴롭히는 것이 실은 삶 자체의 부조화라는 사실이다. 이 견해는 항문성 문제뿐 아니라 프로이트의 중심 사상인 오이디푸스콤플렉스까지 프로이트 이론에 대한 전면 재검토로 이어진다. 이제 브라운의 빼어난 재구성에 기대어 이 문제를 살펴보자.

오이디푸스 기획

종종 프로이트는 '원시적'이라고 불릴 법한 방법으로 인간의 동기를 이해하는 경향이 있었다. 이따금 정도가 지나쳐 랑크와 페렌치 같은 제자들은 그와 갈라서면서 옹고집이라고 비난했다. 물론 그 비난은 터무니없지만 거기에는 무언가(아마도 그들이 겨냥한 것)가 담겨 있다. 그것은 프로이트가 노골적 성 도식에 끈질기게 집착한다는 사실이었다. 만년에 얼마나 바뀌었든 그는 늘 정신분석학의 교의를 글자 하나까지 고수했으며 자신이 밝혀냈다고 생각하는 동기들이 희석되지 못하도록 싸웠다. 왜 그랬는지는 다음 장에서 자세히 알 수 있을 것이다.

오이디푸스콤플렉스를 살펴보자. 프로이트는 초기 저작에서

영웅주의의 심층심리

오이디푸스콤플렉스가 정신적 삶의 중심적 원동력이라고 말했다. 그의 견해에 따르면 남자 아동은 성욕동을 타고났으며 심지어 어머니를 소유하고 싶어한다. 이와 동시에 아동은 아버지가 경쟁자임을 알며 그를 향한 살인적 공격성을 억누른다. 공격성을 억누르는 이유는 아버지가 신체적으로 강하며 아버지와 정면으로 싸우면 자신이 패배하여 거세당할 것임을 알기 때문이다. 피, 신체 훼손, 훼손된 여성 생식기에 대한 공포가 여기서 생겨난다. 이것들은 거세가 사실임을 입증한다.

프로이트는 평생에 걸쳐 견해를 수정했지만 완전히 거리를 둔 적은 한 번도 없다. 그 견해들이 그가 연구한 사람들에 의해 내밀한 방식으로 끊임없이 '확증'된 것은 놀랄 일이 아니다. 항문과 생식기, 가족의 신체성, 오래된 바위처럼 신경증 환자의 정신을 짓누르는 둘의 결합에는 정말로 무언가가 있었다. 프로이트는 그런 과중한 무게가 영장류 조상에서 인간이 처음 출현한 태곳적으로 거슬러올라간다고 생각했다. 그는 우리가 마음속 깊은 곳에서 느끼는 죄책감이 아득한 선사시대에 저질러진 부친 살해와 근친상간의 원초적 범죄와 관계있다고 생각했다. 이 죄책감은 하도 깊이 새겨져 있어서 몸과, 성교 및 배변과, 부모와 혼동되기 십상이다. 프로이트가 자신의 견해를 결코 폐기하지 않은 것은 인간 조건에 대한 기본적 암시의 측면에서 옳았기 때문이다. 하지만 그가 생각한 의미에서, 또는 자신이 제시한 얼개에서 옳지는 않았다. 오늘날 우리가 알다시피 피와 배변, 성교와 죄책감에 대한 모든 논의가 참인 이유는 부친 살해와 근친상간 충동과 실제 신체적 거세에 대한 두려움 때문이 아니라 이 모든 충동과 두려움이 자신의 기본적 동물 조건, 특히 아동으로서 이해할 수 없고 성인으로서 받아들일 수 없는 조건에 대한 공포를 반영하기 때문이다. 신체 과정과 충동에 대해 느끼는 죄책감은 '순수한' 죄책감, 즉 금지로서의 죄책감, 결정된 것으로서의 죄책감, 왜소함과 얽매임으로서의 죄책감이다. 이 죄책감은 몸과 세계의 불가해한 신비라는 **기본적 동물 조건**의 제약을 벗어나 있다.

20세기 들어서 정신분석가들은 아동기의 경험에 집착했으나 아동기가 인간에게 왜 그토록 결정적인 시기인지에 대해 꽤 완벽하고 그럴듯한 상식적 그림을 짜맞출 수 있게 된 지는 (신기하게도) 얼마 되지 않았다. 이 그림의 공로는 많은 사람, 특히 간과된 인물인 랑크에게 돌려야겠지만 내 생각에 이 그림을 누구보다 예리하고 명확하게 요약한 사람은 노먼 O. 브라운이다. 그가 프로이트에 대한 방향을 바꾸면서 주장했듯 오이디푸스콤플렉스는 프로이트가 초기 연구에서 밝힌 욕정과 경쟁심의 지엽적인 성 문제가 아니다. 오히려 오이디푸스콤플렉스는 오이디푸스 기획이다. 이 기획은 아동이 맞닥뜨리는 기본 문제를 요약한다. 그 문제는 운명의 수동적 대상으로서 남의 손발이나 세상의 노리개가 될 것인가 아니면 자기 안에서 능동적 중심이 될 것인가, 즉 스스로의 힘으로 운명을 통제할 것인가 말 것인가다. 브라운의 말을 들어보자.

오이디푸스 기획은 프로이트의 초기 저작에서 주장하는 어머니에 대한 자연적 사랑이 아니라 그의 후기 저작에서 인식되듯 양가적 갈등의 산물이자 자기애적 팽창으로 그 갈등을 극복하려는 시도다. 오이디푸스콤플렉스의 정수는 신이 되려는 기획(스피노자의 설명에서는 카우사 수이causa sui[□])이다. 같은 맥락에서 오이디푸스콤플렉스는 죽음으로부터의 도피로 인해 왜곡된 유아적 자기애를 뚜렷이 드러낸다.

아동의 주임무가 무력함과 소멸에서 달아나는 것이라면 브라운 말마따나 성 문제는 부차적이고 파생적이다.

따라서 다시 말하지만 전성기기적이든 성기기적이든 성적 구성은 인체의 자연적 에로스 분포와 일치하지 않는 듯하다. 성적 구성은 특정한 신체 기능과 구역의 과잉 집중과 과잉 공급을 나타낸다. 이 과잉 집중을 유발하는 것은 죽음으로부터의 도피에 담긴 인간적 자기애의 환상이다.[11]

이 말을 조금 풀어보자. 오이디푸스 기획은 수동성, 소멸, 우연으로부터의 도피다. 아동은 **자신의** 아버지, 자신의 삶을 창조하고 지탱하는 사람이 됨으로써 죽음을 정복하고 싶어한다. 2장에서 보았듯 아동은 세 살이면 죽음 관념이 생기지만 나약함에 맞서 자신을 강화하는 일은 그보다 훨씬 앞서 일어난다. 이 과정은 유아의

□ '자기원인'을 뜻하는 라틴어로, 이 책에서는 '스스로 의미를 창조할 수 있는 능력'을 뜻한다.

삶에서 매우 이른 단계('구강'기라고 불리는 시기)에 자연스럽게 시작된다. 이 단계는 아동이 자신의 의식에서 어머니로부터 온전히 구별되기 전이며 자신의 몸과 그 기능을 온전히 인식하기 전이다. 전문용어로 표현하자면 그의 몸이 현상학적 장에서 대상이 되기 전이다. 이때 어머니는 말 그대로 아동의 생활세계를 표상한다. 이 시기에 어머니의 행위는 아동의 소망을 만족시키고 그의 긴장과 고통을 저절로 가라앉히는 일에 집중된다. 그리하여 이 시기의 아동은 온전히 "자신으로 충만"하며 자기 세계의 당당한 조작자이자 챔피언이다. 아동은 자신의 전능함에 흠뻑 젖은 채 살아가며 그 전능함을 유지하는 데 필요한 모든 것을 주술적으로 통제한다. 아동은 울기만 하면 음식과 온기를 얻을 수 있고 손가락으로 달을 가리키기만 하면 달 모양의 딸랑이를 얻는다. 우리가 이해하기에 이 시기가 '일차적 자기애'로 특징지어지는 것은 놀랄 일이 아니다. 아동은 어머니를 통제함으로써 자신의 세계를 의기양양하게 통제한다. 아동의 몸은 자신의 자기애 기획이며 그는 몸을 이용하여 "세계를 집어삼키"려 한다. '항문기'는 아동이 현상학적 장에서의 대상으로서 자신의 몸에 관심을 기울이기 시작하는 시기의 또다른 이름이다. 아동은 자신의 몸을 발견하고 통제법을 찾는다. 그러면 아동의 자기애 기획은 자기통제를 통해 세계를 숙달하고 소유하는 것이 된다.

아동은 자신의 세계와 그 세계에서 제기되는 문제를 발견하여 세상을 알아가는 각 단계에서 자신을 강화하는 데 알맞게 그 세계를 빚으려는 의도를 품는다. 아동은 자신이 절대적 힘과 통제권을 가졌다는 느낌을 유지해야 하는데, 그러려면 일종의 독립성, 즉 자신이 스스로의 삶을 빚고 있다는 확신을 길러야 한다. 브라운이 랑크와 마찬가지로 오이디푸스 기획이 "아동에게서 필연적으로 자기 생성되며 부모가 어떻게 처신하든 부모를 겨냥한"다고 말한 것은 이 때문이다. 역설적으로 표현하자면 "아동은 스스로 배변 훈련을 한"다.[12] 이 말의 심오한 의미는 아동을 양육하는 '완벽한' 방법은 없다는 것이다. 아동이 자신을 운명의 절대적 통제자로 빚으려 노력함으로써 "스스로를 양육하"기 때문이다. 운명을 통제한다는 목표는 불가능하기 때문에 각 성격은 (심오하게, 또한 어떤 면에서 환상적일 만큼 비현실적으로) 근본적으로 불완전하다. 페렌치가 이를 훌륭하게 요약했다. "성격은 정신분석가의 관점에서 볼 때 일종의 비정상이다. 이것은 특정한 반응 방식을 기계화한 것으로, 강박 증상과 비슷하다."[13]

거세 콤플렉스

말하자면 몸을 주된 토대로 삼는 자기애적 자기창조 기획은 실패할 운명이다. 아동은 이 사실을 깨닫는다. 바로 이것을 통해 우리는 프로이트가 만년의 저작에서 발전시키고 랑크[14]와 브라운이 다듬은 '거세 콤플렉스'의 힘과 의미를 이해한다. 새롭게 이해한 거세 콤플렉스는 아동이 아버지의 위협에 반응하는 것이 아니다. 브라운이 적절히 표현했듯 거세 콤플렉스는 어머니와의 대면에서만 나타난다. 이는 매우 중요하기에 이 현상이 어떻게 생기는지 좀더 들여다보자.

거세 콤플렉스의 핵심은 어머니가 아동의 세계를 독점한다는 사실이다. 처음에는 어머니가 아동의 세계 자체다. 아동은 어머니 없이는 생존할 수 없으나 자신의 힘에 대한 통제권을 얻으려면 어머니로부터 자유로워져야 한다. 따라서 어머니는 아동에게 두 가지를 나타내며, 정신분석가들이 양가성이야말로 초기 성장기 전체를 특징짓는다고 말한 이유를 이로써 이해할 수 있다. 한편으로 어머니는 쾌락과 만족의 순수한 원천이며 기댈 수 있는 안정된 힘이다. 어머니는 아름다움과 선함, 승리와 힘의 여신으로 나타난다. 이것은 그녀의 '밝은' 면이라고 할 수 있으며 맹목적으로 매력적이다. 하지만 다른 한편으로 아동은 바로 이 의존성에 맞서야 한다. 그러지 않으면 힘을 소유했다는 느낌을 잃는다. 달리 말하자면 어머니는 확고한 생물학적 의존성을 표상함으로써 근본적 위협이 되기도 한다.

아동은 어머니를 위협으로 느끼게 되는데, 이로써 이미 어머니와의 대면에서 거세 콤플렉스가 시작된다. 아동은 어머니의 몸이 남성과 다르다는, 사뭇 다르다는 것을 알아차린다. 아동은 이 다름이 점차 불편해진다. 프로이트는 자신의 이론이 낳는 충격을 결코 완화하려 하지 않았으며 이 불편함을 '훼손된 피조물에 대한 공포' '거세된 어머니' '남근 없는' 성기를 보는 것이라고 불렀다. 많은 사람들은 프로이트의 충격 효과에 희화화의 성격이 있다고 생각했다. 아동이 인식하는 이 공포는 너무 작위적이고 아귀가 맞으며 프로이트가 집착하는 성적 설명과 생물학적 환원주의에 딱 들어맞도록 지나치게 다듬은 것처럼 보였다. 어떤 사람들은 프로이트의 사고방식이 그 자신에게 각인된 가부장제, 남성적 우위에 대한 강한

　　　　　　　　　　　　영웅주의의 심층심리

신념(여성에게 남성의 기관이 없다면 여성은 자연적으로 열등하다는 믿음)을 반영한다고 생각했다.

　'훼손된 피조물에 대한 공포'가 작위적인 것은 사실이지만 이것을 만들어내는 것은 다름 아닌 아동이다. 정신분석가들은 신경증 환자들의 말을 충실히 보고했을 뿐이다. 심지어 입에 담기 힘든 말까지도 그대로 받아 적었다. 신경증 환자에게 가장 심란한 것은 (대다수 사람들에게와 마찬가지로) 자신의 무력함이다. 그들은 대적할 무언가를 찾아야 한다. 어머니가 생물학적 의존성을 나타낸다면 그 의존성에 맞서 싸우는 방법은 성 분화°의 사실에 집중하는 것이다. 아동이 진정으로 카우사 수이이려면 어떤 식으로든 부모를 거역하고 부모를, 또한 부모로 체화되는 위협과 유혹을 넘어서야 한다. 생식기는 아동의 인식 세계에서 사소한 것이다. 두드러지지 않기에 좀처럼 외상적이지 않다. 브라운 말마따나 이 공포는 아동 "자신의 발명품이다. 이것은 스스로의 아버지가 되려는 자신의 환상적 기획과 떼려야 뗄 수 없는, 또한 환상으로서는 여성 생식기를 실제로 본 경험과 막연한 관계만 있는 환상의 조각"이다.[15] 말하자면 아동은 어머니의 몸을 자신에 대한 보편적 위험의 대상으로 '절편화'한다. 이것은 어머니를 위축시키고 그녀가 창조에서 차지하는 일차적 자리를 빼앗는 한 가지 방법이다. 에르빈 슈트라우스의 설명을 인용하자면 아동은 어머니의 생식기를 사랑 대상으로서의 어머니의 전체 모습으로부터 떼어낸다고 말할 수 있으리라. 그러면 그 생

□　발달 과정에서 남녀의 특징이 나타나는 것.

식기는 위협으로, 부패로 경험된다.

남근 선망

어머니의 진짜 위협은 순전한 신체성과 결부된다. 어머니의 생식기는 신체성의 문제에 대한 아동의 강박에서 편리한 초점으로 이용된다. 어머니는 빛의 여신인 동시에 어둠의 마녀이기도 하다. 아동은 어머니가 땅에 매여 있음을 목격하고 그녀를 자연에 묶는 은밀한 신체적 과정을 본다. 오묘하고 걸쭉한 젖을 내는 젖가슴, 월경의 냄새와 피를 본다. 생산력을 가진 어머니가 자신의 물질성에 거의 끊임없이 몰두하는 것을, 그리고 이 몰두에서 종종 드러나는 신경증적이고 무력한 성격을 본다(아동은 이것에 매우 예민하다). 아동은 어머니가 아기를 낳는다는 것을 알고 아기에게 젖 먹이는 것을 보고 변기 가득 월경혈을 쏟고도 저 마녀가 멀쩡하고 태연한 것을 똑똑히 보고 나면 그녀가 적나라한 몸 의미와 몸 유류성에 잠겨 있음을 추호도 의심하지 않는다. 어머니는 결정론에 매여 있는 것처럼 보이며 아동은 신체적으로 취약한 존재에게 자신이 완전히 의존하는 것에 공포를 표출한다. 남자 아동의 남성성 선호뿐 아니라 여자 아동의 '남근 선망'도 이렇게 이해된다. 남자 아동과 여자 아동 둘 다 어머니로 표상되는 성에서 달아나려는 욕망에 굴복한다.[16] 그들은 조금만 구슬리면 아버지와 그의 세계에 자신을 동일시한다. 아버지는 신체적으로 더 중립적이고 더 뚜렷한 힘을 가졌으며 몸의 결정론에 덜 매여 있는 것처럼 보인다. 아버지는 더 '상징적으로 자유로워' 보이며 가정 바깥의 드넓은 세계, 자연에 대한

사회적 세계의 조직적 승리, (아동이 추구하는) 우연성으로부터의 도피를 나타낸다.■

남아와 여아는 성장과 독립 필요성에 대한 일종의 무조건반사로서 어머니에게 등을 돌린다. 하지만 앞에서 말했듯 그들이 느끼는 "경악, 공포, 경멸"[17]은 자신이 감당할 수 없는 상황에 대한 공상적 인식의 일부다. 이 상황은 어머니로 표상되는 생물학적 의존성과 신체성뿐 아니라 아동 자신의 몸이 가진 문제에서 드러나는 끔찍한 사실이기도 하다. 어머니의 몸은 연약함과 의존성의 위협을 가하는 성뿐 아니라 훨씬 많은 것을 드러낸다. 두 성의 문제를 제기하여 아동에게 그의 몸 자체가 임의적임을 직면하도록 한다. 그

■ 그렇다면 남근 선망은 어머니의 생식기가 부패와 연약함 문제의 초점으로서 그녀의 몸에서 분리되었다는 사실에서 생긴다. 버나드 브로드스키는 자신의 여성 환자에 대해 이렇게 언급한다. "여성을 똥으로 여기는 그녀의 관념은 자신의 남근 선망을 부쩍 자극했다. 활기차게 우뚝 선 남근은 죽은 것인 불활성 똥의 반대말이었기 때문이다." (B. Brodsky, "The Self-Representation, Anality, and the Fear of Dying," *Journal of the American Psychoanalytic Association*, 1959, Volume 7, p. 102.) 아동 경험의 빼어난 연구자 필리스 그린에이커는 이미 아동의 인식에 대해 똑같은 등식을 제시했다(남근=움직임, 따라서 삶; 똥=불활성, 따라서 죽음). (P. Greenacre, *Trauma, Growth and Personality*, New York: Norton, 1952, p. 264.) 이것은 남근 선망을 매우 자연적인 것으로 만든다. 그린에이커는 심지어 거대한 남성 기관이 아버지에 대한 아동의 인식에 주술을 건다는 뜻에서 '남근 외경'이라는 적절한 개념을 도입하기도 했다. 결국 아동이 주로 살아가는 곳은 몸/힘의 세계다. 그는 추상적이거나 상징적인 힘을 이해하지 못한다. 따라서 몸과 삶은 비례한다. 성장한 여성도 자신에게 같은 느낌이 남아 있는 것을 경험할 수 있다. 함몰부, 용기의 결여, 내부로만 향하는 기관은 나약함의 느낌을 줄이는 공격적 확장과 다르다. 예상할 수 있듯 브로드스키의 환자가 문제를 겪은 이유는 어머니를 향한 양가적 차원(환자가 어머니를 필요로 하고 어머니가 환자를 위협하는 것)이 둘 다 고조되었기 때문이다. "어머니는 환자를 과잉 보호하고 환자가 운동 능력을 얻지 못하도록 방해함으로써 자아상이 잘못 발달하도록 했다. 그녀에게는 강렬한 분리 불안과 뚜렷한 거세 불안이 있었다." 말하자면 부패를 나타내는 대상으로부터 벗어날 수 없었기에 그녀의 의존성은 강화되는 동시에 자신의 거세 불안을 강화했다. 이것은 임상적 신경증의 거의 틀림없는 공식이다.

렇다고 해서 아동이 어느 성도 그 자체로는 '완전'하지 않음을 안다거나 각 성의 특수성이 잠재력의 제약이요 충만한 삶의 가식임을 이해한다는 말은 아니다. 아동은 이것을 알거나 온전히 느끼지 못한다. 다시 말하지만 이것은 성 문제가 아니다. 몸에서 드러나는 임의성의 저주로 경험되는 더 보편적인 문제다. 아동은 이 세상에서 남성으로도 여성으로도, 심지어 개나 고양이, 물고기로도 태어날 수 있었다. 문제는 오로지 힘과 통제권에 대한 것, 통증과 소멸과 죽음을 견디는 능력에 대한 것이기 때문이다. 성 분화의 공포는 브라운이 적절하게 표현했듯 "생물학적 사실"의 공포다.[18] 환각에서 빠져나와 냉정한 현실로 추락하는 공포요 어마어마한 새로운 짐, 삶과 몸의 의미라는 짐, 불완전함, 무력함, 유한성의 숙명이라는 짐을 져야 하는 공포다.

마지막으로 이것은 남성을 악몽에서 전율하게 하는 거세 콤플렉스에 대한 가망 없는 공포다. 이것은 자신이 불가능한 기획에 매달리고 있음을, 자신이 추구하는 카우사 수이 기획을 **신체적/성적 수단으로는 성취할 수 없음**[19]을 (심지어 어머니와는 다른 몸을 내세우더라도) 아동이 깨달았음을 나타낸다. 무한한 힘을 보장하기 위해 세상에 맞세운 일차적인 자기애적 작전기지인 몸의 요새는 모래처럼 부스러져내린다. 이것이 아동의 비극적 퇴위, (거세 콤플렉스가 나타내는) 낙원으로부터의 퇴출이다. 한때 아동은 어떤 신체 부위든 기관이든 자기생성의 오이디푸스 기획에 이용했으나 이제는 다름 아닌 생식기가 그의 자립을 조롱한다.

성 문제가 그토록 보편적인 것은 이 때문이다. '성적 계몽'에 대한 랑크의 놀라운 논문은 성 문제를 다룬 가장 훌륭한 글이다.[20] 8장에서 자세히 설명할 테니 여기서 논의를 반복할 필요는 없다. 하지만 인간 본성의 양면성이라는 우리의 실존적 역설이 성과 떼려야 뗄 수 없음을 밝힘으로써 실마리를 던지는 것은 무방할 것이다. 인격은 자아이자 몸이며 '그'가 실제로 '존재'하는 곳이 어디인지(상징적인 내적 자아인지 물리적 몸인지)는 처음부터 혼란스럽다. 두 현상학적 영역은 서로 다르다. 내적 자아는 생각과 상상의 자유를, 또한 상징의 무한한 범위를 나타낸다. 몸은 결정론과 한계를 나타낸다. 아동은 자신이 '무엇'인지를 규정하는 몸과 그 기관이 고유한 존재로서의 자유를 방해한다는 사실을 조금씩 배워간다. 이런 이유로 성은 아동에게도 성인 못지않게 중대한 문제다. 우리가 누구인가, 우리가 왜 이 행성에 나타났는가 하는 문제에 대한 신체적 해결책은 아무 소용이 없다. 아니, 오히려 끔찍한 위협이다. 신체적 해결책은 자신이 내면 깊숙한 곳에서 무엇인지, 자신이 어떤 독특한 선물을 세상에 내놓아야 하는지 알려주지 않는다. 성행위를 하면서 죄책감을 느끼지 않기가 그토록 힘든 것은 이 때문이다. 죄책감을 느끼는 이유는 몸이 내적 자유(성행위를 통해 표준화되고 기계적이고 생물학적인 역할을 강요받는 '진짜 자아')에 그늘을 드리우기 때문이다. 설상가상으로 내적 자아는 아예 고려 대상도 되지 않는다. 몸이 전 인격을 장악하며 이러한 종류의 죄책감은 내적 자아를 쪼그라들게 하여 소멸시키겠노라 위협한다.

여성이 남성에게 '내 몸만'이 아니라 '나'를 원한다고 확답해줄 것을 요구하는 것은 이 때문이다. 그녀는 자신의 고유한 내적 인격이 성행위에서는 있으나 마나임을 뼈저리게 느낀다. 있으나 마나이면 중요한 것이 아니다. 남성은 대체로 몸만을 원하며 여성의 총체적 인격은 단순한 동물적 역할로 축소된다. 실존적 역설이 사라지고 그녀는 내세울 고유한 인간성을 갖지 못한다. 물론 이 문제에 대처하는 창의적 방법 중 하나는 정신분석가들이 '에고에 이바지하는 퇴행'이라고 부르는 것이 일어나도록 내버려두는 것이다. 인격은 당분간 신체적 자아가 되며 그럼으로써 성행위에 동반되는 실존적 역설과 죄책감의 고통을 해소한다. 사랑은 이런 종류의 성에 이르는 훌륭한 열쇠다. 개인이 두려움과 죄책감 없이, 하지만 자신의 고유한 내적 자유가 동물성에 대한 굴복으로 인해 무효화되지 않으리라는 신뢰와 확신을 가지고 동물적 차원으로 전락할 수 있도록 해주기 때문이다.

원초적 장면

많은 사람들이 잘 믿지 못하는 또다른 정신분석학 개념인 이른바 '원초적 장면의 외상'을 논의하기에는 지금이 적기다. 정통적 정신분석학 관념에 따르면 아동이 부모의 성교 장면(원초적 장면)을 목격하고서 깊은 외상을 겪는 것은 거기에 동참하지 못하기 때문이다. 프로이트는 "부모의 성교를 보고 성적 흥분이 [실제로] 일어난"다고 말했다.[21] 이 개념을 이토록 직설적으로 제시하는 것이 놀랍긴 하지만 프로이트가 유아기 성의 발견을 무엇보다 뿌듯해했음을 명심하라. 하지만 다른 정신분석가들이 강조하는 부분은 조금 다르다. 로하임 말마따나 원초적 장면은 어머니와 재결합하려는

영웅주의의 심층심리

아동의 소망이 충족되는 것을 나타낸다. 하지만 아동은 아버지가 그의 자리에 있는 것을 보며, 도와주는 존재인 어머니와의 완전한 동일시 대신 투쟁의 '폭력적 운동'을 본다.[22] 마지막으로 부모가 자녀에게 미치는 영향을 예리하게 연구한 페렌치는 이 문제에 대한 프로이트의 적나라한 설명을 또다른 방식으로 살짝 비튼다.

> 생후 1~2년은 흥분의 능력은 이미 있으나 그 감정의 적절한 배출구가 없는 시기인데, 이때 자녀가 부모의 성교를 목격하면 유아 신경증이 생길 수 있다.[23]

그렇다면 로하임과 페렌치는 프로이트의 주제와 사뭇 다른 이야기를 하고 있다. 로하임은 어머니와의 동일시에 대해 이야기하는데, 어머니는 자녀를 전적으로 지탱하는 존재로 표상되며 자녀는 자신이 사랑하는 대상이 아버지 같은 다른 대상과 관계 맺는 것을 이해하지 못한다. 페렌치의 말에 따르면 아동은 아직 체계화하지 못하는 감정에 압도된다. 바로 이 지점에서 이 문제에 대한 더 실존적인 해석이 등장한다. 아동은 자신의 몸을 카우사 수이 기획으로 이용하는데, 그것은 그가 이 기획을 결정적으로 포기하는 것이 불가능함을 깨달았을 때다. 각각의 대안은 그에게 생사의 문제다. 따라서 우리가 외상에 대해 이야기하는 것은 그것이 생사의 문제에 대한 혼란이기 때문이다. 우리는 대부분 성장한 뒤에도 부모가 성교한다는 생각에 불쾌감과 환멸을 경험한다. '옳은' 일로 여겨지지 않는 것이다. 나는 그들의 이미지가 우리의 눈에 당혹스럽다는 것이 불쾌감의 정확한 이유라고 생각한다. 부모는 무엇보다 카우사 수이 기획으로서의 몸에 대한 실망(거세 콤플렉스, 몸에 대한 환멸, 그 두려움)을 나타낸다. 더 중요한 사실은 부모가 그 자체로 아동이 몸에 대한 교착 상태에서 벗어나기 위해 내면화해야 하는 문화적 세계관의 화신이라는 것이다. **부모 자신이 스스로의 가장 내밀한 관계에서 몸을 초월하지 않으면 아동은 불안한 혼란을 겪을 수밖에 없다.** 발버둥치는 아동의 에고는 이 이중적 메시지를 어떻게 처리하고 해석해야 하는가? 게다가 이 메시지 중 하나는 적나라한 신체적 교성, 신음, 몸짓을 통해 전달되는데, 이것은 바로 아동이 극복하려 하는 몸의 공포이기에 압도적이다. 아동이 몸의 역할에 기대어 부모를 모방하려 하면 부모는 불안해하거나 분노한다. 그러면 아동은 부모에게 배신당했다고 느낄 수 있다. 부모가 당신의 몸을 가장 가까운 관계를 위해 남겨두고 자신에게는 허락하지 않으니 말이다. 부모는 자신이 발휘할 수 있는 모든 힘으로 신체성을 좌절시키면서도 정작 자신은 이를 격렬히 행사한다. 이 모든 논의를 종합하면 원초적 장면이 진정으로 외상이 될 수 있는 것은 아동이 성행위에 끼어들어 자신의 충동을 표현하지 못해서가 아니라 원초적 장면 자체가 몸의 공포, 문화적 초자아의 배신, 아동이 그 상황에서 취할 수 있는 모든 행위나 그에 대해 가질 수 있는 모든 단순한 이해에 대한 절대적 차단을 결합하는 복합적 상징이기 때문이다. 원초적 장면은 불안한 다중 구속의 상징이다.

그렇다면 몸은 모종의 방식으로 투쟁해야 할 자신의 동물적 운명이다. 이와 동시에 몸은 내적 상징 세계에는 없는 경험과 감각,

영웅주의의 심층심리

구체적 쾌락을 준다. 인간이 성 문제의 뿔에 찔리는 것은 놀랄 일이 아니다. 프로이트가 성을 인간의 삶에서, 특히 환자의 신경증적 갈등에서 그토록 두드러진 것으로 본 이유는 이 때문이다. 성은 삶의 의미, 즉 상징(자유)과 몸(운명)이라는 두 영역으로 가망 없이 나뉜 의미에 혼란을 일으키는 필연적 요소다. 대다수 사람들이 몸과 신체 기관을 요새나 기계로 이용하여 세계를 주술적으로 강제하려는 아동기 초기의 시도를 결코 완전히 포기하지 않는 것 또한 놀라운 일이 아니다. 우리는 몸에서 형이상학적 답을 얻어내려고 하지만 물질적 대상인 몸은 답을 줄 수 없다. 우리가 창조의 초월적 신비에 답하기 위해 동원하는 경험은 그 창조의 부분적이고 물리적인 하나의 산물에 대한 경험에 불과하다. 성의 신비화가 그토록 널리(이를테면 전통적 프랑스에) 퍼져 있는 동시에 그토록 환멸스러운 것은 이 때문이다. 성은 그 탐닉과 쾌락 면에서 위안이 되는 유아기적 행위이지만 이것을 이용하여 형이상학적 물음에 답하려 드는 것은 진정한 자각과 성장을 스스로 가로막는 꼴이다. 그러면 성은 현실에 대한 거짓말, 온전한 의식을 가리는 장막이 된다.[24] 성인이 삶의 문제를 성의 영역으로 축소하는 것은 어머니의 문제를 그녀의 생식기로 집중시키는 아동의 절편화를 되풀이하는 것이다. 그러면 성은 공포의 장막으로, 삶의 진짜 문제에 대한 온전한 의식의 절편화로 전락한다.

하지만 이 논의로는 성이 삶의 혼란에서 그토록 두드러지는 이유를 속시원하게 설명할 수 없다. 성행위는 개인적 자유 기획을 실현하는 긍정적 방법이기도 하다. 어쨌든 거의 전적으로 사회적이고 전적으로 부모와 사회에 의해 형성되는 존재 속에서 성은 몇 안 되는 진정한 사적 영역 중 하나다. 이 점에서 기획으로서의 성은 사회적 세계의 표준화와 독점으로부터의 도피를 나타낸다. 사람들이 성에 강박적으로, 종종 아동기부터 (개인적 자아의 저항과 승리를 나타내는) 은밀한 자위의 형태로 매달리는 것은 놀랄 일이 아니다. 2부에서 보겠지만 랑크는 성의 이런 쓰임새를 가지고서 "자위에서 온갖 도착에 이르는" 개인의 모든 성적 갈등을 설명할 수 있다고까지 말한다.[25] 사람은 자신의 성을 **통제**하고 결정론으로부터 해방시키기 위해 전적으로 개인적인 방식으로 이를 이용하려 한다. 마치 몸에서 기존 성격을 완전히 박탈하여 몸을 초월하고 자연의 '의도' 대신 유쾌하고 새로운 발명품을 만들려고 노력한 것처럼 보인다. 아동의 '도착'은 이를 뚜렷이 보여준다. 아동은 몸의 진정한 예술가로, 몸을 진흙처럼 이용하여 상징의 솜씨를 발휘한다. 프로이트는 이 현상을 관찰하여 '다형 도착'이라는 이름을 붙였는데, 이것은 이 현상에 대해 이야기하는 한 가지 방법이다. 하지만 그는 이런 종류의 놀이가 단지 다양한 신체 구역의 쾌락에 대한 동물적 탐색이 아니라 결정론을 초월하려는 매우 진지한 시도임을 깨닫지 못한 듯하다.

아동이 성장할 즈음에는 도착을 통해 개인적 존재를 찾는 전도된 탐색이 개인적 거푸집에 맞춰 더 은밀해진다. 이것이 은밀해야 하는 이유는 사람들이 스스로를 온전히 개인화하려는 시도를 사회가 용납하지 않을 것이기 때문이다.[26] 인간의 불완전함과 한계에 승리를 거두겠다면 그것은 개인적 기획이 아니라 사회적 기획이어

영웅주의의 심층심리

야 하기 때문이다. 사회는 사람들이 죽음을 어떻게 초월할지 결정하고 싶어한다. 사회가 카우사 수이 기획을 참아주는 것은 그것이 표준적인 사회적 기획에 들어맞을 때뿐이다. 그러지 않으면 '무정부주의다!'라는 경고가 울려퍼진다. 이것은 개인적 도덕에 대해 온갖 종류의 편견과 검열이 자행되는 이유 중 하나다. 사람들은 표준적 도덕이 훼손될까봐 두려워하는데, 이는 삶과 죽음을 더는 통제하지 못할까봐 두려워한다는 말의 또다른 표현이다. 어떤 사람이 '사회화'되었다는 말을 들을 때는 바로 오이디푸스적 기획의 몸/성적 성격을 '승화'하는 데 동의할 때다.[27] 이제 이 완곡 표현은 자신의 기획을 포기하고 '아버지들'에게 넘겨줌으로써 자신의 아버지가 되는 것을 받아들인다는 뜻이다. 거세 콤플렉스는 제 몫을 했으며 그는 '사회적 현실'에 굴복한다. 그는 이제 자신의 욕망과 주장을 위축시켜 힘있는 연장자들의 세계에서 안전하게 가지고 놀 수 있다. 심지어 자신의 몸을 연장자와 그 상징의 포괄적인 주술적 덮개인 부족과 국가에 내어줄 수도 있다. 이렇게 하면 몸은 더는 위험한 무효화가 아니다. 하지만 아동의 불가능성과 성인의 불가능성은 실제로는 전혀 다르지 않다. 우리가 얻는 유일한 것은 연습된 자기기만, 즉 우리가 '성숙한' 성격이라고 부르는 것이다.

4장   필수적 거짓으로서의 인간 성격

주위 사람들을 둘러보면 (…) 그들이 자신과 주변 상황에 대해 단
정적인 방식으로 말하는 것을 들을 수 있을 것이다. 이로써 그들이
그 모든 것에 대해 어떤 견해를 갖고 있다고 볼 수도 있다. 그러나
그런 견해를 잠시 분석해보면, 그것은 그들이 언급하는 것처럼 보
이는 현실을 전혀 반영하고 있지 않다는 사실을 알 수 있을 것이
다. 그것을 좀더 깊이 분석해보면 그들이 그런 현실과 타협하려 하
지도 않는다는 것을 발견할 수 있을 것이다. 오히려 그와 정반대로
개인은 그런 견해들을 통해 현실과 자신의 삶 자체에 대해 갖고 있
는 자기 나름대로의 시각을 차단하려고 한다. 왜냐하면 삶이란 무
엇보다도 혼돈으로서 그곳에서는 길을 잃게 되기 때문이다. 그는
이 점에 의문을 품으면서도 가공할 현실에 직면하기를 두려워하여
모든 것이 명료하게 보이는 환각의 장막으로 가리려고 한다. 그에
게는 자신의 '견해들'이 진실하지 않다는 것은 중요하지 않다. 다만
자신의 삶을 보호하는 참호와 현실을 쫓아버리는 허수아비로서 이

용할 뿐이다.

—호세 오르테가 이 가세트[1]

항문성과 거세 콤플렉스의 문제를 들여다봄으로써 우리는 모두가 흥미를 느끼는 물음에 훌쩍 다가가게 된다. 그 물음은 다음과 같다. 영웅주의의 기본적 성질이 순수한 용기라면 진정으로 용기 있는 사람이 왜 그토록 적을까? 제 발로 설 수 있는 사람을 보기가 왜 이토록 힘들까? 심지어 많은 이들을 겁에 질리게 한 위대한 칼라일조차 아버지 위에 선다는 것은 땅속에 묻힌 돌기둥 위에 서는 것과 같다고 선언하지 않았던가. 그가 직접적으로 표현하지 않은 속뜻은 자신이 제 발로 섰다면 땅이 꺼져버렸으리라는 것이다. 이 물음은 인간 조건의 핵심으로 직행하는데, 이 책에서는 이 문제를 여러 방면에서 공략할 것이다. 나는 인간이 타고난 겁쟁이인 이유는 자신에게 권위가 없다고 느끼기 때문이며 권위가 없는 이유는 인간 동물이 빚어지는 방식의 성격 자체에 있다고 쓴 적이 있다.[2] 우리의 모든 의미는 바깥에서, 우리가 남을 다루는 방식에서 우리 내부로 구축된다. 이것이 우리에게 '자아'와 초자아를 부여한다. 옳고 그름, 좋음과 나쁨, 우리의 이름, 우리가 대체 누구인가를 말해주는 온 세상이 우리에게 접붙여져 있으며 우리는 자신의 것을 내놓을 권위가 있음을 결코 느끼지 못한다. 어떻게 그럴 수 있느냐고? 여러 면에서 남에게 죄와 신세를 졌고 그들의 열등한 피조물이며 날 때부터 그들에게 빚을 졌다고 느끼기 때문이라는 것이 나의 주장이었다.

하지만 이것은 이야기의 한 부분, 그것도 가장 피상적이고 뚜렷한 부분에 지나지 않는다. 우리에게 용기가 없는 것에는 더 깊은 이유가 있다. 인간을 이해하고자 한다면 그 이유를 찾아 파고들어야 한다. 심리학자 에이브러햄 매슬로는 중요한 개념들에 대해 예리한 감각을 지녔으며, 때 이른 죽음을 맞기 전 홀로서기의 두려움이라는 문제를 공략하기 시작했다.[3] 매슬로는 자신의 연구에서 폭넓은 인간학적 관점을 취했으며 '잠재력 실현'이나 '온전한 인간성' 같은 관념을 즐겨 거론했다. 그는 이런 충동이 자연스럽게 발달한다고 생각했으며 무엇이 이 충동을 가로막는지 궁금해했다. 그는 '자신의 위대함에 대한 두려움'과 '운명의 회피' 같은 표현을 써가며 실존적 언어로 이 물음에 답했다. 이 접근법은 용기의 문제에 새로운 빛을 던진다. 그의 말을 들어보자.

> 우리는 가장 높은 가능성(과 가장 낮은 가능성)을 두려워한다. 우리는 가장 완벽한 순간에 엿볼 수 있는 존재가 되는 것을 일반적으로 두려워한다. 우리는 그런 순간에 스스로에게서 보는 신적인 가능성을 즐기고 심지어 희열을 느낀다. 하지만 그와 동시에 바로 그 가능성 앞에서 연약함, 경외, 두려움을 느끼며 몸서리친다.[4]

매슬로는 이러한 성장의 회피, 자신의 온전한 힘을 실현하는 것에 대한 두려움을 적절한 용어로 표현했다. 그는 이것을 '요나 증후군'이라고 불렀다. 이 증후군은 삶의 온전한 강렬함을 회피하는 것으로 이해된다.

우리는 더 많은 것을 견딜 만큼 강하지 못하다! 그것은 우리를 너무 흔들고 지치게 한다. 사람들은 황홀한 순간에 "너무해"라거나 "견딜 수 없어" "죽겠어"라고들 말한다. 황홀한 행복은 오래가지 못한다. 우리의 유기체는 다량의 위대함을 누리기에는 너무 연약하다.

그렇다면 이 기본적 관점에서 바라보면 요나 증후군은 "찢기고 통제력을 잃고 부서지고 분해되고 심지어 경험에 의해 살해되는 것에 대해 부분적으로 정당화된 두려움"이다. 이 증후군의 결과는 약한 유기체에게서 예상되는 것, 즉 삶의 온전한 강렬함에서 물러서는 것이다.

> 어떤 사람들에게는 성장의 회피, 열망의 수준을 낮게 잡는 것, 자신이 할 수 있는 것에 대해 두려워하는 것, 자발적으로 자신을 불구로 만드는 것, 바보인 체하는 것, 꾸며낸 겸손 등이 사실 당당함에 대한 방어 수단이다.[5]■

기본적으로 이 모든 현상은 최상의 것을 감당하고 경험의 총체성에 자신을 여는 능력이 없는 데서 비롯한다. 윌리엄 제임스는 이 개념을 기꺼이 받아들였으며 최근에는 루돌프 오토가 고전적 저작에서 현상학적으로 발전시켰다. 오토는 세계의 공포에 대해, 창조 앞에서 느끼는 압도적인 경외감과 경이감과 두려움에 대해, 그것의 신비, 모든 유일한 존재의 **두렵고 매혹적인 신비**, 즉 사물이 존재한다는 사실 자체에 대해 이야기했다.[6] 오토가 한 일은 창조의 거대한 초월 앞에서 인간의 자연스러운 열등감을 묘사한 것이었다. 그것은 짓밟고 무효화하는 존재의 기적 앞에서 느끼는 **피조물 감정**이다. 이제 우리는 용기의 문제라는 지점에서 종교 경험의 현상학이 심리학과 연결됨을 안다.

아동은 '타고난' 겁쟁이라고 말할 수 있다. 아동에게는 창조의 공포를 지탱할 힘이 없다. 있는 그대로의 세계, 공허로부터의 창조, 본성대로의 사물, 본성대로가 아닌 사물은 우리가 감당하기에는 너무 거대하다. 아니, 이렇게 말하는 게 낫겠다. 그런 사물은 세계의 움직임, 색깔, 냄새에 **반응**하여 무아지경에 빠진 채 나뭇잎처럼 떨며 기절하지 않고서는 감당할 수 없을 만큼 거대하리라고. 내가 '하리라'라고 말한 것은 아동기를 벗어날 즈음 우리 대부분이 창조의 일차적 기적성을 보는 눈을 억압했기 때문이다. 우리는 기적성을 차단하고 변화시켰으며 더는 세계를 날것의 경험으로 인식하지 않는다. 이따금 어릴 적의 놀라운 인식(세상이 정서와 경이로움으로

■ 이어지는 글에서도 보겠지만 매슬로보다 오래전에 다른 사상가들도 나름의 '요나 증후군'을 제시했다. 특히 랑크와 프로이트가 떠오른다. 랑크는 그 사상에 특별한 이름을 붙이지 않았으며 프로이트는 '성공에 의한 파멸 증후군'이라는 유명한 발견으로 이 문제에 대한 과학적 접근법을 처음으로 시도했을 것이다. 프로이트는 어떤 사람들이 성공을 이룬 뒤에 그 성공을 감당하지 못한다고 보았다. 그들은 성공이 너무 부담스러워서 금세 포기하거나 무너진다. 여기서 프로이트를 언급하지 않은 것은 프로이트적 지평의 상당한 확장인 (것으로 생각되는) 실존적 접근법을 매슬로가 아주 훌륭히 대표하기 때문이다. 단, 6장에서 이 문제를 다시 논의할 때 살펴보겠지만 프로이트 자신도 실존적 얼개를 향해 많은 발전을 이뤘다.

　　　　　　　　　　　　　　영웅주의의 심층심리

얼마나 가득했는가, 내가 좋아하는 할아버지나 십대 초반의 첫사랑이 어떻게 생겼는가)을 기억함으로써 이 세계를 다시 포착하기도 한다. 우리가 감정으로 충만한 이 인식들을 바꾸는 이유는 일종의 평정심, 일종의 힘과 방향성을 가지고 세상을 헤쳐 나가야 하기 때문이다. 언제까지나 입을 헤벌리거나 우리에게 위대하고 강하게 보이는 모든 것을 눈으로 게걸스럽게 집어삼킬 수는 없다. 억압의 요긴한 쓰임새는 압도적으로 기적적이고 불가해한 세계, 아름다움과 장엄함과 공포로 가득하여 그것을 고스란히 인식한 동물은 마비되어버릴 세계에서 버젓이 살아갈 수 있도록 해준다는 것이다.

하지만 자연은 하등동물을 보호하기 위해 본능을 부여했다. 본능은 내장된 지각으로, 내장된 반응을 일으킨다. 매우 간단하다. 동물은 자신이 반응할 수 없는 것에는 개의치 않는다. 동물은 작은 세계 안에서, 현실의 조각 안에서, 코를 킁킁대고 걸을 뿐 나머지 모든 것을 차단하도록 하는 신경화학적 프로그램 안에서 살아간다. 하지만 인간을, 이 불가능한 피조물을 보라! 여기서 자연은 경계심을 내장된 본능과 함께 내다버린 듯하다. 자연은 외부 세계를 온전히 인식하는 것에 대비한 방어 수단이 전혀 없는 동물, 경험에 완전히 노출된 동물을 창조했다. 세상은 그의 코앞에, 그의 **움벨트** 속에 있을 뿐 아니라 그 밖의 여러 **움벨트들** 속에 있다. 그는 자기와 같은 종의 동물뿐 아니라 다른 모든 종과도 어떤 식으로든 교류할 수 있으며 먹을 수 있는 것뿐 아니라 자라는 모든 것을 숙고할

□   주관적으로 인식되는 세계.

수 있다. 그는 이 순간을 살아갈 뿐 아니라 내적 자아를 어제로 확장하고 호기심을 몇백 년 전으로 확장하고 두려움을 태양이 식을 50억 년 뒤로 확장하고 희망을 지금부터 영원까지 확장한다. 그는 작은 영토에서, 심지어 지구 전체에서 살아갈 뿐 아니라 은하계에서, 우주에서, 볼 수 있는 우주를 넘어선 차원에서 살아간다. 인간은 **실존적 짐**이라는 무시무시한 짐을 짊어졌다. 앞 장에서 보았듯 인간은 여느 동물과 달리 제 몸조차 당연한 것으로 받아들이지 못한다. 그것은 단지 뒷발이 아니다. 그가 끌고 다니는 그냥 '거기에' 있는 꼬리가 아니다. 이용하고 당연하게 여기다 덫에 걸려 아프거나 움직임에 방해되면 물어 끊을 수 있는 팔다리가 아니다. 인간에게 자신의 몸은 설명해야 할 **문제**다. 낯선 것은 그의 몸만이 아니다. 기억과 꿈의 내적 풍경도 낯설기는 마찬가지다. 인간의 바로 그 내면, 자신의 자아는 낯선 존재다. 그는 자신이 누구인지, 왜 태어났는지, 이 땅에서 무엇을 하고 있는지, 무엇을 해야 하는지, 무엇을 기대할 수 있는지 알지 못한다. 자신의 존재는 그에게 불가해하며 창조의 나머지 것들과 마찬가지의 신비다. 자신에게 더 가깝고, 고동치는 심장 바로 옆에 있지만 그 이유 때문에 더더욱 낯설다. 하나하나가 문제여서 인간은 아무것도 배제하지 못한다. 매슬로가 적절하게 표현했듯 "우리가 양가적으로 대하는 것, 매혹되고 두려워하는 것, 자극되고 방어적으로 대하는 것은 바로 우리 내부의 신 같은 것이다. 우리가 벌레이자 신이라는 사실은 인간이 처한 기본적 곤경의 한 측면"이다.[7] 다시 말하자면 우리는 똥구멍 달린 신이다.

프로이트의 연구가 가진 역사적 가치는 인간이 유별난 동물임을, 지각을 차단하고 자동적 평정과 강제적 행위를 보장하도록 본능에 의해 프로그래밍되지 않은 동물임을 간파했다는 것이다. 인간은 지각의 한계와 이 땅에서 살아가는 평정심을 스스로 발명하고 창조해야 했다. 따라서 정신역학의 핵심인 인간 성격의 형성은 인간의 자기한계에 대한 연구이자 그 한계의 무시무시한 대가에 대한 연구다. 정신분석학에 대한 과거, 현재, 미래의 적대감은 언제나 인간이 자신과 세계에 대해 거짓말을 함으로써 살아가며 성격이 (페렌치와 브라운에 따르자면) 필수적 거짓말이라는 사실을 받아들이는 것에 대한 적대감일 것이다. 나는 매슬로가 프로이트 사상의 이러한 기여를 요약한 방식이 특히 마음에 든다.

정신역학의 뿌리에 놓인 프로이트의 가장 위대한 발견은 많은 정신질환의 유일한 대원인이 자신을 아는 것, 즉 자신의 정서, 충동, 기억, 능력, 잠재력, 운명을 아는 것에 대한 두려움이라는 것이다. 우리는 자신을 아는 것에 대한 두려움이 바깥세상에 대한 두려움과 종종 같은 모양이며 나란하다는 사실을 발견했다.

이 두려움이 우리의 힘과 가능성과 관련한 창조의 현실에 대한 두려움 아니면 무엇이겠는가?

일반적으로 이런 종류의 두려움은 자존감, 즉 자신에 대한 사랑과 존중을 보호한다는 점에서 방어적이다. 우리는 스스로를 경멸하도록 하거나 열등하고 약하고 무가치하고 악하고 수치스럽다고 여기도록 할 수 있는 모든 지식을 두려워하는 경향이 있다. 우리는 억압과 그 비슷한 방어 수단으로 자신과 그 이상적 이미지를 보호하는데, 이 방법은 기본적으로 불쾌하거나 위험한 진실에 대한 인식을 회피하는 수법이다.[8]

　따스한 내적 가치감과 기본적 안정감을 느끼고 싶다면 개인은 경험의 전체 스펙트럼에 걸쳐 전면적으로 억압을 가해야 한다. 이 가치감과 안정감은 자연이 자동적인 본능적 프로그래밍을 통해, 또한 필수적 과정의 박동에서 각 동물에게 선사하는 것이다. 하지만 가련하고 벌거벗은 피조물 인간은 내적 가치감과 안정감을 스스로 만들고 얻어야 한다. 그는 성인 세계에서 자신의 왜소함(성인에게 부과되는 명령과 규칙에 따라 살지 못하는 것)을 억압해야 한다. 신체적·도덕적 위화감을 억압해야 하는데, 여기에는 선의의 위화감뿐 아니라 죄책감과 악의(성인에 의해 좌절당하고 차단당해 생긴 죽음 소망과 증오)의 위화감도 포함된다. 부모의 위화감, 그들의 불안과 공포도 억압해야 한다. 안 그러면 자신이 안정되고 힘이 있다고 느끼기 힘들기 때문이다. 자신의 항문성, 필멸을 가져오는 불완전한 신체 기능, 자연에서 자신이 근본적으로 소모품이라는 사실도 억압해야 한다. 이 모든 것, 그리고 우리가 언급하지 않은 더 많은 것과 더불어 외부 세계의 일차적 경이로움을 억압해야 한다.

　아동에게 진짜로 심란한 것은 자신의 내적 욕동이 아니라 세계의 성격임을 아들러는 일찌감치 알고 있었으나 프로이트는 만년에

　　　　　　　　　　　영웅주의의 심층심리

야 비로소 깨달았다. 그리하여 프로이트는 오이디푸스콤플렉스의 힘을 덜 언급하고 "난폭한 자연력에 직면한 인간의 당혹감과 무력감" "자연의 공포" "죽음이라는 고통스러운 수수께끼" "삶의 위험에 대한 우리의 두려움" "운명의 여신"을 더 많이 언급했다.[9] 불안의 중심 문제와 관련해서는 초기 저작에서와 달리 아동이 자신의 본능적 충동에 의해 내부에서 압도당한다는 말을 더는 하지 않았다. 대신 프로이트의 설명은 실존적으로 바뀌었다. 이제 불안은 대체로 전면적 무력함, 포기, 운명에 대처하는 문제로 간주되었다.

> 따라서 나는 죽음에 대한 두려움이 거세에 대한 두려움과 유사하다고 간주되며 에고가 반응하는 상태는 모든 위험에 대해 안정을 중단시켜, 보호하는 초자아에 의해—운명의 힘에 의해—버려지는 상태라고 주장한다.[10]

이 설명을 보면 프로이트의 시야가 무척 넓어졌음을 알 수 있다. 여기에 한두 세대의 정신분석학 임상 연구가 더해지면서 우리는 아동을 정말로 심란하게 하는 것이 무엇인지, 삶이 어떻게 해서 실제로 그렇게 힘든지, 아동이 너무 많은 생각과 지각과 삶을 어떻게 회피해야 하는지 꽤 충실하게 이해하게 되었다. 이와 동시에 아동이 유희하는 동안 그 태평스러운 활동의 뒤와 아래에서 덜거덕거리는 죽음을 아동 자신이 어떻게 회피해야 하는지도 알 수 있었다. 그 결과로 우리는 이제 인간 동물을 특징짓는 것이 삶에 대한 두려움과 죽음에 대한 두려움이라는 두 가지 거대한 두려움임을 안다(다른 동물은 이 두 가지 두려움을 느끼지 않도록 보호받는다). 인간학에서 이 두려움을 부각하고, 사상 체계 전체의 토대로 삼고, 이 두려움이 인간을 이해하는 데 얼마나 중심적인지 밝혀낸 사람이 바로 오토 랑크였다. 랑크가 글을 쓴 것과 비슷한 시기에 하이데거는 이 두려움을 실존철학의 한가운데에 가져다놓았다. 하이데거는 인간의 기본적 불안이 세계 내 존재의 불안과 더불어 세계 내 존재에 대한 불안이라고 주장했다. 이것은 죽음에 대한 두려움과 삶에 대한 두려움, 경험과 개별화에 대한 두려움이다.[11] 인간은 자신의 힘겨운 세계 속으로, 그 세계의 진짜 위험 속으로 들어가기를 주저한다. 모든 것을 집어삼키는 타인의 욕구 속에서 자신을 잃어버릴까봐, 인간과 짐승과 기계의 손아귀와 발톱에서 통제력을 잃을까봐 움츠러든다. 동물 유기체로서 인간은 자신이 처한 행성이 어떤 종류인지 감지한다. 모든 종류의 수십억 가지 개별 유기체의 욕구가 자연에 의해 펼쳐진 악몽 같고 악마적인 광란을 느낀다. 지진, 유성, 허리케인처럼 그 자체로 무시무시한 욕구는 말할 것도 없다. 각각의 욕구는 넉넉히 확장되기 위해 다른 것들을 영원히 집어삼킨다. 욕구는 자연적으로 주어졌기에 결백할 수 있지만 이 행성의 온갖 상충하는 목적들에 얽매인 모든 유기체는 바로 이 결백함의 잠재적 피해자이며 자신의 삶을 잃지 않으려고 삶으로부터 움츠러든다. 삶은 인간을 착취하고 그의 에너지를 뽑아내고 그를 가라앉게 하고 그의 자제력을 빼앗고 수많은 새로운 경험을 그가 부풀어 터질 만큼 빨리 공급할 수 있다. 그를 남들 가운데에서 돋보이게 하고 위험한 땅에 들어가게 하고 대단한 힘으로 감당해야 하는 새로운 책임을 지우고 새로운 우연에 노출시킬 수도 있다. 무엇보다 실수, 사고, 우연한 질병, 그리고 최후의 착취이자 총체적 짓눌림과 부정인 죽음의 위험이 있다.

정신분석학을 한마디로 요약하자면 초기의 모든 경험은 아동이 자신의 출현에 대한 불안을, 기댈 데 없고 무력하고 무서운 채로 홀로 서는 것에 대한 두려움을 부정하려는 시도다. 아동의 성격과 생활양식은 타인의 힘, 문화적 사물과 개념의 뒷받침을 이용하여 타고난 무능력이라는 실제 사실을 자각에서 몰아내는 방법이다. 여기에는 죽음에서 벗어나지 못하는 무능력뿐 아니라 자신의 힘에 단단히 뿌리박고 홀로 서지 못하는 무능력도 포함된다. 세계의 공포, 창조의 기적, 현실의 무지막지한 힘 앞에서는 호랑이조차도 확고하고 무한한 힘을 가지지 못한다. 그러니 아동은 말할 것도 없다. 아동의 세계는 초월적 신비다. 그가 자연적이고 안정적으로 의존하는 부모조차 일차적 기적이다. 안 그러면 부모가 어떻게 나타날 수 있었겠는가? 어머니는 아동을 평생 따라다니는 최초의 경이로운 기적이다(그가 어머니의 강한 기운 안에서 살아가든, 그에 반발하든). 세계의 우위성은 가까이서 벌어진 이빨을 보이며 웃고 눈알을 오싹하게 굴리는, 또한 멀찍이서 불타는 듯한 위협적인 시선으로 그를 꿰뚫어보는 환상 속 얼굴의 형태로 그를 침범한다. 그는 피와 살로 이루어진 콰키우틀족 가면의 세계에서 살아간다. 이 가면은 그의 자립을 조롱한다. 그가 가면과 확실하게 맞설 유일한 방법은 자신이 그것들처럼 신과 같은 존재임을 아는 것이지만 그는 결코 이것을 직접적이고 뚜렷하게 알 수 없다. 거울 속에서 스스로를 뜯어보는 인간 얼굴의 경이로운 신비에는 확실한 답이 전혀 없다. 어쨌든 그 자신에게서 얻을 수 있는, 자신의 중심에서 얻을 수 있는 답은 하나도 없다. 자신의 얼굴은 기적적이라는 점에서 신과 같을지도 모르지만 그에게는 그 의미를 알 신적 능력이, 그 출현에 책임을 질 수 있던 신적 힘이 없다.

그리하여 이런 식으로 우리는 아동이 실재와 경험의 압도적 성격에 굴복하면 비본능적 세계에서 필요한 평정심을 가지고 행동할 수 없을 것임을 안다. 따라서 아동이 맨 처음 해야 하는 일 중 하나는 "황홀감을 버리"고, 경이감 없이 살아가고, 두려움과 떨림을 잊어버리는 법을 배우는 것이다. 그래야만 아동은 자신이 세계를 자연화했을 때 망각적 자기확신을 가지고 행동할 수 있다. 우리는 '자연화'라고 말하지만 이 말은 사실 부자연화되고 위조된다는 뜻이다. 진실은 흐려지고 인간 조건의 절망은 숨겨진다. 아동은 밤의 공포에서, 낮의 혐오와 신경증에서 이 절망을 엿본다. 이 절망을 피하려고 방어벽을 지으며 이 방어벽 덕에 자기가치, 의미, 힘의 기본적 감각을 느낄 수 있다. 그 덕에 아동은 자신이 스스로의 삶과 죽음을 **통제**하고, 의지와 자유를 가진 개인으로서 살아가고 행동하고, 자신이 스스로 만든 고유한 정체성을 가지고, 자신이 (그저 칼라일이 영원히 "운명의 방"이라고 부른 온실 행성에서 발아한 전율하는 우연이 아니라) **누군가임**을 느낄 수 있다. 우리는 사람의 생활양식을 필수적 거짓말이라고 불렀는데, 이제는 왜 그 거짓말을 필수적이라고 했는지 더 정확히 이해할 수 있다. 그것은 자신과 자신의 전체 상황에 대해 **필요하고** 기본적인 부정직이기 때문이다. 이 발견은 프

영웅주의의 심층심리

로이트 사상 혁명이 실제로 도달하는 종착점이며 우리가 여전히 프로이트에게 반발하는 기본적 이유다. 우리는 자신이 현실에 대해 근본적으로 부정직함을, 우리가 실제로는 자신의 삶을 통제하지 않음을 인정하고 싶어하지 않는다. 우리는 자신이 홀로 서지 못함을, 자신을 초월하는 무언가에, 우리가 깃들어 있으며 우리를 지탱하는 관념과 힘의 체계에 늘 의존함을 인정하고 싶어하지 않는다. 이 힘이 늘 뚜렷한 것은 아니다. 공공연히 신이거나 (나보다) 강한 사람일 필요는 없지만, 모든 것을 집어삼키는 활동, 열정, 유희에 대한 헌신, 그리고 안락한 거미줄처럼 자신을 잊고 자신이 스스로의 중심에 자리잡지 않았다는 사실을 망각하게 하는 삶의 방식이 그런 힘을 가질 수는 있다. 우리 모두는 자기망각적 방식으로 지탱받는 방향으로 이끌린다. 우리가 실제로 무슨 에너지에 의존하는지, 우리가 안전하고 평온하게 살기 위해 어떤 거짓말을 지어냈는지 모르는 채. 아우구스티누스와 오늘날 키르케고르, 셸러, 틸리히는 이 문제의 분석에 있어서 대가였다. 그들은 인간이 무엇이든 마음대로 자랑할 수 있으나 실제로 의지하는 것은 신으로부터 주어진 "무언가가 될 용기", 일련의 성적 정복, 빅브러더, 깃발, 프롤레타리아, 화폐와 은행 잔고라는 물신임을 간파했다.

사람의 성격을 형성하는 방어벽은 거대한 환각을 떠받친다. 이 사실을 파악할 때 우리는 인간이 완전한 내몰림의 상태에 있음을 이해할 수 있다. 인간은 자신에게서, 자기지식과 자기반성에서 멀어지는 쪽으로 내몰린다. 그는 성격의 거짓말, 자신의 자동적 평정심을 뒷받침하는 것들 쪽으로 내몰린다. 하지만 자신을 불안하게 하는 것들 쪽으로도 내몰리는데, 이것은 그것들을 능란하게 회피하고 그것들에 맞서 스스로를 시험하고 그것들을 거역함으로써 통제하는 방법이다. 키르케고르가 우리에게 가르쳤듯 불안은 우리를 꾀고 많은 정력적 활동에 자극제가 된다. 우리는 자신의 성장을 유희의 대상으로 삼지만 이 유희는 부정직하다. 우리 삶의 마찰은 이것으로 상당 부분 설명된다. 우리는 자신에게 필요한 안정감을 얻기 위해, 불안과 고독과 무력함을 덜기 위해 공생 관계를 맺지만 이 관계가 오히려 우리를 옭아매고 우리를 더더욱 노예로 만든다. 우리가 지어낸 거짓말을 뒷받침하는 것이 바로 이 관계이기 때문이다. 그리하여 우리는 더 자유로워지려고 이 관계에 반발한다. 아이러니한 것은 우리가 (말하자면) 자신의 갑옷 안에서 투쟁을 벌이며 이 반발을 무비판적으로 행한다는 것이다. 그리하여 자유를 향한 투쟁의 간접적 성격인 내몰림을 부풀리고 만다. 우리는 불안을 유희의 대상으로 삼을 때조차 자신의 동기를 의식하지 못한다. 스트레스를 추구하고 자신의 한계를 밀어붙이지만 절망 자체가 아니라 **절망을 가리는 장막**을 동원하여 그렇게 한다. 우리는 주식시장, 스포츠카, 원폭 미사일, 기업 내 성공의 사다리, 대학에서의 경쟁 같은 수단을 동원한다. 자신의 작은 가족과 나누는 대화의 감옥에서, 가족의 의사에 반해 결혼하거나 가족이 눈살을 찌푸린다는 이유로 어떤 삶의 방식을 선택함으로써 불안을 유희의 대상으로 삼는다. 우리의 총체적 내몰림이 복잡하고 간접적인 성격을 가지는 것은 이 때문이다. 열정을 품을 때조차 우리는 진짜 세계를 표상하는 장난감을 가지고 노는 어린아이다. 심지어 이 장난감이 부서져 우리의 목숨이나 정신을 앗아가더라도 우리는 환상의 놀이울□이 아닌 진짜 세상에 있다는 위안에 속아넘어간다. 우리는 여전히 객관적 현실에 맞서 인간답게 운명을 맞닥뜨리지 않았다. 우리가 살아가기 위해 필요한 거짓말이 결코 우리 것이 아닌 삶으로 우리를 내모는 것은 얄궂은 숙명이다.

시인과 천재 종교인이 오래전부터 알던 것을 우리가 이해하게 된 것은 현대 정신분석학 덕분이다. 성격의 갑옷이 우리에게 너무 필수적이어서 그 갑옷을 벗는다는 것은 죽음과 광기를 감수하는 일이라는 사실 말이다. 그 이유를 알기란 힘들지 않다. 성격은 절망에 대한 신경증적 방어 수단이기에 그 방어 수단을 벗으면 절망이 통째로 밀려드는 것을 받아들여야 한다. 즉, 진정한 인간 조건, 인간이 정말로 두려워하는 것, 인간이 맞서 싸우는 것, 인간을 이리저리 휘둘리게 하는 것이 무엇인지 깨달아야 한다. 정신분석학이 환자를 삶의 일상적 고통으로 인도하기 위해 신경증적 고통을 치유한다는 프로이트의 말은 이것을 근사하게 요약한 것이다. 신경증은 고통을 회피하려는 복잡한 기법을 일컫는 또다른 말이지만 현실이 곧 고통이다. 오래전부터 현인들이 현실을 보려면 죽었다 다시 태어나야 한다고 말한 것은 이 때문이다. 죽음과 재탄생의 개념은 유대교와 기독교, 현대 실존주의 사상뿐 아니라 샤머니즘 시대, 선 사상, 스토아 사상, 셰익스피어의 『리어왕』에도 있었다. 하지만 죽음과 재탄생에 무엇이 달려 있는가를 우리가 이해한 것은 과학

□   유아가 안전하게 놀 수 있도록 둘러치는 울타리.

적 심리학이 등장한 이후였다. 그것은 바로 인간의 성격이야말로 인간성의 핵심으로 직행하는 신경증 구조라는 것이다. 프레더릭 펄스 말마따나 "죽음을 겪고 다시 태어나는 것은 쉬운 일이 아니"다. 쉽지 않은 이유는 자신의 많은 부분이 죽어야 하기 때문이다.

나는 펄스가 신경증 구조를 네 겹으로 된 두꺼운 구조로 상상한 것이 마음에 든다. 처음 두 겹은 일상적인 것으로, 아동이 쉽게 승인을 얻고 타인을 달래고 함께 지내기 위해 언어를 유창하게 구사함으로써 사회에서 살아가기 위해 배우는 전술이다. 이것은 말주변, 빈말, '클리셰', 역할놀이의 겹이다. 평생 한 번도 그 아래에 도달하지 않은 채 살아가는 사람도 많다. 셋째 겹은 딱딱해서 뚫고 들어가기 힘들다. 이것은 공허감과 상실감(우리가 성격 방어벽을 지을 때 몰아내려 하는 바로 그 감정)을 덮는 '교착'이다. 이 겹 아래에 가장 당혹스러운 넷째 겹이 있다. 그것은 '죽음', 또는 죽음 공포의 겹이다. 앞에서 보았듯 이것은 우리의 진정하고 기본적인 동물적 불안, 우리가 마음속에 은밀히 지니는 공포의 겹이다. 펄스는 우리가 이 넷째 겹을 찢어야만 '진정한 자아'라 부를 만한 것의 겹에 도달할 수 있다고 말한다. 그것은 거짓이 없고 위장이 없고 두려움에 대한 방어벽이 없는 우리의 참모습이다.[12]

우리의 성격, 즉 진실에 대한 두려움으로부터 우리의 고동치는 활력을 보호하는 신경증 방패를 구성하는 복잡한 방어 고리에 대한 이 묘사를 통해 우리는 심리적 재탄생이라는 힘들고 지독히 고통스럽고 '전부 아니면 전무'식인 과정을 조금이나마 이해할 수 있다. 그리고 이 과정은 심리적으로는 끝났더라도 인간적으로는 시

영웅주의의 심층심리

작일 뿐이다. 최악은 죽음이 아니라 재탄생 자체다. 여기에 어려움이 있다. '다시 태어난다'는 것은 인간에게 어떤 의미일까? 그것은 인간 조건의 무시무시한 역설에 **처음으로 놓인**다는 것을 뜻한다. 신으로서가 아니라 인간으로서, 또는 신/벌레나 똥 누는 신으로서 태어나야 하기 때문이다. 다만 이번에는 삶의 총체적 모호함을 숨기는 신경증 방패가 없다. 그리하여 우리는 모든 진정한 재탄생이 (톨스토이, 페기 등의 삶에서 입증되었듯) 낙원으로부터의 진짜 추방임을 안다. 재탄생은 화강석처럼 단단한 사람, 자연히 힘을 가진 사람, 이른바 '확고하게 이끌리는' 사람조차 전율하고 흐느끼게 한다. 페기가 파리의 버스 정류장에 서서 기도문을 읊조릴 때 그의 뺨 위로 뜨거운 눈물이 흘러내렸듯 말이다.

불안을 정신요법으로 전부 극복할 수 없음을 일찌감치 인정한 사람은 랑크였다. 그의 말에 담긴 뜻은 인간 조건의 공포를 불안 없이 맞닥뜨리기란 불가능하다는 것이다. 정신요법적 재탄생의 문제에서 핵심을 짚은 사람은 언절 언드라시다. 언절은 치료받은 신경증 환자가 '익명의 알코올중독자들' 회원과 같다고 말했다. 신경증 환자는 결코 치료를 당연한 것으로 여길 수 없으며 그 치료가 진짜였음을 보여주는 최고의 증거는 **자기비하를 품은 채 살아가는** 것이다.[13]

온전한 인간과 부분적 인간

이 논의는 정신요법 전체에 깔린 기본 모순을 제기한다. 이 문제는 충분히 공론화된 적이 없다. 이 책을 마무리하면서 자세히 설명하겠지만 여기서 살짝 소개하는 게 좋겠다. 간단히 말하면 이렇다. '온전히 인간임'이 세계에 대한 일차적 **오조정**誤調整을 뜻한다면 (매슬로를 비롯한 수많은 사람들이 촉구하는) "온전히 인간임을 즐기는 것"을 이야기해봐야 무슨 의미가 있을까? 삶에 대한 성격학적 거짓말을 숨기는 네 겹의 신경증 방패를 걷어내면 어떻게 이 상처뿐인 승리를 '즐기'는 것에 대해 말할 수 있을까? 그가 자신을 제약하는 환각을 포기한 것은 사실이지만 그래봐야 훨씬 끔찍한 진정한 절망을 맞닥뜨릴 뿐이다. 온전히 인간임은 (적어도 깨어 있는 시간의 일부에는) 온전한 두려움과 떨림을 뜻한다. 어떤 사람을 의존(남의 힘이라는 망토에서 저절로 누리는 안전)에서 벗어나 삶에 들어가도록 할 때, 고독의 짐을 지는 그에게 어떤 기쁨을 약속할 수 있겠는가? 이 땅에서 매일같이 벌어지는 대학살, 언어도단의 사건, 삶의 순전한 나약함, 가장 힘있다고 생각되는 자의 무력함을 비추는 태양을 보게 할 때, 정신요법의 관점에서 그에게 어떤 위안을 줄 수 있는가? 루이스 부뉴엘의 영화에서는 억압된 삶의 안전한 일상과 대조를 이루도록 미친개를 즐겨 등장시킨다. 이 상징의 의미는 인간이 언제라도 미친개에게 물릴 수 있듯 어떤 가식을 부려도 순전한 유류성에서 벗어날 수 없다는 것이다. 미술가는 광기의 맥동인 부조화를 위장하지만 스스로는 이를 자각한다. 평균적 인간은 부조리를 온전히 의식하면서 무엇을 할까? 그는 자신과 삶의 사실들 사이에 놓을 요량으로 성격을 지어냈다. 그가 부조화를 무시하고 불가능성을 자양분으로 삼고 맹목을 향유할 수 있는 것은 자신의 특별한 **역량** 덕분이다. 이로써 그는 공포에 대해 뻐기는 능력이라는 독

영웅주의의 심층심리

특한 인간적 승리를 거둔다. 사르트르가 인간을 "쓸모없는 열정"이라고 부른 것은 인간이 자신의 진짜 조건에 대해 대책 없이 잘못을 저지르고 착각하기 때문이다. 인간은 동물의 조건만 갖춘 주제에 신이 되고 싶어하며, 그래서 환상을 즐긴다. 오르테가가 이 장의 제사에서 멋지게 표현했듯 인간은 자신의 존재를 방어하고 현실을 놀래 쫓아버리는 데 자신의 생각을 이용한다. 존재의 방어는 진지한 유희다. 어떻게 해야 사람들에게서 현실을 떼어내어 그들을 즐겁게 할 수 있을까?

매슬로는 '자아실현'을, 또한 '지고 체험'의 황홀을 매우 설득력 있게 논의하는데, 여기서 사람은 세계를 그 모든 경외와 장엄함 속에서 바라보고 자신의 자유로운 내적 확장과 존재의 기적을 감지한다. 매슬로는 이 상태를 '존재 인식'이라고 부른다. 이것은 세계의 진실에 대한, 버거운 경험으로부터 자신을 보호해주는 신경증적 왜곡과 환각에 의해 숨겨진 진실에 대한 인식의 개방성을 일컫는다. 우리 삶의 일차원성에서 벗어나기 위해, 우리를 가둔 안전한 동굴을 박차고 나가기 위해 '존재 인식' 능력을 기르라는 명령은 훌륭하고 정확하다. 하지만 인간적인 것이 대부분 그렇듯 그런 승리는 매우 역설적이다. 매슬로는 "존재 인식의 위험"을 이야기하면서 이미 이것을 분명히 간파했다.[14] 매슬로는 사유가 폭넓고 진지해서 존재 인식에 이면이 있음을 상상할 수 있었으나 그것이 어떤 위험한 이면인지를, 즉 그것이 세계에서 개인이 차지하는 위치를 송두리째 위협할 수 있음을 철저히 지적하지는 않았다. 마지막으로 다시 말하자면 세계를 있는 그대로 보는 것이 파괴적이고 끔찍하다는 것은 아무리 강조해도 지나치지 않다. 바로 이런 결과를 피하기 위해 아동은 오랫동안 고통스럽게 자신의 성격을 빚었다. 그러지 못하면 일상적이고 **자동적**이고 안정적이고 자신감 있는 **활동**이 **불가능**해지기 때문이다. 인간의 세계에서 생각 없이 살아가는 것이 불가능해지며, 전율하는 동물은 우주 전체와 그 의미라는 문제의 처분에 놓인다.

　여기서 잠시 주제를 벗어나 이런 성격관이 무시무시한 실존주의자에 의해 제시된 것이 아니라 프로이트와 프로이트 이후 심리학의 (지금은 합의된) 통설임을 밝히고자 한다. 그뒤로 아동의 초기 발달에 대한 우리의 이해에 미묘하지만 매우 심오한 변화가 일어났다. 이 변화를 간단히 요약하자면 프로이트 심리학에서 프로이트 이후 심리학으로의, 이제는 진지해진 프로이트주의로의 전환이라고 말할 수 있다. 프로이트는 아동을 자신의 세계에서의 적대자로, 세계를 향해 공격과 성욕동을 발산하고 싶어하는 존재로 보았다. 하지만 어릴 때 이 욕동을 발산하지 못하면 좌절을 겪고 대리만족을 발전시켜야 한다. 아동기에 이 욕동이 좌절되면 냉소주의와 반사회성의 부스러기가 하도 많이 남아서 세계는 세상이 자신에게 저지른 일과 자신에게서 빼앗은 것에 분개하는 동물로 늘 북적거릴 것이다. 그의 깊숙한 내면을 들여다보면 못된 동물이, 속았다고 느끼고 억눌린 감정과 욕망을 품은 동물이 있을 것이다. 그는 표면적으로는 쾌활하고 책임감 있고 창의적일지도 모르지만 그 아래에는 언제 터져나올지 모르고 어느 때든 남들에게나 자신에게 분출될 수 있는 너저분한 부스러기가 가득하다.

프로이트의 타고난 본능 이론은 매우 일찌감치 사회심리학 진영에서, 또한 훗날 정신분석학 진영 자체에서 타격을 입었으며 그리하여 아동에 대한 새로운 시각이 전면에 등장했다. 이 시각은 아동을 중립적이고 본능이 없고 기본적으로 가변적이라고 보는 경향이 있었다. 유전적 구성과 기질의 알려지지 않은 요인들을 제외하면 아동은 전적으로 환경에 의해 빚어지는 존재로 간주되었다. 이 시각에 따르면 부모는 아동의 억압, 아동이 발달시킨 성격 방어, 아동이 나중에 어떤 사람이 될지에 책임을 져야 했다. 아동에게 환경을 제공하고 그에 맞게 아동을 빚는 것은 부모의 몫이기 때문이다. 그뿐 아니라 부모가 아동의 타고난 정력적이고 자유로운 확장에 반대하고 부모의 세계에 굴복하라고 요구했다면, 아동의 성격이 어떻게 왜곡되었든 부모는 어떤 근본적 측면에서 그에 대해 유죄로 간주될 수 있었다. 아동에게 본능이 전혀 없더라도 적어도 몸의 자유로운 에너지와 타고난 순진무구함은 얼마든지 있다. 아동은 끊임없는 활동과 딴짓을 추구하고 세상을 온전히 돌아다니고 싶어하며 세상을 자신에게 최대한 유용하고 즐겁게 비틀고 싶어한다. 자발적으로 자신을 표현하고 신체 작용에서 가장 큰 만족을 느끼고 남들에게서 가장 큰 안락과 희열과 쾌락을 얻고 싶어한다. 하지만 이런 한없는 확장이 세상에서 가능하지 않다면 아동은 스스로를 위해 제지당해야 하는데, 아동의 활동을 제지하는 사람은 부모다. 아동이 스스로에게 어떤 태도를 취하든 그의 몸과 세상은 그를 훈련시키는 사람과 그의 직접적 환경에 대한 경험에 의해 이식된 것으로 간주되었다.

이것이 프로이트의 본능주의에 반발하여 나타난 프로이트 이후의 성격 발달관이었다. 실은 계몽주의와 루소, 마르크스로 거슬러 올라간다는 점에서 프로이트 이전이라고 해야겠지만 최근에 이 관점에 대한 가장 예리하고 신중한 비판이 노먼 O. 브라운에 의해 제시되었다.[15] 그가 프롬과 신프로이트주의자에 맞서 쓴 표현들은 우리 모두를 에로스로 불러들이는 책에 담기에는 너무 신랄했다. 하지만 브라운의 비판에 담긴 골자는 진지했다. 최근 몇십 년간 많은 이들이 간과한 그 골자는 아동의 상황이 불가능한 것이며 아동이 세상에 맞서 스스로의 방어 수단을 만들어내야 하고 세상에서 살아남을 길을 찾아야 한다는 것이다. 3장에서 보았듯 자신의 실존적 딜레마 때문에 아동의 임무는 부모와 매우 독립적이다. 아동의 '태도'는 부모의 기분을 맞춰줘야 할 필요성뿐 아니라 절망적인 인간 조건 전체에 적응해야 할 필요성에서 비롯했다.

사상을 연구하는 사람이라면 브라운이 아들러와 랑크를 자신이 프로이트를 연구할 때처럼 철저히 소화했을 때 그 명민한 머리에서 어떤 책이 탄생했을지 궁금해할 만도 하다. 내적 본능의, 또는 안이한 환경 결정론의 프로이트적 함정에 빠지지 않고 아동의 절망적 상황을 이해한 사람은 결국 아들러와 랑크였다. 랑크는 미래의 모든 정신분석가와 인간학자에게 이런 명언을 남겼다.

> 모든 인간은 평등하게 부자유하다. 즉, 우리는 자유로부터 감옥을 만들어낸다.[16]

영웅주의의 심층심리

루소는 인간이 태어날 때는 자유로웠으나 훈련과 사회에 의해 족쇄를 찼다고 생각했지만 랑크는 이를 비판했다. 랑크는 세상의 힘겨운 구석을 맞닥뜨린 아동이 인식과 경험의 무한한 지평으로 온전히 폭넓은 삶을 살아가는 데 필요한 체력과 권위를 스스로에게서 불러일으킬 수 없음을 알았다.

우리는 정신분석 사유의 발전에서 독특한 단계에 도달했다. 현대 정신분석학은 아들러와 랑크의 연구를 프로이트와 대등한 수준에서 온전히 통합함으로써 오류와 극단적 도식화, 엄격한 프로이트주의의 교조에 얽매이지 않고도 프로이트의 엄정함과 냉철함을 간직할 수 있었다. 내가 보기에 브라운의 책은 창시자들의 정신분석학과 가장 최근의 이론적·임상적 연구 사이의 빈틈이 어떤 본질적인 것도 상실되지 않은 채 완전히 메워졌다는 선언이다. 조현병 환자의 부모는 올바른 인간을 길러내지 못했다는 비난을 받아도 할말이 없었지만 심지어 이 증후군에서도 강조점이 뚜렷이 달라졌으며 사람들은 인간 삶의 비극적 차원을 새로이 의식하게 되었다. 이 현상을 가장 훌륭히 요약한 사람은 해럴드 설스다. 그의 예민하고 권위 있는 개인적 진술은 역사적으로 매우 중요하다고 생각되므로 이 자리에서 길게 인용하고 싶다.

체스넛 로지 정신병원에서 일주일에 두 번 한 시간 동안 열리는 사례 발표는 대체로 조현병 환자와 관계가 있었다. 필자가 12년쯤 전 거기 갔을 때는 필자를 비롯하여 사례를 발표하는 정신요법가들이 환자의 아동기 가족관계를 완전히, 또는 거의 완전히 암담하게 묘사했다. 무엇보다 부모를 비난하는 느낌과 분위기였다. 그런데 세월이 흐르면서 발표에서 그런 비난이 점점 줄고 환자의 비극적 삶이 더 많이 언급되었다. 이 비극은 우리 모두의 삶에 깃든 비극의 어엿한 일부이므로 발표는 발표자와 청중 모두에게 근심스러운 경험일 때가 많았다. 나는 지금의 발표가 환자의 삶을 더 진실하게 묘사한다고 생각한다. 하지만 이 그림은 예전에 종종 보던, 비난으로 채색된 그림보다 마음을 훨씬 깊숙이 흔들었다.[17]

설스가 말하는 삶의 비극은 우리가 논의하던 인간의 유한성, 죽음에 대한 두려움과 삶의 압도적 측면에 대한 두려움이다. 조현병 환자가 이를 누구보다 심하게 느끼는 이유는 이것을 부정하기 위해 정상적으로 동원되는 확고한 방어 수단을 만들 수 없기 때문이다. 조현병 환자의 불운은 여분의 불안, 여분의 죄책감, 여분의 무력감, 훨씬 예측하기 힘들고 방관적인 환경이라는 짐을 짊어졌다는 것이다. 그는 몸에 확고하게 자리잡지 못했으며 세상의 진짜 성질에 대한 거역과 부정을 이뤄낼 탄탄한 토대가 전혀 없다. 부모는 그를 유기체로서 형편없이 만들었다. 그는 경험에 의해 찢기지 않도록 여분의 기발하고 필사적인 삶의 방식을 만들어내야 한다. 이미 거의 찢겨 있기 때문이다. 사람의 성격이 절망에 대한 방어 수단, 세상의 **진짜** 성질 때문에 미치는 것을 피하려는 시도라는 관점이 다시 한번 확증된다. 설스는 공포를 차단하지 못한 결과이자 공포와 더불어 살아가려는 필사적 전략이 바로 조현병이라고 생각한다. 솔직히 조현병에 대한 설명 중에서 이보다 더 설득력 있는 것

영웅주의의 심층심리

은 본 적이 없다. 조현병은 인간화의 실패이며 이는 이 행성에서 인간의 진짜 상황을 자신 있게 **부정하는** 데 실패했다는 뜻이다. 조현병은 여기서 설명한 성격과 현실 이론의 제한적 시험 사례다. 탄탄한 성격 방어를 구축하지 못하면 현실의 진짜 성질이 인간에게 나타난다. 이것은 과학적으로 명백하다. 인간성의 연속선상에서 조현병적 극단에 있는 사람들의 창의성은 경험의 진짜 성질에 대한 표준화된 문화적 부정을 받아들이지 못하는 데서 비롯하는 창의성이다. 이런 종류의 거의 '초인적'인 창의성을 가지는 대가는 사람들이 오래전부터 알고 있듯 광기의 경계에서 살아가야 하는 것이다. 조현병 환자가 거의 초인적 의미에서 지극히 창의적인 이유는 동물로부터 가장 멀기 때문이다. 그에게는 하등 유기체의 탄탄한 본능적 프로그래밍과 평균적 인간의 탄탄한 문화적 프로그래밍이 결여되어 있다. 그가 평균적 인간의 눈에 '미친' 것으로 보이는 것은 놀랄 일이 아니다. 하지만 그는 어느 것의 세상에서도 미치지 않았다.▪

결론

성격의 기능에 대한 긴 논의를 마무리하면서 시적 글쓰기와 통찰을 보여주는 두 위대한 작품을 비교해보자. 두 작품은 300년 가까운 시차가 있다. 첫번째 작품은 토머스 트러헌이 쓴 것으로, 아동이 자동적 반응을 지어낼 수 있기 전에 그의 인식에 나타나는 대로

▪   조현병적 실패 문제에 대한 더 온전한 요약은 10장을 보라.

의 세상을 아름답게 묘사한다. 트러헌이 묘사하는 것은 아동의 순진무구한 인식이다.

> 모든 것이 새로워 보였고 처음에는 이상했으며 형언할 수 없을 만큼 희귀하고 기쁘고 아름다워 보였다. 밀은 동쪽의 불멸하는 곡식으로, 거둘 필요도 심을 필요도 없었다. 나는 밀이 영원부터 영원까지 서 있다고 생각했다. 길거리의 흙과 돌은 황금처럼 귀했으며 성문들은 처음에는 세상의 끝이었다. 성문 중 하나를 통해 처음 본 초록의 나무들에 나는 넋을 잃었다. 나무의 감미로움과 범상치 않은 아름다움에 심장이 뛰었으며 황홀하여 미칠 지경이었다. 나무는 너무도 신기하고 경이로웠다. 인간이여! 나이든 인간은 얼마나 존경스러운 피조물로 보였던가! 불멸의 거룹⬚이여! 그리고 청년들은 빛나고 반짝이는 천사였으며 처녀들은 삶과 아름다움의 기묘한 스랍⬚⬚같은 존재였다! 길거리에서 뛰노는 소년과 소녀는 움직이는 보석이었다. 나는 그들이 태어났다거나 죽어야 한다는 사실을 알지 못했다. 도시는 에덴에 세워진 것 같았다.

이곳을 억압 이전의 낙원이라고 불러도 좋으리라. 하지만 트러헌은 이어서 에덴에서의 추방을 묘사한다. 그 과정은 문화적 인식이 발달하고 현실의 순진무구한 성격을 부정하는 것으로 나타난

⬚ 사람과 동물, 새의 모습을 한 천상의 존재.
⬚⬚ 유대교·그리스도교·이슬람교 문학에 등장하는 천상의 존재.

영웅주의의 심층심리

다. 초창기의 (이를테면 체스넛 로지 정신병원의) 현대 정신분석가처럼 그는 이 타락의 원인으로 부모를 지목하고 모든 문제를 그들 탓으로 돌린다.

생각은 생각에게 가장 확실하게 존재하는 것이며 가장 큰 영향력이 있다. 나의 영혼은 오직 위대한 것에 알맞고 그런 것을 좋아했으나 영혼과 영혼의 관계는 사과와 사과의 관계와 같아서 하나가 썩으면 다른 하나도 썩는다. 내가 말을 배우고 걷기 시작했을 때 아무것도 내게 존재하지 않았다. 생각 속에서 내게 존재하는 것 말고는. 또한 그 어떤 것도 생각 속에서 내게 존재하는 것 말고는 어떤 식으로도 내게 존재하지 않았다. 그것들이 말하지 않는 것은 어느 것도 존재하지 않았다. 그래서 나는 놀이 친구들 중에서 북, 멋진 겉옷, 동전, 금박 표지 책 등을 애지중지하기 시작했다. 하늘과 해와 별로 말할 것 같으면 그것들은 사라졌으며 내게는 빈 벽이나 마찬가지였다. 그렇게 인간의 기묘하고 풍부한 발명이 자연의 풍부함을 훌쩍 뛰어넘었으며 나는 인간의 발명을 더 열심히, 그리고 두번째로 배웠다.[18]

아동이 자연적 인식에서 인공적인 문화적 세계로 타락하는 과정을 보여주는 이 멋진 묘사에 무엇이 빠졌을까? 그것은 바로 앞에서 인용한바 인격에 대한 프로이트 후기의 위대한 통합이다. 트러헌 자신이 그 과정에 공모했다는 사실, 성장하고 불안 없이 살고 해와 별과 하늘에 맞서 자신을 보호하기 위해 은총으로부터 추락해야 했다는 사실 말이다. 트러헌은 자신의 다른 순진무구한 반응, 이를테면 '놀이 친구들'이 팔다리가 잘리거나 코와 입이 짓뭉개지거나 기이하고 뜨끈뜨끈하며 공포를 자아내는 빨간색 방울을 튀기며 찌르는 듯한 비명을 지르는 것에 대한 반응은 기록하지 않는다. 그는 그들이 죽어야 하는 것을 몰랐다고, 모든 것이 불멸하는 것 같았다고 말한다. 하지만 그의 부모가 세상에 죽음을 들였나? 깊숙한 부패가 그의 영혼을 문질러 들어왔다. 그것은 부모에게서가 아니라 세상으로부터, '자연의 풍부함'으로부터 들어왔다. 어떤 복잡한 방식으로 죽음이 상징으로서 그의 인식에 조금씩 들어와 그의 영혼을 얼어붙게 했으며 트러헌은 삶의 **사실**들을 몰아내기 위해서는 낙원을 다시 빚고 심지어 우리 모두가 그러듯 그것에 대해 기억 속에서 거짓말까지 해야 했다. 땅이 그가 색칠한 대로 신비한 아름다움의 장소이고 훗날 칼라일이 동의한 대로 '신비로운 사원'이었던 것은 사실이지만 그와 동시에 트러헌이 아동기의 기억에서 부정한 '운명의 방'이었던 것 또한 사실이다.

인간 조건의 총체성은 인간이 다시 떠올리기에는 너무 괴로운 것이다. 그는 자신의 세상이 기쁨을 누리기에 안전한 곳이길 바라며 자신의 운명에 대해 남들을 비난하고 싶어한다. 인간 조건의 온전한 엄정함에 대한 한 현대 시인의 인식을 트러헌과 비교해보자. 마샤 리 앤더슨은 우리가 운명의 방에서 어떻게 살아야 하는지, 스스로를 보호하려면 무엇을 해야 하는지를 날카로운 통찰로 이야기한다.

우리는 기쁨을 위해 질병을 늘리고

지독한 갈망을, 부끄러운 의심을 만들어내고

허락받은 사치를 누리고 밤에 식사하고

내면을 아수라장으로 만들고—나오지 않으려 든다.

왜 그래야 하나? 미묘한 복잡성을 벗겨내면

누가 태양을 생각하면서 두려워하지 않을 수 있으랴?

이것은 사색에 맞선 우리의 은신처요

명백하고 뚜렷한 것으로부터의 유일한 피난처다.

누가 어두컴컴한 곳에서 기어나와

화창한 공기 속에 무방비 상태로 설 수 있을까?

비뚤어진 것에 대한 공포 중에서 가장 확실한 것은

절망에 대한 가장 빛나는 공포이니

그것은 우리의 가장 깊숙한 욕구가 얼마나 단순하고

얼마나 날카롭고 충족하기가 얼마나 불가능한지 아는 것.[19]

    인간 조건의 아이러니는 죽음과 소멸의 불안에서 벗어나는 것이야말로 가장 깊숙한 욕구라는 사실이다. 하지만 불안을 깨우는 것은 삶 자체이므로 우리는 온전히 살아가는 것을 회피해야 한다. 마샤 리 앤더슨의 묘사는 트러헌뿐 아니라 매슬로, 인간학적 정신분석학, 심지어 프로이트주의자 노먼 O. 브라운까지도 포괄한다. 이 땅에서 전혀 억압받지 않은 채 살아간다는 것은, 온전한 신체적·정신적 확장 속에서 살아간다는 것은 정확히 무엇을 의미할까? 그것은 광기의 상태로 다시 태어나는 것을 의미할 뿐이다. 브라운은 자신의 프로이트 해석에 담긴 철저한 급진성을 경고하면서 "성격 특질은 말하자면 은밀한 정신증"이라는 페렌치의 통찰을 자신이 따른다고 강조한다.[20] 이것은 충격적인 과학적 진실이며 우리도 브라운과 더불어 그 말에 동의했다. 프로이트의 시대에는 사람들이 그런 진실에 합의하는 것이 힘들어 보였더라도 언젠가는 확고하게 합의하게 될 것이다.

하지만 이 진실 뒤에 있는 오싹한 현실은 더 심란하며 그것에 대해 우리가 할 수 있는 일이나 할 수 있게 될 일은 별로 없는 듯하다. 내 말은 성격 특질이 **없으면** 완전하고 적나라한 정신증이 있어야 한다는 뜻이다. 이 책 말미에서는 성격 방어가 없는 새로운 인간에 대한 브라운의 논증과 인류가 '두번째 순수'로 재탄생하리라는 그의 희망에 담긴 기본적 모순을 요약하고자 한다. 하지만 지금은 마샤 리 앤더슨의 완벽한 과학적 도식을 인용하는 것으로 충분할 것이다. "미묘한 복잡성[즉, 현실에 대한 억압, 부정, 오인]을 벗겨내면 누가 태양을 생각하면서 두려워하지 않을 수 있으랴?"

영웅주의의 심층심리

5장   정신분석가 키르케고르

각다귀에서 성육신의 신비에 이르기까지 사물의 모든 질서가 나를
고뇌로 채운다. 내게는, 특히 나 자신의 인격에게는 모든 것이 완전
히 불가해하다. 나의 슬픔은 한없이 크다. 하늘에 계신 하느님 말고는
누구도 나의 슬픔을 모르는데, 그분은 연민을 품으실 수 없다.

— 쇠렌 키르케고르[1]

오늘날에는 키르케고르를 '정신분석가'라고 불러도 비웃음을
사지 않는다. 적어도 비웃는 사람이 무지하다고 치부할 수 있다. 지
난 수십 년간 키르케고르에 대해 새로운 발견이 이루어졌다. 이 발
견이 중대한 이유는 그를 우리 시대 인간학의 총체적 지식 구조와
연결하기 때문이다. 우리는 과학과 신앙 사이에 엄격한 차이가 있
으며 정신의학과 종교가 그로 인해 동떨어져 있다고 생각했다. 하
지만 이제는 현실에 대한 정신의학적 관점과 종교적 관점이 밀접
하게 얽혀 있는 것을 본다. 우선 (나중에 보겠지만) 두 관점은 역사적

으로 서로를 통해 성장했다. 지금 더 중요한 사실은 두 관점이 서로를 강화한다는 것이다. 정신의학적 경험과 종교적 경험은 개인의 눈에서 주관적으로 분리될 수도 없고 성격 발달 이론에서 객관적으로 분리될 수도 없다.

종교적 범주와 정신의학적 범주의 융합을 가장 잘 보여주는 것이 바로 키르케고르의 저작이다. 인간 조건에 대한 그의 실증적 분석은 인간 정신이 빚어낸 최고의 업적이다. 하지만 아이러니하게도 신학자 키르케고르의 연구에 과학적 가치가 있음이 밝혀진 것은 과학적 무신론자인 프로이트의 시대에 들어서였다. 그제야 우리는 그의 연구를 뒷받침하는 임상 증거를 손에 넣었다. 저명한 심리학자 마우러는 20년 전 이를 완벽하게 요약했다. "프로이트는 키르케고르의 초기 저작이 정확히 이해되고 평가될 수 있기 전에 살아서 글을 써야 했다."[2] 키르케고르가 현대 임상심리학의 자료를 어떻게 예견했는지 밝히려는 훌륭한 시도가 여러 차례 이루어졌다. 대부분의 유럽 실존주의자들은 여기에 대해 할말이 있었다. 폴 틸리히 같은 신학자들도 마찬가지였다.[3] 이 연구의 의미는 정신의학과 종교를 아우르는 동그라미를 그린다는 것이다. 즉, 인간 조건에 대한 최고의 실존적 분석이 신과 믿음의 문제에 직접 연결됨을 보여주는데, 이것이야말로 키르케고르가 주장한 바다.

인간 조건에 대한 키르케고르의 놀랄 만큼 예리하면서도 종종 이해하기 힘든 분석을 여기서 되풀이하고 해독하지는 않겠다. 내가 하려는 것은 그의 심리학 저작에 담긴 주요 논증을 최대한 간략하게 요약하여 독자가 키르케고르의 지향점을 '한눈에' 파악할 수

영웅주의의 심층심리

있도록 하는 것이다. 내가 키르케고르의 천재성에 매혹된 나머지 너무 깊이 파고들지만 않는다면 독자는 요약의 결과에 경탄할 것이다. 키르케고르의 인간 이해가 이루는 구조는 이 책의 앞 네 장에서 약술한 현대의 임상적 인간 묘사를 거의 정확히 되풀이하고 있다. 그러니 독자는 두 묘사가 기본적 논점에서 얼마나 일치하는지(내가 키르케고르의 논점을 상세히 설명하지는 않지만), 왜 오늘날 우리가 키르케고르의 심리학에서의 지위를 프로이트에 비교하며 왜 나를 비롯한 사람들이 키르케고르를 프로이트 못지않게 위대한 인간 조건의 연구자라고 기꺼이 부르는지 스스로 판단할 수 있을 것이다. 키르케고르는 1840년대에 글을 썼지만 실은 포스트프로이트주의자로, 여기서 천재의 영원한 신비감을 느낄 수 있다.

심리학과 종교의 시작으로서의 실존적 역설

인간에 대한 키르케고르의 견해를 떠받치는 주춧돌은 아담과 이브가 에덴동산에서 쫓겨난 타락의 신화다. 알다시피 이 신화에는 시대를 초월한 심리학의 기본 통찰이 담겨 있다. 그에 따르면 인간은 대립하는 것의 결합, 자의식의 결합, 물리적 몸의 결합이다. 인간은 하등동물의 본능적인 무의식적 행동에서 벗어나 자신의 조건을 성찰하기에 이르렀다. 인간은 자신의 개별성과 (창조에서의) 반≠신성, 얼굴과 이름의 아름다움과 고유함을 의식하게 되었다. 이와 동시에 세상에 대한, 또한 자신의 죽음과 부패에 대한 공포도 의식하게 되었다. 이 역설은 역사와 사회를 통틀어 인간에 대한 진정한 상수이며 따라서 프롬 말마따나 인간의 진정한 '정수'다. 앞에서 보았듯 현대의 주도적 심리학자들은 이것을 자신의 이해에서 주춧돌로 삼았다. 하지만 키르케고르는 이미 그들에게 조언한 바 있다. "심리학은 그 이상을 갈 수 없다. 무엇보다도 인간의 삶에 대한 자신의 관찰에서 심리학은 그 점을 되풀이해서 시사할 수 있다."[4]

자의식으로 추락하고 자연에서의 안락한 무지로부터 탈출하면서 인간은 커다란 형벌을 받게 되었으니, 바로 불안이다. 키르케고르는 짐승에게는 불안이 없다고 말한다. "왜냐하면 본래 동물은 정신으로 규정되어 있지 않기 때문이다."[5] '정신'은 '자아', 또는 상징적인 내적 정체성으로 해석된다. 짐승에게는 어느 것도 없다. 키르케고르는, 그러므로 짐승은 무지하지만 인간은 "영과 육의 종합"[6]이기에 불안을 경험한다고 말한다. 다시 말하지만 '영'은 '자의식'으로 해석해야 한다.

> 만일 인간이 동물이나 천사라면[즉, 그가 철저히 비자의식적이거나 완전히 비동물적이라면], 불안에 빠질 수 없었을 것이다. 인간은 종합이기 때문에 불안해질 수 있다. (…) 인간 자신이 불안을 낳는[다].[7]

인간의 불안은 동물이거나 천사인 순전한 모호함과 그 모호함을 극복하지 못하는 완전한 무력함에서 비롯한다. 그는 운명에 개의치 않은 채 살지 못하며 그 운명을 확실히 통제하고 인간 조건 바깥에 존재함으로써 운명에 승리를 거두지도 못한다.

영웅주의의 심층심리

정신은 자신을 없앨 수 없다[즉, 자의식은 사라질 수 없다]. (…)
인간은 식물적인 것에 잠길 수도 없다[즉, 온전한 동물이 될 수 없다].
(…) 인간은 불안으로부터 도망칠 수도 없다.[8]

하지만 불안의 진짜 초점은 모호함 자체가 아니라 인간에 대한
심판의 결과, 즉 하느님이 "네가 먹는 날에는 반드시 죽으리라"라
고 말한, 선악을 알게 하는 나무의 열매를 아담이 먹은 결과다. 말
하자면 자의식의 최종적 공포는 자신의 죽음을 아는 것이며 이는
동물계에서 인간에게만 내려진 고유한 선고다. 이것이 에덴동산
신화의 의미이자, 죽음이 인간의 고유한 최대의 불안이라는 현대
심리학의 재발견이다.■

키르케고르의 성격학

키르케고르가 전반적으로 이해하는바 인간의 성격은 "공포와
멸망과 절멸이 모든 사람과 이웃하고 있"음을 인식하지 않으려고
구축한 구조다.[9] 키르케고르는 심리학을 현대 정신분석학이 이해
하는 대로, 즉 심리학의 임무는 사람이 불안을 회피하려고 동원하

■ 현대 기독교 사상에서 인간의 양면성과 모호성 개념을 가장 탁월하게 사용하고
분석한 두 저작은 Reinhold Niebuhr, *The Nature and Destiny of Man*, Volume One(New
York: Scribner's Sons, 1941)[한국어판은 라인홀드 니버 지음, 『인간의 본성과 운명』(총 2권), 오
희천 옮김, 종문화사, 2013/2015], and Paul Tillich, *Systematic Theology*, Volume Three(Chi-
cago: University of Chicago Press, 1963)[한국어판은 폴 틸리히 지음, 『폴 틸리히 조직신학』(총
3권), 남성민 옮김, 새물결플러스, 2021/2022/2024], 1장이다. 두 연구는 키르케고르의 논
의에 담긴 진실, 즉 인간 조건에 대한 심리적·종교적 분석이 (기본으로 들어간다면) 떼
려야 뗄 수 없는 관계임을 의심의 여지 없이 입증한다.

는 전략을 발견하는 것이라고 이해했다. 인간은 세상에서 저절로, 또한 무비판적으로 살아가려고 어떤 방식을 쓰는가, 이 방식은 그의 진정한 성장과 (행동과 선택의) 자유를 어떻게 훼손하는가? 키르케고르가 했을 법한 말로 표현하자면 인간은 자신에 대한 성격학적 거짓말에 의해 어떻게 노예 신세가 되는가?

키르케고르가 이 방식을 묘사한 솜씨는 오늘날에도 경이로우며 그 어휘는 정신분석학적 성격 방어 이론의 상당 부분을 포괄한다. 오늘날 우리는 억압과 부정 같은 '방어기제'에 대해 말하는 반면에 키르케고르는 같은 개념을 다른 용어로 표현했다. 그는 대다수 사람들이 자신의 조건에 대한 "희미한 관념"에서 살아가고[10] 그들이 "폐쇄성 침묵"의 상태에 처하여 현실 인식을 차단한다는 사실을 언급했다.[11] 키르케고르는 강박적 성격, 즉 불안에 맞서 매우 두꺼운 방어벽을 쳐야 하는 사람의 완고함인 두꺼운 성격 갑옷을 이해했으며 강박적 성격의 소유자를 아래와 같이 묘사했다.

가장 엄밀한 정설의 고수자도 (…) 모두 알고 있다. 그는 성스러운 것 앞에서 무릎을 꿇는다. 진리는 그에게는 의식儀式의 총체이다. 그는 하느님의 옥좌 앞에서의 만남에 대해서 이야기하며 우리가 몇 번이나 절을 해야 할지를 알고 있다. 그는 모든 것을 알고 있다. 문자가 ABC일 때는 수학의 명제를 증명할 수 있지만 문자가 DEF일 때는 증명할 수 없는 사람처럼 말이다. 그런 사람은 문자상으로 동일하지 않은 어떤 것을 들을 때는 항상 불안해진다.[12]

키르케고르가 말하는 '폐쇄성 침묵'의 의미가 오늘날 우리가 말하는 억압과 같음은 의심할 여지가 없다. 폐쇄성 침묵은 아동기에 자신을 울타리로 둘러싸 자신의 힘을 실제로 검증하지도, 자신과 세상을 여유롭게 발견할 자유를 누리지도 못하는 닫힌 성격이다. 아동도 부모의 금지에 너무 시달리고 부모의 불안에 너무 전염되지 않으면 덜 독점적인 방식으로 방어 수단을 발전시킬 수 있으며 다소 유연하고 개방적인 성격을 간직할 수 있다. 그러면 현실을 검증할 때 자신의 행동과 실험을 더 중시하고 위임된 권위와 예단, 또는 전지각前知覺에 덜 치우친다. 키르케고르는 이 차이를 이해했기에 '고상한' 폐쇄성 침묵과 '오해된' 폐쇄성 침묵을 구분했다. 계속해서 그는 올바른 성격 지향으로 자녀를 양육하라는 루소식 지침을 제시했다.

아이가 고상한 폐쇄성 침묵의 개념에 의해 고양되어야 하며 또 오해된 유형으로부터 구원되어야 한다는 것은 절대적으로 중요한 사항이다. 외적인 관점에서는 우리가 과감하게 아이로 하여금 홀로 걷도록 해야 하는 순간이 언제 오는지를 결정하는 것은 쉬운 일이다. (…) 그 기술은 끊임없이 현존하는 것이며, 동시에 부재하는 것이기도 하다. 그래야 아이가 자신을 개발할 수 있다. 그런데 우리는 발전에 대한 분명한 견해도 또한 여전히 지니고 있다. 그 기술은 바로 가장 높은 정도로 그리고 가능한 한 최대 규모로 아이를 그 자신에게 맡기는 것이며, 이런 외관상의 포기를, 들키지 않으면서, 모든 것을 의식하는 그런 방식으로 표현하는 것이다. (…)

그리고 자기가 맡은 아이를 위해서, 그 밖의 모든 일은 다 했으면서도, 아이가 자신의 침묵 가운데 폐쇄되어버리는 일을 막지 못한 아버지나 교육자는 언제든지 크게 책임질 일을 초래한 셈이다.[13]

루소와 듀이처럼 키르케고르는 부모에게 자녀가 세상을 스스로 탐색하고 스스로의 확고한 실험 능력을 키우도록 하라고 당부한다. 그는 자녀가 위험에 처하지 않도록 보호받아야 하고 부모의 주의가 필수적임을 알지만 부모가 자녀의 불안에 개입하여 절대적으로 필요한 시점 이전에 자녀의 행동을 차단하기를 자녀가 바라지 않음도 안다. 오늘날 우리는 이런 양육만이 자녀에게 (자녀가 지나치게 금지당했다면 겪지 못했을 경험에 직면했을 때) 자신감을 심어준다는 사실을 안다. 이는 자녀에게 '내적 떠받침'을 부여하는 것이다. 자녀가 '고상한' 폐쇄성 침묵을 발달시킬 수 있도록, 즉 더 수월하게 경험에 자신을 열 수 있는 성격으로 에고를 통제하며 자신감 있게 세상을 평가할 수 있도록 하는 것은 바로 이 내적 떠받침이다. 이에 반해 '오해된' 폐쇄성 침묵은 너무 많은 금지, 불안, 그리고 과도한 부담 때문에 통제력이 약해진 유기체가 경험을 맞닥뜨리려고 쏟는 과도한 노력의 결과다. 따라서 이는 본질적으로 닫힌 인격에 의한 자동적 억압을 뜻한다. 그래서 키르케고르가 보기에 '선'은 새로운 가능성과 선택을 향한 열림이요 불안을 직면하는 능력이며, '악'은 개인을 새로운 것과 더 넓은 인식과 경험으로부터 돌아서게 하는 닫힘이다. 닫힘은 드러냄을 차단하고 개인과 그의 세계 내 상황 사이에 장막을 친다.[14] 장막은 투명해야 이상적이지만 닫

　　　　　　　　영웅주의 심층심리

힌 사람에게는 장막이 불투명하다.

닫힘이 바로 우리가 말하는 '성격의 거짓말'임은 쉽게 알 수 있다. 키르케고르도 같은 표현을 쓴다.

> 우리들은 폐쇄성 침묵이 거짓을 의미한다는 것을, 또는 이렇게 말해도 좋다면, 비진리를 의미한다는 것을 쉽게 알 수 있다. 그러나 비진리는 바로 부자유이며 (…) 자유의 탄력성이 폐쇄성 침묵에 기여하느라고 소모된[다]. (…) 폐쇄성 침묵은 개인 안에서 부정적 자기관계의 결과이다.[15]

이것은 총체적 인격을 억압하는 대가에 대한 현대 정신분석학의 묘사와 정확히 일치한다. 여기서는 언급하지 않겠지만 키르케고르는 사람이 억압에 의해 스스로 안에서 어떻게 파편화되는지, 현실에 대한 진짜 인식이 그 표면 아래에 가까이 머물면서 억압을 통해 얼마나 쉽게 부서지는지, 억압이 어떻게 인격을 겉보기에는 멀쩡하고 전체로서 연속적으로 기능하는 듯하게 하는지, 하지만 그 연속이 어떻게 끊어지는지, 억압으로 표현되는 불연속에 인격이 어떻게 휘둘리는지에 대해서도 상세하고 예리하게 분석했다.[16] 임상 훈련을 받은 현대 정신분석가에게는 그야말로 경이로운 분석일 것이다.

키르케고르는 성격의 거짓말이 구축되는 이유가 아동이 세상에, 부모에게, 자신의 실존적 딜레마에 적응해야 하기 때문임을 간파했다. 성격의 거짓말은 아동이 개방적이거나 자유롭게 자신에 대해 배울 기회를 얻기 전에 구축되기에, 성격 방어는 자동적이고 무의식적이다. 문제는 아동이 성격 방어에 의존하게 되고 자신의 성격 갑옷에 둘러싸여 자신의 감옥 너머나 스스로의 내면, 자신이 이용하는 방어 수단, 무엇이 자신의 부자유를 결정하는가를 자유롭게 보지 못한다는 것이다.[17] 아동이 바랄 수 있는 최선의 결과는 자신의 폐쇄성 침묵이 '오해'되거나 거대해지지 않는 것이다. 세상을 너무 두려워하면 경험의 가능성에 자신을 열 수 없기 때문이다. 하지만 (키르케고르도 알고 있었듯) 그것은 대체로 부모에게, 또한 환경적 사건에 달렸다. 대다수 사람은 "대단한 책임을 지는" 부모가 있기에 자신을 가능성으로부터 차단하도록 강요받는다.

키르케고르는 가능성을 부정하는 양식, 또는 성격의 거짓말에 대해(둘은 같다) 초상화적 소묘를 제시한다. 그의 의도는 우리가 오늘날 '비본래적' 인간이라고 부르는 것을 묘사하는 것이다. 비본래적 인간은 자신의 고유함을 발달시키는 것을 회피하며 아동기에 조건화된 자동적이고 무비판적인 삶의 양식을 따른다. 그들이 '비본래적'인 것은 자신에게 속하지 않고 '자기 자신의' 인격체가 아니며 자신의 중심으로부터 행동하지 않고 현실을 그 자체로 보지 않는다는 점에서다. 그들은 사회에서 벌어지는 허구의 게임에 완전히 빠져 있는 일차원적 인간이며 자신의 사회적 조건화를 초월하지 못한다. 서양의 회사원, 동양의 관료, 전통사회에 갇힌 부족원 등 스스로 생각한다는 것이 어떤 의미인지 이해하지 못하고 설령 이해하더라도 그런 대담성과 드러냄 앞에서 움츠러드는 사람은 어디에나 있다. 키르케고르는 '직접성의 인간'을 이렇게 묘사한다.

영웅주의의 심층심리

직접성의 인간은 (…) 그의 자기, 그 자신은 시간성, 세속성의 차원 안에 있으며 "다른 것 το έτερον"과 직접적인 관계를 맺고 있는 동반하는 무엇이다. (…) 자기는 욕망하고 갈망하며 향락하면서 직접적으로 다른 것에 깊이 관여하고 있지만, 수동적으로 그렇다. (…) 다른 사람들을 모방하는 것을 배우고, 그들이 살아나가는 방법을 배운다. 이제 그는 계속 똑같이 살아간다. 그리스도교계에서 그는 또한 그리스도교인으로서 일요일마다 교회에 나가 목사의 설교를 듣고 그것을 이해한다. 정말 그들은 서로를 이해한다. 그는 죽는다. 그러면 목사는 10달러의 돈으로 그를 영원으로 인도한다. 그러나 그는 자기가 아니었고, 또 자기가 되지도 않았다. (…) 직접성의 인간은 자신의 자기를 알지 못한다. 문자 그대로 그는 오직 자신이 입고 있는 옷을 보고서야 자신을 알며, 그는 외면성으로 자기를 가지고 있다는 것을 안다.[18]

이것은 '자동화된 문화적 인간'에 대한 완벽한 묘사다. 이 인간은 문화에 갇힌 문화의 노예이며 보험료를 납부하면서 자신에게 정체성이 있다고 상상하고 스포츠카를 몰거나 전기 칫솔을 쓰면서 삶을 통제한다고 상상한다. 마르크스주의와 실존주의에서 인간이 사회체제의 노예라고 분석한 지 수십 년이 지난 오늘날에는 비본래적이거나 직접성의 인간이 우리에게 친숙하다. 하지만 키르케고르의 시대에는 현대 유럽 도시민이면서 동시에 속물로 여겨지는 것은 경악스러운 일이었을 것이다. 키르케고르가 말하는 '속물근성'은 하찮음이었다. 그것은 사회의 일상적 틀에 안도감을 느끼고 안주하는 인간이다. 오늘날의 세상에서 일상적 틀에 해당하는 것으로는 자동차, 쇼핑센터, 2주간의 여름휴가 등이 있다. 인간은 사회가 제공하는 확고하고 제한된 대안을 통해 보호받으며, 고개를 들어 자신의 길 너머를 보지만 않으면 막연한 안도감을 느끼며 삶을 살아갈 수 있다.

> 속물적 부르주아 정신성이 항상 그렇듯이, 상상이 없기 때문에, (⋯) 그런 사람은 세상사가 어떻게 돌아가고 있는가, 무엇이 가능한가, 보통 무슨 일들이 일어나고 있는가와 같은 것에 대한 어떤 사소한 경험의 일람표 속에서 살고 있다. (⋯) 속물적 부르주아 정신성은 진부하고 빤한 것으로 기운을 얻[는다].[19]

인간은 왜 진부한 삶을 받아들일까? 물론 그것은 경험의 온전한 지평이 위험하기 때문이다. 이것이 속물근성의 깊은 동기다. 속물근성은 가능성에 대한, 자유에 대한 승리를 찬양한다. 속물근성은 진짜 적이 누구인지 안다. 자유는 위험하다. 자유를 너무 열심히 따르면 허공으로 끌어올려질 위험이 있으며 너무 철저히 포기하면 필연성의 감옥에 갇힐 수 있다. 가장 안전한 방법은 **사회적으로** 가능한 것의 발자취를 밟는 것이다. 나는 이것이야말로 키르케고르가 주장한 의미라고 생각한다.

> 속물적 부르주아 정신성은 자신이 가능성을 통제한다고 생각하며, 자신이 이 거대한 탄력성을 속여서 개인성의 함정 내지 정신

병원에 몰아넣었다고 생각하고, 자신이 그것을 감금하고 있다고 생각한다. 그것은 가능성을 개연성의 우리 안에 넣은 채 끌고 다니며, 구경을 시킨[다].[20]

정신증 이론가로서의 키르케고르

하지만 이제 새로운 주제가 논의에 끼어든다. 키르케고르는 자유의 거대한 탄력성이 속아서 "정신병원에" 감금된다고 말한다. 이런 압축된 이미지는 무엇을 의미할까? 내가 보기에 키르케고르의 말은 삶의 크나큰 위험 중 하나가 지나친 **가능성**이며 이 위험에 굴복한 사람들이 발견되는 장소가 정신병원이라는 뜻이다. 여기서 키르케고르가 '정상적 문화병리학'뿐 아니라 비정상적 병리학, 또는 정신증의 이론적 대가였음을 알 수 있다. 그는 정신증이란 극단으로 밀어붙여진 신경증임을 알고 있다. 적어도 '유한성/무한성에 의해 규정된 절망'이라는 절에 실린 그의 주장 중 상당수를 나는 그렇게 해석한다.[21] 이것을 잠시 곱씹어보자. 만일 나의 해석이 옳다면 이것은 어떻게 가장 극단적인 형태의 정신착란이 삶의 기본 문제와 맞붙으려는 서툰 시도인지를 이해하는 데 유익할 것이기 때문이다.

키르케고르는 인간이 실패하는 유형들, 즉 인간이 삶과 세상에 굴복하고 두드려 맞는 양상을 폭넓고 극도로 풍부하게 묘사한다. 두드려 맞는 이유는 자신이 처한 상황의 실존적 진실, 즉 자신이 (어떤 자유를 의미하는) 내적인 상징적 자아이며 자신이 유한한 몸에 매여 있어 자유가 제한된다는 진실을 직면하지 못하기 때문이다.

인간이 처한 상황의 두 측면을 외면하고 가능성을 억압하거나 필연성을 부정하려는 시도는 인간이 거짓을 살아가며 자신의 진짜 본성을 깨닫지 못하고 "가장 비참하"다는 것을 뜻한다. 하지만 인간이 늘 그렇게 운이 좋은 것은 아니어서 단지 비참한 것에 그치지 않을 때도 있다. 그가 거짓을 살아내려고 시도할 때 그 거짓이 현실을 너무 드러내면 그는 생전에 모든 것을 잃을 수 있다. 이것이 바로 우리가 말하는 정신증, 즉 성격 구조의 완전하고도 철저한 붕괴다. 키르케고르가 인간 조건 분석의 대가로 인정받으려면 매일 매일의 문화적 중간뿐 아니라 인간 조건의 극단을 이해하고 있음을 보여주어야 한다.

이것은 너무 많은 가능성과 너무 적은 가능성의 두 극단에 대한 논의에서 확인할 수 있다. 너무 많은 가능성은 상징적 자아의 힘을 과대평가하려는 시도다. 이것은 인간 양면성의 한쪽 절반을 과장하고 다른 쪽 절반을 희생하려는 시도를 반영한다. 이런 의미에서 우리가 조현병이라고 부르는 것은 상징적 자아가 유한한 몸의 한계를 부정하려는 시도다. 그럼으로써 인격 전체가 균형을 잃고 부서진다. 상징적 자아 안에서 비롯하는 창의성의 자유를 몸에 담아내지 못하여 인격이 찢어지는 것이다. 이것이 오늘날 조현병을 이해하는 방식이다. 그것은 자아와 몸의 분열, 자아가 기반을 잃고, 제약을 받지 않고, 일상적인 것에 충분히 매이지 않고, 의존할 만한 신체 행동에 충분히 담기지 않는 분열이다.[22] 그리고 이것이 키르케고르가 문제를 이해하는 방식이다.

　　　　　　　　　　　　　　　영웅주의의 심층심리

왜냐하면 자기는 종합이며 그것의 유한성은 한정시키는 계기이고 무한성은 확대시키는 계기이기 때문이다. 따라서 무한성의 절망은 공상적인 것, 무한한 것이다.■23

키르케고르가 말하는 '무한성의 절망'은 건강의 반대인 인격의 병을 뜻한다. 그래서 사람은 끝없음에 빠져들어 병들며 상징적 자아는 조현병에서처럼 일상 세계의 몸으로부터, 진짜 경험이라는 의지할 만한 토대로부터 분리되어 '공상'이 된다. 전면적 조현병은 추상적이고 천상적이고 비현실적이다. 조현병 환자는 시공간의 세속적 범주 바깥으로 피어올라 몸밖을 떠다니며 영원한 지금에 깃들기에 죽음과 파괴에 종속되지 않는다. 그가 죽음과 파괴를 정복한 것은 공상 속에서이거나 (더 낫게는) 자신의 몸을 버리고 그 한계를 포기했다는 실제의 사실에서다. 키르케고르의 묘사는 유창할 뿐 아니라 정확히 임상적이다.

공상적인 것은 인간을 자기에게서 멀어지게 할 뿐이며, 그렇게 함으로써 인간이 자기 자신에게로 되돌아가는 것을 방해하는 방식으로 일반적으로 인간을 무한한 것으로 인도한다. 감정이 이

■ 키르케고르의 '자아/자기' 용법은 약간 혼란스러울지도 모르겠다. 이 글에서 '자아'는 상징적 자기와 물리적 몸을 둘 다 일컫는다. 실제로도, 인격체를 넘어서 우리가 '정신(soul)'이나 '존재의 근거(ground of being)'라고 부르는 것, 즉 창조된 인격체의 바탕을 포함하는 '총체적 인격'과 동의어다. 하지만 여기서는 총체적 인격체에 유한성과 무한성의 양면성이 있다는 개념을 소개하는 것 말고는 중요한 의미가 없다.

런 방식으로 공상적이 될 때, 자기는 더욱더 사라져갈 뿐이고, (…)
그런 다음 자기는 추상적인 무한화에서 또는 추상적인 고립 속에
서 공상적인 존재를 영위하거니와, 항상 자기가 결핍되어 있으며
자기는 더욱더 자기 자신에게서 멀어진다.

그야말로 로널드 레잉의 **분열된** 자아를 한 세기도 더 전에 묘사
한 셈이다. 다시 살펴보자.

그러나 만일 가능성이 필연성을 뛰어넘고 그 결과 자기가 가
능성에 있어서 자신으로부터 이탈한다면, 자기는 자신이 돌아가야
할 필연성을 소유하지 못한다. 이것이 가능성의 절망[병]이다. 이
런 자기는 추상적 가능성이 된다. 자기는 가능성 안에서 지칠 때까
지 발버둥치지만, 자기가 있는 곳에서 벗어나지도 못하고 그 어떤
곳에도 도달하지 못한다. 왜냐하면 필연적인 것은 문자 그대로 그
런 장소이기 때문이다. 자신이 된다는 것은 문자 그대로 그런 장소
로부터 벗어나는 운동이다.[24]

여기서 키르케고르가 뜻하는 것은 인격체의 발달이 인격의 고
정된 중심, 즉 실존적 양면성의 두 측면인 자아와 몸을 통합하는
중심에서 더 깊어진다는 것이다. 하지만 이런 종류의 발달을 위해
서는 자신의 한계라는 현실을 인정해야 한다.

여기에서 자기가 결여하고 있는 것은 사실 현실성이다. 그리

영웅주의의 심층심리

고 역시 일상 언어로 우리는 어떤 사람이 비현실적이 되었다고 말한다. 그러나 자세히 살펴보면 그가 실제로 결여하고 있는 것은 필연성이다. (…) 본질적으로 없는 것은 (…) 자신의 삶의 필연성에 복종하는 힘이며, 자신의 한계라고 불리는 것에 복종하는 힘이다. 그러므로 비극은 그와 같은 자기가 세상의 어떤 것이 되지 못했다는 것이 아니다. 그런 것이 아니라, 비극은 그가 자신을 자각하게 되지 않았다는 것이며, 그의 자기가 매우 특정한 어떤 것이며 따라서 필연적인 것임을 자각하게 되지 않았다는 것이다. 대신 그는 자신을 상실했다. 왜냐하면 이런 자기는 환상적으로 가능성의 차원에서 자기를 반성했기 때문이다.[25]

물론 이 묘사는 조현병이라는 극단뿐 아니라 일상적 인간에도 해당한다. 둘이 같은 연속선상에 놓일 수 있다는 것은 키르케고르의 분석이 타당함을 보여준다.

가능성을 필연성으로 되돌리는 대신에 그는 가능성을 좇는다. 그러다 마침내 그는 돌아갈 길을 찾지 못한다.[26]

이와 같은 일반화가 다음 사례에도 적용된다. 이것은 월터 미티[□]처럼 내적 에너지와 환상을 부추기는 단순한 세상에서 살아가

□   제임스 서버의 소설 「월터 미티의 은밀한 생활」의 주인공. 터무니없는 공상을 일삼는 인물이다.

는 평균적 인간, 또는 오늘날 '보행 조현병 환자'라 부르는 존재를 묘사할 수 있다. 그의 자아와 몸은 매우 느슨한 관계이지만 그럼에도 내적 에너지와 감정, 환상적 이미지, 소리, 두려움, 그리고 그것에 담길 수 없는 희망에 잠기지 않은 채 버틴다.

> 그러나 이처럼 공상적으로 되어 절망하게 된다는 것은 비록 대체로 표출되기는 하지만, 인간이 제대로 살 수도 없고 인간으로 보일 수도 없으며 일상적인 일에 종사하며 결혼하고 아이를 낳고 존경과 명성을 얻을 수 없다는 것을 의미하지 않는다. 그러나 더 깊은 의미에서 그가 자기를 결여하고 있다는 것은 간파될 수 없다.[27]

말하자면 그에게 결여된 것은 스스로를 통제하는 에고 에너지에 집중되어 자신의 상황과 세상에서의 한계와 가능성의 성격을 현실적으로 직면하는 탄탄히 통합된 자아와 몸이다. 하지만 (나중에 보겠지만) 키르케고르가 말하는 완벽한 건강은 쉽게 달성할 수 없다.

조현병이 내적 환상과 상징적 가능성의 정상적 팽창이 이루는 연속선상에 있다면 우울증에도 비슷한 것이 있어야 한다. 그것은 키르케고르가 그리는 초상화에 있다. 우울증은 **너무 많은 필연성**(너무 많은 유한성, 현실 세계에서 사람의 몸과 행동에 의한 너무 많은 제약, 내적 자아의, 내적인 상징적 가능성의 불충분한 자유)의 연속선상에서 극단에 있다. 이것이 오늘날 우울증을 이해하는 방식이다. 즉, 우울증은 타자(가족, 직업, 그리고 일상적 의무의 좁은 지평)의 요구에 파묻히는 것이다. 그렇게 파묻힌 개인은 대안이 있음을 느끼거나 보지 못하고 삶의 어떤 선택이나 대안적 방식도 상상하지 못하며 자신을 의무의 그물망에서 해방시키지 못한다. 이 의무가 더는 자신에게 자존감, 일차적 가치감, 그리고 가정과 일자리에서의 일상적 의무를 행함으로써 세상의 삶에 영웅적으로 기여한다는 느낌을 주지 못하는데도 말이다. 내가 일전에 추측했듯[28] 조현병 환자는 자신의 세상 속으로 충분히 빚어지지 않았다. 이것을 키르케고르는 무한의 병이라고 부른다. 이에 반해 우울증은 자신의 세상 속으로 너무 확고하게, 너무 힘겹게 빚어져서 생긴다. 키르케고르는 이렇게 표현한다.

> 그러나 어떤 종류의 절망은 무한한 것 속으로 격렬하게 빠져들어가 자신을 상실하지만, 다른 종류의 절망은 "타자"에 의해서 자신이 편취당하는 것을 허용하는 것 같다. 사람의 무리에 둘러싸여서, 온갖 종류의 세속적 일에 빠져서, 세상의 풍습에 더욱 기민해지면서, 그러한 인간은 자신을 망각하고, (…) 자신을 믿으려 하지도 않은 채 자신으로 존재하는 것은 너무 위험하며 타인과 같이 존재하는 것, 또하나의 사본, 숫자 하나, 군중의 일원이 되는 것이 훨씬 편하고 안전하다고 생각한다.[29]

이것은 '문화적으로 정상적인' 인간의 특징을 빼어나게 묘사한 것이다. 그런 인간이 스스로의 의미를 감히 내세우지 못하는 것은 너무 위험하고 너무 많이 노출되어야 하기 때문이다. 그보다는 자신이 되지 않는 편이 낫다. 남들 속에 처박힌 채 사회적·문화적 의무의 안전한 틀에 들어앉아 사는 게 낫다.

다시 말하지만 이런 종류의 묘사는 연속선상에 있는 것으로 이해해야 하며 그 극단에는 우울증이 있다. 우울증 환자는 스스로가 되는 것을 너무 두려워하며 자신의 개인성을 발휘하고 자기 자신의 의미라고 할 수 있는 것, 자신의 삶의 조건을 주장하는 것을 너무 두려워하기에 말 그대로 멍청해 보인다. 그는 자신이 처한 상황을 이해하지 못하고 자신의 두려움 너머를 보지 못하며 자신이 왜 이 꼴이 되었는지 파악하지 못한다. 키르케고르는 이를 아름답게 표현한다.

가능성의 차원에서 자신을 잃어버리는 것이 어린이의 모음 발음에 비유될 수 있다면, 가능성의 결여는 벙어리와 같을 것이다. (…) 가능성이 없이는 인간은 숨을 쉴 수 없을 것이기 때문이다.[30]

이것이 바로 우울증의 조건이다. 도무지 숨쉬거나 움직일 수 없는 것. 우울증 환자가 자신의 상황을 이해하려고 쓰는 무의식적 전술 중 하나는 자신을 하등 쓸모없는 죄인으로 보는 것이다. 이것은 실제로 놀라운 '발명'이다. 그 덕에 벙어리라는 조건에서 벗어나 자신의 상황을 개념화하고 의미를 파악할 수 있기 때문이다. 물론 남에게 그 많은 불필요한 고통을 일으키는 장본인이라는 비난을 고스란히 받아야 하더라도 말이다. 대수롭지 않은 듯 보이는 다음의 언급이 바로 그런 공상 전술을 가리키는지도 모르겠다.

영웅주의의 심층심리

때로는 인간의 공상의 발명의 힘이 가능성을 찾아낼 수 있[다].[31]

어쨌든 우울증의 조건이 가능성의, 의미의, 행동의 환각을 만들어내는 기발함을 허용할지는 모르지만 진정한 가능성은 하나도 내놓지 못한다. 키르케고르는 이렇게 요약한다.

가능성이 결여되어 있다는 것은 인간에게 모든 것이 필연적으로 되었거나, 아니면 모든 것이 하찮게 되었다는 것을 의미한다.[32]

사실 극단적 우울증에는 이 두 가지가 섞여 있는 듯하다. 모든 것이 필연적인 **동시에** 하찮게 되며 이는 완전한 절망으로 이어진다. 의미의 환각을 통한 필연성은 인간에게 최고의 성취이겠지만 필연성이 하찮게 되면 삶은 아무 의미가 없다.

죄책감, 무가치함, 서투름, 심지어 불명예와 배신의 비난을 진짜 가능성보다 선호할 이유가 어디 있겠는가? 전자는 선택될 것 같아 보이지 않지만 실제로 선택된다. 한편으로는 자기를 완전히 지우고 '남'에게 굴종하고 개인적 존엄이나 자유를 모두 부정하고, 다른 한편으로는 남에게서 멀어지고 자신을 가족과 사회의 의무라는 연결 고리로부터 떼어내는 것이다. 이것은 우울증 환자가 실제로 맞닥뜨리는 선택이며 그는 (부분적으로) 죄책감에서 비롯한 자책으로 이를 회피한다. 답은 멀리 있지 않다. 우울증 환자가 독립과 더 풍성한 삶의 가능성을 회피하는 이유는 바로 그것이 그를 파괴하고 죽이겠다고 협박하는 것이기 때문이다. 그가 자신을 고된 의무, 비하적 교류의 그물망에 가둬 노예로 만든 사람들에게 매달리는 이유는 바로 이 사람들이 그의 피난처요 힘이요 세상에 맞서는 보호벽이기 때문이다. 여느 사람과 마찬가지로 우울증 환자는 스스로의 중심에 홀로 서지 못하고 삶을 직면하는 데 필요한 힘을 내면에서 끌어내지 못하는 겁쟁이다. 그래서 자신을 남들 안에 밀어넣는다. 그는 필연적인 것을 보금자리 삼아 기꺼이 받아들인다. 하지만 이제 그의 비극이 뚜렷이 보인다. 그의 **필연성**은 **하찮음**이 되었으며 그리하여 그의 노예적이고 의존적이고 몰개성화된 삶은 의미를 잃었다. 이런 구속을 당하는 것은 무시무시한 일이다. 사람들이 노예제를 선택하는 것은 안전하고 유의미하기 때문인데, 그뒤에 노예제가 의미를 잃어도 두려워서 벗어나지 못한다. 말 그대로 살기 위해 죽었으되 이 세상에 물리적으로 계속 남아 있어야 하는 것이다. 여기서 우울증의 고통이 비롯한다. 우울증 환자는 자신의 실패에 짓눌려 있으면서도 그것을 정당화해야 하며 계속하여 그것에서 가치감을 이끌어내야 한다.￭

정상적 신경증

물론 대다수 사람은 실존적 딜레마에서 벗어나려다 정신증적

￭ 이 주제는 10장에서 논의하겠지만 여기서 언급하는 이유는 이것들이 키르케고르 자신의 이해에서 얼마나 유기적인 부분인지, 그 자신의 개념과 언어로 어떻게 표현될 수 있는지 보여주기 위해서다.

인 막다른 골목에 들어서지는 않는다. 그들은 운좋게도 '속물근성'의 중간 지대에 머물 수 있다. 붕괴가 일어나는 것은 가능성이 너무 많거나 너무 적기 때문이다. 앞에서 살펴보았듯 속물근성은 자신의 진짜 적을 알며 자유를 가지고 대책을 강구한다. 여기서 키르케고르는 인간이 취할 수 있는 세 가지 대안을 요약한다. 처음 두 가지는 조현병과 우울증이라는 정신증 증후군에 해당한다.

> 가능성에서 길을 잃은 사람은 절망의 용기로 날아오른다. 모든 것이 필연성이 된 자는 살면서 자신을 지나치게 긴장시키며 절망으로 망가진다. 그러나 속물적 부르주아 정신성은 무정신적으로 의기양양해한다. (…) 자신을 주인이라고 상상하지만, 바로 그렇게 함으로써 자신을 무정신성의 속박에 가두었다는 것과 자신이 가장 비참하다는 것을 깨닫지 못한다.[33]

말하자면 속물근성은 우리가 '정상적 신경증'이라고 부를 법한 것이다. 대다수 사람은 주어진 사회적 규칙 집합의 가능성 안에서 안전하게 사는 법을 알아낸다. 속물근성의 소유자는 자신을 낮은 수준의 개인적 강렬함에 계속 둠으로써 경험에 의해 균형이 무너지는 것을 피할 수 있다고 믿는다. 키르케고르 말마따나 속물근성은 "진부하고 빤한 것으로 기운을 얻"음으로써 작동한다. 키르케고르가 이렇게 분석한 것은 프로이트가 '사회 신경증'의 가능성, '문명 공동체의 병리학'을 이야기하기 거의 한 세기 전이다.[34]

자유에 대한 또다른 충동들

키르케고르의 세 가지 유형이 인간 성격을 모두 포괄하지는 않는다. 그는 모든 사람이 그다지 '직접적'이거나 천박하지 않고 자신의 문화에 자동적으로 편입되지 않으며 사물과 타인에게 확고하게 들어앉지 않고 자신의 세상에 대해 뻔한 반사작용을 일으키지 않음을 안다. 또한 인간적 실패의 연속선상에서 정신증적 극단에 치닫는 사람은 비교적 소수다. 일부는 영혼의 완전한 상실이나 노예 상태에 굴복하지 않고서 어느 정도의 자기실현을 달성한다. 키르케고르의 분석이 가장 의미심장해지는 것은 여기에서다. 그는 거짓처럼 보이지 않는 삶을 사는 사람들, 참되고 완벽하고 진정한 인격체가 되는 데 성공한 사람들을 삶의 거짓말에서 도출하려 한다.

'직접성'을 매우 경멸하는 유형의 사람이 있다. 그는 내면을 닦고 더 깊고 내적인 것을 자부심의 토대로 삼고 자신과 평균적 인간 사이에 거리를 두려고 노력한다. 키르케고르는 이런 유형을 '내향인'이라고 부른다. 이런 유형의 인간은 개별성과 고유함을 가진 인격체가 되는 것에 좀더 관심을 쏟는다. 그는 고독을 즐기며 종종 뒤로 물러나 반성한다. 아마도 자신의 은밀한 자아에 대해, 그것이 무엇일까에 대해 생각할 것이다. 결국 이것이야말로 삶의 유일한 진짜 문제이자 인간의 유일하게 가치 있는 집착이다. 나의 진짜 재능, 은밀한 능력, 진정한 소명은 무엇일까? 내가 진짜로 고유한 것은 어떤 측면에서일까? 어떻게 나의 고유함을 표현하고 그것에 형체를 부여하고 나를 넘어선 무언가에 그것을 바칠 수 있을까? 어떻게 나의 사적인 내적 실존, 나의 심장에서 느껴지는 거대한 신비,

영웅주의의 심층심리

나의 감정, 나의 열망을 취하여 더 남다르게 살고 나의 독특한 재능으로 나 자신과 인류를 풍요롭게 할 수 있을까? 우리는 대부분 청소년기에 이 딜레마를 앓는다. 이것은 말과 생각으로 표현되기도 하고 단순한 둔통이나 갈망으로 나타나기도 한다. 하지만 대체로 삶은 우리를 표준화된 행위로 내몬다. 우리가 살아가는 사회적 영웅 체제는 영웅주의를 위한 길, 우리가 따르는 길, 우리가 남을 만족시키고 (남들이 우리에게 기대하는 존재가 될 수 있도록) 자신을 빚는 길을 닦는다. 우리는 내면의 비밀을 다듬지 못하고 그것을 숨기고 잊어버리며 순전히 외적인 인간이 되어 우리가 우연히, 또는 가족관계나 반사적 애국심이나 단순한 식욕과 생식 충동으로 인해 빠져들게 되는 표준화된 영웅 놀이를 성공적으로 해낸다.

그렇다고 해서 키르케고르의 '내향인'이 이런 내적 탐색을 온전히 고수하거나 의식한다는 말은 아니다. 막연하게 자각되는 문제에서 (직접성의 인간이 세상에 집어삼켜진 것에 비해) 좀더 많은 부분을 드러낸다는 뜻일 뿐이다. 키르케고르의 내향인은 자신이 세상과 어딘지 다르고 세상이 자신을 반영할 수 없고 그 직접성과 천박함으로 이해할 수 없는 무언가가 자신에게 있음을 느끼며, 그리하여 세상과 동떨어진 채 살아간다. 하지만 이것은 도를 넘지 않으며 철저하지도 않다. 자신이 되고 싶은 자아가 되고 소명과 진정한 재능을 실현하는 것은 근사할 테지만 이 일은 위험하며 자신의 세상을 송두리째 뒤흔들지도 모른다. 어쨌든 그는 기본적으로 약하며 타협해야 하는 위치에 있다. 직접성의 인간은 아니지만 겉보기와 달리 진짜 인간도 아니다. 키르케고르는 내향인을 이렇게 묘사한다.

외면적으로 그는 어느 모로 보나 "현실적인 인간"이[다]. 그는 대학 졸업자이며, 남편이자 아버지로, 각별히 유능한 관리이고, 존경받는 아버지이며, 유쾌한 친구이고, 아내에게 매우 상냥하며, 자녀에게 자상하다. 그리고 그리스도교인[인]가? 물론 그는 그리스도교인이다. 하지만 그는 그것에 관해 이야기하는 것을 좋아하지 않는다. (…) 교회에는 거의 나가지 않는다. 왜냐하면 그는 대부분의 목사가 자신들이 이야기하는 것을 실제로는 모른다고 생각하기 때문이다. 그는 한 사람의 목사만 예외로 취급하는데, 그 목사는 자신이 이야기하는 것을 알고 있다는 것을 인정한다. 그러나 그에게는 이 목사의 말을 듣고 싶어하지 않는 또다른 이유가 있는데, 그가 너무 멀리 이끌려 가는 것을 두려워하기 때문이다.[35]

"너무 멀리"라는 말은 그가 실제로는 자신의 고유함이라는 문제를 정면으로 맞닥뜨려야 하는 상황에 이르고 싶어하지 않는다는 뜻이다.

그를 그렇게 상냥한 남편과 자상한 아버지로 만드는 것은, 그의 선천적인 선량함과 의무감 이외에 그가 그의 은폐된 가장 깊숙한 내면에서 연약함을 인정한 것이다.[36]

그리하여 그는 일종의 '익명'으로 살아가며 자신이 실제로 누구인가라는 생각을 (주기적인 고독 속에서) 곱씹고 '조금 다름'을 고집

영웅주의의 심층심리

하는 것에 만족하며 막연한 우월함에 뿌듯해한다.

하지만 이런 입장을 평정심을 가지고 고수하기란 쉽지 않다. 키르케고르는 이 입장을 계속 간직하는 일은 드물다고 말한다. 인격체가 된다는 것이 무슨 뜻인가의 문제를 아무리 묵묵하게, 약하게, 또는 남들과의 (상상된) 차이에 대한 자부심의 허울을 씌워 내보이더라도 곤란해질 수 있다. 내성적인 것은 무력하지만 무력함은 이미 어느 정도 자의식적이기에 골칫거리가 될 수 있다. 가족과 직업에 대한 의존에 차질을 빚을지도 모른다. 자신이 편입되었다는 느낌, 즉 자신의 안전에 노예가 되었다는 느낌에 대한 반응으로서 쓰라린 고통을 겪을 수 있는 것이다. 강한 사람이라면 견딜 수 있을지도 모른다. 아니면 고통에서 벗어나려고 자살을 하거나 세상에, 또한 격렬한 경험에 필사적으로 빠져들려 할 수도 있다.

이로써 우리는 마지막 유형의 인간을 만나게 된다. 그는 자신의 약함에 저항하여 스스로를 주장하며 스스로에 대해 신, 운명의 주인, 스스로 창조된 자가 되려고 한다. 단순히 남들이나 사회의 졸이 되려 하지 않는다. 수동적으로 감내하고 은밀히 꿈꾸고 자기 내면의 불꽃을 달래어 망각에 빠뜨리지도 않는다. 그는 삶에 뛰어든다.

> 이런 종류의 절망에 빠진 사람은 생활 속으로, 아마 큰 사업의 기분전환 속으로 뛰어들 것이다. 그는 불안한 정신이 될 것이고, 그 정신의 삶은 그것의 흔적, 잊기를 원하는 불안한 정신을 확실히 남긴다. (…) 또는 그는 관능에서, 아마 방탕한 삶에서 망각을 구할 것이다.[37]

반항적 자기창조는 극단적인 경우 악마적으로 바뀔 수 있다. 키르케고르가 '악마적인 분노'라고 부르는 이 열정은 삶이 자신에게 저지른 모든 것에 대한 반격이자 실존 자체에 대한 반란이다.

　　우리 시대에는 이런 형태의 반항적 자기창조를 쉽게 알아볼 수 있다. 개인적 차원과 사회적 차원에서 그 결과가 뚜렷이 드러나기 때문이다. 우리는 고대 로마의 성적 자연주의를 되풀이하는 듯한 새로운 감각 숭배를 목도하고 있다. 그것은 내일에 저항하여 오늘 하루만 사는 삶이다. 몸과, 직접적 경험과 감각에, 촉각, 부푼 살, 맛과 냄새의 격렬함에 빠져드는 삶이다. 그 목표는 자신이 사건들을 통제할 수 없고 무력하고 노화와 죽음으로 향하는 기계적 세상에서 인격체로서 모호하다는 사실을 부정하는 것이다. 그렇다고 해서 이렇게 동물로서 자신의 기본적 생명력을 재발견하고 재천명하는 것이 나쁘다는 말은 아니다. 어차피 현대 세계는 심지어 사람들의 몸을, 동물적 중심에서 발산되는 기운을 부정하고 싶어했으니 말이다. 현대 세계는 사람을 완전히 탈인격화된 추상물로 만들고 싶어했다. 하지만 인간은 유인원 닮은 몸을 간직하면서도 그것을 육체적 자기주장의 토대로 쓸 수 있었으며 관료제를 비난할 수 있었다. 여기서 존엄하지 않을 수도 있는 유일한 것은 그 필사적 반사작용, 즉 성찰적이지 않기에 완벽하게 침착하지는 않은 반항이다.

　　사회적으로도 우리는 기본적으로 무해한 반항적 프로메테우스주의를 보았다. 이 확신에 찬 능력은 인간을 달에 쏘아올려 지구에의 완전한 의존과 속박에서 자유롭게(적어도 상상에서는) 할 수 있다. 이 프로메테우스주의의 추한 면은 생각이 없다는 것, 목표나 의미를 전혀 생각지 않고 기술의 환희에 멍하니 빠져 있다는 것이다. 그렇기에 달에는 대기가 없어서 스핀이 먹지 않는데도 달에서 골프공을 치는 퍼포먼스를 벌인다. 영화 〈2001 스페이스 오디세이〉에서 오싹하게 묘사했듯 이것은 팔방미인 유인원의 기술적 승리다. 더 불길한 측면에서는 우리가 유인원에서 더 발전하면서 사고, 악, 죽음에 대한 현대인의 저항으로 인해 소비재와 군수품의 생산이 하늘을 찌르고 있다. 이 저항이 악마적 극단으로 치달으면서 등장한 것이 히틀러와 베트남전쟁이다. 이것은 우리의 무력함에 대한 분노이자 동물적 조건과 가련한 피조물의 한계에 대한 저항이다. 신처럼 전능하지는 못하더라도 적어도 신처럼 파괴할 수는 있으니까.

인간다움의 의미

키르케고르는 우리 시대를 살아보지 않고서도 이 문제들을 이해할 수 있었다. 그가 부르크하르트처럼 자기 시대의 징조를 볼 수 있었던 것은 스스로에 대해 거짓말을 했을 때 어떤 대가가 따르는지 알았기 때문이다. 그가 지금까지 묘사한 모든 성격은 인간 조건의 현실과 관련하여 스스로에 대한 거짓말의 정도를 나타낸다. 키르케고르가 이 극도로 어렵고 믿을 수 없을 만큼 미묘한 작업을 벌인 이유는 오직 하나다. 그것은 사람이 거짓말을 하지 않으면 어떻게 될 것인가에 대해 권위 있는 최종 결론을 내리기 위해서였다.

키르케고르는 인간이 자기가 처한 조건의 현실에 맞서 문을 걸어 잠글 때 어떻게 삶이 수렁에 빠지고 실패하는지 조목조목 보여주고 싶었다. 가능하다면, 인간이 제 혼자 힘으로 살아감으로써 자신의 본성을 실현한다고 상상할 때 얼마나 한심하고 가련한 존재가 될 것인지 보여주고 싶었다. 이제 키르케고르는 모든 노고의 황금빛 결실을 내놓는다. 이제 그는 인간의 무능력, 자기중심주의, 자기파괴라는 막다른 골목 대신 **진짜 가능성**이 어떤 것인지 보여준다.

어쨌든 키르케고르는 초연한 과학자와는 거리가 멀었다. 그가 심리 묘사를 내놓은 것은 인간을 위한 자유를 엿봤기 때문이다. 그는 열린 인격에 대한, 인간의 가능성에 대한 이론가였다. 이 점에서 오늘날의 정신의학은 키르케고르에 비해 훨씬 뒤처져 있다. 키르케고르는 결코 '건강'이 무엇인지 명쾌하게 설명하지 않았다. 하지만 그는 무엇이 건강이 아닌지는 알고 있었다. 건강은 정상적 조정이 아니다. 그가 그토록 고통스럽게 분석한 결과에서 보듯 결코 아니다. 키르케고르가 보기에 '정상적인 문화적 인간'이 된다는 것은 스스로가 알든 모르든 아프다는 것이다. "단순히 상상으로만 존재하는 건강도 있[다]."**38** 훗날 니체도 같은 생각을 표현했다. "혹시─정신과 의사에게 묻노니─건강함의 노이로제……가 있는 것인가?" 하지만 키르케고르는 질문을 던졌을 뿐 아니라 답까지 내놓았다. 건강이 '문화적 정상성'이 아니라면 다른 것을, 인간의 예사로운 상황이나 그의 습관적 생각을 넘어선 무언가를 가리켜야만 한다. 한마디로 정신 건강은 전형적이지 않고 이념형적이다. 그것은 인간을 훌쩍 뛰어넘은 무언가, 달성되어야 하고 추구되어야 하는 무언

영웅주의의 심층심리

가, 인간을 자신 너머로 이끄는 무언가다. '건강한' 사람, 참된 개인, 자기실현을 한 사람, '진짜' 인간은 자신을 **초월**한 사람이다.³⁹

어떻게 자신을 초월할까? 어떻게 자신을 새로운 가능성에 개방할까? 그것은 자신이 처한 상황의 진실을 깨닫고 성격의 거짓말을 떨치고 자신의 영혼을 조건화된 감옥에서 **빼내**는 것이다. 키르케고르에게나 프로이트에게나 적敵은 오이디푸스콤플렉스다. 아동은 자신이 처한 상황의 공포에 맞서 자존감을 지키는 전략과 기법을 만들어냈다. 이 기법들은 그를 가두는 갑옷이 된다. 자기확신과 자존감을 가지고 살아가는 데 필요한 바로 그 방어 수단이 일생의 덫이 되는 것이다. 자신을 초월하려면 자신이 살아가는 데 필요한 것을 부숴야 한다. 리어왕처럼 '문화적 차용물'을 모두 던져버리고 삶의 폭풍우 속에 벌거벗은 채 서야 한다. 키르케고르는 자유를 향한 인간의 충동에 대해 아무런 환상도 품지 않았다. 그는 인간이 성격 방어의 감옥 안에서 얼마나 안락하게 지내는지 알고 있었다. 그들은 여러 죄수와 마찬가지로 제약받고 보호받는 일과에서 편안함을 느끼며 (우연이나 사고나 선택의 결과로) 넓은 세상에 가석방될까봐 겁을 먹는다. 그 이유가 궁금하면 이 장 첫머리의 제사에 실린 키르케고르의 고백을 다시 읽어보라. 성격의 감옥에서는 자신이 대단한 인물이고 자신의 삶에 이유가 있으며 자신의 행동을 얼마든지 정당화할 수 있는 척하고 그렇게 느낄 수 있다. 자동적이고 무비판적으로 살면 내장된 문화적 영웅주의 중에서 적어도 최소한의 몫을 보장받는데, 이를 '감옥 영웅주의'라고 부를 수 있으리라. 진실을 '아는' 내부자의 거들먹거림이라고나 할까.

키르케고르가 겪은 고통은 있는 그대로의 세상을 피조물로서 자신의 상황에 비추어 바라본 직접적 결과다. 성격의 감옥을 짓는 고역을 치르는 이유는 오직 하나를 부정하기 위해서다. 그것은 바로 자신의 피조물성이다. 피조물성은 공포스럽다. 자신이 똥을 누는 피조물임을 인정하는 것은 피조물의 불안이라는 태곳적 바다가 자신을 집어삼키도록 하는 셈이다. 하지만 그것은 피조물의 불안에 머물지 않는다. 인간의 불안, 인간이 자신의 동물적 한계를 의식하는 동물이라는 인간적 역설에서 비롯하는 불안인 것이다. 불안은 자신이 처한 조건의 진실을 인식한 결과다. **자의식을 가진 동물**이 된다는 것은 어떤 의미일까? 이런 생각은 터무니없거나 무시무시하다. 그것은 자신이 벌레 먹이 신세임을 안다는 뜻이다. 이것이 공포의 근원이다. 무에서 생겨나 이름, 자의식, 깊은 내적 감정, 삶과 자기표현에 대한 고통스러운 내적 열망을 가지는 것, 이 모든 것을 가지고도 죽어야 한다는 것. 마치 장난 같다. 문화적 인간의 한 유형이 신이라는 개념에 맞서 공공연히 봉기하는 것은 이 때문이다. 어떤 종류의 신이 벌레 먹이를 그토록 복잡하고 근사하게 창조하겠는가? 그리스인에 따르면 그것은 인간의 고통을 오락거리로 삼는 냉소적 신들이다.

하지만 이제 키르케고르는 우리를 교착상태로, 불가능한 상황으로 이끈 듯하다. 그는 우리가 처한 조건의 진실을 깨달으면 스스로를 초월할 수 있다고 말했다. 다른 한편으로 우리가 처한 조건의 진실은 우리의 완전하고도 비참한 피조물성이며 이는 우리를 자기실현의 척도에서 점점 아래쪽으로, 자기초월의 모든 가능성으로부터 점점 멀리 밀어내는 듯하다. 하지만 이것은 겉으로 드러난 모순에 불과하다. 불안의 범람은 인간에게 끝이 아니다. 오히려 인간에게 궁극적 가르침, 최종적 성숙을 제공하는 '학교'다. 키르케고르는 이것이 현실보다 나은 선생이라고 말한다.[40] 현실에 대해서는 거짓말을 할 수 있고 왜곡할 수 있고 문화적 인식과 억압이라는 수법으로 길들일 수도 있지만 불안에 대해서는 거짓말을 할 수 없기 때문이다. 한번 불안을 직면하면 자신이 처한 상황의 진실이 드러나며 오로지 진실을 바라봄으로써만 스스로를 위한 새로운 가능성을 열 수 있다.

> 불안에 의해 교육을 받는 사람은 누구나 다 가능성에 의해 교육을 받는 것이[다]. (…) 그래서 그런 사람이 가능성의 학교를 졸업할 때, 또 그가 삶의 그 어떤 것도 절대적으로 요구할 수는 없으며 공포와 멸망과 절멸이 모든 사람과 이웃하고 있다는 것을 어린이들이 알파벳을 알고 있는 것보다 더 잘 알게 될 때, 또 그가 불안해하던 두려움이 모두 다음 순간에 실제로 닥칠 수 있다는 것을 철저하게 깨달을 때, 그는 현실성을 달리 설명할 것이[다].[41]

오해하지 말라. 불안의 '학교'의 교육과정은 억압의 배움을 무위로 돌리는 것이다. 아동은 최소한의 동물적 평정심으로 살아갈 수 있도록 모든 것을 부정하도록 교육받았으나 이 모든 것을 되돌려야 한다. 그리하여 키르케고르는 아우구스티누스에서 루터로 이어지는 전통에 확고히 자리잡는다. 인간에게 교육은 자신이 타고난 무능력과 죽음을 직면하는 것이다.[42] 루터도 우리에게 이렇게 촉구하지 않았던가. "내가 말하노니 죽으라. 즉, 죽음을 마치 현재인 것처럼 맛보라." 이것은 살아 있는 몸의 입술로 죽음을 '맛보아'야만 자신이 죽을 피조물임을 정서적으로 알 수 있다는 뜻이다.

말하자면 키르케고르의 말은 불안의 학교가 가능성으로 이어지는 것은 성격의 필수적 거짓말을 **무너뜨림으로써뿐**이라는 것이다. 그것이 결코 하지 말아야 할 궁극적 자멸처럼 보이는 것은 그렇게 되면 정말로 아무것도 남지 않을 것이기 때문이다. 하지만 키르케고르는 안심하라고 말한다. "그것은 정상적이야. (…) 자기는 자기가 되기 위해 깨져야만 하는 거야."[43] 윌리엄 제임스는 이 루터식 전통을 아래와 같이 아름답게 요약했다.

> 이것은 자기절망을 통한 구원이고, 진정으로 태어나기 위해 죽는 것이고, 루터교 신학에서 야곱 뵈메가 쓴 무로 들어가는 것이다. 그 상태에 도달하기 위해 위기의 순간은 대개 극복되어야 하고 위험의 순간을 벗어나야 한다. 무엇인가는 반드시 포기되어야 하고 천부적인 견고함은 깨지고 용해되어야만 한다.[44]

다시 말하지만 앞 장에서 보았듯 이것은 리어왕, 선승, 현대 정신요법, 아니 시대를 통틀어 자기실현을 성취한 모든 사람이 정서적 성격 갑옷을 부순 그 행위다. 위대한 영혼 오르테가는 이를 남달리 힘차게 표현했다. 그의 선언은 키르케고르와 거의 똑같이 읽힌다.

영웅주의의 심층심리

두뇌가 명석한 사람은 이런 환각적인 '견해'에서 해방되어 삶을 직시하고 만사가 문제투성이인 것을 깨달으며 자신이 길을 잃어버렸다고 자각하는 사람이다. 이것은 순수한 진리—이를테면 산다는 것은 길을 잃어버렸음을 자각하는 것이라는 사실—이기 때문에 이것을 받아들이는 자는 이미 자신의 진정한 현실을 발견하기 시작한 것이고 견고한 지반에 서 있는 셈이다. 그는 조난자와 마찬가지로 본능적으로 붙잡을 것을 찾을 것이다. 비참하고 절박한, 그리고 구조를 기다리는 정말로 진지한 시선이 혼란스러운 그의 삶에 질서를 가져다줄 것이다. 이것이 조난자의 생각이며 단 하나의 진실한 생각이다. 그 나머지는 수사이자 꾸밈이며 자기기만이다. 진짜 길을 잃어버렸다는 것을 자각하지 않는 사람은 길을 잃어버릴 수밖에 없다. 다시 말하면 현실 그 자체를 결코 발견할 수 없고 그것과 마주치는 일도 결코 없을 것이다.[45]

이렇듯 존재의 공포에 대한 불안을 직면함으로써만 자아를 파괴하여 새로운 가능성, 새로운 현실에 도달할 수 있다. 애초에 자기 초월을 위해서는 자아를 파괴하여 무로 끌어내려야 한다. 그러면 자아는 자신을 자기 너머의 힘과 연결 지을 수 있다. 에고는 자신의 유한성 속에서 몸부림치고 '죽어'야 한다. 그래야 그 유한성에 의문을 제기하고 유한성 너머를 볼 수 있다. 유한성 너머엔 무엇이 있을까? 키르케고르가 답한다. 무한, 절대적 초월, 유한한 피조물을 만든 창조의 궁극적 힘이 있다고. 정신역학에 대한 현재의 이해는 이 과정이 매우 논리적임을 뒷받침한다. 자신이 피조물임을 인정하는 것은 기본적인 것을 성취하는 것이다. 자신의 모든 무의식적 힘의 연결, 또는 버팀목을 부수는 것이다. 앞 장에서 보았듯(여기서 한번 더 언급할 가치가 있으므로) 모든 아동은 자신을 초월하는 어떤 힘을 자신의 토대로 삼는다. 그 힘은 대체로 부모, 사교 집단, 사회와 국가의 상징이 결합된 것이다. 이것은 생각하지 않는 뒷받침의 그물로, 아동이 위임된 힘의 자동적 안정 위에서 활동하며 스스로를 믿을 수 있는 것은 이 덕분이다. 물론 빌린 힘으로 자신이 살아가고 있음을 인정하지는 않는다. 그랬다가는 자신의 확고한 행위, 자신에게 필요한 바로 그 확신에 의문을 제기하게 될 테니 말이다. 그가 자신의 피조물성을 부정한 방법은 바로 자신에게 확고한 힘이 있다고 상상하는 것이었으며 이 확고한 힘을 손에 넣는 방법은 자신이 속한 사회의 사람과 사물에 무의식적으로 기대는 것이었다. 어떤 사람의 기본적 나약함과 공허함, 그의 무력함을 드러내면 힘의 연결들이라는 총체적 문제를 어쩔 수 없이 재검토해야 한다. 힘의 연결들을 창조적 힘과 발생적 힘의 진짜 근원으로 다시 빚어낼 방안을 생각해야 한다. 사회의 부차적이고 중간적인 창조자, 부모, 문화적 영웅들뿐 아니라 모든 창조된 것의 제일 원인인 창조주를 마주하여 피조물성을 받아들이기 시작할 수 있는 것은 이 지점에서다. 이들은 사회적·문화적 창시자로, 그들 자신이 다른 원인에 의해 창조되었으며 그들 자신이 다른 누군가의 힘의 그물망에 들어 있다.

어떤 사람이 궁극적 힘, 무한과 자신의 관계를 살펴보고 자기

　　　　　　　　영웅주의의 심층심리

주변의 것들에서 궁극적 힘으로의 연결 고리를 고치기 시작하면 그는 한없는 가능성의 지평, 진짜 자유의 지평을 열게 된다. 이것이 키르케고르의 메시지다. 성격의 막다른 골목, 이상적 건강, 불안의 학교, 진짜 가능성과 자유의 본성에 대한 그의 모든 논의가 여기에서 정점에 이른다. 이 모든 과정을 거쳐 도달한 곳은 믿음이다. 그것은 자신의 바로 그 피조물성이 창조주에게 의미가 있다는 믿음, 자신의 진정한 무의미함, 약함, 죽음에도 불구하고 자신의 존재가 궁극적 차원에서 의미가 있는 것은 어떤 창조적 힘에 의해 어떤 설계대로 일어나고 유지되는 영원하고 무한한 계획 안에서 존재하기 때문이라는 믿음이다. 키르케고르의 저작들에는 믿음의 이 기본 공식이 거듭 되풀이된다. 우리는 아무것도 할 수 없는 피조물이지만 "모든 것을 할 수 있"는 살아 있는 신의 맞은편에 존재한다.

믿음의 이맛돌이 구조의 정점에 박히면서 키르케고르의 논의 전체가 수정처럼 투명해졌다. 우리는 왜 불안이 "자유의 가능성"인지 안다. 불안은 "모든 유한한 목적"을 소멸시키기에 "가능성에 의해 교육을 받는 사람만이 자신의 무한성에 따라서 교육을 받는 것이"기 때문이다.[46] 가능성이 우리를 이끄는 곳은 다름 아닌 믿음이다. 이것은 문화적 조건화, 성격의 거짓말, 그리고 믿음으로 닿을 수 있는 무한의 입구 사이에 놓인 중간 단계다. 하지만 믿음으로 도약하지 않는다면 성격 갑옷을 벗고 새로 무력하게 된 사람은 지독한 공포에 사로잡힌다. 이것은 갑옷의 보호를 받지 못하고 자신의 고독과 무력함에, 끊임없는 불안에 노출되어 살아간다는 뜻이다. 키르케고르의 말을 들어보자.

이제 가능성의 불안은, (그가 구원받으면) 그를 신앙에게 넘겨주어야 할 때까지, 그를 전리품으로 잡아둔다. 그는 (신앙을 떠나서는) 그 어떤 다른 곳에서도 평안을 찾을 수 없다. (…) 불행 속에서 가능성의 경과를 더듬은 사람들은 모두 이미 모든 것을 잃어버렸다. 모든 것을 말이다. 현실에서는 그 누구도 그렇게 잃어버릴 수 없다. 이제, 만일 그런 사람이 자신을 가르치기를 원했던 가능성을 속이지 않는다면, 그리고 자신을 구원하기를 원했던 불안을 감언이설로 유혹하지 않는다면, 그는 모든 것을 또한 되돌려받을 것이다. 그러나 현실에서는 그 누구도 그렇게 한 적이 없었다. 설령 열배를 되돌려 받은 사람이라고 하더라도 말이다. 왜냐하면 가능성의 제자는 무한성을 받았기 때문이다.[47]

이 모든 전개 과정을 영웅주의의 가능성에 대한 우리의 논의에 맞추면 다음과 같다. 인간은 단순한 문화적 영웅주의의 한계를 뚫고 나온다. 그는 매일매일의 사회적 계획에서 영웅 행세를 하게 한 성격 거짓말을 깨뜨린다. 그럼으로써 그는 무한에, 우주적 영웅주의의 가능성에, 다름 아닌 신을 섬기는 일에 자신을 연다. 그리하여 그의 삶은 단순한 사회적, 문화적, 역사적 가치 대신 궁극적 가치를 얻는다. 그는 자신의 은밀한 내적 자아, 진정한 재능, 고유함에 대한 가장 깊은 느낌, 절대적 의미를 향한 내적 갈망을 창조의 토대 자체와 연결시킨다. 문화적 자아가 부서지고 남은 잔해에는 궁극적 의미와 우주적 영웅주의를 갈망한 사적이고 보이지 않고 내적

영웅주의의 심층심리

인 자아의 신비가 남아 있다. 모든 피조물의 심장에 있는 이 보이지 않는 신비는 창조의 심장에 있는 보이지 않는 신비와의 연결을 확인함으로써 이제 우주적 의미를 얻는다. 이것이 믿음의 의미다. 이와 동시에 이것은 키르케고르의 사유에서 심리학과 종교의 통합이 가지는 의미다. 참으로 열린 사람, 문화적 조건화의 필수적 거짓말인 성격 갑옷을 벗어버린 사람은 어떤 단순한 '과학'으로부터도, 어떤 단순한 사회적 건강 기준으로부터도 도움을 받을 필요가 없다. 그는 절대적으로 혼자이며 잊힘의 가장자리에서, 그와 동시에 무한의 가장자리에서 전율한다. 그에게 필요한 새로운 뒷받침을 해주는 것은 "불안 없이 불안을 버릴 수 있는 용기"이며 "이는 오직 믿음에 의해서만 가능하"다고 키르케고르는 말한다. 이것이 인간에게 쉬운 일이거나 인간 조건의 만병통치약이라는 말은 아니다. 키르케고르는 결코 만만하지 않다. 그는 놀랍도록 아름다운 생각을 내놓는다.

> 믿음이 그렇게 해서 불안을 없애버리는 것이 아니다. 다만 그자체 영원히 젊음을 유지하면서, 믿음은 불안에 의한 죽음의 순간에서 벗어난다.[48]

말하자면 인간이 모호한 피조물인 한 불안은 결코 없앨 수 없다. 그 대신 할 수 있는 일은 불안을 영원한 샘으로 삼아 생각과 신뢰의 새로운 차원으로 성장하는 것이다. 믿음은 삶의 새로운 임무를 제시하는데, 그것은 열린 지평에서 여러 차원의 현실을 탐험하는 것이다.

우리는 키르케고르가 왜 자신의 위대한 불안 연구를 필연적 논증의 분위기를 풍기는 아래 문구로 끝맺을 수밖에 없었는지 이해할 수 있다.

> 진정한 독학자[즉, 혼자서 불안의 학교를 이수하여 믿음에 이르는 사람]는 어떤 저술가도 말했듯이 바로 똑같은 정도로 하나님의 제자이다. (…) 심리학이 불안으로 끝나는 순간, 이제 불안은 교의학으로 넘겨진다.[49]

키르케고르에게서는 심리학과 종교, 철학과 과학, 시와 진리가 창조의 갈망 속에서 하나로 어우러진다.[50]

이제 심리학의 역사에 우뚝 선 또다른 인물로 넘어가자. 그에게도 똑같은 갈망이 있었으나 이것들이 의식적으로 융합되지 않았다. 인간 본성의 가장 위대한 연구자 두 명이 믿음의 실재에 대해 이토록 정반대 의견을 가질 수 있었던 이유는 무엇일까?

영웅주의의 심층심리

6장   프로이트의 성격 문제를 재조명하다

인간이 직립보행 자세를 채택하고 후각의 가치가 떨어지면서 항문
성애만이 아니라 인간의 성생활 전반이 기질성 억압에 희생될 위기
에 놓였[다]. (…) 모든 신경증 환자를 비롯하여 많은 사람이 '오줌과
똥 사이에서 태어났다'는 사실을 참을 수 없는 일로 생각한다. (…)
따라서 우리는 과거의 동물적 생활에 맞서서 직립보행으로 얻은 새
로운 생활 형태를 지키려는 기질적 방어가 문명과 함께 발달하는
성적 억압의 깊은 뿌리임을 알 수 있다.

　　　　　　　　　　　　　　　　　　　—지크문트 프로이트[1]

　앞 장에서 나는 키르케고르가 임상심리학이 등장하기 오래전
에 인간의 성격과 성장이라는 문제를 천재적 예리함으로 이해했음
을 밝히려 노력했다. 키르케고르는 정신분석 이론의 몇 가지 근본
을 예측했으며 그 이론 너머 신앙의 문제까지, 그리하여 가장 깊은
인간 이해에까지 도달했다. 이 주장을 옹호하는 것이 이 책의 과제

중 하나다. 그러려면 프로이트의 성격 문제를 내가 보는 바대로 간략하게 서술하지 않을 수 없다. 프로이트도 정신분석 이론을 한계까지 밀어붙였지만 신앙에 이르지는 않았는데, 그의 성격에서 적어도 일부 이유를 알 수 있다.

인간의 피조물성에 대한 교의로서의 정신분석학

프로이트 사상 혁명에서 놀라운 점은 우리가 여전히 그것을 소화할 수도, 무시할 수도 없다는 점이다. 프로이트주의는 비난하는 유령처럼 현대인을 내려다보며 서 있다. 많은 이들이 지적했듯 이 점에서 프로이트는 성경 속 예언자와 비슷하다. 그는 아무도 듣고 싶어하지 않고 앞으로도 아무도 듣고 싶어하지 않을 진실을 말하는 우상 파괴자였다. 그 진실은 노먼 O. 브라운이 언급했듯 프로이트가 인간의 기본적 피조물성에 전혀 환상을 품지 않았다는 것이다. 프로이트는 성 아우구스티누스를 인용하기까지 했다.[2] 인간의 기본적 피조물성이라는 문제에서 프로이트는 종교와의 연관성을 느낀 것이 틀림없다. 그런데 그는 종교를 (좋게 말해서) 전혀 호의적으로 평가하지 않았다. 그는 어떤 종교도 호의적으로 평가하지 않았으나 우리는 인간의 기본적 본성처럼 근본적인 문제에서도 그를 아우구스티누스주의자 키르케고르와 대등하게 놓을 수 있다.

이것은 중요한 문제다. 프로이트 특유의 염세주의와 냉소가 여전히 그의 사상에서 가장 동시대적인 이유가 이로써 설명된다. 그의 염세주의는 현실과 과학적 진실에 바탕을 둔 염세주의다. 하지만 인간의 피조물성에 대한 프로이트의 태도에서는 훨씬 많은 것이 설명된다. 프로이트가 인간의 피조물성을 집요하게 주장한 것 하나만 놓고 봐도 그가 인간에 대한 본능주의적 관점을 고집한 이유, 즉 정신분석 이론에서 무엇이 **틀렸는**지가 거의 설명된다. 이와 동시에 처음에는 랑크가, 지금은 브라운이 그랬듯 정신분석 이론을 살짝 비틀면 피조물성에 대한 강조는 인간 성격에 대한 항구적 통찰이라는 모습을 띤다.

첫번째 측면에서 프로이트가 본능적 행동으로서의 피조물성에 집착했음을 가장 잘 보여주는 것은 융의 자서전이다. 융은 1907년과 1910년에 프로이트와는 결코 친구가 될 수 없겠다고 생각했는데, 그 이유는 프로이트의 성 이론에 담긴 편견을 도저히 받아들일 수 없었기 때문이다. 1910년 빈 회합에서 이루어진 이 중요한 사상사적 조우를 융 자신의 언어로 조금 길게 서술하겠다.

지금도 나는 프로이트가 "친애하는 융, 결코 성 이론을 버리지 않겠다고 나에게 약속하십시오. 그것은 가장 본질적인 것입니다. 우리들은 성 이론에 대한 교리를 만들지 않으면 안 됩니다. 당신은 아마도 그것이 흔들릴 까닭이 없는 요새라는 것을 알고 있을 줄 믿습니다"라고 말했을 때의 모습을 생생하게 기억할 수 있다. 그는 이 말을 정서를 담뿍 담고 마치 아버지가 아들에게 "사랑하는 아들아, 일요일이면 반드시 교회에 가겠다고 아버지에게 약속해주렴" 하는 투로 말했던 것이다. 약간 놀란 나는 그에게 반문했다. "요새라뇨, 대체 무엇에 대한 요새란 말입니까." 그는 이렇게 답변했다. "세상의 하찮은 풍조에 대해서입니다."—그러고서 그는 한참 동안 침묵을 지키다가 이렇게 덧붙였다―"신비[에 대해서]." (⋯) 프로이트가 '신비주의'라는 말로 의미하고 있다고 생각되는 것은 실질적으로는 초심리학에서 유행하던 현대 과학을 포함한, 철학이나 종교가 정신에 대해서 배워온 모든 사실이었다.

1907년 초기의 회합에 대해서는 이렇게 밝히고 있다.

그중에서도 프로이트의 정신에 대한 태도는 나에게 커다란 의문점이었다. 어떤 인물, 혹은 어떤 예술작품에서 정신성(이것은 초자연적인 의미가 아니고 지적인 의미를 말한다)의 표출이 있을 때면 반드시 그는 그것을 일단 의심했으며, 억압된 성욕이라고 암시하는 것이었다. 성욕으로서 직접 해석되지 않는 것은 아무것이나 '정신 성욕'이라고 말했다. 나는 이 가설을 끝까지 규명해나간다면 문화에 대한 파괴적인 견해가 되어갈 것이라고 주장했다. 그때는 문화라는 것은 단순한 소극, 즉 억압된 성욕의 병적인 결과에 지나지 않게 되리라고 말했다. "그렇습니다, 그렇고말고요. 그리고 그것이 바로 우리들이 저항하기에는 힘이 부족한 운명의 탓이라는 것입니다" 하고 동의하는 것이었다. (⋯) 프로이트가 성 이론에 대해서 이상할 정도로 정서적으로 관여하고 있다는 사실에는 아무런 잘못이 없었다. 성 이론에 대해서 말할 때 그의 어조는 집요할 정도로 걱정스럽게 들렸으며 (⋯) 얼굴에는 기묘히 동요하고 있는 표정이 떠올랐[다].[3]

영웅주의의 심층심리

융은 그런 비과학적인 태도를 받아들일 수 없었다. 그가 보기에 프로이트는 평상시의 비판적이고 회의적인 태도를 버린 듯했다.

> 나에게는 성 이론이야말로 신비적이었으며, 다시 말해서 다른 많은 순수한 이론적인 견해와 마찬가지로 증명할 수 없는 가설이었다. 내가 생각한 것처럼 과학적 진리는 가설이며, 한참 동안은 적절한 것이 될지도 모르지만, 신조로서 영구히 보존될 것은 못 되는 것이다.[4]

융은 프로이트의 이런 면에 혼란과 회의를 느꼈지만 오늘날 우리는 무엇이 문제였는지 똑똑히 안다. 프로이트는 자신의 진정한 재능과 가장 사적이고 소중한 자아상, 즉 그 재능을 실현하는 임무가 인간 조건에 대한 말할 수 없는 진실을 폭로하는 것이라고 철석같이 믿었다. 그는 이 말할 수 없는 진실이 본능적 성과 그 성에 이바지하는 본능적 공격성이라고 생각했다. 그는 1909년에 뉴욕 스카이라인을 보고서 융에게 이렇게 외쳤다. "우리의 이야기를 들으면 저들은 깜짝 놀랄 걸세!"[5] '오컬트'는 인간의 기본적 피조물성에 대해 거짓말을 하는 모든 것, 인간을 동물과 질적으로 다른 고귀하고 영적인 창조자로 둔갑시키려 하는 모든 것이었다. 그에 따르면 이런 종류의 자기기만적이고 자기확장적인 '오컬트주의'는 인간 정신에 새겨진 허울 좋은 사회적 합의였다. 이 오컬트주의는 모든 나라와 (종교와 세속을 망라한) 모든 연단에서 설교되었으며 너무나 오랫동안 인간의 진짜 동기를 얼버무렸다. 이 오래된 가면을 공격하고, 난공불락의 방벽 뒤에 단단히 세운 역逆신조로 분쇄하는 것은 정신분석학이 오롯이 맡아야 할 임무였다. 그보다 약해서는 소용이 없었다. 거기에 못 미치는 것으로는 인간의 자기기만처럼 오래된 강적을 공격할 수 없었다. 그리하여 우리는 프로이트가 초창기에 융에게 당부할 때 어떤 감정을 품었는지, 프로이트가 (이 장 제사에서처럼) 마지막 저작들에서 어떻게 진지하고도 치밀한 과학적 폭로를 하게 되었는지 이해할 수 있다. 그의 삶 정체성은 하나이자 고스란했다.

융과 아들러가 처음부터 알았듯 프로이트의 신조가 틀렸음은 오늘날 우리에게도 분명하다. 인간은 성과 공격성의 본능을 타고나지 않았다. 이제 우리는 그 너머를, 우리 시대에 등장하고 있는 새로운 프로이트를, 인간의 피조물성을 드러내는 일에 끈질기게 매진한 그의 길이 옳았음을 본다. 그의 정서적 판단은 정확했다. 그의 판단에는 천재의 참된 직관이 깃들어 있었다. 그 감정에 해당하는 지적 대응물인 성 이론은 틀린 것으로 판명 났지만 말이다. 인간의 몸은 실제로 '운명의 저주'였으며 문화는 억압 위에 건축되었다. 하지만 그것은 프로이트가 생각한 것처럼 인간이 성과 쾌락과 삶만을 추구해서가 아니라 인간이 일차적으로 죽음 또한 회피했기 때문이다. 주된 억압은 성이 아니라 **죽음**에 대한 인식이다. 랑크가 여러 책에서 설파하고 브라운이 최근에 다시 주장했듯 정신분석학에 대한 새로운 관점에서 중요 개념은 죽음의 억압이다.[6] 이것이야말로 인간의 피조물적 성격이며 이것이야말로 문화의 토대가 된 억압, 자의식적 동물 고유의 억압이다. 프로이트는 그 저주를 보았으며 온 힘을 다해 이를 폭로하는 일에 생애를 바쳤다. 하지만 아이러니하게도 그는 저주의 정확한 과학적 원인을 놓치고 말았다.

프로이트가 죽는 날까지 인간 동기의 주원인을 놓고 자신과 대화를 나눈 데는 이런 까닭도 있다. 프로이트는 연구에 몰두하고 진실을 더 분명하고 뚜렷하게 끌어내려 애썼지만 그럼에도 진실은 더 어둑하고 복잡하고 알쏭달쏭해지는 것만 같았다. 우리가 프로이트를 존경하는 것은 그의 진지한 헌신, 자신의 잘못을 인정하는 태도, 일부 주장에 담긴 수사적 겸손, 자신이 애지중지하는 이론에 대한 평생에 걸친 재검토 때문이다.■ 또한 우리가 프로이트를 존경하는 것은 그 특유의 암시, 양다리, 의심 때문이다. 이를 통해 현실의 무한한 다면성을 진실되게 반영하는 정직한 과학자에 더 가까워지기 때문이다. 하지만 이런 이유로 프로이트를 존경하는 것은 잘못이다. 그가 평생 곡절을 겪은 기본적 이유는 성에 대한 신조를 결코 말끔하게 버리려 들지 않았고 죽음에 대한 공포가 기본 억압임을 뚜렷이 인식하거나 인정하려 들지 않았기 때문이다.

프로이트의 첫번째 대규모 저항: 죽음 개념

프로이트의 글을 증거 삼아 이 문제를 추적하려다가는 일이 너무 복잡해질 것이다. 앞에서 나는 프로이트가 후기 저작에서 오이

■ 하지만 프로이트가 자신의 수사 용법에 얼마나 확신을 가졌는지에 대한 폴 로즌의 통찰을 보라. *Brother Animal: The Story of Freud and Tausk* (London: Allen Lane the Penguin Press, 1970), pp. 92–93.

디푸스콤플렉스에 대한 지엽적인 성적 설명에서 벗어나 삶 자체의 본성에, 인간 실존의 일반적 문제에 더 관심을 기울였다고 말했다. 아버지에 대한 두려움의 문화 이론에서 자연에 대한 공포의 문화 이론으로 돌아섰다고 말해도 좋으리라.[7] 하지만 늘 그랬듯 그는 주저했다. 한 번도 드러내놓고 실존주의자가 된 적이 없었으며 늘 본능 이론에 매여 있었다.

프로이트에게는 어떤 망설임이 있었던 것 같다. 그의 저작을 꼼꼼히 들여다보지 않더라도 하나의 핵심 개념으로 이 망설임을 나타낼 수 있으리라 생각한다. 그것은 그의 후기 저작에서 나타난 가장 중요한 개념인 '죽음 본능'이다. 「쾌락 원칙을 넘어서」에서 이 개념을 소개한 부분을 읽고 난 뒤에 든 생각은 '죽음 본능' 개념이 본능 이론이나 리비도 이론을 땜질하려는 시도였다는 것이다. 프로이트는 두 이론을 버리고 싶지 않았으나 그 이론들로는 인간의 동기를 설명하기가 매우 힘들고 애매해졌다. 모든 꿈, 심지어 불안 몽조차도 소원의 성취라는 꿈 이론의 궤변을 정당화하거나[8] 인간이 순전히 쾌락을 좇는 동물이라는 정신분석학의 기본 주장을 고수하기 힘들어졌다.[9] 또한 자신과 타자에 대한 인간의 공포와 투쟁은 성과 공격성의 본능적 갈등으로 쉽게 설명되지 않았다. 특히 자신의 만족과 확장을 추구하는 에로스, 리비도, 날것의 생명력이 개인에게 활기를 불어넣는다고 생각한다면 더더욱 난감했다.[10] 프로이트가 새로 들고 나온 개념인 '죽음 본능'은 인간의 악을 단순히 에고와 성의 갈등보다 깊은 유기적 토대 탓으로 돌림으로써 이전의 본능 이론을 고스란히 보전하는 수단이었다. 이제 그는 삶을 향

영웅주의의 심층심리

한 충동과 더불어 죽음을 향한 충동이 내장되어 있다고 주장했다. 그럼으로써 인간의 폭력적 공격성, 증오, 악을 새로우면서도 여전히 생물학적인 방식으로 설명할 수 있었다. 인간의 공격성은 삶 본능과 죽음 본능의 융합을 통해 생겨난다. 죽음 본능은 유기체의 죽으려는 욕망을 대표하지만 유기체는 그 욕망을 바깥으로 돌려 죽음 충동으로부터 자신을 구할 수 있다. 그러면 죽으려는 욕망이 죽이려는 욕망으로 대체되고 인간은 남을 죽임으로써 자신의 죽음 본능을 물리친다. 이것은 새롭고 간단한 양면성이었다. 그럼으로써 프로이트는 리비도 이론을 정돈하여 자신의 주된 예언자 임무(인간을 동물계에 단단히 포함된 존재로 선언하는 것)를 지키는 방벽으로 유지할 수 있었다. 또한 생리학, 화학, 생물학과 단절하지 않고서 심리학을 총체적이고 단순한 환원주의적 과학으로 만들려는 희망을 여전히 간직할 수 있었다.[11]

아닌 게 아니라 죽으려는 본능을 남을 죽임으로써 가라앉힌다고 이야기함으로써 프로이트는 개인 자신의 죽음과 인류가 저지르는 학살을 연관시킬 수 있었다. 하지만 이를 위해서는 인간 행동을 설명하는 데 끊임없이 본능을 개입시켜야 하는 대가를 치러야 했다. 여기서도 우리는 참된 통찰이 그릇된 설명과 결합하면서 프로이트가 요령부득이 되어버린 것을 본다. 그는 실로 직접적인 실존주의적 수준의 설명에는 도달할 수 없었던 듯하다. 죽음에 대한 내장된 본능적 충동이 아니라 죽음에 대한 저항이라는 근거에서 인간의 지속성 및 하등동물과의 차이를 확립할 수도 없었다. 인간에게 무시무시한 공격성이 있다는 사실과 에로스의 지배를 받는 동물이 다른 살아 있는 존재를 쉽게 살육한다는 사실은 그런 이론으로 훨씬 간단하고 직접적으로 설명할 수 있다.[12] 죽임은 생물학적 한계에 대한 상징적 해결책이다. 죽임은 인간 동물 안에서 생물학적 차원(동물 불안)과 상징적 차원(죽음 공포)이 합쳐지면서 일어난다. 다음 절에서 보겠지만 이 역학을 가장 근사하게 설명한 사람은 랑크다. "에고의 죽음 공포는 상대방을 죽이고 희생시킴으로써 줄어든다. 상대방의 죽음을 통해 죽음과 죽임당함의 형벌에서 자유로워지는 것이다."[13]

죽음 본능에 대한 프로이트의 배배 꼬인 설명은 역사의 쓰레기통에 처넣어도 무방할 것이다. 헌신적 예언자가 자신의 기본 교리를 지적으로 온전하게 간직하려는 기발한 시도로서만 흥미로울 뿐이다. 하지만 이 문제에 대한 프로이트의 노고에서 이끌어낼 수 있는 두번째 결론은 훨씬 중요하다. 프로이트가 죽음 개념, 아동의 절망적 상황, 바깥세상에 대한 실제 공포 등에 치우쳐 있기는 했지만 자신의 사상에서 이것들에 중심을 내어줄 필요는 없었다. 인간에 대한 자신의 시각을 주로 성적 쾌락을 추구하는 동물에서 겁에 질려 죽음을 회피하는 동물로 바꿀 필요는 없었던 것이다. 죽음이 생물학적 조건의 일부로서 무의식적으로 인간 안에 깃들어 있다고 말하는 것으로 충분했다. '본능'으로서의 죽음이라는 허구 덕에 프로이트는 죽음 공포를 에고 지배라는 주된 인간 문제로서 자신의 설명 바깥에 둘 수 있었다. 죽음이 유기체의 생명 과정 안에 자연스럽게 깃들어 있다면 죽음이 억압되었다고 말하지 않아도 되니 말이다.[14] 이 설명에 따르면 죽음은 일반적 인간 문제가 아니요 유

영웅주의의 심층심리

일하게 주된 인간 문제는 더더욱 아니요 (랑크가 간단명료하게 표현했 듯) "바라지 않는 필연성에서 바라는 본능적 목표로" 마법적으로 탈바꿈한다. 랑크는 이렇게 덧붙였다. "이 이데올로기가 주는 위안 은 논리적이지도 오래가지도 못한다."[15] 랑크 말마따나 이런 식으 로 프로이트는 '죽음 문제'를 '죽음 본능'으로 전환하여 처리했다.

> 불가피한 죽음 문제를 마침내 맞닥뜨렸을 때조차 그는 그 소 망과 조화를 이루는 새 의미를 부여할 방법을 찾았다. 그는 죽음 공포 대신 죽음 본능을 말했기 때문이다. 한편 공포 자체는 (죽음이 그다지 위협적이지 않은) 딴 곳에서 처리했다. 그는 일반적 공포를 특수한 성적 공포(거세 공포)로 바꿨으며 성 해방을 통해 이 공포를 치료하고자 했다.[16]

이것은 오늘날 정신분석학에 대한 비판으로도 손색이 없다. 랑 크는 이렇게 개탄했다.

> 그 현상에 매달렸다면 죽음 충동 논의가 (보편적이고 근본적인) 죽음 공포를 정신분석학 문헌에서와 같은 정도로 간과할 수 있는 지 이해하는 것이 불가능할 것이다.[17]

정신분석학 문헌은 1930년대 후반과 2차대전 때까지도 죽음 공포에 대해 침묵하다시피 했다. 그 이유는 랑크가 밝힌 대로다. 정 신분석 요법이 어떻게 삶과 죽음의 공포를 과학적으로 치료할 수 있

었겠는가? 하지만 **스스로 가정한** 성 문제는 치료할 수 있었다.[18]

하지만 우리의 논의에서 중요한 것은 죽음 본능이라는 허구가 현실에 대한 프로이트의 개인적 태도에 대해 무언가를 드러냈는가다. 랑크는 프로이트가 죽음 공포의 '위협적' 성질을 언급함으로써 (물론 죽음 공포는 프로이트의 체계적 이론에만 위협적인 것은 아니었다) 무언가를 드러냈다고 암시한다. 또다른 저술가도 삶의 자연적 목표로서의 죽음 개념이 프로이트에게 어느 정도 평안을 선사했을 가능성이 높다고 말한다.[19] 그리하여 우리는 프로이트의 개인적 성격과 그로부터 얻을 수 있는, 특히 인간의 삶에서 가장 근본적이고 두려운 문제와 관련한 교훈으로 돌아왔다.

다행히도 어니스트 존스의 애정어린 전기에 인간 프로이트의 모습이 풍성하게 기록되어 있다. 우리는 그의 평생에 걸친 편두통, 부비강 질환, 전립선 문제, 고질적 변비, 강박적 시가 흡연에 대해 안다. 그가 주변 사람들을 얼마나 의심했는지, 충성과 선배로서의 인정과 사상가로서의 대접을 얼마나 바랐는지, 아들러와 융과 랑크 같은 반대자들에게 얼마나 옹졸했는지도 안다. 아들러의 죽음에 부친 그의 유명한 논평은 이를 데 없이 냉소적이다.

> 빈 교회 출신의 유대인 소년에게 애버딘에서의 죽음은 그 자체로 듣도 보도 못한 성공이었으며 그가 얼마나 출세했는지 보여주는 증거다. 세상은 그가 내놓은 모순된 정신분석 이론에 진정으로 후하게 보답했다.∎

영웅주의의 심층심리

프로이트는 초창기에 특히 광적으로 일했다. 이런 열광을 품으려면 어떤 종류의 분위기를 조성해야 하는데, 프로이트는 자신의 일을 중심으로 진정 가부장적인 가족관계를 꾸리는 데 전혀 주저하지 않았다. 정신분석 상담을 마치고 점심을 먹을 때면 그는 밥상머리에서 절대 입을 열지 않았으나 가족 중 누구도 자리에서 일어서지 못하도록 했다. 빈자리가 있으면 왜 자리가 비었는지 묻는 듯 마르타를 향해 포크로 손짓을 했다. 딸 안나의 극단적으로 황홀하고 굴종적인 태도는 프로이트조차 놀라게 했으며 프로이트는 그녀가 정신분석을 받도록 했다. 가족 안에서 위대한 인물로 군림하면 반드시 주변 사람들을 도취하게 한다는 사실을 몰랐다는 듯 말이다. 알다시피 프로이트는 동생과 오랜 휴가 여행을 즐겼으나 아내와는 한 번도 가지 않았으며 자신의 사명감과 역사적 운명 의식에 걸맞도록 여러 방식으로 삶을 정돈했다.

이중에서 유별난 것은 아무것도 없다. 위대한 인물에 대한 흥미로운 이야깃거리일 뿐이다. 내가 이 일들을 언급하는 것은 프로이트가 여느 사람보다 낫지도 못하지도 않았음을 보이려는 것이다.

■ 존스의 전기는 프로이트에 대한 상세한 사실들을 솔직하고 풍성하게 언급하지만 그에게 영웅적 이미지를 부여하도록 짜맞춰졌다. 지금은 이 책이 인간 프로이트에 대한 객관적인 최종 평가가 아니라는 것이 중론이다. 에리히 프롬은 *Sigmund Freud's Mission: An Analysis of His Personality and Influence* (New York: Grove Press, 1959)에서 이 점을 날카롭게 지적했다. 최근에 폴 로즌은 존스의 자료와 그 밖의 많은 자료를 재검토하여 프로이트의 더 포괄적인 '인간적' 면모를 제시했다. 그의 중요한 책 *Brother Animal*을 보라. 특히 타우스크에 대한 프로이트의 논평(p. 140)을 아들러에 대한 인용문과 비교해보라. 프로이트의 성격에 대한 로즌의 관점은 나중에 더 소개할 것이다. 프로이트의 인간적 면모에 대한 또다른 탁월한 서술로는 헬렌 워커 퓨너의 훌륭한 평전 *Freud, His Life and His Mind* (London: The Grey Walls Press, 1949)가 있다.

그는 대다수 사람보다 자기애가 강했던 듯하나 그것은 어머니가 그렇게 키웠기 때문이다. 그녀는 그에게 특별히 관심을 기울이고 기대를 쏟았으며 죽는 날까지 그를 '우리 황금 지기'라고 불렀다. 일생에 걸쳐 늘 받은 대우에서 보듯 그의 생활방식은 온통 극적이었다. 프로이트 말마따나 어머니의 태도가 그에게 힘을 더한 것은 분명하다. 또한 그는 무시무시하고 고통스러운 불치의 암을 경이로운 위엄과 인내로 견뎌냈다. 하지만 이 또한 진정으로 남다르다고 말할 수 있을까? 어떤 사람이 프로이트에게 프란츠 로젠츠바이크가 전신 마비를 용기 있게 견뎠다고 칭찬하자 프로이트는 "그가 달리 뭘 할 수 있겠습니까?"라고 대꾸했다. 그 말은 질병으로 고통받는 우리 모두에게와 마찬가지로 프로이트에게도 그대로 돌려줄 수 있다. 프로이트가 통증에도 불구하고 약을 최소한으로 줄이고 끝까지 글을 쓰면서 일에 매진한 것으로 말하자면, 게오르크 지멜도 암에 걸린 뒤에 생각이 둔해진다며 항암제를 거부하면서 끝까지 글을 쓰지 않았던가? 그런데도 지멜을 남달리 강인한 성격의 소유자로 여기는 사람은 아무도 없다. 이런 종류의 용기는 자신을 역사적 인물로 바라보는 사람에게서는 유별난 것이 아니다. 그런 자아상이 있으면 자신에게 불멸을 선사할 일에 대해 (꼭 필요한) 헌신을 발휘할 수 있다. 통증이 그것 말고 무엇이겠는가? 그러니 프로이트에게는 남다른 점이 거의 없었다고 결론 내려도 무방할 것이다. 자기중심적인 프로이트, 집에서 군림하고 가족생활의 중심을

□   '지기'는 '지크문트'의 애칭.

자신의 일과 야망에 둔 프로이트, 대인관계에서 남에게 영향력을 행사하고 특별한 존경과 충성을 원하고 남을 불신하고 날 선 경멸적 표현을 퍼부은 프로이트—이 모든 점에서 프로이트는 장삼이사다. 자신이 바라는 시나리오가 전개되도록 할 수 있는 재능과 방식을 갖춘 장삼이사이기는 하지만.

하지만 프로이트는 성찰 없이 곧장 삶에 뛰어드는 '직접성'의 인간과는 거리가 멀었다. 방금 묘사한 점들에서 그는 평범했지만 한 가지 위대한 점에서 남달랐다. 그의 천재성이 직접 드러난 것은 바로 이 점에서였다. 그는 극도로 자기분석적인 사람으로, 자신의 억압을 가린 장막을 걷었으며 죽는 날까지 자신의 가장 깊숙한 동기를 해독하려 애썼다. 앞에서 우리는 죽음 본능이 프로이트에게 개인적으로 어떤 의미였을지 논의했다. 이제 이 주제를 파헤쳐보자. 프로이트는 여느 사람과 달리 죽음을 매우 개인적이고 내밀한 문제로 의식했다. 그는 평생 죽음 불안에 시달렸으며 하루도 죽음을 생각하지 않은 날이 없다고 털어놓았다. 이것은 보통 사람들에게 보편적인 일은 분명 아니다. 프로이트가 현실에 특별히 치중했음에 대해, 또한 그 특유의 '문제'에 대해 실마리를 찾을 수 있는 곳은 바로 여기일 것이다. 그런 문제의 실마리를 찾는다면 그의 연구의 전체 구조와 잠재적 한계를 이해할 수 있으리라 생각한다.

프로이트의 경험에서는 죽음 문제에 대해 두 가지 서로 다른 접근법을 찾아볼 수 있다. 첫째는 꽤 평범한 강박이라고 부를 만한 것으로, 죽음에 대한 주술적 태도였다. 이를테면 그는 자신의 임종일을 평생 놀잇감으로 삼았다. 그의 친구 플리스는 숫자에 신비한 힘이 깃들어 있다고 생각했으며 프로이트는 그의 주장을 믿었다. 플리스가 자신의 계산에 따르면 프로이트가 51세에 죽을 거라고 예언하자 프로이트는 "심장이 파열되어 40대에 죽을 가능성이 더 크다고 생각했"다.[20] 51세가 아무 일 없이 지나가자 "프로이트는 자신이 1918년 2월에 죽어야 한다는 또다른 미신에 사로잡혔"다.[21] 프로이트는 제자들과 나눈 편지와 글에서 종종 자신이 늙어가고 있으며 살날이 얼마 안 남았다고 말했다. 특히 어머니보다 먼저 죽는 것을 두려워했는데, 이는 어머니가 자신의 부음을 듣고 슬퍼할까봐서였다. 마찬가지로 아버지보다 먼저 죽는 것도 두려워했다. 심지어 젊을 때에도 친구들에게 "잘 있게, 다시는 날 보지 못할지도 몰라"라고 작별 인사를 건네는 습관이 있었다.

이 모든 것을 어떻게 해석해야 할까? 나는 이것이 죽음 문제에 대처하는 매우 통상적이고 피상적인 방식이라고 생각한다. 이 모든 사례는 '주술적 통제 게임'으로 귀결된다. 어머니에 대한 프로이트의 우려는 명백한 전치와 합리화인 듯하다. "나의 죽음은 두렵지 않다. 내가 두려운 것은 그로 인해 어머니가 느끼실 슬픔이다." 인간을 두렵게 하는 것은 공허함, 자신이 사라지고 남는 공백이다. 이것을 쉽게 이겨낼 수는 없지만 자신이 사라진 것에 대한 남의 슬픔에는 대처할 수 있다. 인간은 사라지는 대상으로서 자신을 잃는 뚜렷한 공포를 경험하기보다는 남의 이미지에 매달린다. 프로이트가 이 지적 장치를 써먹은 것에는 복잡할 것이 전혀 없다.

하지만 죽음 문제에 대한 프로이트의 반응에는 매우 애매모호한 또다른 측면이 있다. 그의 전기작가 존스에 따르면 프로이트는

영웅주의의 심층심리

주기적으로 불안 발작을 일으켰다고 한다. 이 불안은 죽음과 기차 여행에 대한 실제 두려움으로 구체화되었다.[22] 죽음의 두려움 때문에 발작을 일으켰을 때 그는 자신이 죽어가는 장면과 사별의 장면을 보았다.[23] 그렇다면 이것은 죽음 개념에 대한 강박적이고 주술적인 게임과 사뭇 다른 문제다. 여기서 프로이트는 자신이 사라진다는 생각을 억압하지 않고 정서적 불안을 오롯이 겪으며 반응한 듯하다. 기차 불안은 물론 약간의 전치이지만 존스도 동의하듯 공포증만큼 통제 불능은 아니다.[24]

그런데 금세 알 수 있듯 이 관점에는 문제가 있다. 살아 있는 사람이 아니라 인쇄된 글을 이렇게 멀찍이서 다룰 때는 이 문제를 명확하게 인식하기가 불가능하다. 우리는 정신이 감정과 어떻게 상호작용하는지, 현실이나 억압을 다룰 때 언어가 얼마나 깊이 들어가는지 정확히 알지 못한다. 때로는 어떤 사상을 의식에 받아들이는 것만으로도 생생하게 경험하게 된다. 또다른 때에는 깊은 불안을 인정하더라도 그 불안을 실제로 경험하지는 않을 수도 있다. 적어도 자신을 심란하게 하는 다른 일처럼 깊이 경험하지는 않을 것이다. 정신분석학은 정동 없는 불안을 이야기하지만 죽음의 공포를 받아들이면서도 더 깊은 차원에서 경험하지 않을 수 있을까? 죽어감과 사별의 이미지는 죽음에 맞서 절대적으로 어떤 힘도 가지지 못하는 진짜 느낌만큼 심오할까? 심지어 가장 깊숙한 불안을 어느 정도까지 부분적으로나마 합리화할 수 있을까? 아니면 이 관계들은 인생의 시기에 따라, 자신이 받는 스트레스에 따라 달라질까?

프로이트의 경우 이 의문들의 답을 명쾌하게 알 방법은 없다.

존스 자신은 프로이트가 서로 다른 방식으로, 즉 한편으로는 불안 발작으로, 다른 한편으로는 영웅적 체념으로 죽음 문제에 대응하는 것에 꽤 당혹스러워한다. 그는 이 상황을 이해하려고 시도하며 이렇게 말한다.

> 프로이트는 삶에 대한 어떤 실질적 위험에 대해서도 늘 완전한 용기로 맞섰다. 이는 죽어감에 대한 신경증적 두려움이 문자 그대로가 아닌 다른 의미였음을 입증한다.[25]

반드시 그런 것은 아니다. 누구든 알려진 질병의 실질적 위험에 대해 프로이트처럼 맞설 수 있는데, 그것은 위험이 **대상**, 즉 적을 부여하기 때문이다. 우리는 그에 맞서 용기를 불러일으킨다. 질병과 죽어감은 여전히 인간이 몸담은 **살아감**의 과정이다. 하지만 지워지는 것, 세상에 공백을 남기는 것, 망각으로 사라지는 것은 전혀 다른 문제다.

그럼에도 존스의 말은 프로이트를 이해하는 진짜 실마리를 제시한다. 내가 보기에 그는 죽음이라는 사실과 죽음의 정당화 사이에 차이가 있다고 말하는 듯하기 때문이다. 인간의 일생은 잊힘을 부정하고 자신을 상징적 방식으로 죽음 너머로 확장하려는 양식(또는 시나리오)이기에 인간은 자신의 죽음이라는 사실에 종종 개의치 않는다. 죽음을 더 큰 의미로 둘러쌀 수 있기 때문이다. 이 구별을 토대로 우리는 프로이트의 죽음 불안에 대해 납득 가는 몇 가지를 이야기할 수 있다. 그의 사상이 감정과 얼마나 깊이 접촉했는지 추측하는 무익한 방법 대신 삶의 폭넓은 양식으로부터 단서를 얻음으로써 그를 괴롭힌 것이 무엇인지 파악할 수 있는 것이다.

프로이트의 두번째 대규모 저항

현실에 대한 프로이트의 태도에서 뚜렷이 드러나는 첫번째 사실은 여느 사람과 마찬가지로 굴복에 무척 어려움을 겪었다는 것이다. 그는 세상에도, 다른 사람에게도 굴복할 수 없었다. 제자, 반대자, 온갖 외부의 위협과 그가 맺은 관계에서 분명히 알 수 있듯 자기 안에 무게중심을 두려고 애썼으며 자신을 내려놓거나 그 중심을 다른 곳에 두지 않으려 했다. 나치 침공 당시 그의 딸이 왜 다들 자살하지 않는지 의아해했을 때 프로이트는 특유의 대답을 내놓았다. "그것이야말로 그놈들이 우리에게 바라는 것이기 때문이야."

하지만 프로이트는 굴복에 대해 양가적 태도를 취했다. 그가 굴복 개념을 놀잇감으로 삼았음을 시사하는 증거는 많다. 매우 의미심장한 일화가 하나 있는데, 프로이트는 자신이 임종일로 정해둔 미신적 날짜인 1918년 2월이 아무 일 없이 지나갔을 때 이렇게 말했다. "그걸 보면 초자연적인 것을 우리가 얼마나 불신하는지 알 수 있지."[26] 이것은 인간이 폭넓은 법칙과 힘에 굴복한다는 개념을 어떻게(하지만 정서적으로 초연하고 고고한 채 자신의 마음속에서만 부정직하게) 가지고 놀 수 있는지 보여주는 놀라운 예다. 하지만 프로이트가 굴복을 놀잇감으로 삼았을 뿐 아니라 실제로 자신의 중심을 다른 곳으로 옮길 수 있기를 갈망했음을 시사하는 자료들이 있다.

존스는 정신 현상을 논의하다 이렇게 말했다. "정신 과정이 공기 중에 떠다닌다고 믿을 수 있다면 천사를 믿을 수도 있어요." 그때 프로이트가 이렇게 말하며 논의를 마무리했다. "그렇소. 심지어 사랑의 하느님도 믿을 수 있지." 존스는 프로이트가 익살스럽고 약간 짓궂은 어조로 말했다고 전한다. 하지만 존스는 프로이트가 신에 대한 믿음의 문제를 꺼내면서 부정적 태도를 취하지 않은 것에 실망한 것이 틀림없다. 그는 이렇게 말한다. "그의 시선에는 탐색하는 기색이 있었다. 나는 더 진지한 속뜻이 있지 않은 것 같아서 전적으로 만족스럽지는 않은 채 자리를 떴다."[27]

한번은 프로이트가 얼마 전 죽은 예전 환자의 누이를 만났다. 누이는 죽은 환자를 닮았는데, 프로이트의 머릿속에 어떤 생각이 저절로 떠올랐다. '그러니 어쨌거나 망자가 돌아올 수도 있다는 것은 사실이지.' 질부르크는 프로이트와 종교에 대한 중요한 논의에서 이 일화에 대해, 또한 초자연주의에 대한 프로이트의 전적으로 양가적인 태도에 대해 아래와 같이 논평한다.

프로이트가 자신의 사상에 즉시 부끄러움이 따랐다고 말했더라도 지금은 미신에 걸쳐 있고 그때는 여기 이 땅에서 인간의 신체적 불멸에 대한 믿음에 걸쳐 있던 강렬한 정서적 '줄무늬'가 그에게 있었음은 부인할 수 없다.

프로이트가 내면의 영적 성향에 맞서 의도적으로 맞서 싸웠음도 분명해진다. 그는 실증주의적 학자(의식)와 잠재적 신앙인(무의식)이 전면전을 벌이는 탐색적이고 고통스러운 갈등의 상태에 있

영웅주의의 심층심리

었던 듯하다.[28]

그런 다음 질부르크는 이 영적 성향에 대해 다음과 같이 결론 내린다. 이 결론은 그가 초월적 힘에 대한 굴복을 양가적으로 가지고 놀았으며 그 방향으로 매우 큰 유혹을 느꼈다는 우리의 견해를 뒷받침한다.

이 성향은 프로이트가 무의식과 꿈의 특징으로 묘사한 왜곡과 이차적 정교화의 잘 알려진 기전을 통해 스스로를 드러내려 했다. 이 성향은 불안한 사소한 미신의 형태를, 또한 통상적으로 심령술이라 부르는 비자발적이고 비합리적인 믿음의 형태를 띠었다.[29]

말하자면 프로이트는 자신의 성격이 허락하는 한 그 성격의 기본적 토대를 다시 빚을 필요 없이 자신의 영적 성향에 최대한의 활로를 열어주었다. 그가 할 수 있었던 일은 대부분 흔한 미신에 사로잡히는 것이었다. 나는 존스의 언급만 보더라도 이 결론에 논란의 여지가 없다고 생각하지만 "나 자신의 미신은 억압된 야심(불멸)에 뿌리를 둔다"라는 프로이트의 개인적 토로도 의미심장하다.[30] 즉, 그의 미신은 죽음을 초월한다는 엄밀한 영적 문제에 뿌리를 둔다. 이 문제는 프로이트에게 단연코 야심의 문제, 분투의 문제였지 신뢰나 굴복의 문제가 아니었다.

그렇다면 바로 이어지는 논리적이고도 필수적인 물음은 이것이다. 굴복의 문제를 양가적인 것으로, 프로이트에게 그토록 힘겨운 것으로 만든 것은 무엇인가? 그것은 일반인에게와 똑같은 이유다. **굴복한다는 것은** 자신의 탄탄한 중심을 흐트러뜨리고 자신의 방어벽, 성격 갑옷을 벗고 **자립의 결여를** 인정하는 것이다. 이 탄탄한 중심, 이 방어벽, 이 갑옷, 이 (가정된) 자립이야말로 아동기에서 성인기로 성장하는 전체 기획의 핵심이다. 여기서 우리는 3장의 논의를 되새겨야 한다. 거기서 우리는 인간이 스스로를 위해 마련한 기본적 임무가 자신의 아버지가 되려고 시도하는 것(브라운이 '오이디푸스 기획'이라고 부르는 것)임을 알게 되었다. 카우사 수이의 열정은 인간의 근본적 피조물성에서 비롯한 소란을 덮는 활기찬 환상이다. 지금은 **자신의 에너지에 순수히 집중하여 삶의 승리를 보장하지 못하는 절망적 상황**이라고 더 꼬집어 말할 수 있겠지만. 어쨌거나 어떤 피조물도 이를 보장할 수는 없으며 인간은 자신의 환상 속에서 시도할 수 있을 뿐이다. 카우사 수이 기획의 양가성은 우리를 훔쳐보는 현실의 상존하는 위협에 바탕을 둔다. 인간은 어느 때나 자신이 근본적으로 무력하고 무능하다고 생각하지만 그에 저항해야 한다. 아버지와 어머니는 언제나 그림자를 드리운다. 그렇다면 굴복의 문제는 무엇일까? 굴복은 다름 아닌 카우사 수이 기획의 포기를 뜻한다. 자신 안에는 아무 힘도 없음을, 경험의 과잉을 감당할 능력이 전혀 없음을 가장 깊이, 완전히 총체적인 감정으로 인정하는 것이다. 굴복한다는 것은 떠받침이 자신의 바깥에서 오며 자기초월의 거미줄로부터 **총체적으로** 자신의 삶이 정당화된다는 사실을 인정하는 것이다(그는 자신이 그 거미줄에 매달려 있는 것에 만족한다). 우리가 어릴 적 해먹 요람에 누운 채 우리를 달래는 어머니를 무력하고 의존적인 존경의 눈빛으로 바라보았듯.

카우사 수이 기획이 (인간을 요람으로 다시 내려앉히므로) 받아들이기 힘든 거짓말이라면 그것은 현실을 회피하려 할 때 대가를 치러야 할 거짓말이다. 그리하여 우리는 프로이트의 성격에 대한 논의의 핵심에 도달한다. 이제 우리는 그가 자신의 카우사 수이 기획을 어떻게 주물렀는지 예리하게 이야기할 수 있으며 그것을 위협적 현실에 대한 절대적 부정과 연관시킬 수 있다. 물론 내가 말하는 것은 프로이트가 졸도한 두 사건이다. 우리가 알기로 졸도란 가장 거대한 부정, 위협의 면전에서 의식을 간직하는 것에 대한 부정, 또는 불능을 나타낸다. 위대한 인간이 자신에 대한 온전한 통제력을 잃은 두 사건을 보면 프로이트의 삶 문제에서 핵심을 이해하는 데 필수적인 사실을 알 수 있다. 다행히도 융이 두 사건에 대한 목격담을 남겼기에 이 자리에서 그의 말을 고스란히 인용하고자 한다.

첫번째 졸도는 1909년에 브레멘에서 일어났다. 당시 프로이트와 융은 자신들의 연구에 대해 강연하려고 미국에 가는 중이었다. 융은 이 사건이 '이탄습원 사체'에 대한 관심에서 간접적으로 비롯했다고 말한다.

나는 북부 독일의 어떤 지방에서는 소위 늪 속의 시체가 발견된다는 것을 알고 있었다. 선사시대 인간의 육신으로서 늪지대에서 익사했거나 그곳에 묻힌 것들이었다. 시체가 발견된 늪의 물은 부식산을 포함하고 있으며, 뼈를 썩게 하는 동시에 피부까지도 무두질하는 것이었는데 피부와 머리칼이 고스란히 보존되어 있었다.
(…)

앞서 이들 이탄지의 시체에 관해서 읽은 일이 있었기 때문에 브레멘 체재 중 나는 이 사실을 회상하고 있었다. 그러나 기억이 약간 흐려져서 나는 이 도시의 납으로 만들어졌던 지하실의 미이라와 착각을 했다. 이것에 대한 나의 관심이 프로이트의 신경을 건드렸다. "왜 당신은 그토록 시체들에 대해서 관심을 가지고 있지요?" 하고 그는 몇 번인가 나에게 물었다. 함께 저녁을 먹는 동안 그는 이와 같은 일의 전체가 신경에 거슬렸는지, 담화를 나누다가 갑자기 발작을 일으켰다. 그후 그는 나에게 이런 말을 했다. "이 시체에 관한 이야기들은 모두 다 당신이 내가 죽기를 바라고 있다는 것을 의미한다고 확신합니다."[31]

두번째 졸도 사건은 1912년에 일어났다. 프로이트와 그의 몇몇 추종자가 뮌헨에 모인 특별한 전략 회동에서였다. 융은 그 사건을 직접 목격했다.

누군가가 아메노피스 4세에 관한 이야기로 화제를 옮겼다. 그의 부친에 대한 부정적인 태도의 결과로 비석 위에 있는 부친의 카르투슈를 파괴하고 그가 창조한 위대한 일신교적 종교의 배후에는 엘렉트라[아버지]콤플렉스가 숨어 있다는 주장이 이루어졌다. 이러한 종류의 사실은 나를 초조하게 만들었다. 그래서 나는 아메노피스는 창조적이며, 또한 깊은 종교성을 가진 인간으로서 그의

영웅주의의 심층심리

행위는 부친에 대한 개인적인 반항 따위로는 도저히 [설명]될 수 없다는 것을 제시하려고 시도했다. 그뿐만 아니라 오히려 그가 도덕상의 의무로서 부친의 기억을 간직하고 있으며, 그의 파괴에 대한 열중은 아몬 신의 이름에 대해서만 치중하고 있고, 도처에서 그 이름을 전멸시켜왔다는 사실, [그것] 또한 그의 부친, 아멘호테프의 카르투슈[에서 파내어진 것]임을 진술했다. 게다가 다른 파라오들도 자신들이 전적으로 똑같은 신의 화신인 까닭으로 그렇게 할 권리가 있다고 생각했으며, 그들 스스로가 기념비라든가 조상彫像 위에 새겨져 있는 그들의 현실적인, 혹은 신학적인 조상祖上의 이름을 대신하게 되었던 것이다. 그럼에도 불구하고 그들은 새로운 형태로나, 혹은 새로운 종교를 주창한 일이 없다는 것을 나는 지적했다.

그 순간 프로이트는 발작을 일으켜 의자에서 미끄러져 떨어졌다.[32]

프로이트의 일반적 삶 문제와 관계된 졸도

프로이트의 삶을 파헤친 많은 예리한 연구자들은 이 졸도 일화의 의미를 여러 가지로 해석했다. 프로이트와 융도 나름의 해석을 내놓았다. 내가 이 주제를 거론하는 이유는 이 작업으로 프로이트 성격의 문제를 밝힐 수 있을 듯할 뿐만 아니라 앞의 다섯 장에서 서술한 프로이트 이후의 총체적 인간 이해를 무엇보다 확실히 입증할 수 있기 때문이다. 추상적인 것은 위대한 인물의 삶이라는 살아 있는 거울에 비출 때 가장 분명히 이해할 수 있다.

폴 로즌은 최근의 명석한 해석에서 이 졸도 일화들의 중심적 의미를 밝혀냈다.[33] 랑크와 마찬가지로 로즌은 정신분석 운동 전체가 프로이트 특유의 카우사 수이 기획임을 알았다. 정신분석 운동은 영웅주의를 위한, 또한 자신의 연약함과 인간적 한계를 초월하기 위한 프로이트의 개인적 수단이었다. 다음 장들에서 보겠지만 랑크는 참된 천재에게는 남들에게 없는 어마어마한 문제가 있음을 밝혀냈다. 천재는 자신의 업적에서 개인으로서의 가치를 인정받아야 하므로 그의 업적은 그를 정당화하는 부담을 져야 한다. 인간에게 '정당화'란 무슨 의미일까? 그것은 불멸의 자격을 얻음으로써 죽음을 초월한다는 뜻이다. 천재는 아동의 자기애적 팽창을 되풀이한다. 그는 업적이라는 '몸' 안에서 삶과 죽음을, 자신이 운명을 통제한다는 환상을 살아간다. 천재의 유일무이함은 자신의 뿌리를 잘라내는 계기이기도 하다. 그는 유례가 없는 현상이다. 남에게 어떤 빚도 지지 않는다. 자연에서 스스로 튀어나온 것처럼 보인다. '가장 순수한' 카우사 수이 기획을 추구한다고 말해도 좋으리라. 그는 참으로 가족이 없는 자이며 자신의 아버지다. 로즌이 지적하듯 프로이트는 자연 가족을 훌쩍 뛰어넘었기에 그가 자기창조 환상에 빠진 것은 놀랄 일이 아니다. "프로이트는 아버지 없이 양육되었다는 환상으로 돌아오고 또 돌아왔다."[34] 로즌이 절묘하게 말하듯 지금은 자신의 아들을 가질 수 있기 전에는 자신의 아버지가 될 수 없으며 자연적으로 태어난 아들은 소용이 없는데, 그 이유는 그들이 "천재와 연관된 불멸의 성질"을 가지고 있지 않기 때문이다.[35] 이 설명은 완벽하다. 그러므로 프로이트는 자신을 불멸로 데려다 줄 자기만의 새 가족(정신분석 운동)을 온전히 만들어내야 했다. 정

영웅주의의 심층심리

신분석 운동의 천재 프로이트는 자신이 죽었을 때 사람들의 마음 속에, 또한 이 땅에서의 업적을 통해 영원히 기억되어 영원한 정체성을 보장받을 것이다.

하지만 지금의 문제는 천재의 카우사 수이 기획이다. 정상적 오이디푸스 기획은 부모와 그 부모로 구현되는 초자아, 즉 전반적 문화를 내면화한다. 하지만 천재는 그럴 수 없다. 그의 기획은 고유하며 부모나 문화로는 채울 수 없기 때문이다. 천재의 카우사 수이 기획은 구체적으로 부모를 버림으로써, 부모가 나타내는 것과 심지어 실제 부모까지도 (적어도 환상 속에서) 버림으로써 실현된다. 부모에게는 천재의 원인이 된 것이 전혀 없기 때문이다. 여기서 우리는 천재가 어디서 추가적인 죄책감의 부담을 지는지 본다. 그는 정신적으로나 육체적으로나 아버지를 버렸다. 이 행위가 그를 더욱 불안하게 하는 이유는 이제 아무에게도 기댈 수 없어 취약해졌기 때문이다. 그는 홀로 자유롭다. 랑크가 말했듯 죄책감은 두려움의 기능이다.

그렇다면 프로이트가 아버지 살해 개념에 유독 예민하다는 것은 놀랄 일이 아니다. 우리는 아버지 살해가 그에게 복합적 상징일 것이라 상상할 수 있다. 이 상징은 취약한 채로 홀로 서는 무거운 죄책감을 이루며 아버지로서의 자기 정체성에 대한, 자신의 카우사 수이 수단으로서의 정신분석 운동에 대한, 그리하여 자신의 불멸에 대한 공격이다. 한마디로 아버지 살해는 자신이 피조물로서 하찮음을 뜻할 것이다. 졸도 일화가 가리키는 것은 바로 그런 해석이다. 1912년경은 정신분석 운동의 미래가 뚜렷한 문제로 대두된 때였다. 프로이트는 후계자를 찾고 있었다. '아들'이 될 인물, 프로이트에게서 정신적 계승자로 자랑스럽게 지목받았으며 정신분석학의 성공과 지속을 보장할 인물은 융이었다. 프로이트는 융에게 말 그대로 희망과 기대를 걸었다. 프로이트의 인생 계획에서 융의 자리는 단연 돋보였다.[36] 그리하여 우리는 융이 정신분석 운동에서 탈퇴한 것이 그 자체로 아버지 살해의 복합적 상징을 불러일으키고 프로이트의 죽음을 나타낸다는 판단이 얼마나 완벽하게 논리적인지 이해할 수 있다.[37]

첫번째 졸도 사건 때 프로이트가 융이 자신을 향해 '죽음 소망'을 품었다고 비난했으나 융 자신은 그런 소망과 전혀 무관하다고 느낀 것은 놀랄 일이 아니다. 융은 자신이 "이 해석을 듣고 깜짝 놀랐"다고 말한다.[38] 융에게 이것은 프로이트의 환상이었지만, 엄청나게 강렬한 환상, "너무 강렬해서 그를 졸도하게 한 것이 분명한" 환상이었다. 두번째 사건에 대하여 융은 긴장감이 감도는 분위기였으며 프로이트가 졸도하게 된 원인이 무엇이었든 이번에도 아버지 살해의 환상이 결부된 것이 분명하다고 말한다. 사실 점심 회합 내내 경쟁의 분위기가 감돌았다. 이날 회합은 정신분석학 진영에서 불화를 일으킬 가능성이 농후한 전략 회의였다. 존스는 1912년 졸도를 이렇게 묘사했다.

점심식사를 끝마칠 무렵 프로이트가 두 스위스인인 융과 리클린이 스위스 학술지에 정신분석학을 설명하는 논문을 쓰면서 자기 이름을 언급하지 않았다고 책망하기 시작했다. 융은 프로이트

영웅주의의 심층심리

의 이름이 이미 잘 알려져 있으니 굳이 쓸 필요 없으리라 생각했다고 대답했으나 프로이트는 1년 뒤에 벌어질 불화의 첫 징조를 이미 감지했다. 그는 고집을 꺾지 않았으며, 내가 기억하기로 이 문제를 개인적으로 받아들이는 듯했다. 그때 놀랍게도 그가 정신을 잃고 바닥에 쓰러졌다.[39]

융은 프로이트에 대한 경쟁심을 교묘히 부정하고 프로이트의 이름을 누락한 이유를 얼버무렸으나 별로 설득력이 없었다. 심지어 프로이트를 향한 죽음 소망을 품었다는 사실을 부정할 때에도 자신의 경쟁심을 뚜렷이 드러낸다.

내가 왜 그가 죽기를 바라겠는가? 나는 깨달았다. 그는 내게 걸림돌이 되지 않았다. 그는 빈에 있었고 나는 취리히에 있었으니까.[40]

한편으로 융은 자신이 스승 프로이트에게 배우는 관계임을 인정하면서도 다른 한편으로는 자신이 혼자 힘으로 대등하게 서 있음을 분명히 하고자 했다. 프로이트는 자신의 우선권에 대한 위협을 틀림없이 감지했을 것이다. 이것은 실제로 그에게 자식의 배반이었을 것이다.[41] 융은 프로이트 진영에서 멀어지며 정신분석학 스위스 지부와 맞서겠다고 위협했다. 그러면 '아버지'에게는, 그가 나타내는 모든 것에는 어떤 일이 일어날까? 사실 프로이트가 졸도한 것은 융이 아메노피스 4세의 새로운 종교 창시에서 우선권 문제를 대수롭지 않게 여긴 바로 그 순간이었다. 융의 행동은 프로이트의 전 생애에 걸친 사명을 위협했다. 프로이트는 자신의 상담실, 자신의 가장 내밀한 성소에 스핑크스와 피라미드 사진을 보란듯이 진열해두었다. 이것은 그에게 결코 낭만적 이미지나 고고학적 취미가 아니었다. 이집트는 정신분석학이 해독해야 할 인류의 신비하고 어두운 과거 전체를 나타냈다.[42] 로즌 말마따나 20세기 정신분석학과 고대 이집트 사이에는, 아메노피스가 아버지의 이름을 파낸 것과 융이 취리히에서 똑같은 일을 한 것 사이에는 직접적 관계가 있다. 융은 프로이트의 불멸을 공격한 것이었다.

하지만 이 공격은 프로이트의 눈에 그렇게 비친 것이었지 반드시 융의 눈에도 그런 것은 아니었다. 프로이트가 첫번째 졸도 당시 이탄습원 사체에 대해 이야기한 것은 순수하고도 단순한 실존적 불안을 반영했을 것이다. 융은 죽음 개념에 매료되었다. 우리는 젊은 융 또한 미국 항해에 불안해하며 자신이 우러러보는 사람 앞에서 몸의 문제에 대해 곱씹고 있는 장면을 얼마든지 상상할 수 있다. 융이 생각에 빠진 것은 자신을 매혹시키는 문제를 프로이트에게 꺼내고 싶었기 때문이다. 프로이트가 융과 함께 그 문제를 생각하고 어쩌면 몸과 죽음과 운명의 신비에 나름의 탁견을 제시할 수도 있는 일이었다. 다른 한편에서 (융에게 좀처럼 호의적이지 않은) 에리히 프롬은 융에게 시체 애호적 성격이 있다고 진단했다. 프로이트와 결별할 당시에 융이 꾼 꿈을 바탕으로 프롬은 융이 프로이트를 향해 무의식적 죽음 소망을 품었다고 믿었다.[43]

그러나 이 모든 추측은 헛다리를 짚은 것이다. 우리가 이야기하

영웅주의의 심층심리

고 있는 것은 프로이트 자신의 인식과 문제이기 때문이다. 이 관점에서 첫 졸도의 핵심은 융이 사체에 대해 혼동을 일으켰기 때문에 미라 얘기가 나왔다는 것이다. 따라서 두 경우에 대한 프로이트의 불안은 이집트와 아버지의 소거라는 똑같은 주제와 연결되어 있다. 또한 이 역사적 항해에 융이 초대받은 것은 자신의 연구 때문이지 반드시 프로이트와의 관계 때문은 아니었음에 유의해야 한다. 융은 말 그대로, 또한 공개적으로 프로이트의 경쟁자였다.

존스와 프로이트의 해석

프로이트의 인식 문제 '내부'로 더 들어가면 무슨 일이 일어났는지 이해하려는 그 자신의 시도를 들여다볼 수 있다. 존스는 첫번째 졸도 사건을 융과는 좀 다르게 이야기한다. 존스에 따르면 1909년 회합의 특징은 프로이트가 약간의 언쟁 뒤에 융에게 점심식사 때 포도주를 마시도록 설득함으로써 융의 광적 금욕을 무산시켰다는 것이다. 프로이트가 졸도하여 쓰러진 것은 '그 직후'였다.[44] 나중의 1912년 회합에서도 비슷한 일이 일어났다. 융과 프로이트 사이에 다소 긴장이 있었는데, "아버지 같은 훌륭한 충고"를 들은 뒤 융은 "깊이 뉘우치고 프로이트의 모든 비판을 받아들였"으며 "행실을 고치겠다고 약속했"다. 프로이트는 이번에도 융을 이겨서 기세등등했다. 존스는 두 회합을 특징지은 것은 프로이트가 융에게 승리를 거둔 것이라고 결론 내린다.[45]

승리는 졸도와 무슨 관계일까? 그런 관계를 의미 있게 설명하려면 프로이트 자신의 이론이 천재적임을 언급해야만 한다. 4장에서 보았듯 '성공에 의한 파멸' 개념을 발견한 것은 프로이트였다. 참으로 뛰어난 일을 성취하면 그것이 감당할 수 없는 짐으로 느껴질 때가 많은데, 그 이유는 아버지와의 경쟁에서 이겨 그를 능가했음을 의미하기 때문이다. 그렇다면 프로이트 자신이 나중에 기절 발작을 분석했을 때 탐구적이고 가차없는 정직함으로 자신의 발견에 기댈 수 있었던 것은 놀랄 일이 아니다. 그는 자신이 어릴 적에 아기이던 동생 율리우스가 죽기를 종종 바랐으며 자신이 태어난 지 1년 7개월이 되었을 때 율리우스가 죽자 지독한 죄책감에 빠졌다고 설명했다. 이에 대해 존스는 이렇게 논평한다.

> 따라서 프로이트는 그 자신이 '성공에 의해 파멸하는 사람'으로 묘사한 유형의 온건한 사례였던 듯하다. 이때의 성공은 적수[을]를 물리친 것이며 그 최초의 사례는 동생 율리우스에 대한 죽음 소망의 성공이었다. 1904년 아크로폴리스에서 프로이트가 겪은 신기한 혼미 발작을 이와 관련하여 생각할 수 있다. 그는 81세에 이 사건을 분석하여 이것이 아버지를 능가하려는 금지된 소망의 충족으로 거슬러올라간다고 판단했다. 사실 프로이트 자신은 이 경험과 우리가 논의하는 유형의 반응 사이에 비슷한 점이 있다고 언급했다.[46]

말하자면 아버지를 비롯한 라이벌에 대한 모든 승리는 승리의 죄책감을 되살리고 그 죄책감을 감당하지 못하는 반응을 촉발한다. 불안의 영향과 졸도하는 이유를 이해하려면 프로이트의 우주

영웅주의의 심층심리

론에서 '승리'가 무엇을 뜻하는지 알아야 한다. 이것은 고전적 오이디푸스콤플렉스의 역학으로 설명할 수 있다. 승리의 '전리품'은 물론 소년이 탐내는 어머니이며 아버지에게 이긴다는 것은 그를 없앤다는 뜻이다. 아동이 지면 무시무시한 복수를 당할 것이며 만일 이기면 자연스럽게 무거운 죄책감을 느낄 것이다.

이제 승리에 대한 두려움의 몇 가지 사례를 고전적 오이디푸스콤플렉스로 설명할 수 있음은 의심할 여지가 없지만 프로이트 자신은 훗날 이 문제의 엄격한 성적 역학을 (적어도 자신의 사례에서는) 저버렸다. 말년에 그는 자신이 아버지를 능가하기를 꺼린 바탕은 아버지에 대한 '효심'이었다고 솔직히 털어놓았다.[47] 이것이 존스가 말하는 아크로폴리스 발작의 의미다. 몇몇 저술가가 주장하듯 오늘날 우리는 '효심'이라는 단어가 아버지를 향한 프로이트의 다른 감정들을 에둘러 일컫는지도 모른다고 짐작한다. 그가 실제로는 아버지의 나약함이 자신의 강함에 그림자를 드리우는 것에 심란해했으며 그 이유 때문에 자신의 성공에 대해 생각할 때 발가벗겨진 느낌과 불안감을 느꼈다는 것이다.

따라서 우리는 승리가 왜 버거운지를 이미 더 넓고 더 실존적인 근거에서 설명하고 있다. 어떻게 19개월 된 프로이트가 자신의 경험을 그토록 예리하게 분석하여 자신의 질투와 못된 소망이 동생 율리우스를 죽게 했다고 자책할 수 있었는지에 대해 이미 두 세대의 연구자들이 고개를 갸웃했다. 심지어 프로이트 자신도 이론적 연구에서는 이만한 수준의 자각을 무시했다. 그는 그렇게 어린 아동이 새내기를 질투하는 것은 불가능에 가깝다고 말했다. 이 모

든 일을 기록한 존스에게는 요령부득임이 분명하다.[48]

존스는 죽음 소망의 주제에 대한 논쟁적 토론 때마다 졸도 사건이 일어났다는 사실이 졸도에 대한 프로이트 자신의 '성공에 의한 파멸' 분석을 확증한다고 말한다. 이것은 완벽하게 참이지만 승리의 힘에 결부되어 프로이트가 보여주고 싶던 정확한 방식에서의 참은 아니다. 프로이트는 종종 저지르는 실수를 저지르고 있을 가능성이 매우 크다. 복합적 상징과 훨씬 큰 문제의 지엽적인 부분에 치중하는 것 말이다. 물론 내가 뜻하는 것은 경험의 압도하는 느낌, 본거지에서 멀리 떨어지는 느낌, 최상의 것을 뒷받침하는 힘을 가지지 못했다는 느낌이다. 이 느낌은 두 졸도 사건과 융의 특별한 존재감을 특징짓는다. 융 혼자만에 대한 반응의 부담을 넘어서서 프로이트에게 지워진 부담을 확대하는 것은 합리적이다. 결국 프로이트는 인간 사유의 위대한 우상파괴 운동 중 하나를 자신의 어깨로 떠받쳤다. 그는 모든 경쟁, 모든 적대, 모든 모욕, 인류가 성스럽게 떠받든 모든 '영적(오컬트)' 의미, 그런 숭고한 생각을 하고 그렇게 널리 통용되는 진실을 주장하고 시대를 통틀어 그토록 많은 지지와 찬사를 받은 모든 사람들에 맞섰다. 그의 몸은 가장 깊은 층위에서 그런 무게에 불가능할 정도로 짓눌려 기분좋은 망각 속에 가라앉을 자격이 충분하다. 어떤 사람이 초인적 능력에 기대지 않고서 이 모든 우위성을 손쉽게 떠받칠 수 있다고 감히 상상할 수 있겠는가? 피라미드, 이탄습원의 사체, 자신의 새 종교 같은 이 모든 비개인적이고 역사적일 뿐 아니라 개인적이고 구체적이고 신체적인 초월을 향해 어떤 자세를 취해야 하는가? 그것은 마치 그의

영웅주의의 심층심리

온몸이 이렇게 선언하려고 한 것 같았다. "감당할 수 없어. 그걸 이겨낼 힘이 없어." 독창적 사상가로서 독립적으로 서서 (심지어) 프로이트와 논쟁하고 그에게 반대한 강하고 거대한 인물인 융이 이 모든 것에 일조한 것은 물론이다. 하지만 융의 구체적 존재는 일반적인 권력 문제의 한 측면에 불과하다. 이 점에서는 융에게 최종적 승리를 거두기 위해서조차 프로이트는 정신분석 운동의 온 무게를 자신의 어깨에 고스란히 짊어져야 했다. 우리는 '성공에 의한 파멸'이라는 통찰이 얼마나 적절한지 알 수 있다. 단, 프로이트가 염두에 둔 특정한 역학에 따라서는 아니지만.

카우사 수이의 정서적 양가성

지금까지 모든 논의의 핵심은 프로이트가 카를 아브라함에게 털어놓은 고백에 담겨 있다. 프로이트는 무력함이야말로 자신이 언제나 가장 증오한 두 가지 중 하나라고 말했다.[49] (다른 하나는 가난이었는데, 그것은 가난이 무력함을 뜻하기 때문이었다.) 프로이트는 무력함을 증오했으며 무력함에 맞서 싸웠다. 경험에 직면했을 때의 절대적 무력감은 그가 이겨내기에는 너무 힘에 겨웠다. 그는 의존성을 통제하려고 애썼으나 무력감이 그 이면을 고스란히 드러냈다. 프로이트 같은 지도적 위치에 있는 사람이 이렇게 꾸준히 자기 형성을 하려면 엄청난 양의 에너지를 소모해야 한다. 프로이트가 두번째 졸도 이후 정신을 차리고 "죽는다는 건 얼마나 감미로울 것인가"라고 말한 것은 놀랄 일이 아니다.[50] 이와 일맥상통하는 융의 기록도 의심할 이유가 전혀 없다.

내가 그를 옆방으로 옮기는 도중 그는 의식이 반쯤 돌아왔다. 그때 그가 나를 바라보던 시선을 결코 잊을 수 없을 것이다. 허약해진 탓도 있겠으나 마치 내가 그의 부친인 양 나를 물끄러미 바라다보고 있는 것이었다.[51]

자기를 지배하고 자기를 형성하는 삶의 엄청난 무게를 놓아버리고, 자신의 중심을 움켜쥔 힘을 느슨하게 하고, 나보다 높은 힘과 권위에 수동적으로 굴복하는 것은 얼마나 감미로운가. 그런 굴복에는 얼마나 큰 기쁨이 있겠는가. 안락, 신뢰, 가슴과 어깨의 편안함, 심장의 가벼움, 무언가 더 크고 덜 유류한 것이 나를 떠받치는 느낌은 또 어떤가. 인간은 나름의 고유한 문제가 있기에 죽음이라는 깊은 잠을 종종 기꺼이, 심지어 그것이 잊힘을 의미함을 알면서도 받아들일 수 있는 유일한 동물이다.

하지만 우리 모두와 마찬가지로 프로이트도 양가성에 사로잡혔다. 자신을 녹여 아버지나 아버지의 대체물과, 심지어 하늘에 계신 성부와 하나가 되는 것은 카우사 수이 기획, 즉 자신의 아버지가 되려는 시도를 포기하는 것이다. 이 기획을 포기하면 우리는 쪼그라들고 우리의 운명은 더는 우리 것이 아니게 된다. 우리는 연장자의 세상에서 나아가는 영원한 아동이다. 이 세상에 자신의 것을 가져오려 한다면, 뚜렷이 새롭고 세계사적이고 혁명적인 것을 들여오려 한다면 그곳은 어떤 세상이겠는가? 프로이트가 굴복에 맞서 싸워야 했던 것은 이 때문이다. 그는 자신의 정체성이 통째로

영웅주의의 심층심리

지워질 위험을 감수했다. 그는 스스로 거미줄을 자았다. 어떻게 남의 거미줄에 매달릴 수 있었겠는가? 랑크는 천재의 짐을 진 한갓 필멸자의 문제를 누구보다 잘 이해했다. 자신의 담대하고 압도적인 창조를 위한 뒷받침을 어디서 얻어야 한단 말인가? 랑크의 견해는 다음 장에서 살펴보겠지만 프로이트가 힘을 자신에게 **되비치는** 거울로서 자신의 일과 조직(정신분석 운동)을 이용하여 카우사 수이 기획을 추구하고자 했음은 여기서도 명백하다. 앞에서 우리는 카우사 수이 기획이라는 거짓말에 반드시 대가가 따른다고 말했다. 이제 우리는 이 대가가 무력한 의존성을 인정하려는 유혹과 그 인정에 맞서 싸우려는 유혹을 둘 다 지녀야 하는 정서적 대가임을 안다. 우리는 어느 정도의 단호한 결단을 가지고 살아간다.■

　15년간 이어진 프로이트와 플리스의 관계도 이 견해를 뒷받침한다. 브롬은 이 관계가 이전의 어떤 전기작가가 평가한 것보다 더 강력했다는 의견을 내놓는다. 그는 플리스와의 관계에서 매우 심오하고 '모호한' 감정을 느꼈다는 프로이트 자신의 고백을 인용한다. 그렇다면 프로이트가 융과의 관계에서 겪은 것과 비슷한 증상을 몇 해 전 (1912년 회합 때와 같은 호텔의 바로 그 방에서) 플리스와의 관계에서도 겪은 것은 단순한 우연이 아니다. 그때는 증상이 그만

■　에리히 프롬도 프로이트의 성격을 다룬 중요한 논의에서 무력함과 의존성을 프로이트의 이면으로 명토 박아 존스의 견해를 뒷받침한다. 하지만 내가 보기에 프롬은 이 측면이 프로이트의 어릴 적 어머니와의 관계에 대한 양가적 반사작용임을 지나치게 강조하는 듯하다. 나는 이것이 프로이트 특유의 영웅적 야심과 부담에 대응하는 보편적 현상에 가깝다고 본다. Fromm, *Sigmund Freud's Mission*, 5장을 보라.

큼 심하지는 않았으며 증상의 대상도 막강한 반대자가 아니라 연약한 플리스였다. 프로이트는 이 사건을 분석하고서 이렇게 말했다. "그 문제의 뿌리에는 다스리기 힘든 동성애적 감정이 있다." 존스는 프로이트가 '자신의 성격에 여성적 측면'이 있음을 여러 차례 언급했다고 말한다.[52]

프로이트의 자기분석이 남달리 솔직하다고 하더라도 우리는 여전히 의심을 품어야 한다. 누구든 동성애 충동을 느낄 수 있으며 프로이트도 예외일 이유가 없다. 그럼에도 우리는 프로이트가 평생에 걸쳐 특정한 성적 동기에 대해 막연한 불안감을 줄이려는 경향이 있었음을 알기에 그의 '다스리기 힘든' 충동은 의존 욕구의 양가성을 나타낸다고 볼 수도 있다. 존스 자신은 프로이트의 성격을 평가할 때 동성애 문제를 솔직히 가감 없이 서술했는데, 내가 보기엔 적절한 듯하다. 존스는 이것이 프로이트가 지닌 의존성, 즉 어떤 면에서, 이를테면 브로이어와 특히 플리스, 그리고 융 같은 사람들을 과대평가하는 경향에서 그를 엉뚱한 곳으로 이끈 의존성의 한 이면이었다고 말한다. 존스는 프로이트의 이 이면이 "자신감의 손상"에서 비롯했다고까지 말한다.[53] 프로이트가 자기 성격의 이런 측면을 혐오했으며 자신의 '동성애적' 성향의 일부가 그 연약함 때문에 드러남으로써 스스로에게 부여된 자기의존성을 환영했음은 분명하다. 그는 1910년 10월 6일에 페렌치에게 보낸 편지에서 자신이 플리스에게서 경험한 수동성을 이겨냈으며 더는 자신의 인격을 완전히 드러낼 필요가 없어졌다고 말했다.

　　　　　　　　　　　　　　영웅주의의 심층심리

플리스와의 일이 있고 난 뒤로는 그럴 필요가 없어졌다네. 동
성애적 부착의 일부가 후퇴하여 내 에고를 확장하는 데 쓰였지.[54]

관건은 에고다. 에고만이 자기지배, 즉 행위와 선택의 일정한
자유를 얻고 자신의 운명을 최대한 빚을 능력을 부여한다. 오늘날
우리는 동성애를 부적응, 모호한 정체성, 수동성, 무력함, 즉 삶을
향해 확고한 태도를 취하지 못하는 문제로 본다. 이 의미에서 존스
가 프로이트의 자신감 손상을 언급한 것은 적절할 것이다(프로이트
는 막강한 반대자 융에 대해서도, 연약한 플리스에 대해서도 자신감 손상을
드러냈다). 두 경우 다 부담의 증가로 인해 위협받는 것은 자신의 힘
이다.

다른 한편으로 동성애에 대한 우리의 현대적 이해는 이 문제를
훨씬 깊은 차원, 즉 프로이트(와 천재 일반)와 관련하여 이미 언급한
불멸과 영웅주의의 차원으로 이끈다. 랑크는 이 주제를 탁월하게
서술했다. 그의 연구는 10장에서 논의할 테지만 프로이트와의 구
체적 관계에 대한 것은 여기서 언급할 필요가 있다. 앞에서 말했듯
참된 재능과 자유로운 영혼의 소유자는 독특한 재생산 수단에서
가족을 배제하려 한다. 그러므로 천재가 카우사 수이 기획을 철저
히 따르려 한다면 그는 여성을 배제하고 자기 몸의 (종으로서의) 역
할을 배제하려는 커다란 유혹에 직면할 수밖에 없다. 그의 논리는
이런 식이다. "내가 존재하는 이유는 인류의 이익을 위한 육체적
재생산의 수단으로서가 아니다. 나의 개별성은 총체적이고 완전하
기에 나는 내 몸을 나의 카우사 수이 기획에 포함한다." 그리하여

천재는 유능한 젊은이들과의 교류를 통해 자신을 영적으로 재생산하고 그들을 자신의 모습대로 창조하고 자신의 천재적 정신을 그들에게 전수하려고 노력할 수 있다. 자신의 몸과 정신을 정확히 복제하려 하는 셈이다. 어쨌거나 정신적 재능의 자유로운 비상을 방해하는 것은 무엇이든 자신의 가치를 저하시키는 것으로 보일 수밖에 없다. 여성은 이미 남성의 신체성에서 그에게 위협이 된다. 여성과의 성교를 배제하는 것은 사소한 조치다. 이런 식으로, 꼼꼼하게 싸맨 자신의 중심이 흩어져 모호한 의미로 훼손되지 않도록 한다. 대다수 사람은 불륜을 하지 않음으로써 자신의 의미를 단단히 붙드는 데 만족하지만 그는 이른바 '이성애적 불륜'을 하지 않음으로써 자신의 의미를 더더욱 자기애적으로 간직할 수 있다.

이 관점에서 보면 프로이트가 '자신의 성격에 여성적 측면'이 있다고 말한 것은 에고의 약함이 아니라 강함에서, 자신의 불멸을 달성하려는 단호한 결단에서 비롯했을 수도 있다. 프로이트와 아내의 성관계가 41세 즈음에 끝났고 우리가 아는 한 프로이트가 엄격한 일부일처제를 지켰음은 누구나 아는 사실이다. 이런 행동은 그의 카우사 수이 기획과 일맥상통한다. 이것은 여성의 몸과 자신의 (종으로서의) 역할에 대한 의존을 부정하는 자기애적 자기확장이며 자신의 개별성이 가진 힘과 의미를 통제하고 소유하는 행위다. 로즌 말마따나 프로이트는 자신의 영웅을 이렇게 바라보았다.

마치 고차원적인 열망이 인류의 평범한 동물적 욕구 위로 그를 끌어올린 듯 성욕과 성행위가 남달리 줄어든 사람.[55]

프로이트가 정신분석 운동과 자신의 불멸에 온 열정을 쏟은 것은 분명하다. 이 두 가지는 그의 '고차원적 열망'으로, '동물적 욕구'에 아무런 위협이 되지 않는 정신적 동성애를 여기에 포함해도 무방할 것이다.

카우사 수이의 관념적 양가성

지금까지 우리가 논의한 것은 정서적 양가성이지만 이 문제에는 관념적 측면도 있다. 졸도 경험에 대한 정서적 반응을 맞닥뜨리고 인정하는 것과 그 졸도를 정당화하는 것은 별개 문제다. 프로이트는 의존성과 무력함을 인정할 수 있었지만 어떻게 자신의 죽음에 의미를 부여할 것인가? 그는 자신의 카우사 수이 기획이나 정신분석 운동, 그 기획 밖에 있는 무언가로부터 의미를 정당화해야 했다. 여기에 관념적 차원에서의 카우사 수이의 양가성이 있다. 인간이 만들지 않은 의미를 어떻게 신뢰할 수 있는가? 이런 의미야말로 우리가 확실히 아는 유일한 의미다. 자연은 인간적 의미에 무관심하며 심지어 악랄하게 적대적인 것처럼 보인다. 이에 맞서 우리는 자신이 의지할 수 있는 자신의 의미를 세계에 가져오려 애쓴다. 하지만 인간적 의미는 연약하고 덧없으며 역사적 사건과 자연재해에 끊임없이 손상된다. 히틀러 한 명이 수 세기에 걸친 과학적·종교적 의미를 지울 수 있으며 지진 한 번으로 개인적 삶의 의미가 백만 번 무효화될 수 있다. 이에 맞서 인류는 인간적 의미를 그 너머로부터 담보하려고 애썼다. 하지만 정당화를 위해 더 숭고한 무언가, 어떤 초월적 차원에서 삶의 의미를 관념적으로 뒷받침하는 무언가에 기대지 않으면 아무리 노력해도 실패할 수밖에 없다. 이 믿음은 인간의 기본적 공포를 흡수해야 하기에 마냥 추상적일 수는 없으며 정서에, 자신이 스스로의 힘과 삶보다 더 강하고 크고 중요한 무언가 안에서 안전히 보호받는다는 내적 감정에 뿌리를 두어야 한다. 마치 이렇게 말하는 식이다. "나의 삶은 이울고 나는 망각으로 사라지지만 '신(또는 '그것')'은 여전하시며 나의 산 제물을 통해 더 영광스럽게 되신다." 적어도 이 감정은 개인에게 가장 효과적인 차원에서의 믿음이다.

삶이 확고한 영웅적 의미를 얻으려면 어디까지 도달해야 하는가의 문제로 프로이트가 골머리를 썩인 것은 분명하다. 정신분석학 이론에 따르면 아동은 삶의 공포와 고독을 맞닥뜨렸을 때 처음에는 자신의 전능함을 선포함으로써, 다음에는 문화적 도덕을 불멸의 수단으로 이용함으로써 대응한다. 하지만 우리가 성장하면 이 확신에 찬 대리 불멸은 위험 앞에서 유기체가 평정을 유지할 수 있도록 하는 주된 방어 수단이 된다. 사람들을 전쟁에 내보내는 것이 그토록 쉬운 주된 이유 중 하나는 각자 마음속 깊은 곳에서 옆사람이 죽을 거라 생각하기 때문이다. 개개인은 자신이 피를 흘리는 것에 충격을 받을 때까지 환상 속에서 스스로를 보호한다. 당신이 죽음의 불안을 받아들이는 소수의 사람 중 하나라면 프로이트가 경험한 바로 그 불멸의 환상에 마땅히 의문을 제기해야 한다. 질부르크는 이 문제가 프로이트를 평생 괴롭혔다고 단언한다. 프로이트는 명성을 갈망하고 기대했으며 이를 통해 자신의 불멸을 창조할 수 있기를 바랐다. "불멸은 수많은 익명의 사람들에게 사랑받는 것을 뜻한다." 이 정의는 불멸에 대한 계몽주의적 견해다. 그것은 아직 태어나지 않은 사람들의 삶과 개선에 이바지한 공로로 그들의 존경을 받으며 사는 것이다.

하지만 이것이 전적으로 '세속적인' 불멸이라는 데 문제가 있다. 프로이트는 골머리깨나 썩였을 것이다. 불멸에 대한 그의 견해는 '심각한 양가성, 심지어 다가성'으로 꽉 차 있었다.[56] 생애 초기 프로이트는 애인에게 자신이 받은 편지를 모조리 없애버렸다고 말하고는, 미래의 전기작가는 자신이 세상을 뜬 뒤에 자료를 찾느라 애먹을 거라고 아이러니하게, 또한 의기양양하게 덧붙였다. 만년에 플리스에게 보낸 편지에 대해서도 비슷한 말을 했는데, 제자가 아니라 자신이 편지를 손에 넣는다면 '이른바 후손'이 편지를 입수하지 못하도록 파기할 것이라고 했다. 질부르크는 프로이트가 불멸을 향한 욕망과 불멸에 대한 경멸 사이를 오락가락한 것은 생각이 극단으로 치닫는 불운한 습관 때문이라고 생각하는 듯하지만 내가 보기에는 현실에 대한 마술적 유희에 가까운 듯하다. 우리는 이 차원의 삶이 중요하지 않고 어떤 진짜 의미도 없을까봐 우려스러워 자신이 가장 바라는 바로 그것을 경멸함으로써, 책상 아래에서 손십자가를 그린 채 불안을 다스린다.

한편으로 우리는 정신분석학을 사적 종교로, 불멸에 이르는 자신의 왕도로 삼으나 다른 한편으로는 이 땅에 사는 인간의 생애 전체에 의문을 제기할 만큼 고유하고 고립되어 있다. 이와 동시에 우리는 자신의 불멸 창조 기획을 버릴 수 없다. 종교가 약속하는 불멸은 아이와 저잣거리의 어수룩한 자들에게나 통하는 순전한 환상이기 때문이다. 프로이트는 자신이 처한 이 지독한 속박을 오스카 피스터 목사에게 고백했다.

수백만 년 전 트라이아스기에 거대한 무슨무슨 오돈과 무슨무슨 테리아가 공룡족의 발전을 매우 뿌듯해하며 자신들에게 펼쳐질—누구도 모를—장엄한 미래를 내다보는 장면을 상상할 수 있습니다. 하지만 가련한 악어 빼고는 모두 멸종했습니다. 목사님께서는 인간에게 마음이 있기에 자신의 미래에 대해 생각하고 믿을 자격이 있다고 반박하실 겁니다. 마음에는 틀림없이 무언가 특별한 것이 있습니다만, 마음에 대해서, 마음과 자연의 관계에 대해서는 알려진 것이 거의 없습니다. 저는 개인적으로 마음을 엄청나게 높이 평가합니다만, 자연도 그럴까요? 마음은 자연의 작은 일부에 불과합니다. 자연의 나머지는 마음 없이도 얼마든지 잘 돌아갈 수 있는 듯합니다. 자연이 정말로 스스로가 마음으로부터 큰 영향을 하나라도 받게 할까요?

이것에 관하여 저보다 더 확신할 수 있는 사람이 있다면 저는 질투가 날 겁니다.[57]

자신의 일이 의미할 수 있는 것이 소화의 소음, 바람이 부딪히는 소리, 공룡의 (이제는 영영 잦아든) 울음소리뿐일 때는 꿋꿋이 일하기 힘들다. 그러나 어쩌면 자연의 냉담한 무관심에 저항하려고 더 열심히 일할 수도 있다. 심지어 이런 식으로 말과 생각을 자신

영웅주의의 심층심리

의 조건에 대한 정직성의 확고한 기념물로 건축함으로써 자연으로 하여금 신비한 마음의 산물에 경의를 표하도록 할 수도 있다. 인간이 종교의 환각적 위안에 저항하는 것이야말로 인간을 강인하고 참되게 한다. 인간적 환각은 인간이 잊힘보다 나은 것을 가질 자격이 없음을 입증한다. 따라서 프로이트는 자신이 정신분석학을 종교의 경쟁자로 만들었다고 생각했음이 틀림없다. 정신분석학은 도덕적 세계의 참된 사실들을 확립하고, 개혁할 수 있는 게 있으면 개혁할 터였다. 이로써 우리는 융과 랑크, 질부르크, 리프 같은 수많은 권위자들이 언급했듯 정신분석학 자체가 프로이트에게 종교였던 이유를 알 수 있다.

이 모든 것을 다른 식으로, 즉 프로이트가 카우사 수이의 거짓말을 참으로 만들려는 노력을 배가함으로써 자연을 거역하기 시작했다고 표현할 수도 있다. 질부르크는 프로이트와 종교를 예리하게 평가한 글을 이렇게 끝맺는다.

인간은 이른바 '자연의 정복'을 시작한 뒤로 자신을 우주의 정복자로 상상하려고 애썼다. 자신에게 정복자의 힘이 있음을 확신하기 위해 그는 전리품(자연, 우주)을 손에 넣었다. 그는 전리품을 만든 존재가 멸망했음을 느껴야 했다. 그러지 않으면 우주에 대한 그 자신의 환상 속 통치권이 위험에 처할 터였다. 프로이트가 종교적 믿음의 참된 의미를 받아들이려 하지 않은 데는 이러한 성향이 결부되어 있다. 따라서 인간 심리학 분야에서 인간이 아무리 위대하더라도(프로이트 같은 위대한 인물이더라도) 자신 앞에 늘 불행하고 무력하고 불안하고 신랄한 사람을 상상하고 두려움 속에서 무릎을 들여다보고 '이른바 후손'에게서 (혐오스러울 것을 예상하여) 고개를 돌린 것은 놀랄 일이 아니다.[58]

질부르크는 프로이트가 엄격하고 거의 유아론적인 지적 태도를 가지게 된 것은 "남들에게 지적으로 의존하거나 개인적 신에게 정신적으로 의존한다는 의심에서 완전히 벗어나야 할 필요성" 때문이라고 말한다.[59] 카우사 수이의 거짓말이 특히 솔깃한 것은 인간이 인정하려 들지도 인정할 수도 없는 것 때문이다. 자연을 거역하기 위해 추가하는 바로 그 진실이 우리에게 고통을 가져다준다.

융은 질부르크와 같은 맥락에서 프로이트의 성격적 삶 문제를 가장 간결하고 적절하게 요약했다.

프로이트는 왜 그가 항상 성에 관한 이야기를 하도록 강요되고 있는지, 왜 이 생각이 그를 그토록 사로잡고 있는지 결코 자문해보려고 하지 않았다. 그는 그의 '해석의 단조로움'이 그 자신이나, 혹은 아마도 신화적이라고 불릴 수 있는 그의 또 한 면으로부터의 도피를 나타내고 있으리라는 것을 깨닫지 못하고 있었던 것이다. 그가 그러한 일면을 인정할 것을 거절하는 한 그는 자신과 결코 화해할 수 없었다. (⋯)

프로이트의 이와 같은 일면적인 성격에 대해서는 어떤 것도 행할 수가 없었다. 아마도 그 자신의 어떤 내적 체험이 그의 눈을 뜨게 했는지도 모를 일이다. (⋯) 그리고 그런 까닭으로 나는 그를

영웅주의의 심층심리

비극적 인물로 본다. 왜냐하면 그는 위대한 인물이었으며, 그 이상으로 악마[다이몬]에게 사로잡혀 있었던 인물이기 때문이다.[60]

자신의 다이몬에 단단히 사로잡힌 비극적 인물이라는 것은 대체 무슨 뜻일까? 그것은 뛰어난 재능을 가지고서 카우사 수이 기획을 확고하게 긍정함으로써 그 재능의 표현을 철저히 추구한다는 뜻이다(이 기획만이 그 재능에 탄생과 형체를 부여한다). 자신의 재능을 표현하기 위해 해야 하는 일이 그를 집어삼킨다. 그의 성격에서 발휘되는 열정은 그의 신조와 불가분의 관계를 이룬다. 프로이트가 "에로스의 힘에 너무나 강하게 좌우되고 있었기 때문에 실제에 서는 에로스의 힘을 종교적인 누멘과 같은 교리(⋯)에까지 높이기를 바랐"다는 융의 결론은 이것을 아름답게 표현한 것이다.[61] 에로스는 아동을 쉽게 내버려두지 않고 계속해서 이끌려 가도록 밀어붙이는 아동 유기체의 자연적 에너지다(한편 그는 성격의 거짓말을 지어내는데, 이는 아이러니하게도 바로 그 이끌림이 계속되도록, 하지만 자기통제의 환각 아래에 있도록 허용한다).

결론

이제 프로이트에 대한 논의를 마무리하면서 우리는 그의 거대한 두 가지 저항이 서로 연관되어 있으며 실은 하나로 합쳐짐을 알 수 있다. 한편으로 그는 본능 이론에서 더 폭넓은 죽음 공포 개념으로 명쾌하게 넘어가기를 거부했다. 다른 한편으로 그는 외부 자연에 굴복하는 태도를 취하기를 거부했다. 그는 자신의 신비주의적이고 의존적인 측면을 그대로 드러낼 수 없었다. 두 가지 저항은 카우사 수이 기획의 폐기를 거부한다는 점에서 연관되어 있으며 그로 인해 프로이트는 인간의 피조물성에 대해 더 문제적인 견해를 갖게 되었다. 하지만 그런 견해는 믿음이 싹틀 수 있는 땅이다. 적어도 환각이 아니라 경험된 현실로서의 믿음을 직면하게 한다. 프로이트는 결코 스스로가 이 땅에 발을 디디도록 하지 않았다. 프로이트에게서 에로스는 더 폭넓은 경험적 지평이 축소된 것이다. 달리 표현하자면 **과학적** 피조물성에서 **종교적** 피조물성으로 넘어가려면 **죽음**에 대한 공포가 **성**을 대체하고 내적 **수동성**이 피조물의 욕동인 강박적 에로스를 대체해야 한다. 프로이트가 해낼 수 없었던 것은 바로 이 두 가지 굴복, 즉 내적인 정서적 굴복과 관념적 굴복이었다. 그것은 융이 정확히 판단했듯 자신의 다이몬, 자신의 천재로서의 모든 고유한 열정, 인류를 위해 빚어낸 바로 그 재능을 버린다는 뜻이었기 때문이다.

영웅주의의 심층심리

2부　　　　　　　　영웅주의의 실패

신경증과 정신증은 용기를 잃은 인간에 대한 표현 방식이다. 이만한
통찰력을 얻은 사람은 누구나 이런 낙심의 상태에 있는 사람들과 함
께 정신의 신비로운 영역을 지루하게 탐색하려 들지 않을 것이다.
—알프레트 아들러

7장   인격이 부리는 주술—부자유의 핵심

아! 선생! 신도 없고 받들어 모실 주인도 없이 혼자인 사람에게 나날의 무거운 삶의 짐은 지긋지긋한 것입니다. 그러니까 주인을 하나 만들어 가질 필요가 있어요. 신을 섬기는 건 이제 더이상 유행이 아니니 말입니다.

—알베르 카뮈[1]

자유를 행사할 수 없는 사람들, 그들의 눈앞에 스스로를 드러내는 성스러운 것의 공포를 견딜 수 없는 사람들은 진실을 숨겨야 한다.

—카를로 레비[2]

오랫동안 사람들은 바보짓을 하고는 스스로를 책망했다. 이런 저런 것에 충성하고 너무 맹목적으로 믿고 너무 고분고분하게 복종했다. 자신을 파멸시킬 뻔한 저주에서 풀려나 돌이켜 생각해보면 자신이 말도 안 되는 짓을 했음을 깨닫는다. 성숙한 인간이 어떻게 그렇게 매혹될 수 있을까? 그 이유는 무엇일까? 우리는 역사를 통틀어 대중이 지도자를 따르는 이유는 그들이 투사하는 주술적 기운 때문이요 지도자가 실제보다 커 보이기 때문임을 안다. 표면상으로는 이 설명으로도 충분해 보인다. 합리적이고 사실에 부합하기 때문이다. 사람들은 권력을 숭배하고 두려워하며 권력을 휘두르는 자에게 충성한다.

하지만 이 설명은 너무 피상적이다. 사람들이 노예가 되는 것은 그저 자기이익을 계산해서가 아니다. 고리키가 개탄했듯 노예성은 영혼 안에 있다. 인간관계에서 설명해야 할 것은 바로 권력을 가졌거나 상징하는 인물에게 **홀리는 현상**이다. 그런 사람에게는 남들에게 기운을 내뿜고 그들을 자신의 기운 속으로 녹이는 무언가가 있다. 이것이 크리스틴 올든이 말한 '자기애적 인격'[3]의 '매혹 효과'다. 융이 선호한 표현은 '마나 인격'이다.[4] 하지만 실제로 푸른색이나 황금색의 기운을 내뿜는 것은 아니다. 눈에서 광채를 발하거나 이마에 신비한 무늬를 칠하고 특별한 옷을 입고 특별한 자세를 취하려고 애쓸 수도 있지만 그래도 여전히 **호모 사피엔스요** 평범한 사람이어서 그에게 유난히 관심을 가진 사람이 아니라면 그를 딴 사람과 구별하지도 못할 것이다. 마나 인격의 마나는 그의 눈 안에 있으며 홀림은 경험하는 사람 안에 있다. 우리가 설명해야 할 것은 바로 이것이다. 모든 사람이 대체로 비슷하다면 왜 우리는 그중 어떤 사람을 향해 불타는 열정에 사로잡히는 걸까? 미스 메릴랜드 우승자가 프랭크 시나트라(가수이자 영화배우로, 20세기 중엽 미국에서 부와 악명을 얻었다)를 처음 만난 순간을 묘사한 아래 글을 어떻게

영웅주의의 실패

해석해야 할까?

> 그와 만나기로 했어요. 연락을 받았죠. 마음을 진정시키느라 아스피린을 다섯 알이나 먹었어요. 레스토랑에서 그가 걸어오는 모습을 보는데 어찌나 흥분되던지 머리부터 발끝까지 전류가 흐르는 것 같았어요. 그의 머리 주위로 별들이 후광을 발하는 듯했어요. 평생 한 번도 못 본 무언가를 내뿜고 있었어요. 그의 곁에 있으면 경외감에 사로잡혀요. 왜 벗어나지 못하는지 모르겠어요. 생각을 할 수가 없어요. 너무 매력적이니까요.[5]

인간 노예성을 그 핵심으로 파고들어 설명할 수 있는 과학 이론이 있다고 상상해보라. 오랫동안 자신의 어리석음을 개탄하던 사람들이 마침내 자신들이 왜 그토록 치명적으로 매혹되는지 이해했다고 상상해보라. 인격적 속박의 정확한 원인을 화학자가 원소를 분리하듯 냉철하고 객관적으로 분석할 수 있다고 상상해보라. 이 모든 일을 상상해보면 정신분석학의 세계사적 중요성을 어느때보다 잘 이해할 수 있다. 정신분석학만이 이 신비를 밝혔기 때문이다. 프로이트는 분석받는 환자가 분석가의 인격에 대해 유난히 강한 애착을 발달시킨다는 사실을 알게 되었다. 분석가는 환자에게 말 그대로 세계와 삶의 중심이 된다. 자신의 눈으로 환자를 집어삼키며 환자의 심장을 기쁨으로 부풀어오르게 한다. 심지어 환자의 꿈마저도 분석가 생각으로 가득찬다. 이 총체적 홀림에는 강렬한 연애의 요소가 있지만 이것은 여성에게 국한되지 않는다. 남성도 "의사에게 집착하고 의사의 성격을 과대평가하며, 의사에 대한 관심에 몰두하고 의사의 생활 주변의 모든 것에 질투하는 현상 등이 모두 똑같이 나타난"다.[6] 프로이트는 이것이 기묘한 현상이라고 생각했으며 이를 설명하기 위해 '전이'라는 이름을 붙였다. 환자는 어릴 적 부모를 향해 가졌던 감정을 의사라는 인격체에게 전이한다. 아동이 부모를 보는 것과 마찬가지로 의사를 실제보다 대단한 인물로 부풀린다. 환자는 의사에게 의존하게 되고 아동이 부모와 공동 운명체가 되듯 의사에게서 보호와 힘을 끌어낸다. 전이에서 우리는 성인의 마음속이 아동임을 본다. 그는 무력감과 두려움을 가라앉히고자 세상을 왜곡하고 사물을 자신의 안전에 유리하도록 자신이 바라는 대로 보며 오이디푸스 이전 시기에 그랬듯 자동적이고 무비판적으로 행동한다.[7]

프로이트는 전이가 최면을 가능케 하는 기본적 인간 피암시성의 또다른 형태에 불과함을 간파했다. 최면과 마찬가지로 전이는 우월한 힘에 수동적으로 굴복하는 것이며[8] 여기에 진정한 기묘함이 있다. 성인이 즉각적으로 정신을 잃고 낯선 사람의 명령을 자동인형처럼 따르는 최면보다 '신비한' 것이 어디 있을까? 최면에서는 초자연적 힘이 작용하는 것처럼 보인다. 마치 남에게 주술을 걸 수 있는 마나가 실제로 존재하는 것처럼 말이다. 하지만 그렇게 보이는 것은 자신의 정신에 있는 노예성을 보지 못하기 때문이다. 그는 의지의 상실이 일어났다면 그것은 딴 사람 때문이라고 믿고 싶어 한다. 의지 상실이 스스로가 은밀히 갈망하던 것이었으며 자신이 누군가의 목소리와 손가락 튕기는 소리에 언제든 반응할 준비가

영웅주의의 실패

되어 있었음을 받아들이려 하지 않는다. 최면이 신비인 것은 오로지 자신의 무의식적 동기를 인정하지 않기 때문이며 최면이 당혹스러운 것은 자신의 본성에 있는 기본적 성향을 부정하기 때문이다. 심지어 사람들이 기꺼이 최면에 현혹되는 것은 자신의 의식적 삶 전체를 떠받치는 커다란 거짓말, 즉 자립의 거짓말, 자유로운 자기결정의 거짓말, 독립적 판단과 선택의 거짓말을 부정해야 하기 때문이라고 말할 수도 있다. 흡혈귀 영화가 꾸준히 유행하는 것은 우리의 억압된 두려움이 얼마나 표면 가까이 올라와 있는가를 보여주는 단서인지도 모른다. 우리는 통제력을 잃을까봐 불안하고 누군가의 주술에 완전히 걸려들까봐 불안하고 자신을 진정으로 다스리지 못할까봐 불안하다. 강렬한 눈빛 한 번, 신비로운 노래 한 곡에 자신의 삶을 영영 빼앗길지도 모르니까.

이 모든 주장은 1909년에 페렌치가 아름답게 전개한 것으로, 반세기가 지나도록 그의 기초적 논문을 뛰어넘는 연구 결과는 등장하지 않았다.[9]■ 페렌치는 최면가가 위엄과 높은 사회적 지위, 자

■　전이와 그 연장, 수정, 논쟁에 대해 방대한 문헌이 있음을 알지만, 전문적 자료를 언급하는 것은 이 책의 범위를 넘어설 것이다. 전이에 대한 우리의 이해가 프로이트와 페렌치를 넘어서는 중요한 지점에 대해서는 뒤에서 살펴볼 것이다. 하지만 전이, 최면 등의 정확한 성질에 대한 정신분석가들의 전문적 논증이 전이 현상의 기본적 이해에 크게 이바지했는지는 모르겠다. 전이를 순전히 사회적 학습의 문제로 삼으려는 트리건트 버로의 초창기 시도는 차차 보겠지만 명백한 오류인 듯하다. (Trigant Burrow, "The Problem of the Transference," *British Journal of Medical Psychology*, 1927, vol. 7, pp. 193 – 202) 쿠비와 마골린의 이후 논증에도 불구하고 프로이트가 최면성 무아지경 유도의 생리학 이론을 평가절하한 것은 여전히 옳아 보인다. (Freud, *Group Psychology and the Analysis of the Ego*, 1922 (New York: Bantam Books edition, 1960), p. 74, 한국어판은 『문명 속의 불만』; L. S. Kubie and Sydney Margolin, "The Process of Hypnotism and the Nature of the

신감 있는 태도를 갖추는 것이 중요하다고 지적한다. 최면가가 명령을 내리면 이따금 환자는 '벼락'에 맞는 듯한 경험을 한다. 최면가가 위엄과 권위로 부모의 자리를 차지하기라도 한 듯 환자는 복종하는 것 말고는 할 수 있는 일이 없다. 최면가는 "으르고 달래는 법을 알았으며, 그 효과는 수천 년간 부모와 자녀의 관계를 통해 입증되었"다.[10] 새된 목소리로 청중을 질타했다가 이내 부드러운 목소리로 달래는 기독교 부흥사들도 똑같은 기법을 쓴다. 고통과 희열에 사로잡힌 청중은 가슴을 찢는 듯한 비명을 지르며 부흥사의 발치에 몸을 내던져 구원을 갈구한다.

아동의 가장 큰 포부는 전능한 부모에게 복종하고 그들을 믿고 흉내내는 것이기에 최면의 무아지경을 통해 상상 속에서 즉각 아동기로 돌아가는 것은 무엇보다 자연스럽다. 페렌치에 따르면 최면에 쉽게 걸리는 이유는 "정신의 가장 깊은 곳에서 우리는 여전히 아이이며 평생에 걸쳐 그렇기 때문"이다.[11] 페렌치는 이론적 도약을 통해 환자 자신에게 피암시 성향이 있음을 밝힘으로써 최면의 신비를 깨뜨렸다.

'최면', 즉 외부에서 매우 낯선 것을 정신적으로 주입한다는 의미에서 '생각을 넣어주는 것' 같은 것은 없다. 무의식적이고 자기

Hypnotic State," *American Journal of Psychiatry*, 1944, vol. 180, pp. 611 – 622 참고); 또한 Merton M. Gill and Margaret Brenman, *Hypnosis and Related States: Psychoanalytic Studies in Regression* (New York: Science Editions, 1959), pp. 143, 196 – 197 참고. 전이 이론에 대하여 가장 유의미한 수정이 이뤄진 영역은 물론 정신요법에서의 활용과 해석인데, 이 분야는 분명히 내 논의의 범위를 벗어난다.

영웅주의의 실패

암시적인 기존 기전이 작동하게 할 수 있는 절차들이 있을 뿐이다. 이 개념에 따르면 암시와 최면의 비결은 (누구에게나 있지만 대체로 억압되어 있는) 맹목적 믿음과 무비판적 복종 성향이 최면가나 암시가에게 무의식적으로 전이될 수 있는 조건을 계획적으로 조성하는 데 있다.[12]

최면의 비밀에 대한 페렌치의 설명을 길게 인용한 데는 매우 중요한 이유가 있다. 프로이트 심리학은 인간의 마음속에 있는 보편적 성향을 발견함으로써 보편적인 기초적 역사심리학에 이르는 열쇠를 찾아냈다. 모두가 최면에 걸리는 것은 아니어서 대다수 사람들은 권력자와 하나가 되려는 내적 충동을 숨기고 위장할 수 있다. 하지만 최면 성향은 전이를 일으키는 바로 그 성향이다. 아무도 이 성향에 면역력이 없으며 아무도 하루하루의 일상사에서 전이가 나타난다는 사실을 일축할 수 없다. 이 현상은 표면적으로는 보이지 않는다. 성인의 삶은 꽤 독립적으로 보인다. 그들은 스스로 부모의 역할을 하며 꽤 성숙한 것처럼 보이고 실제로도 그렇다. 여전히 부모에 대한 아동기적 경외심과 자동적이고 무비판적으로 복종하려는 성향을 가졌다면 성인으로서의 역할을 할 수 없다. 페렌치에 따르면 이런 성향이 정상적 상황에서 사라지기는 하지만 "누군가에게 복종하려는 욕구는 여전히 남아 있다. 오직 아버지의 그 부분만이 교사와 상사, 인상적 인격에 전이된다. 통치자에게 복종하는 충성심이 널리 퍼져 있는데, 이 또한 일종의 전이"다.[13]

프로이트의 뛰어난 집단심리학 연구

최면의 문제를 해명하고 전이의 보편적 기전을 발견할 이론적 배경을 갖춘 프로이트는 지도력의 심리학에 대해 최상의 통찰을 발표해야겠다는 의무감에 사로잡히다시피 했다. 그래서 「집단심리학과 자아 분석」이라는 걸작을 썼다. 이 책은 100쪽도 안 되지만 내가 보기에 지금껏 인간이 만들어낸 것 중에서 단연 가장 해방적인 논문일 것이다. 프로이트는 만년에 개인적 선호와 이념적 선호를 반영한 책을 몇 권 썼지만 「집단심리학」은 오랜 전통에 의식적으로 자리잡은 본격적 과학 논문이었다. 초기 집단심리 이론가들은 인간이 집단을 이루면 왜 양처럼 양순해지는지 설명하고자 했다. 그들이 발전시킨 '심적 전염'과 '군거본능' 같은 개념은 매우 널리 퍼졌다. 하지만 프로이트가 재빨리 간파했듯 이 개념들은 사람들이 집단에 속했을 때 자신의 판단과 상식으로 무엇을 하는지 실제로는 결코 설명하지 못했다. 프로이트는 사람들이 무엇을 하는지 즉시 알아차렸다. 그들은 다시 의존적 아동이 되었으며 이번에는 지도자의 최면적 주술 속에서 자신에게 전달되는 부모의 내적 목소리를 맹목적으로 따랐다. 자신의 에고를 버리고 지도자의 에고를 받아들였으며, 자신을 그의 힘과 동일시했고, 그를 이상으로 삼아 그와 함께 행동하려 들었다.

프로이트는 인간이 군거 동물이 아니라 우두머리의 통솔을 받는 군집 동물이라고 말한다.[14] "집단 형성의 불가사의하고 강제적인 특징"을 설명할 수 있는 것은 이것뿐이다. 우두머리는 "위험한 인물"이며 "그 인물에 대해서는 수동적이고 피학적인 태도밖에 취

영웅주의의 실패

할 수 없고, 의지는 그 인물에게 굴복해야 한다. 그 인물과 단둘이 있는 것, 즉 '그의 얼굴을 똑바로 바라보는 것'은 위험한 모험처럼 보인"다. 프로이트는 강력한 사람과 무력한 사람의 관계에 존재하는 '마비'도 이것으로만 설명할 수 있다고 말한다. 인간은 "권위에 대해 극단적인 애착을 갖고 있"으며 "무한한 힘에 지배되기를 원한"다.[15] 지도자가 독불장군의 성격 속에서 최면을 걸듯 구현하는 것은 바로 이 특질이다. 또는 페니켈 말마따나 사람들이 "최면에 걸리기를 갈망하"는 이유는 바로 주술적 보호로 돌아가고, 전능함에 동참하고, 부모에게 사랑받고 보호받던 시절에 누리던 '대양감'□을 되찾고 싶기 때문이다.[16] 그러니 프로이트가 주장하듯 집단은 사람들에게서 새로운 것을 끌어내는 것이 아니다. 집단은 사람들이 끊임없이 무의식적으로 간직하는 깊숙한 에로스적 갈망을 충족한다. 프로이트가 보기엔 이것이야말로 집단을 묶는 생명력이었다. 이 생명력은 일종의 마음 접착제처럼 사람들을 상호적이고 무분별한 의존성으로 옭아맨다. 지도자가 주술적 힘을 발휘하면 모든 사람은 죄책감에 빠져 자신의 의지를 그에게 위임한다.

어떤 사람의 얼굴을 똑바로 바라보는 것이 얼마나 위험할 수 있는지, 타인을 신뢰하며 그의 힘이 내뿜는 광채를 쬐는 것이 얼마나 황홀할 수 있는지 생생히 기억하는 사람이라면 누구도 이것이 정신분석학적 수사에 불과하다고 말할 수 없을 것이다. 프로이트는 집단을 하나로 묶는 정확한 힘을 해명함으로써 왜 집단이 위험

□   자기와 외부 세계 사이에 무한하고 영속적인 유대가 존재한다고 느끼는 감정.

을 두려워하지 않는지도 밝혀낼 수 있었다. 집단 구성원들은 자신이 하찮고 무력하고 혼자라고 생각하지 않는다. 자신과 동일시되는 영웅(이자) 지도자의 힘을 가지고 있기 때문이다. 지도자의 힘을 신뢰하고 그에 의존하면 타고난 자기애(자신이 아니라 자기 옆에 있는 사람이 죽을 것이라고 느끼는 것)가 강화된다. 1차대전에서 수십만 명이 참호에서 나와 맹렬한 포화 속으로 달려든 것은 놀랄 일이 아니다. 말하자면 그들은 부분적 자기최면에 걸려 있었다. 사람들이 불가능한 조건에서도 승리를 상상하는 것 또한 놀랄 일이 아니다. 그들에게는 부모 같은 인물의 전능한 힘이 있지 않은가? 집단은 왜 그토록 맹목적이고 어리석으냐고 사람들은 늘 물었다. 프로이트는 집단이 환상을 요구하기 때문이라고 답한다. 그들은 "항상 현실적인 것보다 비현실적인 것에 우선권을 준"다.[17] 우리는 왜 그런지 안다. 진짜 세상은 받아들이기에는 너무나 끔찍하다. 세상은 나에게 내가 하찮고 두려움에 떠는 존재이며 늙어 죽을 거라고 말한다. 환상은 이 모든 것을 바꿔놓는다. 나를 중요하고 우주에 필수적이며 어떤 면에서 불멸인 존재로 만들어준다. 부모가 아니라면 누가 문화적 카우사 수이의 대ㅅ거짓말을 들려주어 이 환상을 심겠는가? 대중은 지도자가 자신들에게 필요한 바로 그 비진실을 들려주리라 기대하며, 지도자는 거세 콤플렉스에 승리하는 환상을 계속 심고 그 환상을 진정 영웅적인 승리로 부풀린다. 게다가 지도자는 새로운 경험, 즉 금지된 충동과 은밀한 소망과 몽상의 표출을 가능하게 한다. 집단이 어떤 행동이든 저지를 수 있는 것은 지도자가 용납하기 때문이다.[18] 마치 다시금 전능한 유아가 되어 부모로부터 마음껏 즐기라는 부추김을 받는 셈이기도 하고, 정신분석 요법을 받는데 분석가가 어떤 느낌이나 생각도 검열하지 않는 셈이기도 하다. 집단에서 각 구성원은 고개를 끄덕이는 아버지 앞에서 자신의 욕구를 맘껏 분출하는 전능한 영웅처럼 보인다. 집단행동의 무시무시한 가학성은 이렇게 이해할 수 있다.

이렇듯 프로이트는 집단심리학에 대한, 맹목적 복종과 환상과 집단 가학성의 역학에 대한 위대한 연구를 내놓았다. 에리히 프롬은 최근에 쓴 글에서 인간의 악덕과 맹목을 발전적으로, 또한 지속적으로 비판하는 프로이트의 통찰에 영속적 가치가 있음을 간파했다. 프롬은 초기작 『자유로부터의 도피』에서 『인간의 마음』에 이르기까지 주술적 조력자의 필요성에 대한 프로이트의 견해를 발전시켰다. 프롬은 인간의 주된 성격으로서의 자기애에 대한 프로이트의 기본적 통찰(자기애는 어떻게 사람에게 자신의 삶이 중요하다는 생각을 불어넣어 그를 팽창시키는가, 자기애는 어떻게 "나와 비슷하거나 내게 속한 사람들"과 "외부인" 사이에 예리한 선을 긋게 해주는가)을 받아들였다. 또한 가족에게서 벗어나 스스로의 책임과 힘으로 세상에 들어가는 것에 대한 두려움이자 더 큰 힘의 원천에 틀어박히고 싶은 욕망을 일컫는 이른바 "근친상간적 공생"의 중요성을 강조했다. '집단' '국가' '혈통' '모국' 등을 신비화하는 것은 이런 요소다. 이 감정들은 어머니와 편안하게 합쳐지던 어릴 적 경험에 깃들어 있다. 프롬 말마따나 사람을 "어머니와 [같은] 인종, 국가, 종교 고착[의 감옥]에 가두"는 것이다.[19] 프롬의 글은 흥미롭게 읽을 수 있으며 그가 이미 훌륭히 서술한 것을 여기서 되풀이하거나 보충하는 것은 무의미하다. 그의 책을 펼쳐 이런 통찰에 얼마나 설득력이 있는지, 프로이트의 정수를 얼마나 훌륭히 계승하여 노예성, 악덕, 지속적인 정치적 광기 같은 오늘날의 문제에 적용하는지 직접 살펴보기 바란다. 내가 보기에 그의 책은 인간 조건에 대한 비판적 사유의 맥을 잇고 있다. 놀라운 사실은 계몽주의 이후 자유의 문제를 다룬 이 중심적 사유의 흐름이 과학자들의 관심사와 현재의 연구 활동에서 외면당하다시피 한다는 것이다. 이 학문들이 인간적 의미를 조금이라도 가지려면 이 작업들이 이론적·경험적 인간학 연구의 대부분을 차지해야 한다.

프로이트를 넘어서서

오늘날 우리는 집단 역학에 대한 프로이트의 주장을 모조리 무비판적으로 받아들이거나 반드시 완벽하다고 여기지는 않는다. 프로이트 이론의 약점 중 하나는 "원시적 군집"이라는 자신의 계통발생적 신화를 지나치게 좋아했다는 것이다. 이것은 개코원숭이 같은 유인원이 지배적 수컷의 압제하에 살았던 최초의 사회를 재구성하려는 시도였다. 프로이트는 강한 성격의 소유자에 대한 사람들의 갈망과 경외심, 두려움이 여전히 모든 집단의 기본 활동을 설명하는 모형이라고 생각했다. 레들은 중요한 논문에서 '강한 성격'으로 모든 것을 설명하려는 프로이트의 시도가 사실에 들어맞지 않음을 밝혔다. 레들은 다양한 종류의 집단을 연구하여 일부 집단을 강한 성격의 소유자가 지배하기는 하지만 모두 그렇지는 않음을 알아냈다.[20] 하지만 모든 집단에는 자신의 특질로 인해 집단을 결속하는 '핵심 인물'이 있다는 사실 또한 발견했다. 이러한 강조점의 이동은 사소한 것이고 프로이트의 기본 논지를 훼손하지 않지만 집단의 실제 역학을 더 예리하게 분석할 수 있게 해준다.

이를테면 프로이트는 지도자가 우리로 하여금 금지된 충동과 은밀한 소망을 표현하도록 해준다고 생각했다. 이에 반해 레들은 그가 완벽하게 이름 붙인바 "갈등하지 않는 사람의 전염성"이 일부 집단에 실제로 존재한다고 생각했다. 우리가 가진 갈등을 가지고 있지 않기에 우리를 유혹하는 지도자들이 있다. 우리는 자신이 수치와 굴욕을 느끼는 영역에서 그들이 간직하는 태연함을 존경한다. 프로이트는 지도자가 두려움을 쓸어내고 모두가 전능한 느낌을 가지도록 해준다고 생각했으나 레들은 이를 다듬어 지도자가 종종 아무도 감히 하지 못한 '첫 행위'를 해낸 사람이라는 단순한 사실 때문에 중요할 수 있음을 밝혔다. 레들은 여기에 '첫 행위의 마법'이라는 아름다운 이름을 붙였다. 이 첫 행위는 욕설에서 섹스나 살인에 이르기까지 무엇이든 될 수 있다. 레들이 지적하듯 이런 논리에 따르면 처음으로 살인을 저지르는 사람만이 살인자이며 나머지는 모두 모방자다. 프로이트는 『토템과 터부』에서 어떤 행위가 개인에게는 불법이더라도 집단 전체가 책임을 나눈다면 정당화될 수 있다고 말했다. 하지만 또다른 방식으로 정당화될 수도 있으니 행위를 시작하는 사람이 위험과 죄책감을 둘 다 짊어지는 것이다. 그 결과는 정말로 마법적이어서 집단의 각 구성원은 죄책감 없이 그 행위를 되풀이할 수 있다. 그들에게는 책임이 없다. 오로지 지도자만 책임을 진다. 레들은 여기에 '선점의 마법'이라는 적절한 이름을 붙였다. 하지만 이것은 단순히 죄책감을 덜어주는 것에 머물지 않는다. 실제로 살인의 **사실을 변형시킨다.** 이 중요한 지점에서 우리는 일상 세계의 집단 변형의 현상학으로 곧장 파고든다. 누군가 죄책감 없이, 또한 위험을 감수하는 영웅을 본떠 살인을 저지르면 그것은 더는 살인이 아니라 "거룩한 공격"이다. "첫번째 살인은 그렇지 않았"다.[21] 말하자면 집단에 참여하면 하루하루의 현실이 재증류되어 신성한 기운이 깃든다. 이것은 어릴 적 놀이를 하면서 고조된 현실을 만들어낸 것과 마찬가지다.

'첫 행위' '갈등하지 않는 사람의 전염성' '선점의 마법' 같은 촌철살인의 어휘를 통해 우리는 집단 가학성의 역학(집단이 철저한 평정심을 유지한 채 살해를 저지를 수 있는 이유)을 더 섬세하게 이해할 수 있다. 이것은 단순히 "아버지가 허락하"거나 "명령해"서가 아니다. 그 이상이다. 그것은 세상과 자신의 **주술적인 영웅적 변형** 때문이다. 프로이트는 이것이야말로 인간이 갈망하는 환상이며 핵심 인물이 집단 정서를 담는 효과적인 그릇이 되는 이유라고 말한다.

레들의 논문에 담긴 미묘한 논의를 여기서 되풀이하거나 요약하지는 않겠다. 다만 이른바 '인격이 부리는 주술'이 매우 복잡하며 눈에 보이는 것보다 훨씬 많은 것을 포함한다는 그의 핵심 주장에 밑줄을 그어두자. 사실 여기에는 주술을 뺀 모든 것이 포함될 수 있다. 레들은 집단이 여러 종류의 핑계나 갈등 완화를 위해, 사랑을 위해, 심지어 그 정반대(집단을 공통의 끈으로 묶는 공격과 증오의 표적)를 위해 지도자를 이용한다는 사실을 밝혔다. (최근의 대중 영화 광고에서는 이렇게 표현했다. "그들은 그를 죽이고 스스로에게 복수하는 쾌감만을 위해 용감하게 지옥까지 그를 따라간다.") 레들의 의도는 프로이트의 기본적 통찰을 대체하려는 것이 아니라 그 범주를 확대하고 그것들에 뉘앙스를 더하려는 것뿐이었다. 그의 사례에서 의미심장한 점은 '핵심 인물'의 역할 대부분이 죄책감, 속죄, 확고한 영웅성과 관계가 있다는 것이다. 우리에게 중요한 결론은 집단이 지도자를 '이용'하면서 그를 개인적으로 별로 고려하지 않을 때는 있지만 제 욕구와 충동의 충족을 고려하지 않을 때는 전혀 없다는 것이다. W. R. 비언은 중요한 최근 논문[22]에서 이 사상 흐름을 프로이트로부터 더욱 확장하여 지도자가 스스로의 피조물인 것 못지않게 집단의 피조물이며 지도자가 됨으로써 '개인적 독특성'을 잃는다고 주장한다(물론 집단 또한 추종자가 됨으로써 개인적 독특성을 잃는다). 지도자가 스스로일 자유를 집단의 어느 구성원에 비해서도 결코 더 누리지 못하는 것은 바로 애초에 지도자의 자격을 얻으려면 그들의 가정假定에 대한 반사작용이 되어야 하기 때문이다.[23]

이 모든 논의를 따라가다보면 평범한 사람이 심지어 영웅을 따를 때조차 얼마나 비영웅적인지 애석하게 곱씹게 된다. 평범한 사람은 영웅에게 자신의 짐을 지우며 그를 따를 때 유보 조건을 달고 거짓을 품는다. 저명한 정신분석가 파울 실더는 인간이 최면성 무아지경에 빠질 때에도 유보 조건을 단다는 사실을 이미 언급했다. 그는 바로 이 사실이 "모든 참으로 위대한 열정을 구별하는 심오한 진지함"을 최면으로부터 박탈한다고 예리하게 말했다. 그래서 이런 태도를 '소심하다'고 보았는데, 이는 "위대하고 자유롭고 무조건적인 복종"이 결여되었기 때문이다.[24] 나는 이런 규정이 집단행동의 소심한 '영웅주의'를 아름다울 만큼 적절히 묘사한다고 생각한다. 집단에는 자유롭거나 인간다운 것이 전혀 없다. 자신의 에고를 권위적 아버지와 합치더라도 그 '주술'은 자신의 편협한 이해관계 안에 머물러 있다. 사람들은 지도자를 핑곗거리로 이용하다시피 한다. 그들은 지도자의 명령을 따를 때 이 명령이 자신에게 낯설고 지도자의 책임이며 자신들의 만행이 자기네 이름이 아니라 지도자의 이름으로 저질러진다는 느낌을 늘 간직할 수 있다. 그렇다면 이 것은 사람들이 죄책감을 느끼지 않는 또다른 이유다. 카네티 말마따나 그들은 자신을 지도자의 잠정적 피해자로 상상할 수 있다.[25] 지도자의 주술에 빠져들수록, 더 잔혹한 범죄를 저지를수록 그들은 더더욱 그 잘못이 자신에게 내재적이지 않다고 느낄 수 있다. 지도자를 이렇게 활용하는 것은 깔끔하기 이를 데 없다. 이걸 보면 과거에 부족들이 종종 자기네 왕을 희생양 삼아 필요가 없어지면 죽였다는 제임스 프레이저의 발견이 떠오른다. 지금까지 우리는 사람들이 영웅을 활용하면서 자신의 행위에 대한 책임을 비겁하게 회피하는 여러 방법을 살펴보았다.

이를테면 최근에 펼쳐진 맨슨 '패밀리'의 '영웅적 행위'에 감명받은 사람은 거의 없었다. 우리가 논의하던 집단 역학에 비추어 그들을 바라보면 그들이 저지른 무의미한 살인에 대해서뿐 아니라 그 이상의 무엇에 대해서 우리가 왜 충격받았는지 더 잘 이해할 수 있다. 사람들이 자발적 노예의 위치에서 영웅적 행위를 시도할 때는 존경할 것이 아무것도 없다. 모두가 자동적이고 예측 가능하고 한심할 뿐이기 때문이다. 여기 찰스 맨슨을 자신과 동일시하고 그에게 피학적으로 굴종하며 살았던 한 무리의 젊은 남녀가 있다. 그들은 맨슨을 극진히 섬겼으며 일종의 반신반인으로 여겼다. 실제로 맨슨은 프로이트의 '원초적 아버지' 묘사에 딱 들어맞았다. 권위적이었고 추종자들을 혹독하게 다뤘으며 규율을 철석같이 믿었기 때문이다. 그의 눈빛은 강렬했고 그의 주술에 걸려든 사람들은 그에게서 최면의 기운이 뿜어져나온다는 것을 전혀 의심하지 않았다. 그는 자기확신에 찬 인물이었다. 심지어 나름의 '진리'도 있었다. 세상을 정복한다는 과대망상이었다. 하지만 추종자들은 그의 망상을 영웅적 사명으로 생각했으며 거기에 동참하는 것을 특권으로 여겼다. 맨슨은 자신의 계획을 따라야만 구원받을 수 있다고 그들을 확신시켰다. 맨슨 '패밀리'는 매우 친밀했고 섹스에 대한 제약이 전혀 없었으며 구성원들은 누구와도 성관계를 할 수 있었다. 심지어 외부인을 끌어들이기 위해 섹스를 마음껏 활용하기도 했다. 이 모든 사실로 보건대 맨슨은 '자기애적 인격의 매혹 효과'와 '갈등하지 않는 사람의 전염성'을 둘 다 가진 것이 분명하다. 맨슨의 본보기와 명령을 따르는 사람은 누구나 섹스에서뿐 아니라 살인에서도 억압을 자유롭게 떨쳐버릴 수 있었다. '패밀리' 구성원들은 자신의 범죄에 대해 후회나 죄책감, 부끄러움을 전혀 내비치지 않았다.

사람들은 이러한 표면상의 '인간적 느낌 결여'에 경악했다. 하지만 앞에서 살펴본 역학에 따르면 맨슨 '패밀리' 같은 살인 집단이 실제로는 기본적 인간성을 결여하지 않았다는 훨씬 충격적인 결론을 맞닥뜨리게 된다. 그들이 그토록 끔찍한 것은 우리 모두의 내면에 있는 성향이 과장된 것에 불과하기 때문이다. 그들이 왜 죄책감이나 후회를 느껴야 하는가? 지도자가 파괴적 행위에 대한 책임을 지며 그의 명령에 따라 파괴하는 자는 이제 살인자가 아니라 '신성한 영웅'이다. 그들은 지도자가 내뿜는 강력한 기운에 동참하고 갈망하고 그가 선사하는 환상, 세상을 영웅적으로 변화시킬 수 있다는 환상의 실현을 꿈꾼다. 그들은 지도자의 최면적 주술에 빠진 채 영웅적 자기확장 충동을 한껏 발휘하기에 두려움을 느낄 필요가 전혀 없다. 그래서 살인을 저지르면서도 태연할 수 있다. 사실 그들은 자신이 희생자에게 '은혜'를 베푼다고 느끼는 듯했다. 희생자를 자신들의 '거룩한 사명'에 동참시킴으로써 그들을 성화했다고 생각했다. 인류학 문헌에서 보듯 희생당하는 피해자는 신에게, 또는 자연이나 운명에 바치는 거룩한 제물이 된다. 공동체는 희생자의 죽음 덕분에 더 많은 생명을 얻으며 그리하여 희생자는 자신의 희생적 죽음을 통해 가장 숭고한 방식으로 세상에 이바지하는 특권을 누리는 셈이다.

그렇다면 맨슨 패밀리 같은 살인 집단을 이해하는 한 가지 직접적 방법은 그들을 주술적 변형으로 보는 것이다. 수동적이고 공허하며 갈등과 죄책감으로 찢긴 사람들이 이를 통해 값싼 영웅주의를 얻고 자신이 운명을 통제하고 삶과 죽음을 좌우한다고 실제로 느끼는 것이다. 이 영웅주의가 '값싼' 이유는 자신의 명령에서가 아니고 자신의 담력에서가 아니고 자신의 두려움에 사로잡혀서가 아니기 때문이다. 모든 것이 그들의 정신에 새겨진 지도자의 이미지를 통해 저질러진다.

영웅주의의 실패

전이에 대한 폭넓은 시각

전이에 대한 이 논의를 통해 우리는 인간이 세상에 일으키는 대규모 참화의 중요한 원인 하나를 볼 수 있다. 인간은 자신이 전능하고 무적이라고 느껴 주변을 쑥대밭으로 만드는, 욕망을 따르는 천성적으로 파괴적인 동물에 불과한 것이 아니다. 오히려 보호와 뒷받침을 얻으려다 세상을 어깨에 짊어지고 자신의 연약한 힘을 비겁하게 확인받으려는, 전율하는 동물이다. 그렇다면 지도자의 특징과 사람들의 문제는 자연적 공생 관계로 맞아떨어진다. 내가 집단심리학의 몇 가지 세부 사항을 길게 언급한 이유는 지도자의 힘이 그가 소유한 주술을 뛰어넘어 그가 사람들에게 해줄 수 있는 것에서 비롯함을 보이기 위해서였다. 사람들은 자신의 문제를 지도자에게 투사하며 이는 그에게 역할과 위상을 부여한다. 추종자에게 지도자가 필요하듯 지도자에게는 추종자가 필요하다. 지도자는 홀로 설 수 없는 자신의 무력함, 고립에 대한 자신의 두려움을 추종자들에게 투사한다. 카리스마의 주술을 가진 타고난 지도자가 없을 때 사람들이 그런 지도자를 만들어내야 하듯 지도자는 추종자를 구할 수 없을 때 스스로 만들어내야 한다. 전이 문제는 이러한 자연적 공생 측면을 강조함으로써 가장 폭넓게 이해할 수 있으며 이는 내가 앞으로 하려는 논의에서 주요한 부분을 차지한다.▪

▪ 우리는 집단과 지도자의 편리한 공생에서 몇 가지 두드러진 측면을 개략적으로 서술했는데, 이것이 일면적 묘사에 치우치지 않도록 주의해야 한다. 또다른, 매우 다른 면이 있기 때문이다. 지도자가 아무리 책임감이 투철하고 신처럼 보이더라도 모든 추종자의 죄책감이 지도자의 주술 아래 쉽사리 사라지는 것은 아니다. 모두가 지도

프로이트는 이미 추종자의 문제를 지도자의 매력 못지않게 자세히 설명하면서 전이에 대한 갈망과 그로 인한 결과를 우리에게 가르쳤다. 하지만 바로 여기에 문제가 놓여 있다. 여느 때처럼 그는 우리에게 어디를 보아야 할지 가리켜주었지만 초점을 너무 좁게 맞췄다. 볼스타인이 간결하게 표현했듯 프로이트에게는 "인간이 왜 말썽에 휘말렸는가"에 대한 관념이 있었으며[26] 말썽에 대한 그의 설명은 거의 언제나 성적 동기로 귀결되었다. 프로이트는 최면에서 암시가 잘 통한다는 사실이야말로 말썽이 성에 의존한다는 증거라고 생각했다. 그에 따르면 우리가 사람들에게 느끼는 전이 끌림은 아동이 주변 사람들에게 느낀 최초의 끌림이 발현된 것에

자와의 동일시에 동등하게 사로잡힐 수 있는 것은 아니며 모든 사람의 죄책감이 그렇게 쉽게 극복될 수 있는 것도 아니다. 많은 사람이 오랫동안 마음속 깊이 간직한 도덕 규칙을 위반하는 것에 깊은 죄책감을 느낄지도 모른다. 아이러니하게도 이 사람들을 더욱 지도자의 힘에 종속시키고 더욱 지도자의 손에 놀아나게 하는 것은 바로 이 죄책감이다.

앞에서 보았듯 집단이 굴종을 갈망하며 준비된 상태로 지도자에게 찾아오면 그는 이 굴종을 더욱더 심화하려 든다. 집단이 지도자의 대의에 따르는 죄책감에서 벗어나려 하면 지도자는 또다른 죄책감의 짐을 지우고 불멸의 그물을 치워버리겠다고 위협한다. 그가 집단 구성원을 정말로 강압적으로 휘어잡을 수 있는 것은 그들이 그의 뒤를 따라 잔인무도한 행위를 저지르기 때문이다. 그런 다음 지도자는 그들의 스스로에 대한 죄책감을 이용하여 자신에게 더더욱 꽉 붙들어 맨다. 그는 자신의 목적을 위해 그들의 불안을 이용하며 심지어 자신에게 필요하다면 불안을 유발하기도 한다. 또한 피해자에게 발각되어 보복당하는 것에 대한 그들의 두려움을 일종의 협박으로 이용하여 또다른 잔학 행위를 순순히 저지르도록 한다. 이 기법의 고전적 예는 나치 지도자들에게서 찾아볼 수 있다. 이들의 기법은 범죄 집단과 폭력배들이 늘 쓰던 심리기법으로, 범죄 자체를 통해 그들을 더 단단히 옭아매는 것이다. 나치는 그것을 '피의 접착제'라고 불렀으며 나치 친위대는 이것을 마음껏 사용했다. 하급 군인들에게는 강제수용소 근무가 이 충성심을 이끌어냈지만 이 기법은 고급 장교에게도, 특히 명망과 재능이 있어서 써먹고 싶은데 협조하지 않는 사람들에게 쓰였다. 그들은 또다른 잔학 행위를 저지르도록 유도되었으며 이를 통해 자신을 나치 친위대와 단단히 동일시하

영웅주의의 실패

불과하지만 이제 이 순수한 성적 끌림은 무의식에 깊이 파묻혀 있어 우리는 무엇이 홀림의 진짜 동기인지 깨닫지 못한다. 프로이트는 분명히 말한다.

> 우리는 삶에서 표출하는 공감, 우정, 신뢰 등 모든 감정이 성性과 유전적으로 연결되어 있으며 자신의 성적 목표를 약화시킴으로써 순전한 성적 욕구에서—이 욕구들이 우리의 의식적 자기지각에 대해 취하는 형태가 아무리 순수하고 비관능적일지라도—벗어나도록 발전했다는 결론을 내려야 한다. 우리는 처음에 성적 대상 말고는 아무것도 몰랐다. 정신분석은 현실에서 우리가 단순히

고 범죄자로서의 새로운 정체성을 얻었다(Leo Alexander의 탁월한 논문 "Sociopsychologic Structure of the SS," *Archives of Neurology and Psychiatry*, 1948, 59: 622-634를 보라). 또한 나치 시대가 계속되고 희생자가 늘면서 지도자들은 보복에 대한 두려움(나치에 희생된 이들의 복수를 하려는 사람들에 대한 두려움)을 이용했다. 이것은 폭력배의 오래된 수법인데, 이번에는 나라 전체를 하나로 묶는 접착제로 쓰였다. 따라서 처음에는 히틀러나 맨슨이 영웅적 사명을 품었을지도 모르지만 나중에 이것을 지탱한 것은 으름장과 위협, 가중된 두려움과 죄책감이었다. 추종자들은 과대망상적 계획이 적대적 세상에서의 유일한 생존 기회가 되었기에 여기에 매달릴 수밖에 없음을 알게 된다. 그들은 지도자가 원하는 것을 해야 하며 이것은 그들이 생존하기 위해 스스로 원해야만 하는 것이 된다. 지도자가 패하면 그들도 망한다. 그들은 그만둘 수 없으며 지도자가 그렇게 내버려두지도 않는다. 그리하여 독일 민족은 베를린이 최종 함락될 때까지 싸웠으며 맨슨 패밀리는 맨슨의 학대와 위협하에 서로 뭉쳐 사막으로 달아나 세상의 종말을 기다렸다. 이것은 사람들이 패배한 지도자에게까지 집착하는 이유를 이해하는 또다른 측면이다. 이집트인들이 나세르를 지지했듯 말이다. 나세르가 없으면 그들은 보복과 절멸의 위험에 고스란히 노출된다는 느낌을 받았을 것이다. 그의 불에 세례를 받으면 다시는 홀로 서지 못한다. (이 모든 논의에 대해서는 Ernst Kris, "The Covenant of the Gangsters," *Journal of Criminal Psychopathology*, 1942-3, 4:441-454; Paul Roazen, *Freud*, pp. 238-242; T. W. Adorno, "Freudian Theory and the Pattern of Fascist Propaganda," in *Psychoanalysis and the Social Sciences*, 1951, pp. 298-300; Ed Sanders, *The Family: The Story of Charles Manson's Dune Buggy Attack Battalion*, (New York: Dutton, 1971)을 보라. 특히 pp. 145, 199, 257 참고.)

존경하거나 좋아하는 사람들이 무의식적 정신에서는 성적 대상일 수도 있음을 우리에게 보여준다.[27]

성적 동기에 대한 이러한 환원주의 때문에 초창기 정신분석이 곤란을 겪었고 위대한 사상가들이 프로이트의 강박으로부터 정신분석학을 해방시키려고 잇따라 노력했음은 이미 살펴보았다. 하지만 프로이트 자신이 만년의 저작에서 일부 사항을 더 폭넓게 설명하는 과정에서 그의 강박은 자신에게 별로 문제가 되지 않았다. 전이 굴복에서 성을 강조하는 그의 지엽적 관점도 마찬가지다. 1912년 그는 전이가 완전한 복종으로 이어질 수 있다는 사실이 "에로스적 성격의 틀림없는" 증거라고 말했다.[28] 하지만 후기 저작에서는 인간 조건에 대한 공포를 강조하면서 아동이 강한 아버지를 갈망하는 것을 "미지의 우월한 힘으로부터 보호"받고자 하는 동기로, 또한 "인간의 나약함과 유아기의 무력함"의 결과로 묘사했다.[29] 그러나 이 구절은 그가 초기의 설명을 완전히 버렸음을 의미하지 않는다. 프로이트가 보기에 '에로스'는 특정한 성욕동을 포괄할 뿐 아니라 전능함에 대한, 또한 부모의 힘과 합쳐지는 데서 오는 대양감에 대한 아동의 갈망도 포괄한다. 이런 일반화 덕분에 프로이트는 포괄적 관점과 지엽적 관점을 동시에 가질 수 있었다. 특정한 오류와 정확한 일반화가 복잡하게 얽혀 있는 탓에 정신분석학 이론에서 무엇이 옳고 무엇이 그른지 가려내기란 지난한 일이다. 하지만 앞에서 랑크를 거론하면서 말했듯 (프로이트의 후기 저작에서처럼) 외부 자연의 공포를 강조하는 것이 더는 특정한 에로스적 욕동이 아

영웅주의의 실패

니라 일반적 인간 조건에 대해 이야기하는 셈이라는 사실은 꽤 분명해 보인다. 그렇다면 아동이 부모의 전능함과 합쳐지고자 하는 것은 **욕망** 때문이 아니라 **비겁함** 때문이라고 말할 수 있으리라. 이제 우리는 전혀 새로운 영토에 발을 디뎠다. 전이가 완전한 복종으로 이어질 수 있다는 사실은 전이의 '에로스적 성격'이 아니라 사뭇 다른 무언가를 입증한다. 그것을 '진실다움'이라고 말해도 무방할 것이다. 프로이트의 후기 저작이 발표되기 오래전 아들러가 명쾌하게 간파했듯 전이는 기본적으로 **용기**의 문제다.[30] 랑크와 브라운이 확실히 밝혔듯 인간의 열정을 설명하는 데서 더 큰 비중을 차지해야 하는 것은 성적 동기가 아니라 불멸 동기다. 강조점의 이런 중요한 이동은 전이에 대한 우리의 이해에 무엇을 의미할까? 그것은 인간 조건에 대한 참으로 매혹적이고 포괄적인 견해다.

절편음란물 통제로서의 전이

전이가 비겁함과 관계가 있다면 우리는 왜 전이가 아동기로 거슬러올라가는지 이해할 수 있다. 전이는 자신에게 안전함과 만족을 주는 환경을 만들려는 아동의 노력 전체를 반영한다. 아동은 환경에 대한 불안에서 벗어나도록 환경을 지각하고 행동하는 법을 배운다. 하지만 이제 전이는 숙명적이다. 환경에 기본적인 것(불안)을 없앨 수 있도록 지각/행동 세계를 구축하는 것은 기본적으로 그것을 위조하는 것이다. 정신분석가들이 늘 전이를 무비판적이고 소망적인 퇴행적 현상이자 자신의 세계에 대한 **자동적 통제**의 문제로 이해한 것은 이 때문이다. 실버버그는 전이에 대한 정신분석학의 고전적 정의를 제시한다.

전이는 외부 환경을 완전히 통제하려는 욕구를 나타낸다. 전
이는 온갖 다양한 형태로 발현되며 현실에 대한 인간의 심오한 반
역과 미성숙에 대한 완강한 고집을 표현하는 영구적 기념물로 볼
수 있다.[31]

에리히 프롬에게 전이는 인간의 소외를 반영한다.

그는 내적 공허감이나 무력감을 극복하기 위해서 사랑, 지식,
용기와 같은 자신의 인간적 특성을 모두 투사할 수 있는 대상을
나름대로 선택하게 된다. 이러한 대상에 복종함으로써 그는 자기
자신의 특성과 연결되어 있음을 느낀다. 다시 말해서 그는 자신이
강하고 현명하며, 용기 있고 안전하다고 느끼는 것이다. 따라서 이
러한 대상을 잃어버리는 것은 곧 자기 자신을 잃어버리는 위험을
초래하는 것과 같다. 개인적 소외라는 것에 기초를 둔, 어떤 대상
에 대한 우상 숭배의 메커니즘은 전이의 중심적인 역동론이다.[32]

융도 비슷한 견해였다.

누군가에게 홀리는 것은 기본적으로 우리가 자신에게서 실현
하지 못한 모든 특질을 겸비한 듯한 상대방의 힘에 자신을 언제나
밀어넣으려고 하는 것이다.[33]

아들러파의 견해도 마찬가지였다.

전이는 기본적으로 환자가 자신의 친숙한 존재 방식을 영속화하려는 작전이나 전술로, 끊임없이 자신에게서 힘을 박탈하여 '타자'의 손에 놓으려는 시도에 의존한다.[34]

내가 이 권위자들을 자세히 인용한 데는 두 가지 목적이 있다. 첫째, 그들의 통찰이 전반적으로 진실임을 밝히는 것, 둘째, 이 진실들에서 제기되는 엄청난 문제를 나중에 끄집어내려는 것이다. 이미 우리는 전이가 유별난 비겁함에서 생기는 문제라기보다는 유기체적 삶의 기본 문제, 힘과 통제의 문제임을 알 수 있었다. 그 힘은 현실에 맞서고 우리의 유기체적 확장과 실현을 위해 현실을 정돈할 수 있는 힘이다.

자연과의 이 대화를 누군가와 확립할 수 있다면 그 사람을 선택하는 것보다 자연스러운 것이 어디 있겠는가? 프롬은 '우상'이라는 단어를 쓰는데, 이것은 가장 가까이 있는 것에 대해 이야기하는 또다른 방법이다. 심지어 '부정적' 전이나 '증오' 전이의 기능을 이해하는 방식이기도 하다. 이 전이는 우리를 세상에 고착시키고 우리 자신의 감정에 대한 표적을 만들어내는 데 일조한다(설령 이 감정들이 파괴적일지라도). 우리는 복종에 의해서뿐 아니라 증오로도 우리의 기본적인 유기체적 토대를 확립할 수 있다. 사실 증오는 우리에게 더더욱 생기를 불어넣는다. 에고가 약할 때 더 격렬한 증오를 표출하는 것은 이 때문이다. 문제는 증오 또한 상대방을 실제보다 부풀린다는 것이다. 융이 말한다. "저항이나 혐오, 증오를 가장한 부정적 형태의 전이는 처음부터 타인에게 대단한 중요성을 부여한다."[35] 우리는 자신이 통제하기 위한 구체적 대상이 필요하며 어떤 식으로든 그런 대상을 얻어낸다. 사스가 밝혀냈듯 통제의 대화를 위한 사람이 없으면 심지어 제 몸을 전이 대상으로 이용하기도 한다.[36] 우리가 느끼는 통증, 진짜거나 상상의 산물인 질병은 관여할 무언가를 우리에게 선사하고 우리를 세상에서 빠져나가지 않도록, 완전한 고독과 공허함의 절망에 빠지지 않도록 해준다. 한마디로 질병은 대상이다. 우리는 자신의 몸이 우리가 힘을 얻기 위해 기댈 수 있는 친구이거나 우리에게 위험을 가하겠다고 위협하는 적인 양 몸에 전이한다. 이렇게 하면 적어도 현실감을 느낄 수 있으며 자신의 운명에 조금이나마 참여할 수 있다.

이 모든 논의에서 우리는 이미 중요한 결론 하나를 이끌어낼 수 있다. 그것은 전이가 일종의 절편음란증이요 우리 자신의 문제를 고착시키는 일종의 지엽적 통제라는 것이다. 우리는 자신의 무력함, 죄책감, 갈등을 가져다 환경의 한 지점에 고착시킨다. 우리는 자신의 돌봄을 세상에 투사하기 위해 어떤 **장소**이든, 심지어 제 팔다리의 장소까지도 만들 수 있다. 관건은 우리 자신의 돌봄이다. 우리가 인간 노예성이라는 기본 문제를 바라볼 때 우리에게 보이는 것은 언제나 자신의 돌봄이다. 융은 이것을 아름다운 언어로 표현했다. "우리가 자신의 환상에 속는 것을 더 좋아하지 않는다면 우리는 모든 홀림을 면밀히 분석하여 그로부터 제 인격의 일부를 정수처럼 뽑아내고는 우리가 삶의 길에서 천 가지 위장을 하고 있는 자신을 거듭 만나고 있음을 서서히 깨달을 것이다."[37]

삶에 대한 두려움으로서의 전이

하지만 이렇게 논의를 전개하면서 우리는 전이 현상에 대한 단순하고 임상적인 접근에서 더욱 멀어졌다. 사실 홀림은 인간 조건의 숙명에 대한 반사작용이다. 이 책 1부에서 보았듯 인간 조건은 동물이 받아들이기에는 지나치다. 압도적이다. 내가 지금 들여다보고 싶은 것은 전이 문제의 이런 측면이다. 이것을 이해한 사상가 중에서 전이의 의미에 대해 가장 넓고 깊은 서술을 남긴 사람은 랑크다.

우리는 랑크의 사상 체계를 떠받치는 것이 인간적 두려움, 삶과 죽음에 대한 두려움의 사실임을 여러 맥락에서 살펴보았다. 여기서 나는 이 두려움이 얼마나 전체적, 또는 포괄적인지를 강조하고 싶다. 윌리엄 제임스가 직설적으로 말했듯 두려움은 '우주의 두려움'이다. 이것은 아동의 두려움, 우주에 들어가는 것에 대한 두려움이요 자신의 독립적 개별성을, 자신의 삶과 경험을 실현하는 것에 대한 두려움이다. 랑크가 말한다. "성인이 죽음이나 성을 두려워할 수 있다면 아동은 삶 자체를 두려워한다."[38] 이 발상은 프롬의 여러 책에서 '자유에 대한 두려움'으로 널리 통용되었다. 샤흐텔은 '배태성'에서 빠져나오는 것의 두려움을 언급하면서 이를 훌륭히 표현했다. 이것은 우리가 어머니와 가족과의 공생에 담긴 '근친성'을 이해하는 방식이다. 사람은 말하자면 자신을 보호하는 자궁에 '틀어

박혀' 있다. 이것은 랑크가 나머지 모든 출현의 외상에 대한 전형으로서 '출생의 외상'에 대해 이야기할 때 의미한 바다. 이것은 논리의 문제다. 우주가 어린 인간 동물의 타고난 지각에 근본적으로, 또한 총체적으로 두려운 것이라면 우리는 어떻게 확신을 가지고 그 속에 뛰어들 수 있겠는가? 그것은 우주에서 공포를 덜어냄으로써만 가능하다.

전이의 본질은 이런 식으로, 즉 **공포 길들이기**로 이해할 수 있다. 현실적으로 우주는 압도적 힘을 가지고 있다. 우리는 자신을 넘어서는 것에서 혼돈을 감지한다. 사실 이 믿을 수 없는 힘에 대해 우리가 할 수 있는 일은 별로 없다. 어떤 사람들에게 이 힘을 부여할 수 있다는 것만 빼면 말이다. 아동은 타고난 경외와 공포를 개별적 존재에게 집중하는데, 그럼으로써 힘과 공포를 혼돈의 우주에 퍼져 있는 것으로서가 아니라 모조리 한 장소에서 발견할 수 있다. **미라빌레(놀랍다)!** 전이 대상은 우주의 초월적 힘을 부여받음으로써 이제 이 힘들을 통제하고 명령하고 물리칠 힘을 자신 안에 가진다.[39] 랑크의 말을 빌리자면 전이 대상은 개인에게 "자연의 거대한 생물학적 힘"으로 나타나는데, "에고는 스스로를 이 힘에 정서적으로 묶으며 이 힘들은 인간과 그 운명의 본질을 형성한"다.[40] 이를 통해 아동은 자신의 운명을 통제할 수 있다. 궁극적으로 힘이란 삶과 죽음에 행사하는 힘을 뜻하므로 아동은 이제 전이 대상과의 관계 속에서 안전하게 살아갈 수 있다. 대상은 그가 안전하게 활동할 수 있는 장소가 된다. 아동이 해야 할 일은 자신이 배우는 대로 전이 대상에 순응하고 그가 무시무시해지면 달래고 그를 자동적 일상 활동에 평온하게 활용하는 것뿐이다. 이런 이유로 언절은 전이가 '정서적 실수'가 아니라 타인을 자신의 온 세상으로 경험하는 것이라고 말할 수 있었다. 집이 아동에게 온 세상이듯 말이다.[41]

이 전이 대상의 총체성은 그 양가성을 해명하는 데도 도움이 된다. 아동은 어마어마하게 기적적인 부모의 힘에 맞서 어떤 복잡한 방식으로 싸워야 한다. 부모는 자신들의 탄생 배경인 자연만큼이나 압도적이다. 아동은 순응과 조작의 기법으로 부모를 자연화하는 법을 배운다. 하지만 이와 동시에 공포와 힘의 총체적 문제를 부모에게 집중하여 그들을 문제의 중심으로 만들고 그들 주변의 세상을 자르고 자연화해야 한다. 이제 우리는 전이 대상이 왜 그토록 수많은 문제를 낳는지 알 수 있다. 아동은 전이 대상을 통해 자신의 더 큰 운명을 부분적으로 통제하지만 그것은 자신의 새로운 운명이 된다. 아동이 자신을 어떤 사람에게 묶는 것은 공포를 자동으로 통제하고 놀라움을 조정하고 그 사람의 힘으로 죽음을 이기기 위해서다. 하지만 이렇게 되면 아동은 '전이 공포'를 겪는다. 이것은 대상을 잃는 것, 대상을 불쾌하게 하는 것, 대상 없이는 살 수 없는 것에 대한 공포다. 자신의 유한성과 무력함에 대한 공포도 여전히 그를 쫓아다니지만 이제는 그 공포가 전이 대상이라는 명확한 형태를 갖췄다. 인간의 삶은 어찌 이리 지독하게도 얄궂은가. 전이 대상이 늘 실물보다 크게 보이는 것은 삶의 모든 것을, 따라서 자기 운명의 모든 것을 나타내기 때문이다. 전이 대상이 자유의 문제에서 핵심이 되는 것은 사람이 전이 대상에 강박적으로 의존하기 때문이다. 전이 대상은 나머지 모든 자연적 의존과 정서를 합친다.[42] 이 성질은 긍정적 전이 대상에 대해서도 부정적 전이 대상에 대해서도 참이다. 부정적 전이에서 대상은 집중된 공포로 바뀌지만 이제 악과 제약으로 경험된다. 이것은 아동기의 쓰라린 기억에서, 또한 부모에 대한 우리의 비난에서 상당 부분을 차지하는 원천이기도 하다. 우리는 쓰라린 기억을 근본적으로 악마적인 세계에서 제 불행의 유일한 저장고로 만든다. 우리는 세상에 공포와 악이 없고 오로지 부모만 있는 체한다. 이렇듯 부정적 전이에서도 우리는 자신의 운명을 자동적으로 통제하려는 시도를 본다.

프로이트가 전이를 "한 인간과 그의 인간적 환경 간의 관계 전체를 지배하"는 "일반적인 인간 현상"으로 말할 수 있었던 것은 놀랄 일이 아니다.[43] 페렌치가 "신경증적 전이 열정" "자극에 굶주린 신경증 정동"에 대해 이야기할 수 있었던 것도 마찬가지다.[44] 우리는 신경증에 대해 말할 필요가 없을 뿐 아니라 온 세상의 자리를 차지하는 **국소화된** 자극에 대한 모든 사람의 굶주림과 열정에 대해서도 말할 필요가 없다. 전이가 모든 사람이 신경증적임을 입증한다고 말하는 편이 나을 것이다. 인위적 고착을 통해 현실을 보편적으로 왜곡하는 것이니 말이다. 물론 이로부터 에고의 힘이 약하고 두려움이 클수록 전이가 강력해진다는 결론이 도출된다. 조현병적 전이가 유난히 격렬한 것, 공포와 놀라움이 한 사람 안에 총체적이고 필사적으로 집중되는 것, 최면에 빠진 듯 몽롱하게 그에게 비굴하게 복종하고 그를 완전히 숭배하는 것이 이로써 설명된다. 그의 목소리를 듣거나 그의 옷자락을 만지거나 그의 발에 입맞추고 혀로 핥는 특권을 누리는 것—이것은 천국 자체일 것이다. 이것은 철저히 무력한 사람이 맞는 논리적 운명이다. 죽음을 두려워하고 공허할수록 자신의 세계를 전능한 아버지 인물, 초주술적 조력자로 채우게 된다.[45] 조현병적 전이는 우리가 심지어 '정상적' 전이에서도 대상에 얼마나 자연스럽게 달라붙어 있는가를 이해하는 데 도움이 된다. 삶의 질병, 세계의 아픔을 치유하는 모든 힘이 전이 대상에게 있다. 어찌 그 주술에 걸리지 않을 수 있으랴?

앞서 내가 말한 것을 떠올려보라. 프로이트가 예전에 생각했듯 전이는 '에로티시즘'을 입증하는 것이 아니라 실은 인간 조건의 공포에 대한 어떤 '진실함'을 입증한다. 조현병 환자의 극단적 전이는 이 진술을 이해하는 데도 도움이 된다. 결국 그의 세상이 그토록 무서운 한 가지 이유는 억압에 의해 흐려지지 않은 여러 방식으로 세상을 보기 때문이다. 또한 그리하여 그는 인간적 전이 대상을 (4장에서 말했듯) 그 모든 경외와 장엄함 속에서 바라본다. 인간의 얼굴은 실로 엄청난 일차적 기적이다. 공상적인 존재인 얼굴에 굴복하면 얼굴은 그 장엄함으로 당신을 자연스럽게 마비시킨다. 하지만 우리는 대개 이 기적 같은 힘을 억압한다. 그래야 평정심을 가지고 활동할 수 있으며 얼굴과 몸을 우리 자신의 일상적 목적에 이용할 수 있다. 어릴 적에 감히 말을 걸지 못하거나 심지어 쳐다보지도 못한 사람들이 있었던 것을 기억할 것이다. 이것을 성인의 삶까지 이어가면 우리는 스스로에게 심각한 장애를 입힐 것이다. 하지만 이제 우리는 전이 대상을 정면으로 바라보는 것에 대한 두려움이 반드시 프로이트가 말한 무시무시한 원초적 아버지에 대한 두려움은 아니라는 사실 또한 지적할 수 있다. 오히려 그것은 자연적 경이와 힘이 격렬히 집중되는 현실에 대한 두려움이요 존재하는바 우주의 진실에 압도되는(그 진실이 한 인간의 얼굴에 집중되기에) 것에 대한 두려움이다. 하지만 폭군적 아버지에 대한 프로이트의 말은 옳다. 대상이 두려울수록 전이가 강해지며 강한 대상이 세상의 자연적 힘을 자신 안에 더 많이 품을수록 우리 쪽에서 어떤 상상을 하지 않아도 현실에서 더 두려워질 수 있다.

죽음에 대한 두려움으로서의 전이

삶에 대한 두려움이 전이의 한 측면이라면 그 바로 옆에는 짝을 이루는 두려움이 있다. 아동이 자라면서 죽음을 자각할 때 전이 대상의 힘에서 피난처를 찾는 데는 두 겹의 이유가 있다. 거세 콤플렉스로 인해 몸이 공포의 대상이 되면, 버려진 카우사 수이 기획의 무게를 감당하는 것은 이제 전이 대상이다. 아동은 전이 대상을 이용하여 자신의 불멸을 확증한다. 이보다 더 자연스러운 것이 어디 있겠는가? 나는 다른 책에서 톨스토이에 대한 고리키의 유명한 감정에 대해 쓴 적이 있는데, 전이의 이러한 측면을 훌륭히 요약했기에 여기 인용한다. "이 노인이 이 땅에서 살고 있는 한 나는 희망을 잃지 않는다."[46] 이 감정은 고리키의 정서 깊은 곳에서 흘러나온 것으로, 단순한 소망이나 자위적 생각이라기보다는 전이 대상의 신비와 견고함이 그(전이 대상)가 살아 있는 한 자신에게 피난처가 되리라는 굳은 믿음에 가깝다.

타인을 신격화하려는 충동, 즉 선택된 사람을 끊임없이 단상에 올리고 그들에게 실제보다 많은 힘이 있다(그들에게 힘이 많을수록

　　　　　　　　　　　　　　　영웅주의의 실패

우리에게 더 많이 옳는다)고 생각하는 현상은 전이 대상의 이런 쓰임새로 설명된다. 우리는 그들의 불멸에 동참함으로써 불멸자를 창조한다.[47] 해링턴은 이를 생생하게 표현했다. "내가 우주에 더 깊은 자국을 남기는 것은 이 유명인을 알기 때문이다. 방주가 항해할 때 나는 거기 타고 있을 것이다."[48] 랑크가 멋지게 표현했듯 인간은 자신의 불멸화를 위한 재료에 늘 굶주린다. 집단도 그 재료를 필요로 한다는 사실로 영웅에 대한 끊임없는 굶주림을 설명할 수 있다.

> 작든 크든 모든 집단은 이를테면 영속화에 대한 '개별적' 충동이 있다. 이것은 국가적·종교적·예술적 영웅의 창조와 그에 대한 관심에서 스스로를 드러낸다. 그 개인은 이 집단적 영생 충동을 위한 길을 닦는다.[49]

집단심리학의 이런 측면을 들여다보면 우리의 상상력을 뒤흔드는 현상을 설명할 수 있다. 당신은 지도자가 죽었을 때 민족 전체가 엄청난 슬픔을 표현하는 것에 놀란 적이 있지 않은가? 주체할 수 없는 감정 분출, 얼빠진 군중이 도시 광장에 (때로는) 며칠이고 운집해 있는 것, 다 큰 어른들이 광적으로 바닥을 기고 옷을 찢고 관이나 화장터로 몰려가다 밟히는 것—이런 대규모의 신경증적 '절망의 촌극'[50]를 어떻게 이해해야 할까? 방법은 오직 하나다. 이 현상은 죽음에 대한 방벽을 잃고서 깊은 충격에 빠졌음을 나타낸다. 인격의 어떤 무언의 차원에서 사람들은 이렇게 우려한다. '우리가 가진, 삶과 죽음을 통제하는 힘의 장소 그 자신이 죽을 수 있다.

따라서 우리 자신의 불멸이 의심된다." 모든 눈물과 모든 통곡은 결국 자신을 위한 것이다. 위대한 영혼의 죽음을 슬퍼하는 것이 아니라 자신의 임박한 죽음을 슬퍼하는 것이다. 그 즉시 사람들은 길거리, 광장, 공항의 이름을 망자의 이름으로 바꾸기 시작한다. 그가 육체적으로는 죽었으되 사회에서 물리적으로 불멸하리라고 선언하는 셈이다. 케네디가의 죽음에 대한 미국인의 애도, 드골의 죽음에 대한 프랑스인의 애도, 특히 나세르의 죽음에 대한 이집트인의 애도(이때는 슬픔이 더 원초적이고 격렬하게 표출되었으며 통곡은 즉시 이스라엘과의 새로운 전쟁으로 비화되었다)를 비교해보라. 우리가 알게 된바 희생양만이 사람들의 적나라한 죽음 공포를 가라앉힐 수 있다. "나는 죽음의 위협을 받고 있으니 마음껏 죽이게 해달라." 불멸의 인물이 죽으면 희생양을 찾으려는 충동이 유난히 격해질 수밖에 없다. 또한 프로이트가 밝혀냈듯 순전한 공황에 대한 감수성도 커진다.[51] 지도자가 죽는 순간, 세상의 공포를 부정하기 위해 쓰던 장치가 부서진다. 그렇다면 뒤에서 늘 자신을 위협하던 바로 그 공황을 경험하는 것보다 더 자연스러운 일이 어디 있겠는가?

지도자가 완전히 버려진 뒤 초래될 불멸 재료의 공백을 감당하기란 너무 고통스러울 것이 틀림없다. 지도자가 두드러진 마나를 가졌거나 사람들을 이끄는 거대한 영웅적 기획을 체현했다면 더더욱 그렇다. 이것을 보면 20세기의 가장 발전한 과학적 사회 중 한 곳이 혁명 지도자를 방부 처리하기 위해 고대 이집트의 미라 제작 기법(을 개선한 것)에 의존한 사례가 떠오르지 않을 수 없다. 마치 러시아인들은 레닌이 죽은 뒤에도 그를 보낼 수 없어 영원한 불멸

영웅주의의 실패

상징으로 장사 지낸 것처럼 보인다. 이른바 '세속' 사회에서 무덤 순례가 진행되고 영웅적 인물들이 '신성한' 장소인 크렘린의 '성스러운 벽'에 매장되는 것이다. 아무리 많은 교회가 폐쇄되고 지도자나 운동이 아무리 인본주의를 자처하더라도 인간적 두려움에는 전적으로 세속적인 것이 있을 수 없다. 인간의 공포는 언제나 '신성한 공포'다. 이 표현은 절묘한 관용 표현이다□. 공포는 언제나 삶과 죽음의 극치를 가리킨다.⁵²

존재론적 쌍둥이 동기

이 책에서 나는 전이에 대해 말하면서 인류에게 호의적이지 않은 시선을 보냈다. 이제 분위기를 바꿀 때다. 전이는 삶과 죽음에 직면한 겁쟁이의 반사작용임이 사실이지만 영웅주의와 자기전개 충동에 대한 반사작용이기도 하다. 이로써 전이에 대한 우리의 논의는 또다른 차원으로, 내가 지금 들여다보고자 하는 이 새로운 관점으로 이동한다.

인간을 늘 놀랜 한 가지는 선함에 대한 내적 열망, '옳은 것'에 대한 내적 감수성, 아름다움과 선함과 완벽함의 '옳음'을 향한 극도로 따스하고 강렬한 끌림이다. 이 내적 감수성을 우리는 '양심'이라고 부른다. 위대한 철학자 이마누엘 칸트에게 인간 "내면에 있는 도덕 법칙"은 창조의 두 가지 숭고한 신비 중 하나였다. 그는 이것을 설명할 방법이 없었다. 그저 주어진 것이었기 때문이다. 자연은

□   영어 holy terror는 '무척 무서운 것'을 뜻한다.

자신의 '심장' 안에, 분투하는 유기체의 내부에 감정을 담는다. 자연에서의 이 자기감정은 어떤 과학소설적 사실보다 더 환상적이다. 빈센초 조베르티와 안토니오 로스미니 같은 19세기 사상가들이 이해했듯[53] 삶의 의미에 대해 이성적으로 말하고자 하는 철학이나 과학은 모두 이를 고려하고 최상의 경의를 표해야 한다. 흥미롭게도 유기체적 자기감정의 이 필수적 존재론(토머스 데이비드슨과 앙리 베르그송 같은 사상가들은 이것을 핵심으로 여겼다)은 새로운 '인본주의 심리학'이 출현하기 전에는 현대 학문에서 거의 주목받지 못했다. 내가 보기에 이 사실만으로도 우리 시대 인간학의 믿기지 않는 불임성, 특히 인간을 조작하고 무효화하려는 의도를 설명할 수 있다. 내가 생각하기에 프로이트 사상의 진정한 위대함은 존재론적 사유의 이 전통과 직접 결부하여 바라볼 때 드러난다. 프로이트는 선함이나 양심의 특정한 법칙이 임의의 사회에서 어떻게 아동에게 주입되는가, 아동이 스스로가 선하다고 느끼는 법칙을 어떻게 배우는가를 밝혀냈다. 선함을 느끼는 이 사회적 법칙들이 인위적임을 밝힘으로써 프로이트는 계몽주의적 자유의 꿈을 제시했다. 그것은 생명력의 확장적 자기감정에 대한 인위적인 도덕적 제약을 폭로하는 것이다.

하지만 이런 사회적 제약을 인식했더라도 자신이 선하고 옳다고 느끼려는 인간의 내적 충동은 설명되지 않는다. 칸트가 경외감을 느낀 바로 그것은 (내가 다른 글에서 말했듯 "모든 유기체는 스스로에 대해 '선하다고 느끼'고 싶어한다"라고 말할 수 있는 한) 어떤 법칙과도 독립적으로 존재하는 듯하다.[54] 모든 유기체는 이 느낌이 극대화되

영웅주의의 실패

도록 스스로를 밀어붙인다. 철학자들이 오래전부터 언급했듯 이것은 자연의 심장이 흥겨운 자기확장 속에서 박동하는 것과 같다. 물론 우리가 인간의 수준에 도달하면 이 과정은 최고의 이익을 얻는다. 이 과정은 인간에게서 가장 격렬하며 상대적으로 미정 상태다. 인간은 유기체적으로도 상징적으로도 박동하고 확장할 수 있다. 이 확장은 자신과 자기 세상에 대한 총체적 '옳음'의 느낌을 향한 어마어마한 충동의 형태를 띤다. 이렇게 말하는 것이 어설퍼 보일 수도 있겠지만 내가 보기에 여기에는 인간이 정말 하려는 것이 무엇인지, 양심이 왜 그의 운명인지가 요약되어 있다. 인간은 '옳다'고 느끼는 것이 실제로 무슨 의미인지 궁리할 운명을 타고난 유일한 유기체다.

하지만 이 특별한 부담의 맨 위에 자연은 인간이 어떤 직접적 방식으로도 자신이 '옳다'고 느끼지 못하도록 해두었다. 여기서 우리는 유기체적 삶의 핵심으로 곧장 들어가고 특히 인간에게서 첨예해지는 역설을 만난다. 이 역설은 두 가지 동기, 또는 충동의 형태를 띠는데, 두 동기는 피조물 의식의 일부인 듯하며 서로 정반대 방향을 향한다. 한편으로 피조물은 우주적 과정에 동일시되고 나머지 자연에 자신을 합치려는 강한 욕망을 느낀다. 다른 한편으로 그는 고유한 존재가 되어 다르고 동떨어진 무언가로 돋보이고 싶어한다. 더 큰 무언가에 자신을 합쳐 잃어버리려는 첫번째 동기는 고립에 대한, 자신의 나약한 에너지에만 의존해야 하는 상황으로 돌아가는 것에 대한 공포에서 비롯한다. 우주적 의존에 대한 자연적 느낌, 즉 더 큰 무언가의 일부가 되려는 욕망에 순응하면 평화와 하나됨에 도달하고 더 넓은 너머에서 자기확장감을 느끼고 그리하여 자신의 존재를 고양하고 초월적 가치의 감각을 진정으로 느낄 수 있다. 이것이 아가페(창조된 생명을 초월적 '사랑 안에서의 창조'에 자연적으로 융합하는 것)라는 기독교적 동기다. 랑크 말마따나 인간은 '만물과의 유대감'을 갈망한다. 인간은 "고립에서 벗어나 더 거대하고 고귀한 전체의 일부가 되"고 싶어한다. 자신이 대체 누구인지 알기 위해, 자신이 우주에 속한다는 느낌을 가지기 위해 인간은 자신의 자아를 넘어선 자아에 자연스럽게 다가간다. 카뮈가 이 장의 제사를 쓰기 오래전 랑크는 이렇게 말했다. "자신의 에고 바깥에 세워진 신 이상理想에 긴밀하게 결합되어 살아감으로써만 인간은 그나마 살아갈 수 있다."[55]

랑크의 글이 지닌 힘은 정신분석의 임상적 통찰을 인간 피조물의 기본적인 존재론적 동기와 연결한 데 있다(이를 통해 그는 인간의 총체적 모습에 대한 확고한 심리학적 초상을 그릴 수 있었다). 이런 식으로 그는 인간의 동기 속으로 최대한 깊이 파고들어 인간 조건의 심리학이라 할 수 있는 집단심리학을 만들어냈다. 무엇보다 우리는 정신분석가들이 '동일시'라고 부르는 것이 자신을 초월하는 압도적 힘에 동참하려는 자연적 충동임을 알 수 있다.[56] 그렇다면 아동기 동일시는 이 충동의 특수 사례에 불과하다. 아동은 우주적 과정의 대표자에게 자신을 합치는데, 이것이 바로 우리가 공포와 장엄함과 힘의 '전이 집중'이라고 부른 것이다. 아동이 자기초월적 부모나 사회적 집단과 합쳐지는 것은 어떤 실질적 측면에서 의미의 더 큰 확장성 안에서 살고자 하는 것이다. 이 점을 이해하지 못하면

영웅주의의 실패

영웅주의의 복잡성을 간과하게 된다. 영웅주의가 사람을 완전히 사로잡았음을(이것은 자기초월이 그에게 선사하는 힘을 지탱할 뿐 아니라 그의 전 존재를 기쁨과 사랑 속에 사로잡는다) 간과하는 것이다. 불멸 충동은 죽음 불안에 대한 단순한 반사작용이 아니라 자신의 전 존재로서 삶을 향해 나아가는 것이다. 오로지 피조물의 이 자연적 확장으로만 전이가 그토록 보편적인 열정인 이유를 설명할 수 있을 것이다.

또한 이 관점에서 우리는 신 관념을 인간 본성의 아가페적 측면이 논리적으로 성취된 것으로 이해한다. 프로이트는 아가페를 설교하는 종교를 경멸하듯 아가페를 경멸한 듯하다. 그는 하늘의 신에 대한 인간의 굶주림이 인간 내면의 미성숙하고 이기적인 모든 것(무력함, 두려움, 최대한 온전한 보호와 만족에 대한 탐욕)을 나타낸다고 생각했다. 하지만 랑크는 냉소주의자와 '현실주의자'의 주장과 달리 신 관념이 결코 미신적이고 이기적인 두려움의 단순한 반사작용이 아님을 이해했다. 제임스가 가르쳤듯 신 관념은 삶에 대한 순수한 갈망의 결과물이자 풍성한 의미를 향해 나아가는 행위다.[57] 영웅적 속함의 순종적 요소는 창조된 생명의 진정으로 숭고한 신비 중 하나인 생명력 자체에 내재한 것으로 보인다. 생명력은 자연적으로 이 땅 자체를 넘어서는 듯한데, 이것은 인간이 언제나 신을 하늘에 둔 한 가지 이유다.

나는 인간이 어떤 직접적 방식으로도 자신이 '옳다'고 느끼는 것이 불가능하다고 말했는데, 이제 우리는 그 이유를 알 수 있다. 인간은 자신의 자기감정을 아가페적 통합에 의해서만이 아니라 더 많은 생명을 위한, 흥미진진한 경험을 위한, 스스로의 힘을 기르기 위한, 개별 피조물의 고유함을 발전시키기 위한 충동, 자연으로부터 돋보여 빛나고 싶은 충동에 의해서도 확장시킬 수 있다. 결국 삶은 피조물이 맞닥뜨리는 도전이자 매혹적인 확장 기회다. 심리학적으로 보면 이 충동은 개별화 충동이다. 어떻게 나의 독특한 재능을 실현하고 나 자신의 자기확장을 통해 세상에 나름대로 기여할 것인가의 문제다.

이제 존재론적 비극(또는 피조물 비극)이라고 부를 만한 것이 눈앞에 보인다. 이것은 오로지 인간에게만 있다. 인간이 아가페에 순응한다는 것은 자신을 발전시키지 못할 위험, 남은 일생 동안 적극적으로 기여하지 못할 위험을 감수한다는 것이다. 반면에 에로스를 지나치게 확장시키는 것은 타고난 의존성으로부터, 더 큰 피조물에 대한 의무로부터 배제당할 위험을 감수하는 것이다. 창조된 것에 대해, 삶 경험의 기회를 부여받은 것에 대해 당연히 느껴야 할 감사와 겸손의 치유력으로부터 멀어지는 것이다.

따라서 인간은 양면성의 절대적 긴장을 느낀다. 개별화는 인간 피조물이 스스로를 나머지 자연에 맞세워야 한다는 뜻이다. 개별화는 인간이 견딜 수 없는, 그러면서도 고유하게 발달하기 위해 필요로 하는 바로 그 고립을 만들어낸다. 개별화가 만들어내는 다름은 무거운 짐이 되며 인간 자신의 하찮음과 두드러짐을 동시에 강조한다. 이것이 바로 **타고난 죄책감**이다. 인간은 이것을 '무가치함'이나 '나쁨' 그리고 무언의 내적 불만족으로 경험한다.[58] 그 이유는 현실적이다. 인간은 나머지 자연에 비해 그다지 만족스러운 피조물이 아니다. 그는 두려움과 무력함으로 가득하다.

　문제는 나쁨을, 타고난 죄책감을 어떻게 없앨 것인가로 바뀐다. 이것은 사실 우주를 마주한 자신의 위치를 뒤집는 문제다. 크기, 중요성, 지속성을 얻는 문제이자 어떻게 하면 실제보다 더 커지고 나아질 것인가의 문제다. 선함을 향한 충동의 총체적 기초는 가치가 있는 것, 오래가는 것이 되려는 바람이다.[59] 악몽을 꾸거나 겁에 질린 아이를 달랠 때 우리는 이것을 직관적으로 안다. 우리는 아이에게 걱정하지 말라며 너는 '착하다'고, 아무것도 너를 해칠 수 없다고 말한다. 선함은 안전과 특별한 무사함을 일컫는다. 도덕성 충동의 바탕은 전적으로 피조물의 신체적 상황이라고 말해도 무방할 것이다. 인간이 도덕적인 이유는 자신의 진짜 상황이 어떤지, 자신을 기다리는 것이 무엇인지 감지하기 때문이다. 다른 동물은 그러지 못한다. 인간이 우주에서 특별한 속함과 영속화의 자리를 얻으려고 도덕성을 이용하는 데는 두 가지 방식이 있다. 첫째, 인간은 자연력의 대표자(전이 대상)가 만든 규칙을 따름으로써 나쁨(사소함, 하찮음, 유한함)을 극복하며, 이런 식으로 그의 안전한 속함이 보장된다. 이 또한 자연스럽다. 우리는 아이에게 네가 착하게 굴면 걱정할 필요가 없다고 말한다. 둘째, 인간은 진짜로 가치 있는 영웅적 재능을 발달시켜 더욱 특별해짐으로써 나쁨을 극복하려 한다.

　인간의 주된 특징 중 하나가 자신에 대한 고통스러운 불만족, 끊임없는 자기비판인 것은 왜일까? 그것은 이런 불만족이야말로 현실 상황에 내재한 절망적 한계의 감각을 극복하는 유일한 방법이기 때문이다. 독재자, 부흥사, 사디스트가 알고 있듯 사람들이 스스로의 기본적 무가치함에 대한 비난의 채찍질을 당하고 싶어하는 이유는 이것이 스스로에 대한 진정한 느낌이기 때문이다. 사디스트는 마조히스트를 만드는 것이 아니라 이미 만들어진 마조히스트를 찾아낸다. 그리하여 사람들에게는 무가치함을 극복하는 한 가지 방법이 주어지는데, 그것은 자아를 이상화하는 것, 진정으로 영웅적인 수준까지 끌어올리는 것이다. 이렇게 해서 인간은 자신의 조건에 들어맞도록 자신과의 보완적 대화를 구성한다. 그가 스스로를 비판하는 이유는 참으로 당당한 피조물이 되기 위해 충족해야 하는 영웅적 이상에 미치지 못하기 때문이다.

우리는 인간이 불가능한 것을 바란다는 사실을 알 수 있다. 인간은 고립을 떨쳐내는 동시에 간직하고 싶어한다. 분리감을 견디지 못하나 자신의 활력이 완전히 질식되는 것도 허용하지 못한다. 자신을 초월하는 강한 존재에게 합쳐짐으로써 확장하고 싶어하면서도 개별적이고 동떨어진 채로 남아 사적이고 소규모로 자기확장을 해내고 싶어한다. 하지만 이 위업은 불가능하다. 양면성의 실제 긴장과 모순되기 때문이다. 다른 존재의 힘에 합쳐지는 동시에 자신의 개인적 힘을 발달시킬 수 없음은 분명하다. 양가성과 어느 정도의 자기기만 없이는 절대 불가능하다. 하지만 한 가지 방법으로 문제를 에두를 수는 있다. 그 방법은 "모순의 번득임을 통제하"는 것이다. 우리는 알맞은 종류의 너머, 즉 자기비판과 자기이상화를 가장 자연스럽게 실현할 수 있는 너머를 고르려고 노력할 수 있다.[60] 말하자면 자신의 너머를 안전하게 하려고 노력하는 것이다. 전이('전이 영웅성'이라고 부르는 게 낫겠지만)의 기본적 쓰임새는 안전한 영웅주의의 실행이다. 그 속에서 우리는 동기의 존재론적 양면성이 전이와 영웅성의 문제에 곧장 파고드는 것을 본다. 이제 우리는 이 문제를 요약할 위치에 이르렀다.

더 높은 영웅주의에 대한 충동으로서의 전이

존재론적 동기에 대한 우리의 짧은 논의에서 요점은 전이가 유기체적 삶의 토대에 어떻게 연결되는지 명쾌하게 밝히는 것이었다. 이제 우리는 인간 총체성을 향한 필수적 욕동을 충족할 때의 전이를 순전히 경멸적으로 바라보는 것이 얼마나 잘못된 일인지 온전히 이해할 수 있다. 인간은 삶을 '좋다'라고 말할 수 있도록 삶에 가치를 불어넣어야 한다. 그렇다면 전이 대상은 인간의 지고한 열망과 분투가 자연스럽게 절편화된 것이다. 다시 말하지만 우리는 전이가 얼마나 경이로운 '재능'인지 본다. 전이는 일종의 창조적 절편음란증이자, 우리의 삶이 필요로 하고 원하는 힘을 끌어낼 수 있는 장소의 확립이다. 불멸의 힘보다 더 바람직한 것이 어디 있으랴? 자신의 총체적 불멸 분투를 한 명의 인간과 나누는 대화의 일부로 만들 수 있다면 얼마나 근사하고 편하겠는가. 이 땅에 사는 우리는 우주가 우리에게 무엇을 원하는지, 우리에게 무엇을 줄 작정인지 알지 못한다. 우리에게는 칸트를 괴롭힌 물음(우리의 의무는 무엇인가, 이 땅에서 우리는 무엇을 해야 하는가)에 대한 답이 없다. 우리는 자신이 누구이고 왜 여기 있는지 까맣게 모른 채 살아가지만 삶에 의미가 있어야만 한다는 것은 안다. 그렇다면 영웅적 행위를 다른 인간에게 위임하여 이 행위가 우리에게 영생을 가져다줄 만큼 좋은지 하루하루 알아감으로써 이 말할 수 없는 신비를 단번에 떨쳐버리는 것보다 더 자연스러운 것이 어디 있겠는가? 이 행위가 나쁘다면 그의 반응으로 그 사실을 알아 즉시 바꿀 수 있다. 랑크는 유난히 풍성하고 종합적인 단락에서 이 중대한 문제를 요약한다.

> 여기서 우리는 타인에게 호감을 사거나 미움을 받는 것의 정서적 의미에서 원래 불멸의 자격이 있는지 여부를 말해주는 것으로 여겨졌던 그 케케묵은 선악의 문제를 만난다. 이런 차원(…)에서 성격은 우리의 '신'으로 떠받들어지고 있는 그 타인을 기쁘게 해줄 필요성에 따라 다듬어지고 형성된다. (…) 자아는 완벽을 위해 인위적으로 노력하지만 불가피하게 다시 원래의 모습으로 돌아오게 되어 있는데, (…) 자아에 나타나는 모든 뒤틀림은 선을 향한 영적 욕구를 실현하려는 이런 시도들의 결과이다.[61]

뒤에서 보겠지만 지옥뿐 아니라 천국에서도 온갖 종류의 '신'이라는 정체성을 기르고 확장할 수 있다. 자기확장과 의미를 향한 타고난 갈망을 어떻게 해소하느냐가 삶의 질을 좌우한다. 전이 영웅성은 인간에게 그가 필요로 하는 바로 그것(어느 정도의 날카롭게 규정된 개별성, 선한 행위의 분명한 참조점)을 주는데, 이것은 탄탄한 수준의 안전과 통제 속에서 이루어진다.

전이 영웅성이 안전한 영웅주의라면 그것은 영웅주의를 비하하는 것이라는 생각이 들지도 모르겠다. 영웅주의는 본디 안전에 저항하는 것이니 말이다. 하지만 여기서 요점은 완벽을 향한 모든 분투, 상대방을 기쁘게 하기 위한 뒤틀림이 반드시 비겁하거나 부자연스럽지는 않다는 것이다. 전이 영웅성의 가치를 떨어뜨리는 것은 그 과정이 온전히 자신의 통제하에 이루어지는 것이 아니라 무의식적이고 반사적이라는 사실이다. 정신분석 요법은 이 문제를 정면으로 다룬다. 게다가 상대방은 자신의 운명이요 그것도 타고난 운명이다. 인간은 좋음의 자격을 얻으려면 자신의 행위를 동료 피조물에게 위임할 수밖에 없다. 동료 피조물들은 (유유상종의 물리적 또는 진화적 의미에서보다는 정신적 의미에서) 가장 영향력 있고 직접적인 환경을 이루기 때문이다. 인간은 의미를 중개하는 유일한 존재다. 즉, 인간은 우리가 알 수 있는 유일한 인간적 의미를 준다. 융은 전이에 대한 탁월하고 날카로운 글에서 이것을 언급했는데, 충동이 너무 강하고 자연스러워서 심지어 '본능(친족 리비도)'이라고 불렀다고 말했다. 이 본능은 어떤 추상적 방법으로도 충족할 수 없다고 한다.

그것은 인간적 연결을 바란다. 이것이 전이 현상 전체의 핵심이며, 이것을 논박하는 것은 불가능하다. 자아에 대한 관계는 곧 동료 인간에 대한 관계이기 때문이다.[62]

한 세기 전 허먼 멜빌은 에이해브의 입을 빌려 똑같은 생각을 표현했다.

스타벅, 이리 가까이 오게. 내 옆에 서게. 내가 인간의 눈을 들여다볼 수 있도록 해주게. 바다나 하늘을 들여다보는 것보다 그게 낫겠어. 신을 우러러보는 것보다 그게 낫겠어. 초록빛 들판, 밝은 난롯가! 이건 마법의 거울이야. 자네의 눈 속에서 내 아내와 아이가 보여.[63]

이렇듯 타인이 자신을 인정해줘야 한다는 것의 의미는 신학자 마르틴 부버가 아름답게 포착했다. 그는 이것을 '실재를 상상하는 것'이라고 불렀는데, 그 말은 자신의 자아에 필요한 더 큰 자양분을 공급하는 자기초월적 삶의 과정을 상대방에게서 본다는 뜻이다.[64] 앞선 논의의 용어로 말하자면 전이 대상은 그 자신의 타고난 경이로움, 그 자신의 기적 같음을 포함하고 있으며 우리가 그것에 굴복하면 우리를 감염시켜 우리 자신의 삶을 의미로 채운다. 그렇다면 역설적이게도 '타인의 진실'에 대한 전이 굴복은 영웅적 자기확인의 느낌을 (비록 그의 물리적 존재 안에서만이지만) 우리에게 선사한다. 융이 "이것을 논박하는 것은 불가능하다"라고 말할 수 있었던 것은 놀랄 일이 아니다.

마지막으로 전이가 우주적 열정인 것 또한 놀랄 일이 아니다. 전이는 '타인' 안에서의 영웅적 자기확장을 통해 치유받고 온전해지려는 자연스러운 시도다. 전이는 자신에게 필요한 더 큰 현실을 나타내며 전이가 정신요법, 즉 "환자가 스스로를 치료하려는 독학 시도"라고 프로이트와 페렌치가 이미 말할 수 있었던 것은 이 때문이다.[65] 사람들이 자신에게 필요한 현실을 창조하는 것은 스스로를 발견하기 위해서다. 이 문장에 어떤 함의가 있는지 당장은 분명하지 않겠지만 전이 이론과 관련해서는 엄청난 의미가 있다. 전이가 자기확인을 선사하는 '너머'를 향한 자연스러운 영웅적 분투이고 사람들이 살아가기 위해 이 확인을 필요로 한다면 전이를 단순한 비현실적 투사로 보는 정신분석학의 견해는 무너진다.[66] 투사는 자기충족에 필요하고도 바람직하다. 투사가 없으면 인간은 자신의 고독과 분리에 압도되고 삶의 무게에 짓눌린다. 랑크가 예리하게 간파했듯 투사는 개인의 **필수적 짐 부림**이다. 인간은 외부와 차단된 채 혼자서, 혼자 힘으로 살 수 없다. 삶의 의미를, 삶의 이유를, 심지어 삶에 대한 비난을 바깥으로 투사해야 한다. 우리는 스스로를 창조하지 않았지만 스스로에게 붙박여 있다. 엄밀히 말하자면 전이는 현실의 왜곡이다. 하지만 이제 우리는 이 왜곡에 두 측면이 있음을 안다. 그것은 삶과 죽음에 대한 두려움으로 인한 왜곡과 자기확장과 내적 자아와 주변 자연과의 친밀한 관계를 보장하려는 영웅적 시도로 인한 왜곡이다. 말하자면 전이는 인간 조건의 전체 모습을 반영하며 이 조건에 대해 가장 큰 철학적 물음을 던진다.

인간이 왜곡하여 축소하지 않고서 감당할 수 있는 '현실'의 조각은 얼마큼일까? 랑크, 카뮈, 부버가 옳다면 인간은 홀로 설 수 없으며 자신을 지탱해줄 사람을 찾아야 한다. 전이가 영웅주의의 자연적 기능이고 삶과 죽음과 자신을 감당하기 위한 필수적 투사라면 앞의 물음은 이렇게 바뀐다. **창조적 투사란 무엇인가? 삶을 향상시키는 환각이란 무엇인가?** 이 물음은 이 장의 주제를 벗어나지만 결론부에서 물음이 이르는 곳이 어디인지 보게 될 것이다.

8장   오토 랑크—키르케고르 정신분석의 완결

사람의 영적 욕구와 순수하게 인간적인 욕구 사이에 어떤 구분이 존재하고, 또 두 가지 욕구의 충족 혹은 성취는 서로 다른 영역에서 이뤄져야 한다는 사실을 깨닫는 것이 어려운 것 같다. 대체로 보면, 이 두 가지 측면이 현대의 인간관계에서 절망적으로 혼동되고 있는 것이 확인된다. 현대의 인간관계를 보면 한쪽 당사자는 상대방의 내면에 있는 선과 악에 대해 마치 신처럼 심판하는 입장에 선다. 길 게 보면, 그런 공생의 관계는 양 [당]사자 모두의 사기를 꺾게 된다. 왜냐하면 신의 역할도 노예로 지내는 것만큼이나 견디기 어려운 일 이기 때문이다.

—오토 랑크[1]

역사를 굽어볼 때 눈에 들어오는 것 중 하나는 피조물 의식이 늘 문화에 흡수된다는 것이다. 문화는 자연에 맞서고 자연을 초월 한다. 가장 내밀한 의도를 살펴보건대 문화는 피조물성의 영웅적

          영웅주의의 실패

부정이다. 하지만 시대에 따라 이 부정이 유난히 큰 효과를 발휘하기도 한다. 유대교·기독교 세계관의 우산 아래서 안전하게 살아갈 때 인간은 거대한 전체의 일부였다. 우리 용어로 하자면 그의 우주적 영웅주의는 치밀하게 짜였으며 어긋날 여지가 없었다. 신의 행위를 통해 그는 보이지 않는 세계에서 보이는 세계로 왔으며 존엄과 믿음으로 삶을 살아가고 의무로 결혼하고 의무로 출산하고 그리스도가 그랬듯 온 삶을 하느님 아버지에게 바침으로써 하느님에 대한 의무를 다했다. 그 대가로 하느님 아버지에게 의롭다 칭함을 받았으며 보이지 않는 차원에서의 영생을 선물로 받았다. 이 땅이 눈물, 지독한 고통, 불평등, 괴롭고 치욕적인 일상의 하찮은 일, 질병과 죽음으로 가득한 골짜기요 자신이 속한 곳으로 느껴지지 않는 장소(체스터턴 말마따나 "엉뚱한 곳"[2])이자 아무것도 기대할 수 없고 스스로는 아무것도 이룰 수 없는 장소라는 것은 별로 중요하지 않았다. 중요하지 않은 이유는 이 땅이 하느님을 섬겼고 따라서 하느님의 종을 섬겨야 했기 때문이다. 한마디로 인간의 우주적 영웅주의는 그가 아무것도 아님에도 보장되었다. 세계에서 한 걸음 물러나 천국이라는 또다른 차원에 들어서는 것만으로 노예와 절름발이, 얼간이, 무지렁이와 힘꾼을 모두 든든한 영웅으로 만들 수 있다는 것은 기독교 세계관의 가장 인상적인 성취였다. 또는 기독교가 피조물 의식(인간이 가장 부정하고 싶던 것)을 우주적 영웅주의의 바로 그 **조건**으로 만들었다고 말해도 좋을 것이다.

낭만적 해법

종교적 해법이 무엇을 달성했는지 깨닫는다면 현대인이 어떻게 스스로를 불가능한 상황에 밀어넣었는지 알 수 있다. 현대인은 여전히 자신이 영웅적이라고 느끼고 싶어했으며 자신의 삶이 만물의 체계에서 중요하다고 여기고 싶어했다. 그는 여전히 진정으로 특별한 무언가에 대해 특별히 '좋은' 존재여야 했다. 또한 여전히 (우리가 보기에 아가페적 통합의 보편적 동기인) 신뢰와 감사 속에서 더 숭고한 자기도취적 의미에 스스로를 합일시켜야 했다. 더는 신이 없다면 어떻게 이 일을 할 수 있단 말인가? 랑크가 간파했듯 현대인에게 가장 먼저 떠오른 것은 '낭만적 해법'이었다. 현대인은 우주적 영웅주의 충동을 사랑의 대상이라는 형태로 딴 사람에게 고착시켰다.[3] 자신의 가장 깊숙한 본성에서 필요로 하던 자기찬미를 이제는 연애 상대에게서 찾았다. 연애 상대는 그에게 거룩한 이상이 되며 그는 그 속에서 삶을 성취한다. 모든 영적·도덕적 욕구가 이제 한 개인에게 집중된다. 한때 또다른 차원으로 일컬어지던 영성은 이제 이 땅으로 내려와 또다른 개별적 인간이라는 형상을 얻었다. 구원 자체는 더는 신 같은 추상물로 지칭되지 않으며 "타인의 시복beatification"에서 추구할 수 있다. 이것을 '전이 시복'이라고 부를 수 있으리라. 이제 인간은 '둘의 우주'에서 살아간다.[4] 물론 역사를 통틀어 사랑의 대상과 거룩한 대상 사이에는 늘 경쟁이 벌어졌다. 이를테면 엘로이즈와 아벨라르, 알키비아데스와 소크라테스, 심지어 솔로몬의 노래인 아가도 있다. 하지만 주된 차이는 전통사회에서 인간 상대방이 거룩함의 차원 전체를 제 안에 흡수하지는 않는 반면에 현대사회에서는 사랑의 대상이 모든 것을 송두리째 빨아들인다는 것이다.

대중가요들은 낭만적 사랑의 대상이 얼마나 신격화되는지를 우리에게 끊임없이 상기시킨다. 대중가요에서 연인은 '봄철'이요 '천사의 빛'이고 눈은 '별처럼' 빛나며 사랑의 경험은 '천국처럼 거룩하'다. 대중적 사랑 노래들은 틀림없이 고대부터 이런 내용이었을 것이며 인간이 포유류이자 영장류의 사촌으로 남는 한 언제까지나 그럴 것이다. 이 노래들은 진짜 경험에 대한 굶주림, 피조물의 진지한 정서적 갈망을 나타낸다. 요점은 사랑의 대상이 신적인 완벽체라면 자신의 운명을 그것에 합침으로써 자아를 고양할 수 있다는 것이다. 우리는 자신의 이상 추구에 대해 최상의 평가를 내린다. 모든 내적 갈등과 모순, 여러 측면의 죄책감—이 모든 것을 완벽 자체와의 완벽한 결합으로 씻어내려 할 수 있다. 이것은 "타인 속에서의 [참된] 도덕적 변호"가 된다.[5] 현대인은 한때 신에게서 실현한 자기확장 충동을 이제는 사랑의 대상에게서 실현한다. "우리 자신의 의지의 표상으로서의 신은 우리 자신이 원할 때를 제외하면 우리를 제지하지 않으며, 순응으로써 우리의 의지에 자신을 종속시키는 연인 또한 우리를 거의 제지하지 않는다."[6] 한마디로 사랑의 대상은 신이다. 힌두교 송가에서는 이렇게 노래한다. "나의 연인은 신과 같아서 그가 나를 받아들이면 나의 존재가 쓰임을 받는도다." 현대인의 연애 관계가 **종교적** 문제라고 랑크가 결론 내린 것은 놀랄 일이 아니다.[7]

랑크는 이것을 이해하자 프로이트를 넘어 큰 걸음을 내디딜 수 있었다. 프로이트는 현대인이 상대방에게 도덕적으로 의존하는 것이 오이디푸스콤플렉스의 결과라고 생각했다. 하지만 랑크는 그것이 피조물성을 부인하는 카우사 수이 기획의 지속으로 인한 결과임을 간파할 수 있었다. 이제 그런 부정에 들어맞는 종교적 우주가 사라지면서 우리는 상대방에게 매달렸다. 신이 내려다보는 거대한 종교 공동체의 세계관이 사멸하자 인간은 '그대'에게 손을 뻗쳤다. 그렇다면 현대인이 연애 상대에게 의존하는 것은 영적 이데올로기를 잃은 결과다. 부모나 정신요법가에게 의존하는 것도 마찬가지다. 그에게는 **누군가가**, 쇠퇴하는 '집단 이데올로기'를 대체할 '개인적 정당화 이데올로기'가 필요하다.[8] 프로이트는 성이 오이디푸스콤플렉스의 핵심에 있다고 생각했는데, 이제 성은 본연의 모습으로 이해된다. 또다른 비틀기, 삶의 의미를 찾아 더듬는 행위인 것이다. 하늘에 있는 신, 보이는 차원을 정당화하는 보이지 않는 차원이 사라졌다면 당신은 가장 가까이 있는 것을 가지고 자신의 문제를 해결한다.

우리는 스스로의 경험으로부터 이 방법이 대단하고 실질적인 효과를 가져다준다는 것을 안다. 삶의 무게에 짓눌렸다면? 거룩한 연인의 발치에 내려놓으라. 자의식이 너무 고통스럽다면, 분리된 개인으로 존재하면서 자신이 누구이고 삶이란 무엇인지 따위의 물음으로부터 의미를 찾아내려 애쓰는 것이 너무 괴롭다면? 연인에게 정서적으로 굴복하여 자신의 감정을 씻어내고 성행위의 희열 속에서 자신을 잊고 그러면서도 그 경험을 통해 경이롭게 활기를 찾을 수 있다. 육체의 죄가, 노화와 죽음에 대한 승리를 위협하는

영웅주의의 실패

동물성이 자신을 짓누른다면? 하지만 이것이야말로 편안한 성적 관계의 목적 아니던가. 성행위에서는 몸과 몸 의식이 더는 분리되지 않는다. 이제 몸은 우리가 스스로와 동떨어진 것으로 바라보는 무언가가 아니다. 몸이 상대방에게 **몸으로서** 온전히 받아들여지자마자 우리의 자의식은 사라진다. 자신의 몸과, 자의식과, 상대방의 몸과 합쳐지는 것이다. 존재의 네 조각이 하나의 통일체로 융합되며 사물은 더는 지리멸렬하고 괴이하지 않다. 모든 것이 '자연스럽고' 기능적이며 본디 모습대로 표현된다. 그리하여 정화되고 정당화된다. 몸이 자녀 생산이라는 자연적 쓰임새를 발견하면 죄책감은 더더욱 씻겨나간다. 그러면 자연이 나서서 스스로의 결백을 선언하며 몸을 가져야 한다는 것과 기본적으로 생식적 동물이 되어야 한다는 것이 얼마나 합당한지 설파한다.[9]

하지만 우리는 일이 그렇게 술술 명쾌하게 풀리지 않는다는 사실도 경험으로 안다. 이유는 멀리 있지 않다. 바로 피조물의 역설 한가운데에 있다. 섹스는 몸의 것이며 몸은 죽음의 것이다. 랑크가 상기시키듯 이것이야말로 낙원의 종말에 대한 성경 이야기가 뜻하는 바다. 섹스의 발견이 죽음을 세상에 불러들이는 것. 그리스신화에서 보듯 에로스와 타나토스는 떼려야 뗄 수 없는 관계다. 죽음은 섹스의 쌍둥이 형제다.[10] 이 문제를 잠시 생각해보자. 이것은 낭만적 사랑이 인간의 문제에 대한 해법으로서 실패한 핵심적 이유일 뿐 아니라 현대인의 좌절에서도 큰 부분을 차지하기 때문이다. 섹스와 죽음이 쌍둥이라고 이야기할 때 우리는 이것을 적어도 두 가지 수준에서 이해한다. 첫번째는 철학적·생물학적 수준에서다. 생식하는 동물은, 죽는다. 이런 동물의 수명이 비교적 짧은 것은 생식과 모종의 관계가 있다. 자연이 죽음을 정복하는 것은 영생하는 생물을 창조함으로써가 아니라 단명하는 생물의 생식이 가능하도록 함으로써다. 진화적으로 볼 때 단순한, 그리고 거의 말 그대로 영생하는 자가분열 생물 대신 정말로 복잡한 생물이 등장할 수 있었던 것은 이 덕분이다.

하지만 이것이 이제는 인간에게 골칫거리가 되었다. 섹스가 종에 속한 동물로서의 역할을 다하는 것이라면 그것은 그가 결코 그 자신이 아니라 존재의 사슬을 이루는 고리에 불과하며 다른 고리로 교체될 수 있고 자신 안에서 완전히 소모될 수 있음을 일깨운다. 그렇다면 섹스는 종으로서의 의식을 나타내며 그리하여 개별성의 패배, 인격의 패배를 나타낸다. 하지만 이 인격이야말로, 즉 자신이 우주를 위한 특별한 재능을 지닌 특별한 우주적 영웅이라는 관념이야말로 인간이 계발하고자 하는 것이다. 그는 그저 다른 것들과 마찬가지로 교미하는 동물이 되고 싶지 않다. 이것은 진정한 인간의 의미가 아니다. 세상에서의 삶에 진정으로 고유하게 이바지하는 것이 아니다. 그렇다면 성행위는 애초에 이중부정이다. 하나는 육체적 죽음에 의한 부정이고 다른 하나는 고유한 개인적 재능의 부정이다. 이게 중요한 이유는 성적 금기가 맨 처음부터 인간 사회의 핵심부에 자리잡은 이유를 설명해주기 때문이다. 성적 금기는 인간적 성격이 동물적 동일성에 승리했음을 확언한다. 성적 자기부정의 복잡한 규칙 덕에 인간은 개인적 불멸을 위한 문화적 지도를 동물적 몸에 덧씌울 수 있었다. 그가 성적 금기를 들여

영웅주의의 실패

온 것은 몸에 승리를 거둬야 했기 때문이며 그는 최고의 쾌락, 즉 영적 존재로서 모든 영원에 걸친 자기영속화를 위해 몸의 쾌락을 희생했다. 오스트레일리아 원주민을 예리하게 관찰한 로하임의 글은 실은 이러한 대체를 묘사하고 있다. "토템 의식과 종교의 밑바닥에는 원초적 장면의 억압과 승화가 있다."[11] 토템 의식과 종교는 인간 고유의 삶을 전달하는 전달자로서의 몸에 대한 부정이다.

사람들이 왜 섹스에 질색하는지, 왜 몸으로 환원되는 것에 발끈하는지, 왜 섹스가 사람들을 겁에 질리게 하는지가 이로써 설명된다. 섹스는 자신에 대한 부정의 두 수준을 나타내기 때문이다. 섹스에 대한 저항은 숙명에 대한 저항이다. 랑크의 글 중에서 가장 빼어난 구절들이 이 문제를 다룬다. 그는 성적 갈등이 보편적인 이유는 몸이 필멸의 피조물에게 보편적 문제이기 때문임을 간파했다. 우리가 몸에 대해 죄책감을 느끼는 이유는 몸이 구속이며 우리의 자유에 그림자를 드리우기 때문이다. 랑크는 이 타고난 죄책감이 아동기에 시작되어 성 문제에 대한 아동의 심란한 질문들로 이어진다고 보았다. 아동은 왜 자신이 죄책감을 느끼는지 알고 싶어한다. 그뿐 아니라 자신의 죄책감이 **정당**하다고 부모에게 말하고 싶어한다. 여기서 우리는 1부에서 인간 본성의 문제를 소개할 때 도입한 관점을 떠올려야 한다. 우리는 아동이 인간의 양면성이라는 교차로에 서 있음을 보았다. 아동은 자신의 몸이 유류함을 발견하며 자신이 몸에 승리하도록 허락하는 총체적인 문화적 세계관이 있음을 배워간다. 따라서 아동이 성에 대해 묻는 물음들은 근본적 수준에서는 결코 성에 대한 것이 아니다. 몸의 의미에 대한, 몸을 지닌 채 살아가는 것의 공포에 대한 물음이다. 부모가 성적 물음에 대해 다짜고짜 생물학적 답을 내놓는 것은 결코 자녀의 물음에 대답하는 것이 아니다. 자녀가 알고 싶은 것은 자신에게 왜 몸이 있는지, 그 몸은 어디서 왔는지, 몸의 제약을 받는다는 것이 자의식적 피조물에게 무엇을 의미하는지다. 즉, 성의 기계적 측면이 아니라 삶의 궁극적 신비에 대해 묻고 있는 것이다. 랑크 말마따나 이것은 성인의 고통 중 상당수가 어린 시절의 성 문제에서 비롯하는 이유를 설명해준다. "인간의 문제에 대한 생물학적 해법은 아동에게와 마찬가지로 성인에게도 불만족스럽고 부적절하다."[12]

성은 "삶의 수수께끼에 대한 실망스러운 대답"이며 그 대답이 정답인 척하는 것은 자신과 자녀에게 거짓말을 하는 것이다. 랑크가 근사하게 논증하듯 이런 의미에서 '성교육'은 일종의 희망사항, 합리화, 가식이다. 우리는 성의 기계적 측면을 해명하면서 삶의 신비를 설명하는 척하려 든다. 필수적 경외감과 경이감을 설명서로 대체하려 한다고 말해도 무방할 것이다.[13] 우리는 이유를 안다. 인간을 다루는 손쉬운 단계들 속에 창조의 신비를 감추면 성적 종으로서의 동물인 우리에게 부여된 죽음 공포를 몰아낼 수 있으니 말이다. 랑크는 아동이 이런 종류의 거짓말에 예민하다고 결론 내리기까지 한다. 아동은 성에 대한 "정확한 과학적 설명"을 거부하며 여기에 내포된 죄책감 없는 성적 향락의 권한도 거부한다.[14] 내가 생각하기에 그 이유는 아동이 불멸의 문화 영웅으로 자라기 위해서는, 특히 문화적 카우사 수이 기획을 통합하려는 투쟁을 시작할 때 뚜렷한 적수가 있어야 하기 때문인 듯하다. 몸은 문화적 인격을

영웅주의의 실패

빚어내기 위해 정복해야 하는 뚜렷한 문제이기에 아동은 몸이 적수임을 부정하려는 성인의 시도에 어느 수준에서는 저항해야 한다. 인격체와 동시에 종으로서의 동물이 되려 할 때의 갈등을 감당하기에 아동은 아직 너무 연약하다고 말해도 괜찮을 것이다. 성인도 그렇긴 하지만 그는 두 주인을 섬기는 문제를 안고 살아갈 수 있도록 방어, 억압, 부정의 필수적 기제를 발달시킬 수 있었다.

1부에서 이야기한 아동과 성인의 근본 문제를 되새기면 현대에 등장한 '낭만적' 심리 유형을 랑크가 비판한 뿌리를 더 잘 이해할 수 있을 것이다. 그러면 "성격은 (…) 섹스를 통해서 최종적으로 파괴된"다는 말의 의미가 완벽하게 분명해진다.[15] 말하자면 성관계 상대방은 인간의 딜레마에 대한 완전하고 영속적인 해법을 표상하지 않으며 그럴 수도 없다.[16] 상대방은 자의식과 죄책감으로부터의 자유에 대한 일종의 성취를 나타내지만 그와 동시에 자신의 고유한 인격에 대한 부정을 나타낸다. 죄책감 없는 섹스가 많을수록 좋다고 말할 수도 있겠지만 여기에는 한계가 있다. 히틀러의 사례에서 우리는 인간이 두 세계를 혼동할 때, 악에게 명백한 승리를 거두려 할 때, 더 완벽한 존재에서만 가능한 완벽함을 이 세상에서 얻으려 할 때 어떤 참극이 벌어지는지 목격했다. 개인적 관계에서도 물리적 세계의 실제 사실과 정신적 영역의 이상적 이미지를 혼동할 위험이 똑같이 존재한다. 낭만적 사랑의 '둘의 우주'는 기발하고 창의적인 시도일지 모르지만 여전히 이 세상에서 카우사 수이 기획을 계속하는 것이기에 실패할 수밖에 없는 거짓말이다. 상대방이 신이 될 수 있다면 악마가 되는 것도 그에 못지않게 쉽다. 이유는 멀리 있지 않다. 무엇보다 인간은 의존성 속에서 대상에 **구속**된다. 이것은 자기정당화를 위해 필요하다. 힘의 원천으로서 피학적으로 대상을 필요로 하든 대상을 가학적으로 다룸으로써 자기확장적 힘을 느끼기 위해 그 대상을 필요로 하든 대상에 철저히 의존하게 될 위험이 있다. 어느 경우든 그의 자기발전은 대상에 의해 제약되고 대상에 흡수된다. 이것은 의미를 너무 지엽적으로 절편화하는 것이며 인간은 이것에 격분하고 질색한다. 이상적 사랑을 찾아 그것을 자기 속의 좋음과 나쁨에 대한 유일한 판단 근거로, 자신의 분투에 대한 잣대로 삼으려 한다면 그것은 그저 딴 사람에 대한 반사가 될 뿐이다. 고분고분한 아이가 가족 안에서 자신을 잃듯 타인 안에서 자신을 잃는 것이다. 가족관계에서 신에게처럼 의존하든 노예처럼 의존하든 그 의존성 아래에 너무 많은 분노가 깔려 있음은 놀랄 일이 아니다. 랑크는 낭만적 사랑의 역사적 파산을 선고하면서 이렇게 말했다. "사람은 더는 딴 사람의 영혼으로 쓰이기를 바랄 수 없었다. 거기에 보상이 따르더라도."[17] 개인적 사상과 우주적 영웅주의를 헷갈리면 두 영역 모두에서 실패할 수밖에 없다. 영웅주의의 불가능성이 사랑을 해친다. 설령 사랑이 진짜이더라도. 랑크가 절묘하게 표현했듯 이 이중 실패는 현대인에게서 볼 수 있는 순전한 절망감을 낳는다. 돌에서 피를 얻고 육체적 존재에게서 영성을 얻는 것은 불가능하므로 인간은 자신의 삶이 성공하지 못했으며 자신의 참된 재능을 실현하지 못했다는 '열등감'을 느낀다.[18]

이것은 놀랄 일이 아니다. 어떻게 인간이 딴 사람에게 신과 같은 '모든 것'이 될 수 있겠는가? 어떤 인간관계도 신성의 짐을 감당할 수 없으며 그러려고 시도했다가는 양쪽 다 나름의 대가를 치러야 한다. 이유는 멀리 있지 않다. 신이 완벽한 영적 대상인 이유는 헤겔이 간파했듯 추상적 존재이기 때문이다.[19] 신은 구체적 개별자가 아니기에 개인적 의지와 욕구에 따라 우리의 발전을 제한하지 않는다. '완벽한' 인간적 대상을 찾는 것은 어떤 좌절이나 오류 없이 자신의 의지를 완벽하게 표현하게 해줄 누군가를 찾는 것이다. 우리는 스스로의 진정한 이상적 이미지를 반영하는 대상을 바란다.[20] 하지만 어떤 인간적 대상도 그럴 수는 없다. 인간에게는 저마다 나름의 의지와 반反의지가 있으며 그것들은 수천 가지 방식으로 우리에게 맞서고 바로 그 태도들이 우리에게 불쾌감을 안긴다.[21] 하지만 신의 위대함과 힘 속에 머물면 우리는 이 세상에서 일어나는 일에 결코 방해받지 않고서 스스로에게 자양분을 공급할 수 있다. 어떤 인간 상대방도 이런 확신을 주지 못한다. 그는 실재하기 때문이다. 아무리 이상화하고 우상화하더라도 그에게는 이 땅에서의 부패와 불완전함이 깃들어 있을 수밖에 없다. 그가 우리의 이상적 가치 척도이기에 이 불완전함은 우리에게로 돌아온다. 상대방이 나의 '모든 것'이라면 그의 모든 결함은 나에게 심각한 위협이 된다.

여성이 아름다움을 잃거나 (우리가 한때 그녀에게 있다고 생각한) 힘과 미더움이 없음이 드러나거나 지적 날카로움을 잃거나 오만 가지 이유로 우리의 독특한 욕구에 부응하지 못하면 우리가 그녀에게 행한 모든 투자가 타격을 입는다. 불완전함의 그림자가 우리 삶에 드리우고 그와 더불어 죽음이, 우주적 영웅주의의 패배가 찾아온다. "그녀가 쪼그라든다"="내가 죽는다." 하루하루의 가정생활이 불화, 성마름, 비난으로 점철되는 것은 이 때문이다. 사랑하는 대상에게서 우리는 스스로에게 자양분을 공급하는 데 필요한 위엄과 완벽함에 못 미치는 모습을 본다. 우리는 그들의 인간적 결점 때문에 우리 자신이 쪼그라든다고 느낀다. 세상 속 인간에게서 드러나는 필연적 비루함을 목격하면 우리의 내면이 공허하거나 고통스럽게 느껴지고 우리의 삶이 무가치하게 느껴진다. 우리가 종종 사랑하는 사람을 공격하고 깎아내리려 드는 데는 이런 이유도 있다. 우리는 자신의 신神이 진흙 발을 가진 것을 본다. 그러니 자신을 구하고 (스스로를 확고히 신격화하려고 그들에게 행한) 비현실적 과잉 투자를 축소하려면 그 발을 잘라내야 한다. 이런 의미에서 짝, 부모, 친구에 대한 과잉 투자의 축소는 우리가 지니고 살았던 거짓말을 바로잡고 특정 대상을 초월하여 그것에 얽매이지 않는 내적 성장의 자유를 재확인하는 데 필요한 창조적 행위다. 하지만 모두가 이렇게 할 수는 없다. 우리 중 상당수는 살아가기 위해 거짓말을 필요로 하기 때문이다. 우리에게는 다른 신이 없을지도 모른다. 우리는 관계를 유지하려고 스스로를 위축시키는 편을 택할지도 모른다. 심지어 관계가 불가능하며 그 관계가 우리를 노예로 전락시킨다는 사실을 눈치채더라도 말이다.[22] 나중에 보겠지만 이것은 우울증 현상에 대한 직접적 설명 중 하나다.

하긴 연애 상대를 신의 위치에 올리면서 우리가 바라는 것이 무엇이겠는가? 그것은 다름 아닌 구원이다. 우리는 자신의 잘못으로부터, 공허감으로부터 벗어나고 싶어한다. 정당화받고 싶어하며 자신의 창조가 헛되지 않았음을 인정받고 싶어한다. 우리는 영웅적인 것을 경험하기 위해, 완벽한 승인을 위해 연애 상대에게 기댄다. 그들이 사랑을 통해 "당신을 선하게 만들"기를 기대한다.[23] 하지만 인간 상대방이 그렇게 해줄 수 없음은 말할 필요도 없다. 연인은 우주적 영웅주의를 실천할 수 없다. 자신의 이름으로 죄를 사할 수도 없다. 그 이유는 그 또한 유한한 존재이기에 운명의 굴레에 갇혀 있으며 우리가 그 자신의 유류성에서, 그 자신의 쇠락에서 그 운명을 읽어내기 때문이다. 구원은 오로지 개인의 바깥에서, 너머에서, 사물의 궁극적 원천인 창조의 완벽함에 대한 우리의 개념화에서 온다. 랑크가 간파했듯 구원은 우리가 자신의 개별성을 내려놓고 포기하고 자신의 피조물성과 무력함을 받아들일 때 찾아온다.[24] 어떤 상대방이 우리가 그런 일을 하도록 내버려두겠는가? 그렇게 하더라도 그것을 감당할 수 있겠는가? 상대방 또한 신으로서의 우리를 필요로 한다. 미치지 않고서야 어떤 상대방이 구원을 베풀고 싶어하겠는가? 관계에서 신 노릇을 하는 상대방조차도 오랫동안 그럴 수는 없다. 어느 수준에선가 그는 상대방이 필요로 하고 요구하는 방편이 자신에게 없음을 깨닫는다. 그는 완벽한 힘, 완벽한 보증, 확고한 영웅주의가 없다. 신성의 짐을 감당할 수 없으며 그렇기에 노예에게 분개해야 한다. 게다가 이 불편한 깨달음은 결코 사라지지 않는다. 노예가 이토록 비참하고 무가치한데 주인이 어떻게 진정한 신일 수 있겠는가?

랑크도 자신의 논리를 통해 현대적 연애 관계의 영적 부담이 양쪽에게 하도 크고 불가능해서 두 사람이 관계를 완전히 탈정신화하거나 탈개인화한다는 사실을 간파했다. 그 결과는 몸을 순수한 관능적 대상으로 과잉 강조하는 『플레이보이』식 신비화다.[25] 내 삶을 채우는 이상을 가질 수 없다면 적어도 죄책감 없는 섹스는 가져야 한다—이것이 현대인의 논리인 듯하다. 하지만 우리는 이 해법이 자멸적이라고 서둘러 결론 내린다. 섹스가 열등함과, 또한 죽음과 동일시되는 두려운 상황으로, 종에 이바지하고 자신의 고유한 인격을 부정하는 진정한 상징적 영웅주의로 돌아가기 때문이다. 성적 신비화가 그토록 편협한 신조인 것은 놀랄 일이 아니다. 성적 신비화는 우주적 영웅주의에 절망하고 자신의 의미를 몸과 이 세상으로 좁힌 사람만이 할 수 있다. 그런 사람들이 낭만적 연인 못지않게 어리둥절해하고 절망에 빠지는 것 또한 놀랄 일이 아니다. 사랑의 대상에게서 너무 적은 것을 바라는 것은 너무 많은 것을 바라는 것만큼이나 자멸적이다.

자신의 의미를 이 세상으로 좁히더라도 우리는 여전히 절대적인 것을, 지고한 자기초월적 힘과 신비와 장엄함을 바라본다. 오직 지금 이 세상의 사물들에서 그것을 찾아야 한다. 낭만적 연인은 여인의 깊은 내면에서, 그녀의 타고난 신비에서 그것을 추구한다. 그녀가 지혜와 확실한 직관의 원천이기를, 끊임없이 새로워지는 힘의 마르지 않는 우물이기를 바란다. 관능주의자는 더는 여인에게서 절대적인 것을 추구하지 않는다. 여인은 그가 다루는 물건에 지나지 않는다. 그렇다면 그는 자신에게서, 여인이 불러일으키는 활력 안에서 절대적인 것을 찾아야 한다. 정력이 그에게 그토록 중요한 문제가 되는 것은 이 때문이다. 정력이야말로 이 세상에서 그의 절대적 자기정당화 수단이기 때문이다. 마이크 니컬스는 최근에 빼어난 영화 『애정과 욕망』에서 낭만주의자와 관능주의자를 대조했다. 낭만주의자는 "나이보다 슬기로우"며 자신의 타고난 여성성 깊은 곳에서 뜻밖의 것을 끌어내는 18세 히피로 묘사되는 반면에 관능주의자는 정력 문제에 집착하며 성적 정복을 추구하느라 20년을 허비한다. 결말의 놀라운 장면에서 고학력 매춘부는 주인공에게 그가 내면의 힘과 타고난 체력을 가졌음을 확신시켜 발기를 이끌어낸다. 영화에서 이 두 가지 유형이 만나는 곳은 가슴과 엉덩이의 세계에서 무엇을 얻어야 할지에 대한 절대적 혼란과 종이 자신에게 요구하는 것에 대한 반항의 중간 지대다. 관능주의자는 있는 힘을 다해 결혼을 피하려 하며 성을 정복과 정력의 순전히 개인적인 일로 만듦으로써 종으로서의 역할을 좌절시킨다. 낭만주의자는 여인과의 관계를 정신적 차원으로 끌어올림으로써 결혼과 섹스를 넘어선다. 두 유형 다 기본적인 육체적 욕망 수준을 제외하고는 서로를 이해하지 못한다. 영화는 두 유형 다 인간 조건을 맹목적으로 더듬고 (볼 수 있고 경험할 수 있는) 절대적인 것을 향해 손을 뻗는 일에 가련하게 몰입해 있다는 인상을 남긴다. 랑크가 직접 대본을 썼나 싶을 정도이지만 대본 작가는 연애 관계에 대한 현대의 예술적 '랑크주의자' 줄스 페이퍼다.

이따금 랑크가 몸을 초월하는 문제에 우리의 눈길을 돌리는 데 열중한 나머지 몸이 타인과 세계와의 관계에서 차지하는 필수적 위치를 알아차리지 못했다는 인상을 주는 것이 사실이다. 하지만 실상은 결코 그렇지 않다. 랑크가 성을 격하하는 것에서 알 수 있는 중요한 사실은 그가 육체적 사랑과 관능을 평가절하했다는 것이 아니라 아우구스티누스와 키르케고르처럼 인간이 자신의 조건에서 절대적인 것을 빚어낼 수 없음을, 우주적 영웅주의가 인간적 관계를 초월해야 함을 간파했다는 것이다.[26] 물론 이 모든 것에서 관건은 자유의 문제, 즉 자신의 삶과 개별성의 질이다.

앞 장에서 보았듯 사람들은 '너머'를 필요로 하지만 가장 가까이 있는 것에 맨 먼저 손을 내민다. 그러면 자신에게 필요한 성취를 얻을 수 있지만 그와 동시에 제약되고 노예가 된다. 인간의 삶에 결부된 모든 문제를 이런 식으로 바라볼 수 있다. 즉, 이렇게 물을 수 있다. 이 사람은 어떤 종류의 너머에서 확장되려고 하는가? 그 안에서 어느 정도의 개별화를 달성하는가? 대다수 사람들은 안전을 기한다. 부모, 우두머리, 지도자 같은 일반적 전이 대상이라는 '너머'를 선택하며 영웅주의의 문화적 정의를 받아들여 '좋은 공급자'나 '건실한' 시민이 되려 노력한다. 이렇게 재생산 행위자로서 종 차원의 불멸을 얻거나 사회 집단의 일부로서 집단적, 또는 문화적 불멸을 얻는다. 대다수 사람들은 이런 식으로 살아간다. 그렇다고 해서 인간의 문제에 대한 일반적인 문화적 해법에 잘못이나 영웅적이지 못한 것이 있다는 말은 아니다. 현상황은 인간 조건의 진실과 비극을 둘 다 나타낸다. 삶을 성스럽게 하는 문제, 그 행위의 의미, 더 큰 것에 대한 자연스러운 굴복—이런 추동적 욕구는 가장 가까이 있는 것을 통해 해소될 수밖에 없다.

여성은 이 딜레마에 특히 빠져 있는데, 현재 떠오르고 있는 '여

영웅주의의 실패

성해방운동'에서는 이 딜레마를 아직 개념화하지 못했다. 랑크는 이 사실을 필연적 측면과 제약적 측면 둘 다에서 이해했다. 여성은 새로운 생명의 근원이자 자연의 일부이기에 아가페적 동기의 자연스러운 성취로서 스스로를 결혼에서의 재생산 역할에 기꺼이 종속시키는 것은 손쉬운 일이다. 하지만 이와 동시에 여성이 남성과 그의 성취를 그녀의 불멸 상징으로 만듦으로써 자신의 개별적 인격과 재능을 희생할 때 그것은 자기부정적, 또는 피학적이 된다. 아가페적 굴복은 자연적이며 해방적 자기성취이지만 남성의 삶 역할을 반사적으로 내면화하는 것은 자신의 연약함에 대한 굴복이자 자신의 정체성에 필수적인 에로스적 동기를 뭉개는 일이다. 여성이 자신의 사회적, 여성적 역할이 가진 문제를 독특한 개별성의 문제와 구분하는 데 어려움을 겪는 이유는 이 문제들이 뒤죽박죽으로 섞여 있기 때문이다. 더 큰 것의 일부가 되고 싶을 때의 자연스러운 굴복과 피학적, 또는 자기부정적 굴복을 나누는 선은 랑크가 간파했듯 실제로는 희미하다.[27] 문제가 더 복잡해지는 것은 여성이 여느 사람과 마찬가지로 인정하려 들지 않는 어떤 것, 자유 속에서 홀로 서지 못하는 타고난 무능함 때문이다. 거의 모든 사람이 여느 사회에서 정해진 대중적 방식으로, 즉 자신이 아니라 타인의 '너머'에서 불멸을 얻는 데 동의하는 것은 이 때문이다.

창조적 해법

이 모든 상황의 결과는 다음과 같다. 개별화를 통한 개인적 영웅주의가 매우 대담한 시도인 이유는 그 사람을 편안한 '너머' 밖으로 분리하기 때문 그 이상도 이하도 아니다. 융이 훌륭히 지적했듯 여기에는 평범한 사람이 가지고 있지 않은, 심지어 이해하지도 못하는 힘과 용기가 필요하다.[28] 창조의 가장 두려운 짐은 고립되는 것이며 이것은 개별화 과정에서 일어난다. 그는 자신을 무리 밖으로 분리한다. 그러면 완전히 으스러지고 소멸되는 듯한 감각에 노출되는데, 이는 그가 너무 도드라져 너무 많은 것을 자신 속에 담아야 하기 때문이다. 이 위험이 다가오는 것은 사람이 영웅적 자기참조의 틀을 의식적으로, 또한 비판적으로 만들어내기 시작할 때다.

이것이야말로 예술가 유형, 또는 창조적 유형 일반의 정의다. 우리는 인간의 상황에 대한 새로운 유형의 대응으로 들어서는 문턱을 넘었다. 이 유형의 인간적 대응을 가장 날카롭게 서술한 사람은 랑크다. 그의 저작 중에서 『예술과 예술가』는 그의 천재성을 가장 확고하게 보여주는 기념물이다. 여기서 예술가에 대한 랑크의 고통스러울 정도로 섬세한 통찰을 파고들거나 그의 전반적 서술을 되풀이하고 싶지는 않지만 이참에 인격 역학의 문제에 대해 좀더 깊이 파고드는 것은 유익할 것이다. 이것은 신경증에 대한 랑크의 견해를 논의할 준비 과정이기도 한데, 내가 아는 한 그의 견해는 정신분석학 문헌 중에서 독보적이다.

창조적 유형의 열쇠는 공유된 의미의 공통 저장고에서 분리되는 것이다. 그의 삶 경험에는 그가 **문제**로서 세상에 들여오는 무언가가 있으며 그 결과로 그는 세상에서 개인적 의미를 끌어내야 한다. 이것은 (정도의 차이는 있어도) 창조적인 사람이라면 누구에게나 해당하지만 특히 예술가에게서 뚜렷이 나타난다. 실존은 이상적 답을 필요로 하는 문제가 된다. 하지만 실존의 문제에 대한 집단적 해법을 더는 받아들이지 않겠다면 스스로 만들어내는 수밖에 없다. 그렇다면 예술이라는 작업은 실존의 문제에 대해, 외부 세계의 실존뿐 아니라 (공유된 무엇에도 의존할 수 없고 고통스럽도록 분리된 존재인) 자신의 존재에 대해 창의적 유형이 내놓는 이상적 답이다. 그는 극단적 개별화, 지독히 고통스러운 고립의 부담에 답해야 한다. 그는 자신의 고유한 재능을 발휘하여 불멸을 얻는 법을 알고 싶어 한다. 그의 창조적 작업은 자신의 영웅주의를 표현하는 동시에 정당화한다. 랑크 말마따나 '사적 종교'인 것이다.[29] 창조적 작업의 고유함은 그에게 개인적 불멸을 선사한다. 이것은 그 자신의 '너머'이지 남들의 '너머'가 아니다.

이렇게 말하고 보니 여기에 엄청난 문제가 있는 것이 보인다. 자신의 영웅주의를 어떻게 정당화한단 말인가? 그러려면 신처럼 되어야 할 것이다. 심지어 우리는 죄책감이 어떻게 해서 인간에게 필연적인지 더 깊이 들여다볼 수 있게 되었다. 그는 심지어 창조자로서도 창조적 과정 자체에 압도당하는 피조물이다.[30] 자연으로부터 두드러져 자신의 영웅적 정당화를 스스로 창출해야 한다는 것은 지나친 과제다. 이것은 비논리적으로 보이는 것을 이해하는 방식이다. 자유롭고 비판적인 독특한 인간으로서 발전할수록 더 **많은 죄책감**을 느끼게 되니 말이다. 나의 작업 자체가 나를 비난하고 나로 하여금 스스로를 열등하게 여기도록 한다. 무슨 권리로 내가 신 노릇을 해야 한단 말인가? 나의 작품이 위대하고 절대적으로 새롭고 다르다면 더더욱 그렇다. 새로운 의미를 세상에 소개할 권위와 이를 감당할 힘을 어디서 얻어야 할지 막막하다.[31] 이 모든 상황은 다음과 같은 말로 요약할 수 있다. 예술 작업은 영웅주의를 구체적 창조를 통해 객관적으로 정당화하려는 예술가의 시도다. 절대적 고유함과 영웅적 초월의 증거인 것이다. 하지만 예술가는 여전히 피조물이며 이를 누구보다 강렬하게 느낄 수 있다. 말하자면 그는 작품이 자신이며 따라서 자신 바깥에서와 그 자체의 바깥에서 정당화되지 않는다면 '나쁘'고 찰나적이고 잠재적으로 무의미하다는 사실을 안다.

앞에서 살펴본 융의 표현을 빌리자면 작품은 예술가 자신의 전이 투사이며 그는 이를 의식적으로, 또한 비판적으로 안다. 그는 무엇을 하든 자신에게 얽매여 있으며 자신의 바깥과 너머로 확실하게 나아갈 수 없다.[32] 예술작품 자체에도 얽매여 있다. 예술작품은 여느 물질적 성취와 마찬가지로 가시적이고 세속적이며 찰나적이다. 아무리 위대하더라도 자연의 초월적 장엄함 앞에서는 빛이 바래며 따라서 명확한 불멸 상징이 되지 못한다. 인간은 자신의 가장 위대한 천재성에서도 여전히 조롱당한다. 역사적으로 예술과 정신증이 매우 긴밀한 관계였으며 창조성에 이르는 길이 정신병원과 매우 가깝고 종종 정신병원을 지나거나 그곳에서 끝나는 것은 놀랄 일이 아니다. 예술가와 광인은 제 스스로 만들어낸 것으로 인해 함정에 빠진다. 그들은 스스로의 항문성에, 자신이 정말로 창조에 관해 특별한 무언가라는 생각에 빠져 있다.

이 모든 것은 하나의 역설로 귀결된다. 영웅이 되려면 선물을 쥐야 한다. 당신이 평범한 사람이라면 자신이 살고 있는 사회에 영웅적 선물, 또한 사회가 미리 규정한 선물을 준다. 만일 당신이 예술가라면 독특하게 개인적인 선물을, 즉 자신의 영웅적 정체성에 대한 정당화를 만들어내는데, 이는 늘 동료 사람들의 머리 위를 (적어도 부분적으로) 겨냥한다는 뜻이다. 어쨌든 그들은 당신에게 개인적 영혼의 불멸을 선사하지 못한다. 랑크가 『예술과 예술가』의 숨멎을 듯한 후반부에서 주장하듯 예술가 자신의 작업과, 또는 이를 수용하는 사회와 평화롭게 지낼 방법은 없다. 예술가의 선물은 언제나 창조 자체, 삶의 궁극적 의미, 신에 대한 것이다. 랑크가 키르케고르와 똑같은 결론(인간적 갈등에서 벗어나는 유일한 방법은 완전한 포기, 즉 지고한 힘에 바치는 선물로서 자신의 삶을 내어주는 것이다)에 이른 것은 놀랄 일이 아니다. 사면은 절대적 너머에서 와야 한다. 키르케고르와 마찬가지로 랑크는 이 법칙이 떨고 있는 공허한 약자들에게가 아니라 가장 강하고 영웅적인 유형에게 적용됨을 밝혀냈다. 세상과 자신을 포기하고 그 의미를 창조의 힘에 두는 것은 인간이 이룰 수 있는 가장 힘든 일이다. 따라서 이 과업이 가장 강한 인격 유형, 즉 가장 큰 에고를 가진 사람에게 부과되는 것은 적절하다. 세상을 뒤흔든 위대한 과학자 뉴턴은 늘 성경을 끼고 살던 바로 그 뉴턴이었다.

6장에서 프로이트의 평생에 걸친 문제에 대해 추측하면서 보았듯 심지어 이런 경우에도 가장 온전한 자기표현과 포기가 결합되는 일은 드물다. 하지만 우리가 지금 다룬 모든 것(역사와 개인적 창조성에서의 자아)으로부터 프로이트의 문제에 더욱 가까이 다가갈 수 있을지도 모른다. 우리는 그가 천재였음을 알며 이제 천재가 가진 진짜 문제를 볼 수 있다. 그것은 어떻게 열정의 온 힘으로 창조적 작업, 자신의 영혼을 구하는 작업을 발전시키는 동시에 그것 자체가 구원을 주지 못하므로 바로 그 작업을 포기할 것인가의 문제다. 창조적 천재에게서 우리는 자기표현의 가장 철저한 에로스와 자기굴복의 가장 완전한 아가페를 결합해야 할 필요성을 본다. 이 격렬한 존재론적 분투를 둘 다 겪으라는 것은 인간에게 지나친 요구다. 재능이 덜한 사람은 더 수월할지도 모르겠다. 적은 분량의 에로스와 적당한 아가페면 되니 말이다. 프로이트는 제 에로스의 다이몬을 극한까지 추구했으며 대다수 사람보다 더 솔직하게 살았다. 이것은 늘 그렇듯 자신과 주변 사람을 소진시켰다. 정신분석학은 불멸을 향한 그의 개인적인 영웅적 노력이었다. 랑크는 이렇게 말했다. "프로이트[는] 자신을 위해 어떤 개인적인 종교를 창조하는 동안에 자신의 불가지론을 아주 쉽게 고백할 수 있었[다]."[33] 하지만 이것이 바로 프로이트에게는 구속이었다. 불가지론자 프로이트는 누구에게도 선물을 내놓을 수 없었다. 누구에게도. 즉, 그 자신보다 더 확고하게 불멸을 얻은 사람은 아무도 없었다. 심지어 인류 자체도 확고하지 못했다. 프로이트가 고백했듯 인간은 여전히 공룡의 망령에 시달리고 있으며 앞으로도 늘 시달릴 것이다. 프로이트가 종교에 반대한 이유는 개인적으로 삶이라는 선물을 종교적 이상에 바칠 수 없었기 때문이다. 그는 그런 단계를 연약한 행동으로, 더 많은 생명을 향한 자신의 창조적 충동을 무산시키는 수동적 태도로 여겼다.

여기서 랑크는 바로 옆에 있거나 약간 떨어져 있거나 자신이 만들어낸 너머를 가지고 삶을 제한해서는 안 된다고 믿는다는 점에서 키르케고르와 같은 입장이다. 인간은 종교의 가장 높은 너머를 지향해야 한다. 지고의 힘에 순응하는 수동성을 길러야 한다. 아무리 힘들더라도. 여기에 못 미치는 것은 모두 완전한 발전에 못 미치는 것이다. 심지어 이것마저도 최상의 사상가들에게는 연약함과 타협으로 비친다. 니체는 유대교·기독교의 체념적 도덕을 맹비난했지만 랑크는 니체가 "인간 존재의 내면에 있는 그런 종류의 도덕에 대한 깊은 욕구를 무시했"다고 말했다.[34] 랑크는 "진정으로 종교적인 이데올로기에 대한 욕구는 (…) 인간의 본성에 고유한 것이며, 그 욕구의 성취는 어떠한 종류의 사회생활에나 기본적이다"라고 말하기까지 한다.[35] 프로이트를 비롯한 사람들은 신에게 복종하는 것이 피학적이며 자신을 비우는 것이 모욕적이라고 생각하지만 랑크는 오히려 이것이 자아의 가장 큰 확장이며 인간이 이룰 수 있는 가장 높은 이상이라고 답한다. 아가페적 사랑 확장의 완성이자 진정으로 창조적인 유형의 성취를 나타낸다는 것이다. 랑크는 이런 방식으로만, 가장 높고 가장 덜 절편화된 차원에서 자연의 거대함에 굴복함으로써만 인간이 죽음을 정복할 수 있다고 말한다. 말하자면 삶을 진정 영웅적으로 승인하는 것은 성 너머에, 타인 너머에, 사적 종교 너머에 있다. 이곳에 있는 모든 것은 임시방편으로, 인간을 끌어내리거나 둘러싸 모호함으로 갈기갈기 찢을 뿐이다. 인간이 스스로를 열등하다고 느끼는 것은 바로 "인격 안에 참된 내적 가치"가 없을 때요 자신이 옆에 있는 무언가의 반사에 불과하며 영구적인 내적 자이로스코프가 없어 중심을 잡지 못할 때다. 중심을 잡으려면 인간은 '당신' 너머, 타인과 이 세상 사물이 주는 위안 너머를 바라보아야 한다.[36]

랑크는 인간이 '신학적 존재'이지 생물학적 존재가 아니라고 결론 내린다. 이 모든 논의는 마치 틸리히[37]가 말하는 것처럼, 또한 그의 등뒤에 키르케고르와 아우구스티누스가 있는 것처럼 들린다. 하지만 과학의 시대인 지금 기묘한 사실은 이것이 신학자가 아닌 정신분석가의 일생에 걸친 결론이라는 것이다. 이것의 최종 결과는 압도적이며 과학 분야의 지엽적 교육을 받은 사람에게는 어리둥절할 것이다. 집요한 임상적 통찰과 순수한 기독교 이데올로기의 이러한 조합은 더없이 혼란스럽다. 우리는 이에 대해 어떤 정서적 태도를 취해야 할지 알지 못한다. 마치 양립할 수 없는 여러 방향으로 한꺼번에 잡아당겨지는 듯하다.

이 시점에서 '강인한 정신'의 (소유자를 자처하는) 과학자는 랑크의 책을 휙 덮고 부들부들 떨며 등을 돌린다. 그는 '프로이트와 가장 가까운 동료가 이렇게 안이한 생각을 하고 정신분석학의 귀한 지식을 종교의 손쉬운 위안에 넘겨주다니 치욕적이군'이라고 생각할 것이다. 이것은 잘못된 생각이다. 랑크는 정신분석학을 키르케고르에서 완벽히 종결했으나 이것은 그가 연약해서이거나 허황한 생각을 품고 있어서가 아니다. 그는 인간에 대한 역사적·정신분석학적 이해의 논리를 바탕으로 삼았다. 랑크를 비판하면서 이 문제를 에두를 방법은 없다. 랑크가 충분히 냉철하거나 실증적이지 않다고 생각하는 사람은 랑크의 전체 저작인 신경증의 본성에 대한 정교한 서술의 핵심을 파악하지 못한 것이다. 이것이야말로 랑크가 과학적 탐구를 끝까지 추구하지 못했거나 개인적 동기에서 물러졌다고 착각하는 사람들에게 랑크가 건네는 답이다. 신경증에 대한 랑크의 이해는 그의 사상 전체를 이해하는 열쇠다. 이것은 프로이트 이후의 온전한 인간 이해에 필수적인 동시에 랑크의 사유가 키르케고르와 긴밀히 융합되는 지점이다. 키르케고르도 랑크의 표현과 언어를 친숙하게 느꼈을 것이다. 이 문제는 다음 장에서 더 자세히 들여다보겠다.

9장   정신분석의 현재 결과

인간이 더 정상적이고 건강하고 행복하다면, 자신을 더 성공적으로 억압하고 대체하고 부정하고 합리화하고 극화하고 타인을 기만할 수 있다면 고통스러운 진실로부터 신경증의 고통이 찾아온다. 영적으로 신경증 환자는 정신분석학이 그를 데려오고 싶어하지만 그러지 못하는 곳에, 말하자면 감각 세계의 기만, 현실의 거짓을 통해 바라보는 지점에 오래전부터 머물러 있었다. 그가 고통받는 것은 살아가는 데 정신적으로 필요하고 건전한 모든 병리적 기전 때문이 아니라 이 기전을 거부하기 때문이다(이는 삶에 중요한 환각을 그에게서 앗아간다). 그는 심리적으로 타인보다 실제 진실에 훨씬 가까우며 그가 고통받는 것은 바로 이 때문이다.

—오토 랑크[1]

랑크는 모든 저작에서 신경증에 대해 썼다(한 줄이나 한 문단으로 언급하기도 했고 한두 쪽에 걸쳐 쓰기도 했다). 그는 신경증에 대해 여

        영웅주의의 실패

러 가지 다양한, 심지어 모순되는 정의를 제시했다. 이따금 신경증을 정상적이고 보편적인 것으로 묘사했으며 때로는 건강하지 못하고 사적인 것으로 보았다. 어떤 때는 이 용어를 삶의 사소한 문제들을 일컫는 데 썼으며 또 어떤 때는 실제 정신증을 포함하기도 했다. 랑크의 이러한 융통성은 생각이 혼란스러워서가 아니다. 좀 있다 보겠지만 신경증은 사실 인간의 삶에 결부된 모든 문제를 아우른다. 하지만 랑크가 정신질환에 대한 자신의 통찰에 개념적 질서를 부여했다면 그의 연구에 무척 유익했을 것이다. 사상가가 너무 많은 풍성한 통찰을 두서없이 던지면 그의 생각을 파악할 도리가 없다. 그가 밝히려 하는 것은 예나 지금이나 요령부득으로 보인다. 프로이트가 두각을 나타낸 중요한 비결은 자신의 모든 통찰을 명쾌하고 단순하고 체계적으로 표현하고 가장 복잡한 이론을 언제나 몇 가지 기본 원리로 간추리는 능력에 있다. 랑크에 대해서도 이렇게 할 수는 있지만 문제는 독자 스스로 랑크의 연구에 나름의 질서를 부여함으로써 그 일을 해야 한다는 것이다. 랑크는 이러한 요구가 독자에게나 자신에게나 부당하다는 사실을 알았으나 자신의 책을 다시 써줄 사람을 찾지 못했다. 그러니 우리 스스로 통찰의 혼돈을 넘어서 문제의 핵심으로 뚫고 들어가야 한다.

논의의 출발점에서 우선 신경증이 포괄하는 것을 모두 요약한 뒤에 한 번에 하나씩 언급하면서 모든 측면들이 어떻게 들어맞는지 밝히고자 한다. 신경증에는 세 가지 상호 의존적 측면이 있다. 첫째, 신경증은 실존의 진실과 함께 살아가는 데 어려움을 겪는 현상을 가리킨다. 이 의미의 신경증은 보편적인데, 그 이유는 누구나 삶의 진실과 함께 살아가는 데 어려움을 겪으며 그 진실에 대해 필수적 몸값을 치르기 때문이다. 둘째, 신경증이 사적인 이유는 사람마다 삶에 대해 나름의 독특한 양식적 반응을 만들어내기 때문이다. 마지막으로 이 두 가지 너머에 있는 것은 랑크만의 통찰일 텐데, 그것은 신경증이 매우 역사적이기도 하다는 것이다. 그 이유는 신경증을 위장하고 흡수했던 모든 전통적 이데올로기가 무너졌으며 현대 이데올로기는 신경증을 담기에는 너무 얄팍하기 때문이다. 그리하여 현대인이 등장한다. 정신분석가의 소파에 점점 깊숙이 몸을 누이고 마음 수련원을 순례하고 심리 치료에 참여하고 점점 더 많은 정신병원의 병상을 채우는 사람들 말이다. 이 세 가지 측면을 각각 자세히 들여다보자.

신경증 유형

첫번째 측면은 개인 성격의 문제로서의 신경증이다. 신경증이 삶의 진실을 나타낸다는 말의 의미는 본능에서 벗어난 동물에게 삶이 힘겨운 문제라는 것이다. 개인은 세계에 맞서 스스로를 보호해야 하는데, 여느 동물이 하는 것처럼만, 즉 세계를 좁히고 경험을 차단하고 세계의 공포와 자신의 불안 둘 다에 건망증을 발전시킴으로써만 그렇게 할 수 있다. 그러지 않으면 행동에 장애를 겪을 것이다. 프로이트 심리학의 위대한 교훈은 아무리 되풀이해 언급해도 지나치지 않다. 그것은 억압이 정상적 자기보호이자 창조적 자기제약이며 실제 의미에서 본능에 대한 인간의 자연적 대체물이라는 것이다. 랑크는 인간이 타고난 이 재능을 가리키는 완벽한 핵심 용어를 제시했다. 그는 이것을 '부분화'라고 부르며, 부분화 없이는 삶이 불가능하다는 그의 판단은 더없이 옳다. 세상에 잘 적응했다는 말을 듣는 사람은 세상을 부분화하여 편안하게 행동하는 바로 이 능력을 가지고 있다.[2] 나는 '절편화'라는 용어를 썼는데, 이 또한 개념이 똑같다. '정상적'인 인간은 삶에서 자신이 씹어 삼킬 수 있는 만큼만 베어 물지 그 이상을 욕심내지 않는다. 말하자면 인간은 신이 되도록, 온 세상에 관여하도록 생겨먹지 않았다. 여느 피조물과 마찬가지로 코앞의 땅덩어리에만 관여하도록 생겨먹었다. 신이 창조의 모든 것에 관여할 수 있는 것은 신만이 창조를 이해하고 창조의 내용과 목적을 알기 때문이다. 하지만 인간은 땅 위로 코를 쳐들어 삶과 죽음, 장미나 별 무리의 의미 같은 영원한 문제의 냄새를 맡기 시작하자마자 곤란해진다. 대다수 사람들은 사회가 정해둔 대로 인생의 사소한 문제들에 관심을 기울임으로써 이 어려움에서 벗어난다. 이런 사람을 키르케고르는 '직접성'의 인간이자 '속물'이라고 불렀다. 이들은 "진부하고 빤한 것으로 기운을 얻"으며 이로써 정상적 삶을 영위할 수 있다.

이 순간 우리는 정신 건강과 '정상적' 행동에 대한 모든 생각에 엄청나게 비옥한 지평이 펼쳐지는 것을 볼 수 있다. 정상적으로 활동하려면 처음부터 세상과 자신에 대해 심각한 속박을 이뤄내야 한다. 정상성의 본질은 **현실 거부**라고 말할 수 있다.[3] 우리가 신경증이라고 부르는 것은 바로 이 지점에서 등장한다. 남들에 비해 거짓말을 더 힘들어하는 사람이 있는 것이다. 그들에게 세상은 너무 버거우며 그들이 세상을 붙들고 원하는 크기로 잘라내려고 고안한 방법들이 자신의 목을 조르기 시작한다. 신경증은 한마디로 '현실에 대한 서툰 거짓말로 인한 유산流産'이다.

하지만 우리는 정상인과 신경증 환자 사이에 아무런 경계선도 없음 또한 알 수 있다. 누구나 거짓말을 하며 어떤 식으로든 그 거짓말에 얽매여 있기 때문이다. 그렇기에 신경증은 모두가 공유하는 증상이다. 신경증은 보편적이다.[4] 달리 표현하자면 정상성이 곧 신경증이며 신경증이 곧 정상성이다. 우리가 어떤 사람을 '신경증 환자'라고 부르는 것은 그의 거짓말이 자신에게나 주변 사람들에게 악영향을 끼치기 시작하고 그가 이 문제로, 또는 남들이 그를 위해 임상적 도움을 찾을 때다. 그러지 않으면 우리는 현실 거부를 '정상'이라고 부른다. 눈에 보이는 문제를 전혀 일으키지 않기 때문이다. 이게 전부다. 결국 누군가가 혼자 살면서 하루에도 몇 번씩 잠자리에서 일어나 문이 **정말로** 잠겼는지 보고 싶어하거나 손을 씻을 때 정확히 세 번을 씻거나 용변을 볼 때마다 휴지를 반 두루마리씩 쓴다면 여기에는 사실 인간적 문제가 전혀 결부되어 있지 않다. 이 사람들은 피조물성의 현실 앞에서 비교적 무해하고 수월하게 자신의 안전을 기하고 있을 뿐이다.

하지만 현실에 대한 거짓말이 어떻게 유산하기 시작하는지 들여다보면 모든 게 복잡해진다. 그러면 우리는 '신경증'이라는 딱지를 붙여야 한다. 인간 경험의 여러 영역에서 이런 예를 얼마든지 찾을 수 있다. 일반적으로 말하자면 우리는 삶을 지나치게 제약하여 (사람이 원하거나 필요로 하는) 자유로운 전향적 운동이나 새로운 선택이나 성장을 방해하는 모든 생활양식을 신경증이라고 부른다.

영웅주의의 실패

이를테면 연애 관계에서만 구원을 찾으려 하되 이렇게 범위를 너무 좁힌 탓에 실패하는 사람은 신경증 환자다. 그는 지나치게 수동적이고 의존적인 사람이 되어 스스로 무언가를 시도하거나 (상대방이 자신을 어떻게 대하든) 상대방 없이 삶을 꾸리는 것을 두려워한다. 대상은 그의 '전부'이자 온 세상이 되며 그의 지위는 타인의 단순한 반사로 전락한다.[5] 이 유형은 곧잘 임상적 도움을 받으려 시도한다. 그는 자신이 스스로의 좁은 지평에 갇혔다고 느끼며 제 나름의 '너머'를 필요로 하지만 그 지평을 넘는 것은 두려워한다. 앞에서 쓴 표현을 빌리자면 그의 '안전한' 영웅성이 통하지 않는다고 말할 수 있을 것이다. 이 영웅성은 그의 목을 조르며 너무 안전해서 전혀 영웅적이지 않다는 뼈저린 깨달음으로 그를 중독시킨다. 자신의 잠재적 발전을 놓고 스스로에게 거짓말을 하는 것은 죄책감의 또다른 원인이다. 이것은 인간이 겪을 수 있는 가장 지독한 일상의 내적 고통 중 하나다. 죄책감이란 인간이 스스로 이해하지 못하는 방식으로 초라해지고 좌절할 때, 세상이 자신의 에너지에 그림자를 드리울 때 경험하는 구속임을 명심하라. 하지만 인간의 불운은 이 죄책감을 두 가지 방식으로, 안팎에서 방해받음으로써 또는 자신의 잠재적 발전이 좌절됨으로써 경험할 수 있다는 것이다. 죄책감은 쓰이지 않은 삶으로부터, "우리 안에서 살아지지 않은 것"으로부터 온다.[6]

더 흥미로운 것은 현실에 대한 그 밖의 친숙한 유산으로, 우리가 온갖 종류의 강박과 공포증이라고 부르는 것들이다. 여기서 우리는 지나친 절편화나 부분화, (행동을 위해) 세상을 너무 축소한 결과를 본다. 그 결과는 지엽성 속에 갇히는 것이다. 피가 날 때까지 손을 씻고 하루종일 화장실에 틀어박히는 것은 의례적으로 손을 세 번 씻는 것과는 다른 문제다. 여기서 우리가 (말하자면) 순수한 문화 속에서 보는 것은 모든 인간적 억압에서 문제시되는 것, 즉 삶과 죽음에 대한 두려움이다. 피조물적 실존의 진짜 공포에 직면 했을 때의 안전이 인간에게 진짜 문제가 되어간다. 그는 자신이 연약하다고 느끼는데, 그것은 진실이다! 하지만 그의 반응은 너무 전면적이고 경직되어 있다. 그는 거리로 나가거나 승강기를 타거나 종류를 막론하고 운송 수단을 이용하는 것을 두려워한다. 이런 극단적 상황에 이르면 스스로에게 이렇게 말한다. '뭐라도 하면 죽고 말 거야.'[7]

우리는 증상이 살려는 시도임을, 행동의 족쇄를 풀고 세상을 안전한 곳으로 바꾸려는 시도임을 알 수 있다. 삶과 죽음에 대한 두려움은 증상에 둘러싸여 있다. 우리가 스스로를 나약하다고 느끼는 것은 자신이 우주의 공포를 직면할 만큼 크거나 강하지 않으며 나쁘고 열등하다고 느끼기 때문이다. 우리는 완벽함(작지 않음, 무탈함)의 필요성을 증상(이를테면 손 씻기나 부부간의 성관계 회피) 속에서 충족한다. 증상 자체가 영웅주의적 행위의 장소를 나타낸다고 말해도 무방하다. 인간이 이것을 포기할 수 없는 것은 놀랄 일이 아니다. 그랬다가는 자신이 부정하고 극복하고자 하는 공포의 물살이 저절로 통째로 쏟아져나올 테니 말이다. 달걀을 모두 한 광주리에 담는 사람은 광주리를 필사적으로 붙들어야 한다. 이것은 마치 온 세상을 하나의 대상이나 하나의 두려움으로 융합하는 것과 같다. 우리는 이것이 전이에서 쓰는 창조적 역학과 똑같은 것임을 한 눈에 알아본다. 그때에도 인간은 창조의 모든 공포와 장엄함을 전이 대상에 녹여넣는다. 신경증이란 길을 잃고 혼란에 빠진 창조적 힘을 나타낸다는 랑크의 말은 이런 뜻이다. 인간은 문제가 무엇인지 모르면서도 계속해서 문제를 에둘러 가기 위해 기발한 방법을 생각해낸다. 프로이트 자신이 '전이 신경증'이라는 표현을 히스테리적 두려움과 강박 신경증을 두루 일컫는 용어로 썼음에도 유의하라.[8] 우리는 랑크와 현대 정신의학이 단지 이 기본적 통찰을 단순화하고 구체화할 뿐이지만 이제는 설명의 부담을 단지 오이디푸스 역학이 아니라 삶과 죽음에 대한 두려움에 지운다고 말할 수 있다. 최근에 한 젊은 정신의학자는 모든 상황을 아래와 같이 아름답게 요약했다.

　　환자가 불평하는 절망과 고뇌는 그런 증상의 결과가 아니라 증상이 존재하는 이유임이 분명하다. 인간 실존의 핵심에 놓인 심오한 모순의 고통으로부터 그를 보호하는 것은 사실 바로 이 증상이다. 특정한 공포증이나 강박은 (…) 인간이 삶의 과제로 인한 부담을 덜고 (…) 하찮음의 느낌을 달랠 수 있는 (…) 수단이다. 따라서 신경증 증상은 줄이고 좁히는 역할을 하며 세상을 주술적으로 변형하기에 그는 죽음, 죄책감, 무의미에 대한 근심에서 주의를 돌릴 수 있다. 자신의 증상에 집착하는 신경증 환자는 특정한 강박이나 공포증과 맞서는 것이 자신의 주임무라고 믿게 된다. 어떤 의미에서 그는 신경증 덕에 자신의 운명을 통제할 수 있다. 삶 전체의

의미를 변형하여, 자기 스스로 창조한 세계에서 뿜어져나오는 단순화된 의미로 바꾸는 것이다.[9]

　신경증의 범위를 좁힐 때 아이러니한 사실은 환자가 죽음을 회피하려 하지만 이를 위해 자신의 너무 많은 부분과 행위 세계의 너무 큰 스펙트럼을 파괴하는 바람에 실은 자신을 고립시키고 축소하여 죽은 거나 마찬가지가 된다는 것이다.[10] 살아 있는 피조물이 삶과 죽음을 피할 방법은 전혀 없으며 그러려고 너무 열심히 노력하면 자신을 파괴하게 된다는 것은 아마도 역설적 진실일 것이다.

　하지만 신경증이라고 부를 수 있는 행동은 이뿐만이 아니다. 신경증에 접근하는 또다른 길은 문제의 반대쪽에 있다. 절편화와 범위 축소에 어려움을 겪는 유형의 인간이 있는데, 그는 생생한 상상을 하고 너무 많은 경험과 세상의 너무 많은 부분에 관여한다. 이 또한 신경증이라고 불러야 마땅하다.[11] 이 유형은 앞 장에서 창조적 인물에 대해 이야기할 때 소개한 바 있다. 우리는 이런 사람들이 고립과 개별성을 느낀다는 사실을 보았다. 그들은 두드러지고, 정상적 사회에 들어맞지 않으며, 자동적인 문화적 행위에 맞도록 확고하게 프로그래밍되지 않았다. 경험을 부분화하기 힘들면 살아가기 힘들다. 절편화하지 못하면 총체적 문제로서의 세상에 민감해지며 이렇게 노출되어 온갖 지옥 같은 고통을 겪게 된다. 앞에서 말했듯 세상을 부분화하는 것은 동물이 자기가 씹을 수 있는 만큼만 베어 무는 것과 같다. 이 재능이 없으면 끊임없이 자신이 씹을 수 있는 것보다 많이 베어 물게 된다. 랑크는 이렇게 말했다.

신경증적 유형은 자신을 둘러싼 현실을 자기 에고의 일부로 만드는데, 이 때문에 그는 현실과 고통스러운 관계를 맺는다. 외부의 모든 과정이—그 자체로는 아무리 의미가 있을지라도—결국은 그에게 근심거리이기 때문이다. 그는 주변 삶의 총체에 일종의 주술적 통일체로서 매여 있는데, 전체 안의 일부로서의 역할에 만족할 수 있는 적응적 유형보다 그 정도가 훨씬 심하다. 신경증적 유형은 현실의 총체를 잠재적으로 스스로 안에 밀어넣은 셈이다.[12]

　　이제 우리는 신경증 문제가 두 가지 존재론적 동기와 어떻게 어우러질 수 있는지 알 수 있다. 한편으로 인간은 주변 세상과 합쳐지며 한낱 일부가 되어 삶에 대한 자격을 잃는다. 다른 한편으로 인간은 **완벽한** 자격을 얻기 위해 세상으로부터 자신을 단절시키며 그로 인해 세상에서 제 식대로 살고 행동할 능력을 잃는다. 랑크 말마따나 어떤 사람은 분리되지 못하고 또 어떤 사람은 통합되지 못한다. 물론 이상적인 것은 두 동기 사이에서 균형을 찾는 것이다. 이것이 훌륭히 적응한 사람의 특징이다. 그는 두 동기를 다 편하게 느낀다. 반면에 신경증 환자는 정확히 "한쪽이나 다른 쪽 극단"이다. 그는 한쪽이나 다른 쪽을 부담스러워한다.[13]

　　성격학과 관련하여 떠오르는 의문은 왜 어떤 사람은 존재론적 충동의 균형을 맞추지 못하는가, 왜 극단을 끌어안는가다. 분명한 사실은 답을 찾으려면 개인의 인생사로 돌아가야 한다는 것이다. 어떤 사람들은 삶과 죽음에 대한 더 큰 불안 때문에 경험 앞에서 움츠러든다. 그들은 어른이 되었을 때 자신에게 주어진 문화적 역할에 스스로를 자유롭게 내어주지 못한다. 남들이 하는 놀이에서 생각 없이 자신을 잃어버리지 못하는 것이다. 한 가지 이유는 그들이 남과 얽히는 것을 어려워하기 때문이다. 그들은 대인관계에 필요한 기술을 발달시키지 못했다. 사회의 놀이에 자동적으로 손쉽게 참여할 수 있다는 것은 불안을 느끼지 않고 남과 교류할 수 있다는 뜻이다. 남들이 삶의 자양분으로 당연시하는 것에 동참하지 못하면 삶은 총체적 문제가 된다. 이것의 극단적 사례는 지독한 분열적 유형이다. 이 상태는 전통적으로 '자기애적 신경증'이나 정신증으로 불렸다. 정신증 환자는 세상을 차단하지 못하고 억압이 표면에만 머무르며 방어기제가 작동하지 않는 사람이다. 그리하여 그는 세상에서 물러나 자기 속으로, 자신의 공상 속으로 들어간다. 그는 울타리를 치고 자신의 세계가 된다(이것이 자기애다).

세상을 조금씩 베어 물고 그것에 대해 행동하는 것이 아니라 온 세상과 맞서는 것이 용감하게 보일지도 모르겠지만 랑크가 지적하듯 이것이야말로 세상에 동참하지 않으려는 방어기제다.

> 이 분명한 에고 중심성은 본디 현실의 위험에 맞서는 방어기제에 불과하다. [신경증 환자는] 대가를 치르지 않고서 끊임없이 자신의 에고를 완성하려 한다.[14]

산다는 것은 (경험 자체의 의미에서 적어도 부분적으로) 경험에 참여하는 것이다. 그러려면 만족이나 안전을 전혀 보장받지 못한 채

영웅주의의 실패

행동 속으로 고개를 들이밀어야 한다. 결과가 어떨지, 얼마나 어리석게 보일지 결코 알 수 없는데도 신경증적 유형은 보장을 원한다. 자신의 자아상을 놓고 모험을 하고 싶어하지 않는다. 랑크는 여기에 '자기의지로 자아에 과잉 가치를 부여하는 것'이라는 적절한 이름을 붙였다.[15] 신경증 환자는 이를 통해 자연을 속이려 든다. 자연이 그에게서 원하는 대가(늙는 것, 병들거나 부상당하는 것, 죽는 것)를 치르려 하지 않는다. 경험을 살아내지 않고 관념화한다. 경험을 행동 속에 정돈하지 않고 머릿속에 펼쳐놓는다.

우리가 알 수 있듯 신경증은 상징적 동물에게 크나큰 위험이다. 그(상징적 동물)에게는 자신의 몸이 스스로에게 문제가 된다. 그는 생물학적으로 살지 않고 상징적으로 산다. 자연이 마련한 부분적 길에서 살지 않고 상징 덕에 가능한 총체적 길에서 산다. 그는 경험의 현실적이고 파편적인 세계 대신 자아의 주술적이고 총망라적인 세계를 선택한다. 다시 말하지만 이런 의미에서는 모두가 신경증적이다. 누구나 어떤 식으로든 삶에서 움츠러들며 자신의 상징적 세계관이 삶을 주무르도록 내버려두니 말이다. 이것이 문화적 도덕성의 의미다.[16] 또한 이런 의미에서 예술가는 가장 신경증적인데, 그 이유는 세상을 총체적으로 받아들여 그로부터 상징적인 문제를 만들기 때문이다.

이 신경증이 어느 정도 모든 사람의, 무엇보다 예술가의 특징이라면 우리는 어디서 선을 넘어 임상적 문제로서의 '신경증'에 들어서는 걸까? 앞에서 보았듯 한 가지 길은 장애를 일으키는 증상이나 너무 빡빡한 생활양식을 만들어내는 것이다. 인간은 자신의 경험을 제한함으로써 자연을 속이려 들었지만 자각의 어느 수준에서는 삶의 공포에 여전히 민감하다. 게다가 마음속이나 지엽적 영웅성 속에서 삶과 죽음에 승리를 거두려면 대가를 치러야만 한다. 살지 않은 삶으로 인한 죄책감과 허무감에 휩싸이거나 증상을 겪어야 하는 것이다.

선을 넘어 임상적 신경증으로 들어서게 되는 두번째 길은 앞에서 말한 모든 것에서 자연스럽게 이어진다. 랑크는 예술가가 임상적 신경증을 곧잘 피해 가는 이유가 무엇인지 물었다. 예술가는 생생한 상상력이 있고, 경험의 가장 섬세하고 폭넓은 측면을 접하며, 나머지 모두를 만족시키는 문화적 세계관으로부터 고립되어 있기에 누구보다 임상적 신경증에 걸리기 쉬우니 말이다. 답은 예술가가 세상에 관여하되 세상에 억압당하는 것이 아니라 자신의 인격 안에서 세상을 새로 매만져 예술작품으로 재창조한다는 것이다. 신경증 환자는 다름 아닌 창조하지 못하는 사람(랑크가 적절히 이름 붙인바 '덜된 예술가')이다. 예술가와 신경증 환자 둘 다 자신이 씹을 수 있는 것보다 더 많이 베어 문다고 말할 수 있지만 예술가는 객관화된 방식으로, 외부적이고 능동적인 작업 계획으로서 그것을 뱉었다가 다시 씹기를 반복한다. 반면에 신경증 환자는 특정 작업으로 구체화되는 이런 창조적 반응을 속에서 끌어내지 못하며 이 때문에 자신의 내향성에 질식당한다. 예술가도 이와 비슷하게 커다란 내향성이 있지만 그는 이를 재료로 쓴다.[17] 랑크의 빼어난 개념화에 따르면 그 차이는 다음과 같이 표현된다.

영웅주의의 실패

생산적 유형과 비생산적 유형, 예술가와 신경증 환자의 차이를 만들어내는 것은 순수하게 정신적인 갈등이 이데올로기화된다는 바로 그 사실이다. 신경증 환자의 창조력은 가장 초보적인 예술가처럼 늘 자아에 매여 있고 그 안에서 스스로를 소진하는 반면에, 생산적 유형은 이 순전히 주관적인 창조적 과정을 객관적 과정으로 바꾸는 데 성공한다. 이 말은 이데올로기화를 통해 창조적 과정을 자아에서 작품으로 이전한다는 뜻이다.[18]

신경증 환자는 건강염려증과 온갖 환상 같은 자기몰입에서만이 아니라 타인에게서도 스스로를 소진한다. 그가 의지하는 주변 사람들은 그의 치료 수단이 된다. 그는 자신의 주관적 문제를 그들에게 꺼내놓는다. 하지만 사람들은 마음대로 빚을 수 있는 진흙이 아니며 나름의 욕구와 반의지가 있다. 실패한 예술가로서 신경증 환자의 좌절은 스스로의 객관적인 창조적 작업 이외에 어느 것으로도 치유할 수 없다. 이 문제를 바라보는 또다른 방법은 문제로서의 세상에 더 총체적으로 관여할수록 자신의 내면을 더 열등하거나 '나쁘'게 느끼리라는 것이다. 그는 완벽을 위해 분투함으로써 이 '나쁨'을 해소하려 할 수 있으며 그러면 신경증 증상은 그의 '창조적' 작업이 된다. 또는 상대방을 이용하여 자신을 완벽하게 만들려고 할 수도 있다. 하지만 완벽을 추구하는 유일한 방법은 온전히 자신의 통제하에 있고 현실적인 면에서 완벽을 기할 수 있는 객관적 작업의 형태밖에 없음이 명백하다. 우리는 완벽을 위해 노력하면서 자신과 주위 사람들을 집어삼키거나, 그렇지 않으면 **그 불완**

전함을 작업에서 객관화하여 여기에 자신의 창조력을 쏟아낸다. 이런 의미에서 어떤 종류의 객관적 창조성은 인간이 삶의 문제에 대해 가진 유일한 답이다. 그는 이런 식으로 자연을 만족시키는데, 그러려면 세상에 뛰어드는 활기찬 동물로서 살아가고 객관적으로 행동해야 한다. 하지만 그는 자신의 독특한 인간적 본성도 만족시켜야 하는데, 그 이유는 단지 신체적인 감각 경험에 부여되는 세계에 대한 반사로서가 아니라 자신의 **상징적** 측면에서 세상에 뛰어들기 때문이다. 그는 세상에 참여하여 그로부터 총체적 문제를 만들고 그런 다음 그 문제에 대해 빚어낸 인간적 답을 내놓는다. 괴테가 『파우스트』에서 보았듯 이것은 인간이 성취할 수 있는 최고의 경지다.

이 관점에서 보면 예술가와 신경증 환자의 차이는 대체로 재능의 문제로 귀결되는 듯하다. 이것은 문맹의 조현병 환자와 스트린드베리 같은 극작가의 차이와 같다. 한 명은 퇴보한 채로 삶을 마감하고 다른 한 명은 문화적 영웅이 된다. 하지만 둘 다 세계를 비슷하게 경험하며 반응의 질과 힘만이 다를 뿐이다. 자신이 참여하는 세상의 면전에서 연약함을 느낄 때 신경증 환자의 반응은 자신을 극단적으로 비난하는 것이다. 그는 자신을, 또는 자신의 개별성으로 인해 빠져든 고립을 견디지 못한다. 다른 한편으로 그는 여전히 영웅이 되어야 한다. 자신의 고유한 특질을 바탕으로 불멸을 얻어야 하는 것이다. 이는 어떤 식으로든 여전히 스스로를 영광스럽게 해야 한다는 뜻이다. 하지만 그는 **환상** 속에서만 스스로를 영광스럽게 할 수 있다. 객관적 완벽함을 통해 그를 대신하여 말해줄 창조적 업적을 만들어낼 수 없기 때문이다. 그는 악순환에 갇히는 데, 이는 그가 환상 속 자기찬미라는 비현실을 경험하기 때문이다. 타인에게서나 (어떤 식으로든) 자기 바깥에서 오지 않는다면 인간에게는 어떤 확신도 적어도 오랫동안은 가능하지 않다. 인간은 내적인 상징적 환상에서 영웅주의를 정당화할 수 없다. 이 때문에 신경증 환자는 자신이 더욱 무가치하고 열등하다고 느낀다. 이것이 바로 내면의 재능을 발견하지 못한 청소년의 상황이다. 이에 반해 예술가는 열등함을 극복하고 자신을 영광스럽게 하는데, 이는 그렇게 할 수 있는 **재능이** 있기 **때문이다.**[19]

이 모든 사실로부터 우리는 신경증, 청소년기, 정상성, 예술가에 대한 논의가 얼마나 뒤얽혀 있는지 알 수 있다. 각각의 개념은 정도 차이가 있을 뿐이거나, 또는 '재능' 같은 첨가물이 모든 차이를 만든다. 재능 자체는 대체로 부수적이며 운과 노력의 결과인데, 신경증에 대한 랑크의 견해가 현실에 부합하는 것은 이 때문이다. 예술가는 창조적일 뿐 아니라 신경증적이다. 가장 위대한 예술가는 장애를 일으키는 신경증 증상을 나타낼 수 있으며 신경증적 요구와 필요로 인해 주변 사람들에게도 피해를 입힐 수 있다. 칼라일이 아내에게 어떻게 했는지 생각해보라. 창조적 작업 자체가 순전히 임상적인 강박과 종종 구별되지 않는 강박하에서 이루어진다는 것은 의심할 여지가 없다. 이런 의미에서 우리가 창조적 재능이라 부르는 것은 강박당해도 좋다는 사회적 허가에 지나지 않는다. 우리가 '문화적 일과'라고 부르는 것도 비슷한 허가다. 프롤레타리아는 미치지 않기 위해 일의 강박을 요구한다. 호텔 주방의 이글거리는 가스불 앞에서 요리해야 하는 지옥 같은 주방일, 한 번에 여남은 테이블을 돌아야 하는 정신없는 서빙일, 극성수기 여행사의 과중한 업무, 뜨거운 여름 도로에서 하루종일 드릴 작업을 해야 하는 고통을 대체 사람들이 어떻게 견디는지 늘 궁금했다. 답은 너무 간단해서 오히려 잘 떠오르지 않는다. 그것은 이 활동의 광기가 바로 인간 조건의 광기라는 것이다. 이 활동들이 우리에게 '옳은' 이유는 대안이 자연의 절망이기 때문이다. 이 일들의 일상적 광기는 정신병원의 광기에 대항하는 거듭된 예방접종이다. 노동자들이 휴가에서 돌아와 기껍게 열심히 강박적 일과로 돌아가는 모습을 보라. 그들이 편안하고 태연하게 업무에 복귀하는 것은 그래야 더 불길한 무언가를 몰아낼 수 있기 때문이다. 인간은 현실로부터 보호받아야 한다. 이 모두가 이른바 정교한 마르크스주의에 또다른 어마어마한 문제를 제기한다. 유토피아 사회는 사람들이 미치지 않도록 현실에 대한 강박적 부정을 제공해야 할 텐데, 그 부정의 성격은 무엇일까?

환각의 문제

우리는 신경증을 성격 문제로 보았으며 두 가지 방법으로, 즉 세상에 대해 너무 움츠러들 때의 문제와 너무 개방적일 때의 문제로 접근할 수 있음을 알게 되었다. 세상에 너무 지엽적으로 편입되는 사람이 있는가 하면 세상과 동떨어져 너무 자유롭게 떠다니는 사람이 있다. 랑크는 과민하고 노골적인 신경증 환자를 특별한 유형으로 지목한다. 그런 환자는 스펙트럼의 분열성 극단에 놓으면

　　　　　　　　　　영웅주의의 실패

맞을 것이다. 하지만 성격 유형을 너무 엄격하게 따지는 것은 매우 위험하다. 각 유형이 온갖 방식으로 뒤섞이고 결합되어, 정확히 구획화하기가 불가능하기 때문이다. 어쨌거나 우리가 범위를 지나치게 좁히는 한 가지 이유는 삶이 너무 크고 위협적인 문제임을 어떤 자각 수준에서 감지해야 하기 때문이다. 평균적 인간이 범위를 '딱 맞게' 좁힌다고 말하려면 우리는 이 평균적 인간이 누구냐고 물어야 한다. 그는 정신병원 신세가 되지 않았을지도 모르지만 대신 주변의 누군가가 대가를 치러야 한다. 박물관에 진열된 로마시대 흉상이 떠오른다. 이렇게 입술을 꽉 다문 채 평균적인 선량한 시민으로 살아가기 위해 그는 틀림없이 일상을 지옥으로 만들었을 것이다. 물론 가족과 친구에게 가하는 일상적 심술과 사소한 가학적 행위만을 말하는 것은 아니다. 평균적 인간이 일종의 불안 망각 속에서 살아가더라도 그것은 그가 삶과 죽음의 문제를 숨기려고 거대한 억압의 벽을 세웠기 때문이다. 그의 항문성이 그를 보호할지도 모르지만 역사를 통틀어 자신을 잊으려고 메뚜기처럼 세상을 쑥대밭으로 만든 것은 '정상적이고 평균적인 사람들'이었다.

정상성과 신경증의 이러한 결합은 문제를 성격 측면에서만이 아니라 또다른 일반적 측면에서, 즉 현실과 환각의 문제로 바라볼 때 더 뚜렷해질 것이다. 여기서도 랑크는 빼어난 통찰을 제시했다. 우리가 지금까지 말한 모든 것을 감안하면 신경증을 바라보는 이 방식을 쉽게 이해할 수 있을 것이다. 우리는 인간 성격이라 불리는 것이 실은 현실의 성격에 대한 거짓말임을 보았다. 카우사 수이 기획은 자신이 타인과 문화의 힘으로 보호받으므로 끄떡없고 자연에서 중요하며 세상에 대해 무언가를 할 수 있는 체하는 것이다. 하지만 카우사 수이 기획의 뒤에서 진실(일지도 모르는 것)의 속삭임이 들린다. 인간의 삶은 진화라 불리는 살과 뼈의 잔인한 드라마에서 무의미한 막간에 지나지 않을지도 모른다고, 창조주는 인간의 운명이나 개별 인간의 자기영속화에 대해서 공룡이나 태즈메이니아인에 대해서 정도로만 관심을 가지는지도 모른다고 말이다. 성경 전도서에서 전도자의 목소리로 생뚱맞게 비져나오는 속삭임도 이와 같다. 헛되고 헛되며 헛되고 헛되니 모든 것이 헛되도다.

어떤 사람들은 문화적 삶의 거짓말에, 남들이 생각 없이 무작정 매달리는 카우사 수이 기획의 환각에 더 민감하다. 신경증 환자는 문화적 환각과 자연적 현실의 균형을 유지하는 일을 힘들어한다. 자신과 세상에 대한 끔찍한 진실(일지도 모르는 것)이 그의 의식에 스며든다. 평균적 인간은 문화적 게임이 진실이라는 점에서, 확고하고 오래가는 진실이라는 점에서 적어도 안전하다. 그는 지배적 불멸 이데올로기의 내부와 아래에서 자신의 불멸을 얻을 수 있다. 이걸로 충분하다. 간단하고 명쾌하다. 하지만 신경증 환자는 그러지 못한다.

> [그는] 자신을 비현실적으로, 현실을 감당 못할 것으로 지각한다. 그에게서 환각의 기전은 자의식에 의해 알려지고 파괴되기 때문이다. 그는 더는 스스로에 대해 자신을 속이지 못하며 인격에 대한 자신의 이상에마저 환멸을 느낀다. 자신을 나쁘고 죄를 지었고 열등하다고, 작고 연약하고 무력한 피조물이라고 지각하는데, 이

것은 오이디푸스가 자신의 영웅적 운명이 무너지면서 발견했듯 인류에 대한 진실이다. 나머지는 모두 환각이요 기만이다. 하지만 자신의 자아와 (그럼으로써) 삶을 감당할 수 있기 위해서 필요한 기만이다.[20]

말하자면 신경증 환자는 자신을 남들로부터 고립시키고, 세상에 대한 부분화에 자유롭게 동참하지 못하며, 그럼으로써 인간 조건에 대한 기만을 품고 살아가지 못한다. 그는 일상생활의, 그 능동적이고 자기망각적인 참여의 '자연 요법'으로부터 스스로를 들어올리며, 이 때문에 남들이 공유하는 환각이 그에게는 비현실적으로 보인다. 그도 어쩔 수 없다.[21] 그는 예술가와 달리 **새로운 환각을 창조**하지도 못한다. 아나이스 닌이 생생하게 표현했듯, "환각의 취기가 가시는 곳마다 삶의 희화적 측면이 드러난다."[22] 어떤 사람들은 자신이 느끼기에 진짜인 절망적 현실을 떨쳐버리려고 술을 마시지 않던가? 인간은 '두번째' 현실, 즉 자연이 그에게 준 것보다 나은 세상을 늘 상상하고 믿어야 한다.[23] 이런 의미에서 신경증 증상은 진실에 대한 소통이다. 자신이 끄떡없다는 환각이 거짓이라는 진실 말이다. 환각과 현실의 이 문제에 대한 랑크의 훌륭한 요약 중에서 또다른 구절을 읽어보자.

진실을 가지고서는 살아갈 수 없다. 살아가려면 환각이 필요하다. 예술, 종교, 철학, 과학, 사랑이 제공하는 외적 환각뿐 아니라 외적인 것을 처음 조건 짓는 내적 환각[즉, 자신의 능동적 힘에 대한,

또한 남들의 힘에 의존할 수 있다는 확고한 느낌]이 있어야 한다. 인간이 현실을 진실로, 겉모습을 본질로 받아들일수록 그는 더 건전하고 더 훌륭히 적응하고 더 행복할 것이다. 이 자기기만과 위장과 실수의 끊임없는 효과적 과정은 결코 정신병리적 기전이 아니다.[24]

랑크는 이것을 신경증의 본질에 대한 역설적이면서도 심오한 통찰이라고 부르며, 이 장의 제사로 삼은 문장에서 이를 요약한다. 사실 그 이상이다. 신경증은 정상성과 건강에 대한 우리의 관념을 토대까지 뒤흔든다. 전적으로 상대적인 가치 문제로 만들어버리는 것이다. 신경증 환자가 삶으로부터의 도피를 선택하는 이유는 삶에 대한 환각을 유지하는 데 어려움을 겪기 때문이다. 이는 삶이 환각으로써만 가능하다는 사실, 다름 아닌 이 사실을 입증한다.

그리하여 정신 건강의 과학에 대한 물음은 절대적으로 새롭고 혁명적이면서도 인간 조건의 본질을 반영하는 물음이 되어야 한다. 그것은 어느 수준의 환각을 가지고 살아갈 것인가다.[25] 이 물음의 함의는 이 장의 결말에서 살펴보겠지만 여기서 우리는 환각의 필요성에 대해 이야기하는 것이 냉소적 태도가 아님을 스스로에게 상기시켜야 한다. 문화적 카우사 수이 기획에 거짓과 자기기만이 많은 것은 사실이지만 이 기획의 필요성 또한 존재한다. 인간에게는 '두번째' 세상이 필요하다. 인간적으로 창조된 의미의 세상, 자신이 살아가고 극화하고 스스로에게 자양분을 공급할 수 있는 새로운 현실이 필요한 것이다. '환각'은 최고 수준의 창조적 놀이를 뜻한다. 문화적 환각은 자기정당화에 필요한 이데올로기이며 상징적 동물에게는 삶 자체인 영웅적 차원이다. 영웅적인 문화적 환각의 안정을 잃는 것은 곧 죽는 것이다. 원시인의 '문화를 말살한다'는 것의 의미와 실제가 바로 이것이다. 문화 말살은 그들을 죽이거나, 만성적으로 싸우고 교미하는 동물 수준으로 전락시킨다. 이렇게 되면 술에 취해 늘 인사불성이어야만 살아갈 수 있다. 나이든 아메리카 인디언의 상당수는 오타와와 워싱턴의 대추장들이 주도권을 잡고서 전쟁과 불화를 막아줄 때는 안심할 수 있었다. 자신은 아니더라도 사랑하는 사람이 죽을지도 모른다는 끊임없는 불안에서 벗어날 수 있었기 때문이다. 하지만 그들은 전통적 영웅 체제가 퇴색함으로써 자신들이 죽은 거나 마찬가지가 되었음을 무거운 마음으로 자각했다.[26]

역사적 차원에서의 신경증

신경증 문제에 대한 세번째 일반적 접근법은 역사적 차원에서 바라보는 것이다. 사실 가장 중요한 접근법인데, 그 이유는 나머지를 전부 빨아들이기 때문이다. 우리는 신경증을 기본적 수준에서 성격 문제로 볼 수 있으며 또다른 수준에서는 환각과 창조적인 문화적 놀이의 문제로 볼 수 있음을 확인했다. 역사적 수준은 이 두 가지가 합쳐지는 세번째 수준이다. 문화적 놀이와 창조적 환각의 질은 사회마다 역사적 시기마다 다르다. 말하자면 개인은 자신의 삶을 정당화하기 위해 자신과 자신의 방편에 의존하도록 내던져지는 바로 그곳에서 더 쉽게 임상적 신경증의 경계 안에 들어설 수 있다. 랑크는 임상적 문제가 아닌 역사적 문제로서의 신경증이라는 주제를 (타당하게) 제기할 수 있었다. 역사가 불멸 이데올로기의 연속이라면 인간의 문제는 이 이데올로기들에 정면으로 반하는 것으로(불멸 이데올로기가 얼마나 포괄적인지, 얼마나 설득력이 있는지, 얼마나 수월하게 인간을 자신의 개인적 영웅주의에서 자신감 있고 안전하도록 하는지) 읽을 수 있다. 현대적 삶을 특징짓는 것은 모든 전통적 불멸 이데올로기가 자기영속화와 영웅주의를 향한 인간의 굶주림을 흡수하고 재촉하지 못한다는 것이다. 오늘날 신경증이 널리 퍼진 이유는 인간의 영웅적 신격화라는 솔깃한 드라마가 사라진 탓이다.[27] 이 주제는 프랑스혁명 시기에 살페트리에르 정신병원에서 어떻게 환자들을 내보냈는지에 대한 피넬의 유명한 증언에서 간결하게 요약된다. 모든 신경증 환자는 자기초월 행위와 영웅적 정체성의 기성품 드라마를 발견했다. 그렇게 간단한 일이었다.

전통사회에서는 단지 자식을 키우고 일하고 예배를 드리는 일상적 의무를 다함으로써 영웅주의를 추구할 수 있었으나 현대인은 더는 일상생활에서 자신의 영웅주의를 찾지 못하는 것처럼 보인다. 현대인은 혁명과 전쟁, 그리고 혁명과 전쟁이 끝나더라도 계속될 '영구' 혁명을 필요로 한다. 이것은 성스러운 차원이 퇴색한 뒤 현대인이 치르는 대가다. 그는 영혼과 신의 관념을 권좌에서 끌어내리면서 자신의 방편에, 자신과 자기 주위의 소수에게로 가망 없이 내던져졌다. 연인과 가족마저도 우리를 함정과 환멸에 빠뜨리는데, 그 이유는 이들이 절대적 초월을 대체하지 못하기 때문이다. 그들을 (우리가 논의한 의미에서의) 어설픈 환각이라고 말해도 무방할 것이다.[28]

영웅주의의 실패

랑크는 이 초자의식 때문에 현대인이 자신의 방편에만 의존하게 되었음을 간파했으며 현대인에게 '심리학적 인간'이라는 여러 의미에서 적절한 이름을 붙였다. 현대인이 심리학적 인간이 된 것은 자신을 보호하는 집단 이데올로기로부터 고립되었기 때문이다. 그는 스스로를 내부로부터 정당화해야 했다. 하지만 그가 심리학적 인간이 된 또다른 이유는 현대적 사유 자체가 종교에서 벗어나 발전하면서 그런 식으로 진화했기 때문이다. 인간의 내적 삶은 언제나 전통적으로 영혼의 영역으로 묘사되었다. 하지만 19세기에 과학자들은 이 미신의 마지막 영역을 교회로부터 접수하고 싶었다. 인간의 내적 삶을 신비로부터 자유롭고 인과 법칙에 종속되는 영역으로 만들고 싶었던 것이다. 그들은 '영혼'이라는 단어를 점차 폐기했으며 그 대신 '자아'에 대해 이야기하고 아동이 어머니와의 초기 관계에서 어떻게 자아를 발달시키는지 연구하기 시작했다. 언어, 생각, 도덕의 거대한 신비는 이제 신의 개입이 아니라 사회적 산물로서 연구 가능해졌다.[29] 이것은 과학의 위대한 개가였으며 오로지 프로이트의 연구 덕에 절정에 이르렀다. 하지만 랑크는 이 과학적 승리가 해결한 문제보다 제기한 문제가 더 많음을 알아차렸다. 과학은 내적 세계를 과학적 분석의 주제로 삼음으로써 영혼 문제를 영영 없애버렸다고 생각했다. 하지만 (인정하고 싶어하는 사람은 별로 없었지만) 유기체의 내적 에너지, 창조의 신비, 생명 현상의 유지라는 신비를 설명하는 용어로서의 영혼은 이런 작업에도 불구하고 건재하다. 자신과 세계에 대한 인간의 내적 명령, 언어와 예술과 웃음과 눈물에 담긴 자의식이 모두 사회적으로 빚어졌음을 밝혀내는 것은 실은 중요하지 않다. 여전히 우리는 자의식을 가진 동물의 발달로 이어진 진화의 내적 힘을 규명하지 못했으며 여전히 이것을 '영혼'으로 지칭한다. 이것은 유기체적 자각의 의미, 자연의 내적 역동성과 박동의 신비를 뜻한다. 이 관점에서 보면 19세기 신앙인들이 다윈에 대해 히스테리적 반응을 보인 것은 자기네 신앙의 얄팍함과 고루함을 드러낼 뿐이다. 그들은 소박하고 평범한 경외와 경이에 마음을 열지 못했으며 생명을 지극히 당연한 것으로 치부했다. 다윈이 그들에게서 '특별한 경이'의 감각을 벗겨내자 그들은 스스로가 죽은 거나 다름없다고 느꼈다.

하지만 과학적 심리학의 승리는 없애려던 영혼을 그저 고스란히 남긴 것보다 더 애매한 결과를 낳았다. 영혼을 자아로 국한시키고 자아를 아동의 초기 조건화로 국한시키면 무엇이 남을까? 개별적 인간이 남는다. 우리는 그에게 붙박여 있다. 내 말은 모든 현대 과학과 마찬가지로 심리학 또한 사물의 이치를 밝히고 어떻게 해서 이것이 저것의 원인이 되는가를 드러냄으로써 인간이 행복을 누리는 시대의 도래를 알리겠다고 약속했다는 뜻이다. 그러면 인간이 사물의 원인을 알게 되었을 때 그가 해야 할 일은 오로지 자신의 본성을 비롯한 자연의 영토를 소유하는 것이며 그는 행복을 보장받을 터였다. 하지만 이제 우리는 (프로이트의 제자들 중에서 거의 랑크 혼자만이 이해한) 심리적 내성內省의 오류를 맞닥뜨렸다. 영혼의 교리는 왜 인간이 열등하고 나쁘고 죄를 지었는지 보여주는 한편 그 나쁨을 없애 행복해질 수단도 선사했다. 심리학도 왜 인간이 이런 식으로 느끼는지 보여주려 했다. 인간의 동기를 발견하여 왜 자신이 죄인이고 나쁘다고 느끼는지 보여준다면 인간이 자신을 받아들이고 행복하리라는 희망에서였다. 하지만 실제로 심리학은 열등감, 자기비하, 죄책감의 이유 중 (대상으로 인해 야기되는) **일부**, 즉 대상에게 착하게 굴려고 애쓰는 것, 대상을 두려워하는 것, 대상이 떠나는 것을 두려워하는 것 등만 찾아낼 수 있었다. 우리는 이것이 버겁다는 사실을 부정하고 싶어하지 않는다. 이것은 '가짜 나쁨'이라 불리는 것(자신의 초기 환경에 의해 인위적으로 야기된 갈등과 출생·장소의 사건)으로부터의 위대한 해방을 나타낸다. 이 연구는 카우사 수이 거짓말의 한 부분을 드러내면서 어느 수준의 정직과 성숙을 불러일으키는데, 이로써 인간은 자신을 더욱 통제할 수 있게 되며 일정 수준의 자유와 그에 수반되는 행복을 지향하게 된다.

하지만 대상과의 초기 조건화와 갈등, 특정인을 향한 죄책감 등 지금 우리가 지향하는 지점은 그 사람의 문제 중에서 일부에 불과하다. 카우사 수이 거짓말은 초기의 대상뿐 아니라 자연 전체를 겨냥한다. 실존주의자들이 말하듯 심리학은 신경증적 죄책감이나 부수적이고 과장되고 간과된 개인적 죄책감에 대해서는 무언가를 발견했지만 진짜, 또는 자연적인 피조물적 죄책감에 대해서는 아무것도 밝혀내지 못했다. 심리학은 불행의 문제를 도맡겠다고 나섰으나 문제의 일부만 다룰 수 있었다. 이것이야말로 랑크의 아래 문장이 뜻하는 바다.

심리학은 종교·도덕 이데올로기를 대체하려고 점차 노력하고 있으나 부분적으로만 그럴 자격이 있다. 압도적으로 부정적이고

분열적인 이데올로기이기 때문이다.[30]

    심리학은 개인적 불행의 원인을 그 사람 자신으로 축소하는데, 그러면 그는 자신에게 붙박인다. 하지만 우리는 개인적 자기비하, 죄책감, 열등감의 보편적이고 일반적인 원인이 자연 세계이자 그 속에서 안전한 장소를 찾아야 하는 상징적 동물로서 개인이 자연과 맺는 관계임을 안다. 세상에서의 모든 분석은 개인이 자신이 **누구인지**, 왜 이 땅에 왔는지, 왜 죽어야 하는지, 어떻게 하면 삶을 승리로 이끌 수 있는지 알도록 내버려두지 않는다. 그러는 체할 때, 인간의 불행을 온전히 설명하겠다며 나설 때야말로 심리학은 현대인의 상황을 탈출 불가능한 교착상태에 빠뜨리는 사기가 된다. 달리 표현하자면 심리학은 인간의 불행에 대한 이해를 개인 인생사로 국한시켰으며 개인적 불행 자체가 폭넓은 의미에서 얼마나 역사적 문제이고 구원의 확고한 공유 이데올로기를 퇴색시키는 문제인지 이해하지 못했다. 랑크는 이렇게 말했다.

> 신경증 환자 안에서는 신이라는 인간적 이데올로기가 와르르 무너지는 것을 볼 수 있는데, 이것이 심리학적으로 무엇을 의미하는가 또한 분명해졌다. 이것은 프로이트의 정신분석학으로는 설명되지 않았다. 그의 정신분석학은 이 유형을 낳은 문화적 발달을 고려하지 않고서 환자의 내면적인 파괴적 과정을 개인사에서만 이해하려 하기 때문이다.[31]

이것을 이해하지 못하면 신경증 환자에게 필요한 폭넓은 세계 관으로부터 환자를 차단하여 병세를 악화시킬 위험이 있다. 랑크 는 이렇게 말한다.

> 자의식적 신경증 환자를 그가 달아나고 싶어하던 바로 그 자 기지식으로 돌려보낸 것은 결국 그를 이해하는 정신분석가였다. 전체적으로 보면 정신분석은 치료로서 실패했는데, 이는 인간의 내성을 치료하기보다는 인간에 대한 심리학적 설명을 강화했기 때문이다.[32]

이렇게 말하는 게 낫겠다. 정신분석이 치료로서 실패한 것은 인 간이 불행한 원인을 성으로 절편화한 지점이자 그 자체로 총체적 세계관인 척했을 때였다. 우리는 랑크를 따라 이렇게 결론 내릴 수 있다. 심리학이 종교를 대체한 척하지만 종교야말로 "심리학으로 전혀 손색이 없"다고.[33] 물론 보편적 죄책감의 진짜 원인에 도달한 다는 점에서는 심지어 더 나으며 부모와 사회의 권위를 강화하고 부수적 죄책감의 구속을 더더욱 빡빡하고 불편하게 한다는 점에서 는 훨씬 나쁘다.

현대 심리학을 상대적 차원으로 격하하는 랑크의 혹독한 비판 에 답할 방법은 전무하다.[34] 점점 많은 심리학 구루guru가 시장에 진출하는 현실을 보기만 해도 이런 변화를 생생하게 체감할 수 있 다. 현대인이 19세기에 내면을 들여다보기 시작한 것은 새롭고 탄 탄한 방식으로 불멸을 찾고 싶었기 때문이다. 그는 여느 역사적 인물처럼 영웅적 신격화를 추구했으나 이제 그를 신격화해줄 사람은 심리학 구루뿐이다. 현대인은 스스로 만들어낸 교착상태에 빠졌다. 이런 의미에서 랑크가 얄궂은 유머를 곁들여 말했듯 정신요법가는 "말하자면 신경증 환자가 자신의 질병 때문에 만들어낸 산물"이다.[35] 현대인에게는 영적·도덕적으로 의존할 '당신'이 필요하며 신이 무대에서 사라지면서 정신요법가가 (연인과 부모가 그랬던 것처럼) 그 자리를 차지했다. 여러 세대에 걸쳐 정신분석가들은 이 역사적 문제를 이해하지 못한 채 정신요법에서 "전이의 중지"가 여러 경우에 왜 그토록 무서운 문제인지 알아내려고 애썼다. 그들이 랑크를 읽고 이해했다면 정신요법가의 '당신'이 구원의 낡은 집단 이데올로기를 대체해야 하는 새로운 신이라는 사실을 금세 알아차렸을 것이다. 개인은 신 노릇을 할 수 없기에 참으로 악마적인 문제를 일으켜야 한다.[36] ■ 현대인은 심리학적 내성에서 삶의 의미를 찾아야 하는 신세이므로 그의 새로운 고해신부는 내성의 최고 권위자, 즉 정신분석가여야 한다. 이런 탓에 환자의 '너머'는 정신분석용 소파와 여기에 담긴 세계관에 국한된다.■■

이런 의미에서 랑크가 깊은 이해를 바탕으로 간파했듯 정신분석은 사실 환자의 정서적 삶을 망친다. 인간은 힘과 가치의 절대적 수단에 사랑을 집중하고 싶어하는데 분석가는 그에게 모든 것이

■　한 가지 예외는 앨런 휠리스로, 그는 전이의 필요성, 역사적 변화와 신경증의 문제, 정체성을 찾는 문제에서 정신요법의 미흡함 등 바로 이런 문제들을 논의한다. (*The Quest for Identity* [N.Y.: Norton, 1958], pp. 159‒173). 전체 논의가 순전히 랑크적이기는 하지만 휠리스는 독자적으로 자신의 견해에 도달한 것이 틀림없다.

자신의 초기 조건화로 환원될 수 있기에 상대적이라고 말한다. 인간은 경이로운 것을 찾고 경험하고 싶어하는데 분석가는 그에게 모든 것이 무미건조하다고, 우리의 가장 깊은 존재론적 동기와 죄책감을 임상적으로 얼마든지 설명할 수 있다고 말한다. 그리하여 인간은 자신에게 필요한 절대적 신비를 박탈당하며 그 뒤에 남는 유일한 전능자는 그 신비를 해명하여 없애버리는 사람이다.[37] 따라서 환자는 온 힘을 다해 분석가에게 매달리며 분석이 끝날까봐 전전긍긍한다.■■■

랑크와 키르케고르: 죄와 신경증의 융합

랑크를 깊이 파고들수록 그의 글을 키르케고르와 구별하기가

■■ 심리학이 자아의 분석적 붕괴를 나타내고 대체로 세상을 정신요법가의 과학적 이데올로기에 국한시킨다면 우리는 융이 자신의 독특한 개념을 발전시킨 이유 중 몇 가지를 알 수 있다. 그의 연구는 부분적으로 심리학적 분석의 바로 그 한계에 대한 대응이다. 무엇보다 그는 정신의 내적 차원을 되살려 자기파멸적인 분석적 붕괴로부터 지켜냈다. 그는 정신을 자기치유적 원형과 자연적 재생의 원천으로 봄으로써 (환자가 허락하기만 하면) 정신을 분석의 한계 너머로 심화했다. 둘째로 그는 정신을 '집단 무의식'으로 탈바꿈시킴으로써 정신을 개인적 토대 너머로 확장했다. 개인이 자신의 정신에 무엇을 하든 정신은 개인으로서의 그를 초월했다. 이 두 가지 방식으로 사람은 심지어 정신을 분석함으로써 (실은 특히 정신을 분석함으로써!) 자신의 정신 내부에서부터 영웅적 정당화를 얻을 수 있다. 이렇듯 랑크의 체계는 심리 분석의 이점을 취하는 동시에 이를 부정하고 초월하려는 시도다. 케이크를 먹고도 싶고 가지고도 싶은 심정이랄까. 리프가 설득력 있게 논증했듯 융의 비판에 대한 불만은 (3부에서 결론 내리고 있듯) 심리학적 인간의 심리적 구원을 성취하는 것이 불가능하다는 사실에서 비롯하는 것이 틀림없다.(Philip Rieff, *The Triumph of the Therapeutic: Uses of Faith After Freud* [N.Y.: Harper Torchbooks, 1966], 5장).

■■■ 정신분석학이 감정을 메마르게 하는 현상은 많은 정신분석가들 자신과 그 이데올로기에 영향받은 정신의학자들에게도 확산되는 것이 틀림없다. 이 사실은 정신요법 상황에서 경험하는 지독한 정서 결여, 세상에 맞서 내세워진 성격 갑옷의 무게를 설명하는 데 도움이 된다.

힘들어진다. 이제는 다들 충분히 공감하겠지만 훨씬 정교한 임상적 정신분석 덕분에 둘은 더더욱 비슷하다. 하지만 이제는 랑크와 키르케고르가 이렇게 겹치는 것이 이데올로기에 나약하게 굴복하기 때문이 아니라 인간 성격의 문제를 실제 과학적으로 탐구하기 때문임을 분명히 해두고자 한다. 두 사람은 가장 철두철미한 심리학 탐구 끝에 동일한 결론에 이르렀다. 그것은 과학적 서술의 가장 끄트머리에서 심리학이 '신학', 즉 개인의 갈등과 죄책감을 흡수하고 그에게 어떤 영웅적 신격화 가능성을 제시하는 세계관에 자리를 내주어야 한다는 것이다. 인간은 자신의 사소함이 최대한의 가능성 수준에서 유의미함으로 번역될 수 없으면 견디지 못한다. 여기서 랑크와 키르케고르가 사상의 놀라운 역사적 융합을 이루며 만난다. 그것은 죄와 신경증이 같은 것을 이야기하는 두 가지 방법이라는 것이다. 예컨대 개인의 완벽한 고립, 나머지 자연과의 부조화, 초개인주의, 자신의 내부에서 나름의 세계를 창조하려는 시도 등이다. 죄와 신경증은 둘 다 개인이 자신을 실제보다 더 큰 존재로 부풀리고 자신의 우주적 의존성을 인정하기를 거부하는 것이다. 신경증은 죄와 마찬가지로 자연을 강제하려는 시도인 카우사 수이 기획이 정말로 충분한 척하려는 시도다. 죄와 신경증에서 인간은 가까이 있는 지엽적인 것에 자신을 절편화하며 창조의 의미와 신비로움이 그것에 국한되고 그로부터 시복을 얻을 수 있는 척한다.[38]

신경증적 세계관에 대한 랑크의 요약은 고전적 죄 개념을 요약한 것이기도 하다.

신경증 환자는 모든 종류의 집단적 영성을 잃으며, 정신증 환자에 대한 관찰과 그의 우주적 환상에서 뚜렷이 나타나듯 자신을 전적으로 자기 에고의 불멸 안에 놓는 영웅적 몸짓을 취한다.[39]

하지만 우리는 이 시도가 실패할 운명임을 안다. 인간은 자신의 영웅주의를 정당화할 수 없기 때문이다. 그는 스스로를 자신의 우주적 계획에 끼워맞춰 그럴듯하게 만들 수 없다. 폭넓은 현실과 조금이나마 접점을 유지하려면 고통스러운 의심과 더불어 살아야 한다. 이 접점을 잃을 때에야 비로소 의심이 사라진다. 이것, 즉 우주적 영웅주의의 자기정당화에 대한 전적으로 비현실적인 믿음이야말로 정신증의 정의다. "나는 그리스도다." 이런 의미에서 신경증은 랑크가 말했듯 '개인 종교', 즉 자기성취적 불멸을 향한 분투다.[40]

죄와 신경증에는 피조물성을 인정하기를 거부하는 비현실적 자기확장이라는 측면뿐 아니라 강화된 자의식에 대한 형벌이라는 또다른 측면이 있다. 그는 공유된 환각의 위안을 받지 못한다. 그 결과 죄인(신경증 환자)은 자신이 부정하려는 바로 그것인 자신의 피조물성, 비참함, 무가치함을 뼈저리게 의식한다.[41] 신경증 환자는 인간 조건의 참된 인식으로 다시 내동댕이쳐지는데, 이것이야말로 애초에 그의 고립과 개별화를 일으킨 원인이다. 영광스러운 사적인 내적 세계를 구축하려고 그가 노력한 것은 자신의 더 깊은 불안 때문이지만 삶이 복수를 하고 만다. 그는 자신을 분리하고 부풀릴수록 더욱 불안해진다. 자신을 인위적으로 이상화할수록 자신을 더욱 과장되게 비판하게 된다. 그는 '나는 모든 것이다'와 '나는 아무것도 아니다'의 양극단을 오락가락한다.[42] 하지만 무언가가 되려면 다른 무언가의 탄탄한 일부가 되어야 한다는 것은 분명한 사실이다. 의존성의 빚을 치르고 나머지 자연의 더 큰 의미에, 자연이 요구하는 고통과 죽음의 대가에 굴복하는 일을 피할 방법은 없다. 또한 아무리 애쓰더라도 이 채무 변제를 정당화할 방법은 없다.

하지만 이제 우리는 고전적 죄인과 현대적 신경증 환자 사이에 역사적 차이가 있음을 안다. 둘 다 인간적 미흡함이 자연적임을 경험하지만 오늘날의 신경증 환자는 상징적 세계관(자신의 무가치함에서 의미를 끌어내어 이를 영웅주의로 번역하는 신 이데올로기)을 박탈당한다. 전통 종교는 죄의식을 구원의 조건으로 탈바꿈시켰으나 신경증 환자가 고통스러운 공허감에서 얻을 수 있는 것은 비참한 소멸(외로운 죽음을 통한 자비로운 방면)뿐이다. 신을 마주하여 아무것도 아닌 것은 괜찮다. 신만이 미지의 방법으로 이것을 괜찮게 만들 수 있다. 하지만 아무것도 아닌 존재인 자신에게 아무것도 아닌 것은 별개 문제다. 랑크는 이 상황을 이렇게 요약했다.

신경증 유형은 죄의 개념을 믿지 않아도, 죄를 의식하는 것만으로도 자신의 종교적 조상만큼이나 큰 고통을 받는다. 정확히 이 지점이 그 사람을 '신경증 환자'로 만든다. 그는 죄에 대한 종교적 믿음을 갖고 있지 않으면서도 죄인이라는 느낌을 받는다. 따라서 새로운 합리적 설명이 필요하다.[43]

현대인의 고통은 여기에서 비롯한다. 그는 죄를 일컬을 단어가 없는 죄인이다. 아니, 심리학 사전에서 죄에 해당하는 단어를 찾느라 고립과 과잉의식의 문제를 악화시킬 뿐인 더더욱 가련한 죄인이다. 다시 말하지만 랑크가 심리학을 "압도적으로 부정적이고 분열적인 이데올로기"라고 부르면서 염두에 둔 것은 바로 이 교착상태다.

이상적 상태로서의 건강

지금까지 우리는 신경증 문제의 세 측면을 살펴보았다. 그것은 성격 형성의 결과로서의 신경증, 현실 대 환각의 문제로서의 신경증, 역사적 상황의 결과로서의 신경증이다. 물론 이 세 가지는 하나로 합쳐진다. 인간은 주어진 역사적 시기에 모종의 문화적 기획에서 좋든 나쁘든 자신의 모순을 살아간다. 신경증은 인간 조건의 총체적 문제를 일컫는 또다른 용어다. 개인이 문제에 직면하여 수렁에 빠질 때, 그의 영웅주의가 의심을 사고 자멸적이 될 때 신경증은 임상 용어가 된다. 인간은 예나 지금이나 신경증을 타고났으나 어떤 때에는 다른 때보다 수월하게 참된 조건을 숨긴다. 인간은 일종의 자기초월적 드라마에서 자신의 영웅주의를 확고하게 살아갈 수 있으면 임상적 신경증에 빠지지 않는다. 현대인은 더 큰 모순 속에서 살아가는데, 그 이유는 현대적 조건에서는 영웅적 신격화와 창조적 놀이, 문화적 환각의 설득력 있는 드라마가 퇴색하기 때문이다. 신경증 환자가 자신의 문제를 가리기 위해 의지하거나 어우러질 수 있는 폭넓은 세계관은 존재하지 않는다. 그래서 우리 시

대에는 신경증을 '치료'하기가 힘들다.[44]

랑크의 혹독한 키르케고르적 결론은 다음과 같다. 신경증이 질병이 아니라 죄라면 이것을 치료할 수 있는 유일한 수단은 자신이 피조물로서 받아들여지는 삶의 드라마를 공연할 수 있는 긍정적 집단 이데올로기, 즉 세계관이다. 오로지 이 방법으로만 신경증 환자는 고립에서 벗어나 (언제나 종교로 대표되던) 더 크고 높은 전체의 일부가 될 수 있다. 인류학에서는 이것을 전통사회의 신화·제의 콤플렉스라고 불렀다. 신경증 환자는 자신의 완벽 욕구를 흡수할 수 있는, 자신의 바깥에 있는 무언가가 결여된 것일까? 강박으로 스스로를 집어삼키는 것일까? 신화·제의 콤플렉스는 강박의 물꼬를 트기 위한 사회적 형태다. 이 콤플렉스는 창조적 강박을 누구나 접근할 수 있는 곳에 두는데, 이것이야말로 제의의 역할이다. 프로이트는 원시 종교의 강박적 성격을 논하고 신경증 강박과 비교하면서 이 역할을 간파했다. 하지만 그는 이것이 얼마나 자연스러운지, 어떻게 해서 모든 사회적 삶이 어떤 식으로든 통제의 강박적 제의화인지 알아차리지 못했다. 신화·제의 콤플렉스는 사람들을 얼굴 앞에 있는 코에 집중시킴으로써 저절로 세상을 안전하게 하고 절망을 없앤다. 절망에 이기는 것은 능동적 유기체가 맞닥뜨리는 지적 문제가 아니라 운동을 통한 자기자극의 문제다. 주어진 지점을 넘어서면 더 '아는' 것은 인간에게 도움이 되지 않는다. 어느 정도 자기망각적인 방식으로 살아가고 행동하는 것만 도움이 된다. 괴테 말마따나 우리는 일단 경험에 뛰어들고 나서 그 의미를 따져야 한다. 따지기만 하고 뛰어들지 않으면 미쳐버리며 뛰어들기만 하고 따지지 않으면 짐승이나 다를 바 없다. 괴테가 이 격언을 쓴 시기는 바로 개인이 전통사회의 보호막을 잃고 일상생활이 개인에게 문제가 된 때였다. 인간은 얼마큼의 경험이 적당한 분량인지 더는 알 수 없었다. 이러한 안전한 분량의 삶은 전통적 관습에서 처방하는 양과 꼭 같다. 그 안에서 삶의 중요한 결정이 모두 이루어지며 심지어 일상적 사건들도 제의적으로 드러난다. 신경증은 사회적으로 합의된 강박적 제의가 전통사회의 사멸과 함께 사라지자 사적인 강박적 제의로 이를 대체하려는 안간힘이다. 전통사회의 관습과 신화는 삶의 의미를 온전히 해석해주었다. 이 해석은 개인에게 '주어진 것'이었으므로 개인이 해야 할 일은 그것을 참으로 받아들여 살아내는 것뿐이었다. 현대의 신경증 환자가 '치료'받으려면 바로 이 일을 해야 한다. 환각의 삶을 받아들여야 하는 것이다.[45]

하지만 이 '치료'를 상상하는 것과 치료법을 현대인에게 '처방'하는 것은 별개 문제다. 이런 처방이 그의 귀에는 얼마나 공허하게 들리겠는가. 무엇보다 예전에 계승되던 사회적 전통은 지금껏 마음 깊숙한 곳에서 사람들을 지탱했으나 현대인은 신화·제의 콤플렉스를 마치 약국에서 처방약 받듯 살아낼 수 없다. 심지어 정신병원이나 정신요법 모임에 들어갈 수도 없다. 현대의 신경증 환자는 자신에게 필요한 종류의 세상을 주술적으로 찾아낼 수 없다. 이것은 그가 제 나름의 세상을 창조하려고 애쓰는 한 가지 이유다. 바로 이 중요한 의미에서 신경증은 인간의 현대적 비극이다. 역사적으로 보면 현대인은 고아다.

우리의 신경증 처방이 공허한 두번째 이유는 다음과 같다. 의존과 신뢰로 자신을 끼워맞출 기성품의 전통적 세계관이 없다면 종교는 매우 개인적인 문제가 된다. 하도 개인적이어서 신앙 자체가 사적 공상처럼, 또한 나약함에서 비롯한 결정처럼 신경증적으로 보일 지경이다. 현대인이 할 수 없는 한 가지는 키르케고르가 처방한 것, 즉 신앙 속으로 고독하게 뛰어드는 것, 자신의 삶을 초월적으로 지탱하는 받침대를 순진무구하게 개인적으로 신뢰하는 것이다. 이런 받침대는 이제 외부의 제의와 관습을 살아내는 것과 무관하다. 교회와 공동체는 존재하지 않거나 별다른 확신을 주지 못한다. 이런 상황에서 신앙은 더 공상적으로 바뀐다. 무언가가 인간에게 참인 것처럼 보이려면 어떤 식으로든 시각적으로 뒷받침되어야 한다. 즉, 삶에서 경험되고 외부적이고 설득력이 있어야 한다. 사람들에게는 가장행렬, 군중, 장식, 달력에 표시할 특별한 날이 필요하다. 이것은 강박을 위한 객관적 초점으로, 내적 환상에 형태와 몸을 부여하는 무언가, 자신을 내어줄 수 있는 외부적인 무언가다. 그러지 않으면 신경증 환자는 출발점으로 돌아가는 신세가 되고 만다. 그러면 자신의 고독하고 내적인 특별함 감각을 어떻게 믿을 수 있겠는가?∎

세번째 문제는 현대인이 스스로 만들어낸 환멸의 피해자라는 것이다. 그는 자신의 분석력 때문에 유산을 상속받지 못했다. 현대적 정신의 특징은 신비와 어수룩한 믿음, 고지식한 희망을 버렸다는 것이다. 우리는 보이는 것, 뚜렷한 것, 인과관계, 논리적인 것을 강조한다. 언제나 논리적이어야 한다. 우리는 드라마와 현실의 차

영웅주의의 실패

이, 사실과 허구의 차이, 상징과 몸의 차이를 안다. 하지만 현대적 정신의 이런 특징은 바로 신경증의 특징임을 우리는 한눈에 알 수 있다. 신경증 환자를 특징짓는 것은 그가 현실을 **마주하여** 자신의 상황을 '안다'는 것이다. 그는 의심이 전혀 없다. 뭐라고 말해도 동요하지 않는다. 희망이나 신뢰를 품게 할 수도 없다. 그는 비참한 동물이다. 몸은 쇠락하고 그는 죽을 운명이며 먼지와 망각으로 돌아가 이 세상뿐 아니라 모든 가능한 차원의 우주에서 영영 사라질 것이다. 그의 삶은 상상할 수 있는 어떤 목적에도 이바지하지 않으며 그는 태어나지 않았어도 무방할 것이다. 그는 진실과 현실을 안다. 그것이 온 우주의 동기임을.

키르케고르와 순박한 기독교의 정신을 현대적 사유에서 되살린 사람은 G. K. 체스터턴이다. 그는 현대적 마음이 자랑하는 바로 그 특징이 광기의 특징임을 유려한 문체로 밝혀냈다.[46] 광인보다 더 논리적이고 원인과 결과를 꼬치꼬치 따지는 사람은 없다. 미친 사람은 우리가 아는 최고의 추론가이며 이것은 그들이 실패하는 원인 중 하나다. 그들의 모든 필수적 과정이 마음속으로 쪼그라들기 때문이다. 정상인에게 있으면서 그들에게 없는 한 가지는 과연

■ 나는 수많은 개종자들이 전도에 열성을 보이는 현상을 이로써 설명할 수 있다고 생각한다. 언뜻 생각하면 그들이 길거리에서 우리에게 자기처럼 행복해지는 법을 끊임없이 떠벌리는 이유가 의아할 것이다. 그들이 그렇게 행복하다면 우리를 들볶을 이유가 없을 테니 말이다. 내가 앞에서 말한 것에 따르면 그 이유는 매우 사적이고 개인적인 무언가를 강화하고 외부화하려면 숫자의 확신이 필요하기 때문이다. 그러지 않으면 공상적이고 비현실적으로 보일 우려가 있다. 자신을 믿을 수 있으려면 남들도 자신과 같음을 눈으로 확인해야 한다.

무엇일까? 그것은 개의치 않는 능력, 겉모습을 무시하는 능력, 긴장을 풀고 세상에 코웃음치는 능력이다. 미친 사람은 긴장을 풀지 못하며 파스칼처럼 상상의 도박에 자신의 전 존재를 걸지 못한다. 그들은 종교가 늘 요구한 일, 즉 삶의 정당화가 터무니없어 보이더라도 믿는 일을 하지 못한다. 아는 게 병이다. 신경증 환자는 부조리하지만 정작 그 자신에게는 어떤 것도 부조리하지 않다. '너무 참될' 뿐이다. 하지만 신앙은 비논리적인 곳까지, 참으로 공상적인 곳까지 확신을 가지고 확장하라고 인간에게 요구한다. 이 영적 확장이야말로 현대인이 가장 힘들어하는 것이다. 그 이유는 그가 스스로에게 제약되어 기댈 것이 아무것도 없기 때문이다. 삶에서 경험되고 공유되어 현실처럼 보이는 환상을 만들어내는 집단 드라마가 하나도 없기 때문이다.

　노파심에서 말하자면 나는 전통 종교를 옹호하는 논리를 만들어내고 있는 것이 아니다. 현대의 신경증 환자가 처한 곤경과 그 이유의 일부를 서술하고 있을 뿐이다. 나는 신앙과 환각, 또는 창조적 놀이의 문제와 관련하여 파스칼, 키르케고르, 체스터턴의 전통에서 랑크가 얼마나 중심적인 자리를 차지하고 있는지 이해하기 위한 배경 설명을 제시하고 싶다. 우리가 호이징가에게서, 또한 요제프 피퍼와 하비 콕스 같은 후대 저술가에게서 배웠듯 인간이 가진 유일하게 확고한 진실은 자신이 만들어내고 극화하는 진실이다. 살아가는 것은 곧 삶의 의미를 가지고 노는 것이다. 이 모든 사상 전통의 장점은 유치한 어리석음이 성숙한 인간의 소명임을 확고하게 가르친다는 것이다. 바로 이런 식으로 랑크는 신경 치료법을 처방했다. 그것은 "정당한 어리석음의 필요성"이다.[47] 종교, 정신의학, 사회과학을 통합하는 문제가 이 공식 하나에 담겨 있다.

앞에서 우리는 인간의 삶에서 '어느 수준의 환각을 가지고 살아가느냐'의 물음이 제기된다고 말했다. 이 물음은 이른바 정신 건강의 과학에 전혀 새로운 물음을 던진다. 그것은 어떤 환각 속에서 살아가는 것이 '최선'인가다. 달리 말하자면 가장 정당한 어리석음이란 무엇인가? 삶을 향상시키는 환각에 대해 말하려는 사람이라면 무엇이 '최선'인가의 물음을 피할 수 없다. 즉, 인간의 기본 조건과 욕구에 비추어 그에게 직접적으로 유의미한 방식으로 '최선'인 환각을 정의해야 한다. 나는 이 물음에 통째로 답하려면 주어진 환각이 얼마나 많은 자유, 존엄, 희망을 선사하는지 보아야 한다고 생각한다. 이 세 가지는 자연적 신경증의 문제를 흡수하여 창조적 삶으로 탈바꿈시킨다.

자유의 문제에 대한 답은 자유를 가장 찾아보기 힘든 곳에서 찾아야 한다. 인간을 치명적이고 무지막지하게 노예화하는 곳, 바로 전이에서다. 전이는 신비, 공포, 힘을 절편화하며 자아를 손아귀에 움켜쥔다. 종교는 경외와 공포를 그것이 속한 우주로 확장함으로써 전이 문제에 직접 답한다. 또한 자기정당화 문제를 눈앞의 대상들로부터 제거한다. 이제 우리는 주변의 존재들을 기쁘게 할 필요가 없으며 창조의 근원(우리와 우연히 삶을 함께하게 된 사람들이 아니라 우리를 창조한 힘)만을 섬기면 된다. 우리의 삶은 아내, 남편, 친구, 지도자의 기준에 따른 반사적 대화이기를 멈추고 (우리를 앞으로, 또한 우리 너머로 이끌기에 참으로 알맞은 이상인) 가장 높은 영웅주의의 기준에 따라 평가된다. 이런 식으로 우리는 독자적 가치로 자신을 채우고, 자유로운 결정을 내릴 수 있으며, 무엇보다 우리에게 맞서지 않고 우리를 진정으로 뒷받침하는 힘에 기댈 수 있다.[48] 인격이 종교에서 진정으로 나타나기 시작할 수 있는 것은 추상물로서의 신이 딴 것들과 달리 개인에게 맞서지 않으며 독립적 자기정당화에 필요한 모든 힘을 개인에게 선사하기 때문이다. 신에게, 창조의 원천이자 만물 중에서 가장 무시무시한 힘에게 확신을 가지고 기대는 것보다 더 안전한 것이 있을까? 신이 숨겨진 무형의 존재라면 더욱 좋다. 인간이 스스로의 힘으로 확장하고 발전할 수 있기 때문이다.

따라서 전이 문제는 인간의 여느 문제와 마찬가지로 어느 정도는 가치의 문제, 이상의 문제다. 프로이트는 현실에 대한 전이 지각이 얼마나 과장되고 거짓되었는가를 밝힘으로써(물론 이것은 상당 부분 참이다) 이 문제를 철저히 과학적으로 탐구하려 했다. 하지만 '참된' 지각의 규범이란 무엇인가? 여기서 프로이트는 얼버무릴 수밖에 없었다. 사랑에 빠져 자신의 바로 그 과장 때문에 황홀과 확장에 사로잡힌 정상인의 지각보다 더 비현실적인 것이 어디 있겠는가?[49] 위대한 종교심리학자 판 데르 레이우는 전이 투입의 문제를 프로이트보다 폭넓게 바라보았다. 그는 고대 이집트 문헌에서 파헤리라는 사람이 내면의 양심을 인간 안에 깃든 신의 목소리로 간주하는 대목을 인용한 뒤에 이렇게 말한다.

니체와 프로이트 덕에 이제는 목소리의 '낯섦'을(이 목소리는 우

영웅주의의 실패

리에게 피하라고 경고한다) 영아증에 확실히 돌릴 수 있게 되었다. 그것은 [니체 말마따나] "인간의 심장에 있는 신의 목소리가 아니라 인간 안에 있는 어떤 인간의 목소리"다.

하지만 판 데르 레이우는 뜻밖의 결론을 내린다. "하지만 우리가 선호하는 것은 이집트인의 견해인지도 모른다. 이 점에 대해 현상학은 관여할 수 있는 것이 아무것도 없다."[50] 말하자면 우리는 어쩌면 이집트인의 견해에서 드러나는 존재의 더 큰 확장성 때문에 이를 더 좋아하는지도 모른다. 더 풍부한 상상력으로 사람을 고차원적인 신비한 힘과 연결하기 때문이다. 신 의식은 퇴행적 전이일 뿐 아니라 창조적 가능성이기도 하다. 하지만 판 데르 레이우와 달리 우리는 이 문제에 심리학이 관여할 구석이 있다고 주장한다. 심리학은 제약이 덜한 형태의 전이에 대해 이야기할 수 있다.

물론 무엇보다 종교는 죽음의 문제를 해결한다. 살아 있는 개인은 아무리 우리를 떠받치더라도 죽음의 문제를 해결할 수 없다. 그렇다면 종교는 자유에서의 영웅적 승리 가능성을 선사하며 인간 존엄의 문제를 최고 수준에서 해결한다. 인간 조건의 두 가지 존재론적 동기가 둘 다 충족되는 것이다. 하나는 자신을 나머지 자연에 온전히 굴복시켜 자신의 전 존재를 더 높은 의미에 내려놓음으로써 자연의 일부가 될 필요성이고 다른 하나는 자신을 개별적인 영웅적 인격으로서 확장할 필요성이다. 마지막으로, 종교만이 희망을 줄 수 있는데, 그 이유는 종교가 미지의 것과 알 수 없는 것의 차원을 열고 인간의 마음이 접근조차 할 수 없는 창조의 환상적 신비를 열고 존재의 영역들, 즉 천국들과 (지상의 논리를 조롱하는) 가능한 구현들이 다차원적으로 존재할 가능성을 열며 그럼으로써 지상적 삶의 부조리함을, 삶의 문제에 담긴 모든 불가능한 한계와 좌절을 없애주기 때문이다. 종교의 언어로 표현하자면 "신을 보는 것"은 곧 죽는 것이다. 피조물은 너무 작고 유한하기에 창조의 가장 높은 의미를 감당할 수 없기 때문이다. 종교는 자신의 바로 그 피조물성, 자신의 하찮음을 희망의 조건으로 만든다. 인간 조건을 완전히 초월하면 상상할 수 없는 무한한 가능성이 열린다.[51]

그렇다면 정신 건강에 이상적인 것은 무엇일까? 그것은 삶, 죽음, 현실에 대해 거짓말을 하지 않는 미더운 환각, 스스로의 명령을 따를 만큼 정직한 환각이다. 내가 뜻하는 명령은 자신을 정당화하려고 죽이지 말라는 것, 타인의 생명을 빼앗지 말라는 것이다. 랑크는 우리가 논의한 바로 그 의미에서 기독교가 참으로 위대한 이상적 어리석음이라고 생각했다. 기독교는 인간 조건에 대한 유치한 신뢰와 희망이지만, 신비의 영역을 열어준 신뢰와 희망이기도 하다. 모든 종교가 스스로의 이상에 못 미치는 것은 분명하다. 랑크가 말한 기독교는 현실의 기독교가 아니라 이상으로서의 기독교였다. 기독교는 여느 종교와 마찬가지로 실제로는 억압적 전이를 더더욱 숨막히는 구속으로 강화했다. 아버지들은 신적 권위의 승인을 얻는다. 하지만 키르케고르, 체스터턴, 니부어 형제를 비롯한 수많은 사람들이 탄탄하게 논증했듯 이상으로서의 기독교는 우리가 손꼽은 모든 것 위에 우뚝, 어쩌면 어떤 필수적 측면에서 가장 높이 솟아 있다.[52] 이제는 온전히 이해할 수 있겠지만 흥미로운 사실은 랑크가 평생에 걸친 연구 끝에 정신분석학 자체를 이 사상 전통으로 끝맺었다는 것이다. 프로고프가 훌륭히 밝혀냈듯 이 점에서 그는 융과 어깨를 나란히 한다.[53]■

마지막으로 정신 건강이 이상적 환각의 문제라면 우리에게는

■ 정신분석적이고 실존적이고 신학적인 사유를 종합한 인물은 그 밖에도 여러 명이 있다. 앞서 언급한 월드먼의 연구는 (프로고프가 밝혔듯) 아들러까지 거슬러올라가는 종합을 담고 있다. 따라서 우리가 말하는 것은 우연한 수렴이나 유별난 유사성이 아니라 여러 주요 사상 조류의 확고한 누적적 성취다. Igor A. Caruso의 중요한 책 *Existential Psychology: From Analysis to Synthesis* (New York: Herder and Herder, 1964)는 신경증에 대한 '랑크류'의 빼어난 서술이다. 또한 정신분석학을 키르케고르에게서 종결하는 또다른 현대 운동 분야에 대해서는 Wilfried Daim, "On Depth-Psychology and Salvation," *Journal of Psychotherapy as a Religious Process*, 1955, 2: 24–37을 보라. 이 방향으로 이뤄진 최초의 현대적 시도 중 하나, 어쩌면 그중에서도 최초는 오스카 피스터 목사의 연구다. 그는 불안에 대한 방대한 저서를 썼는데(Pfister, 1948), *Christianity and Fear* (London: Allen and Unwin, 1948)로 번역되었다. 그 책은 불안을 요한에서 키르케고르, 하이데거, 프로이트를 관통하는 주제로 보았다. 피스터의 의도는 불안을 극복하는 가장 좋은 방법이 기독교적 사랑의 불멸 이데올로기임을 밝히는 것이었다. 여기에서 피스터의 방대한 연구와 논증을 평가하는 것은 적절치 않지만 삶과 죽음에 대한 불안이 인간의 보편적 성격임을 이해하지 못했다는 흥미로운 사실 때문에 그의 연구가 빛이 바랬음을 유념해야 한다. 그는 아동의 건전한 발달이 죄책감 없이 이뤄질 수 있으며 사랑을 온전히 표출하면 두려움을 없앨 수 있다고 믿는 사람들과 의견을 같이한다. "두려움에 대한 이 소인이 반드시 세상에서의 실존 자체에 의해 발휘되는 것도 아니다. 세상에서의 실존 자체가 두려움을 일으킨다는 것은 다양한 '둑 쌓기'로 인해 두려움의 성향을 가지게 된 사람에게만 해당한다"(49쪽). 그는 키르케고르가 힘든 어린 시절을 보내면서 두려움 신경증에 걸렸고 이로 인해 병을 얻었다고 말한다. 흥미로운 사실은 피스터가 두려움을 흡수하고 변형하는 문화적 불멸 이데올로기를 인식했으면서도 그 이면을 보지 못했다는 것이다. "아동과 노인뿐 아니라 많은 사람들이 죽음과의 대면을 가능한 일로 여긴다. 심지어 죽음을 친구로 환영하고 대의를 위해 기꺼이 죽기도 한다." *Ibid.* 이것은 참이지만 우리가 이제 알게 되었듯 사소한 참이다. 현실과 힘의 전이 변화를 파악하지 못하기 때문이다. 이 때문에 그의 책은 그리스도를 에로스의 초점으로 삼아 억압 없는 삶의 가능성을 논하는 빌헬름 라이히와 노먼 브라운식의 논지를 내세운다. 이 모든 것을 생각해보면 자유주의적 기독교가 프로이트의 논지를 채택하여 세상을 활기차게 '옳은 장소'로 만들려 할 때 이런 비기독교적 사업에서 이런 남다른 파트너가 무언가 잘못된 것을 만들어낼 수밖에 없으리라는 성찰에 이르게 된다.

인간 성격에 대한 커다란 물음 하나가 남는다. '최선'의 이상에 대해 말하려면 그보다 못한 이상들의 대가에 대해서도 이야기해야 한다. 인간의 존재론적 쌍둥이 필요를 완전히 충족하지 못하면 인간의 인격은 어떤 대가를 치러야 하나? 우리는 프로이트의 삶을 관통하는 문제로 다시 돌아간다. 절대적 초월을 부정하고 자신의 종교를 만들려고 시도하는 대가는 무엇인가? 존재의 힘을 가장 높은 원천에서 이끌어내지 못한다면 자신과 주변 사람들은 어떤 대가를 치러야 하는가? 성격학에서는 이런 물음에 대한 논의조차 시작하지 못했지만 내가 보기에 이것은 기본적이고 필수적인 핵심적 물음이며 이 물음을 묻지 않고서는 정신 건강에 대한 학문적 논의조차 불가능하다. 랑크는 기본적인 물음을 제기했다. 그것은 개인이 조금이라도 "자신을 자신으로부터 긍정하고 받아들일" 수 있는가다. 하지만 그는 그 물음에 대해서는 "말할 수 없"다는 말로 단박에 얼버무리고 만다. 그는 창조적 유형만이 자신의 작품을 존재의 정당화로 이용함으로써 어느 정도 이 일을 해낼 수 있다고 판단했다.[54] 나 또한 랑크의 연구를 모른 채 이 물음을 인간학의 중심 문제로 제기한 적이 있다.[55] 나는 랑크 자신이 다른 곳에서 대답한 방식으로(8장에서 보았듯) 이 물음에 답할 수 있다고 생각한다. 그것은 창조적 유형마저도 자신보다 높은 힘에 관념적으로 굴복해야 한다는 것이다.[56] 날카로운 분석력으로 그 이유를 꿰뚫어본 사람은 융이다. 그것은 남다른 사람이 자신의 전이 투사를 자신에게 되돌린다는 사실이다. 8장에서 말했듯 창조적 유형이 창조적인 한 가지 이유는 세상을 자신의 관점에서 보고 스스로에게 의존한다는 것이

영웅주의의 실패

다. 하지만 그러다 자신의 의미로 포화되어 위험한 과대망상에 빠질 우려도 있다. 게다가 전이 지각으로 세상을 절편화하지 않으면 경험의 총체가 에고에 어마어마한 부담을 지우며 에고를 소멸시킬 수도 있다. 창조적인 사람은 자신과 세상 둘 다로 가득차 있다.[57] 다시 말하지만 창조적인 사람은 신경증 환자와 똑같은 인격 문제가 있으며 신경증 환자와 똑같이 경험을 통째로 집어삼키려 한다. 그는 새롭고 더 큰 의존성에서, 이상적으로는 (랑크가 말하는) 자유롭게 선택한 의존성에서 일종의 해결을 얻어야 한다.

우리가 프로이트에게서 뼈아프게 실감했듯 우리 중에서 가장 강한 사람도 삶의 의미를 통째로 짊어지고 자신의 하찮은 피조물적 힘으로 이를 떠받쳐야 한다면 아이처럼 기절할 수 있다. 6장 말미에서 말했듯 프로이트는 과학적 피조물성에서 종교적 피조물성으로 나아가지 못했다. 융이 날카롭게 간파했듯 이것은 프로이트가 천재로서 자신이 가진 고유한 열정을 저버렸다는 뜻이다. 융은 자신의 경험으로부터 이것을 깨달았음이 틀림없다. 그가 결코 로마를 방문할 용기를 내지 못한 것은 그의 말마따나 로마가 "나의 능력을 초월한 문제"를 제기했기 때문이다. "1949년 노년에 접어들어 나는 이때의 게으름을 메꾸려고 생각했다. 그러나 차표를 사고 있을 때 실신 발작을 일으키고 말았다. 그후에도 한 번, 로마 여행 계획을 세운 일이 있었으나 이것을 마지막으로 끝나고 말았다."[58] 이 모든 거인들이 (우리가 보기에) 단순한 여행을 계획하다 졸도했다는 사실을 어떻게 이해해야 할까? 프로이트도 만년에 이르기 전에는 로마를 방문할 수 없었으며 로마 가까이 갔다가도 매번 돌아섰다.

랑크가 키르케고르에게서 종지부를 찍은 것, 특히 예술가에 대한 그의 심리학을 논의하고 난 지금 우리는 이 문제를 온전히 이해할 수 있으리라 생각한다. 이 사람들에게는 평범한 여행자들이 전혀 알지 못하는 문제가 있었다. 그들은 창조와 역사에 전혀 새로운 의미를 부여하려 애쓴 혁신가였으며 그렇기에 이전의 모든 의미와 가능한 모든 대안을 오롯이 자신의 어깨로 떠받치고 정당화해야 했다. 아마도 로마는 이 의미를 그 자체로 그 잔해와 역사를 통해 형상화했을 것이며 그래서 그들은 다리가 풀렸을 것이다. 얼마나 많은 인간의 피가 로마의 땅에 스며들었던가. 얼마나 많은 인간의 드라마가 (역사의 관점에서) 그토록 무정하고 헛되이 수많은 피를 흘리며 펼쳐졌던가. 로마가 제기하는 문제는 프로이트를 괴롭힌 공룡의 문제나 루터를 조롱한 기형아의 문제와 같다. 다만 이제는 모든 인간의 차원에서 제기될 뿐이다. 6장에서 언급했듯 프로이트는 자신이 로마를 꺼리는 이유와 아크로폴리스에서의 기묘한 경험을 분석하고서 자신의 성취에 대한 판단에 어떤 식으로든 아버지에 대한 기억이 자리잡고 있음을 간파했다. 그는 아버지에 대한 '효심' 때문에 마음이 심란했다고 말했다. 그의 분석을 극단으로 밀어붙이자면 우리가 참으로 창조적인 인격이 되면 지상의 아버지가 우리의 무능력을 고발한다고 말할 수밖에 없다. 그들은 우리가 신이 아니라 인간에게서 태어났음을 상기시킨다. 어떤 살아 있는 사람도 천재에게 세상의 의미를 어깨에 짊어질 힘을 줄 수는 없다.

그럼에도, 늘 신에게 의존한 융마저 삶의 부담에 실신한다면 우리는 이 문제에 대해 무슨 말을 해야 할까? 최종 분석에서 우리는 오로지 모든 인간이 이곳에서 자신을 소진해야 하며 이상적 환각의 문제는 누구에게도 예외가 아니라고 말해야 할 것이다. 이 문제는 인간이 (자신의 믿음과 스스로 의존할 수 있는 힘에 따라 다르겠지만) 성취할 수 있는 최상의 작업과 삶에 대한 물음과만 관계있다. 앞에서 말했듯 이 주제는 경험 과학인 심리학 자체에서 논의할 문제다. 우리는 인간이 성취할 수 있는 최고의 실현에 대해 궁리해야 한다. 그리고 심리학의 궁극적 요점은 물음을 던지는 키르케고르의 모습과 다시 만난다. 어떤 세계관인가? 어떤 힘인가? 어떤 영웅주의를 위해서인가?

10장

정신질환의 원인

> 본질적이고 기본적인 원초적 불안은 인간 실존의 모든 고립되고 개별적인 형태에 내재한다. 기본적 불안 속에서 인간 실존은 자신의 '세계 내 존재'에 대해 불안과 더불어 두려움을 느낀다. 이것을 이해하기만 한다면 우리는 삶을 두려워하는 사람들이 죽음 앞에서도 유난히 겁에 질린다는 겉보기에 역설적인 현상을 상상할 수 있다.
>
> —메다드 보스[1]

명성이 자자한 중세사 교수인 동료가 '중세에 대해 공부할수록 말하기가 더 힘들어진다'고 털어놓은 것이 기억난다. 중세는 하도 복잡하고 다채로워서 일반적 진술로 뭉뚱그릴 수 없다는 것이다. 정신질환 이론에 대해서도 똑같이 말할 수 있다. 이렇게 복잡하고 다채로운 현상을 '개관'하는 장을, 게다가 정신의학자도 아닌 사람이 쓴다는 것은 얼마나 당돌한 일인가? 사실 이 장이 책에 꼭 필요하다고 느끼고 있음에도 억지로 앉아서 글을 써내려가기가 여간

힘들지 않았다. 정신질환에 관련된 문헌은 널려 있어서 누구나 볼 수 있다. 지금까지의 심리학자 중에서 가장 위대한 사람들이자 가장 풍요로운 개인적 감수성의 소유자들이 일생에 걸쳐 연구한 기록, 즉 남다른 이론적 재능이 스며 있고 가장 방대하고 다양한 임상 자료를 바탕으로 한 업적이 이미 충분히 발표되어 있다. 누군가 이 분야를 다시 헤집어야 할 이유가 어디 있겠는가? 기껏해야 피상적이고 단순하게 들여다볼 수 있을 뿐인데.

어쩌면 바로 그 이유 때문인지도 모르겠다. 오늘날 무언가를 그나마 이야기할 수라도 있으려면 단순함이 필요하다. 이것은 중세 학자의 고백이라는 동전의 뒷면이다. 우리 시대의 두드러진 특징은 인간 본성에 대해 알아야 할 중요한 것이 모조리 알려져 있다는 것이다. 그럼에도 확립된 지식과 공감대가 이토록 적은 시대는 일찍이 없었다. 그 이유는 전문화가 진전되면서 일반적 진술을 무난하게 해내기가 불가능해졌기 때문이다. 이는 일반적 우매함으로 이어졌다. 이 장에서 내가 하려는 일은 전문화와 산더미 같은 사실들이 본의 아니게 가져온 우매함을 줄이기 위해 단순함의 위험을 무릅쓰는 것이다. 내가 거두는 성공이 보잘것없더라도 수고가 헛되지는 않을 것이다. 이렇게 답답하고 가차없는 과학의 시대에 팽배한 근시안에서 벗어나려면 누군가 나서서 바보 노릇을 해야 한다.

전문가들은 당장 이렇게 말할 것이다. 정신질환의 일반 이론을 논하는 것은 주제넘은 일이고 머나먼 미래의 문제이며 까마득하고 어쩌면 달성할 수 없는 목표라고. 도서관과 서점을 메운 무수한 책들에 그런 이론이 이미 고이 들어 있는데도 그렇지 않다는 듯 말이다. 현대 심리학의 거장들은 인간 행동을 온갖 유형의 도착뿐 아니라 신경증적 측면과 정신증적 측면에서 철저히 이해했다. 앞에서 말했듯 문제는 어떻게 해야 이 풍부한 통찰과 지식에 일반적 질서를 부여할 수 있는가다. 한 가지 방법은 이 책에서 다양한 사실 분야들을 묶기 위해 지금까지 했던 것처럼 가장 일반적인 진술을 하는 것이다. 인간은 죽음을 두려워하고 자기영속화와 운명의 영웅적 초월을 추구하는 동물인가? 그렇다면 그런 동물에게 실패란 영웅적 초월을 성취하지 못하는 것이다. 이 책 2부의 제사에서 아들러가 간명하게 표현했듯 정신질환은 용기를 잃은 사람에 대해 말하는 방법이며 이것은 정신질환이 영웅주의의 실패에서 비롯한다고 말하는 것과 같다. 이 결론은 앞 장의 신경증 문제 논의에서 논리적으로 도출된다. 앞에서 우리는 신경증 환자가 무엇보다 자신의 피조물성을 감당하지 못하며 자신의 항문성을 확고한 환각으로 둘러싸지 못하는 사람임을 살펴보았다. 낮은 자존감이 정신질환의 중심 문제임을 간파한 사람은 아들러다. 사람이 자존감과 관련하여 가장 어려움을 겪는 때는 언제일까? 그것은 바로 운명의 영웅적 초월이 가장 의문시될 때, 삶의 영속적 가치인 자신의 불멸에 의심이 들 때다. 즉, 자신의 지난 삶이 우주적 차이를 조금이라도 만들어냈다는 확신을 하지 못할 때다. 이 관점에서 우리는 정신질환이란 피조물성의 부정에 사로잡히는 양식이라고 말할 수 있다.

우울증

각 증후군의 **구체적 증상**이 이런 일반적 진술들로 어떻게 요약되는가를 보일 수 없다면 일반적 진술의 범위는 제한적일 것이다. 다행히도 구체적 증상을 일반적 진술로 요약할 수 있다. 아들러는 우울증이나 울증이 얼마나 철저하게 용기의 문제인지, 이런 증상이 삶을 두려워하고 독립적 발달 비슷한 것을 모조리 포기하고 타인의 행위와 도움에 전적으로 의존하는 사람들에게서 어떻게 발전하는지 이미 밝혀냈다.[2] 그들은 '체계적 자기제약'의 삶을 살았으며 그로 인해 행동을 덜 할수록 할 수 있는 일이 줄며 더 무력하고 의존적으로 바뀐다. 삶의 어려움과 부담으로부터 물러설수록 자연스럽게 스스로를 부적절한 존재로 느끼며 자기평가가 낮아진다. 이것은 불가피한 결과다. 삶이 일련의 "고요한 후퇴"[3]라면 인간은 결국 구석에 단단히 처박혀 그 어디에도 물러서지 못하게 된다. 이것이 우울증에 사로잡힌 상태다. 보스가 이 장의 제사에서 상기시키듯 삶을 두려워하면 죽음을 지나치게 두려워하게 된다. 마지막으로 우울증 환자는 움직일 엄두를 내지 못한다. 며칠을 내리 침대에 누워 집안일이 쌓이도록 내버려두고 이불을 더럽힌다.

용기를 내지 못함으로 인한 이 실패 사례의 교훈은 어떤 식으로든 삶으로 대가를 치르고 죽는 것과 세상의 위험에 스스로를 내어주는 것에 하루하루 동의하고 자신이 집어삼켜져 소진되도록 허락해야 한다는 것이다. 그러지 않으면 삶과 죽음을 피하려다 **죽은 거나 마찬가지**가 되고 만다. 이것이 현대 실존주의 정신의학자들이 20세기 들머리의 아들러와 똑같이 우울증을 이해하는 방식이다. 메다드 보스는 이를 몇 줄로 요약한다.

울증 환자의 상태는 한마디로 세계와 관련하여 자신의 진짜 자아를 실제로 구성하는 모든 가능성을 공개적이고 책임감 있게 받아들이는 데 실패한 것이다. 이에 따라 그런 실존은 독자적으로 서지 못하고 남의 요구와 희망과 기대에 끊임없이 종속된다. 이런 환자는 주변의 보호와 사랑을 잃지 않고자 이 외부의 기대에 부응하려고 안간힘을 쓴다. [하지만 그들은 더욱 빚더미에 앉는다.] 그리하여 울증의 지독한 죄책감이 그의 실존적 죄책감에서 생겨난다.[4]

여기서 흥미로운 과학적 의문은 우울증의 단순한 역학에 대해 합의를 이루는 것이 왜 그토록 어려웠는가다. 아들러와 현대의 실존적 정신의학 학파가 이토록 일찍이, 또한 이토록 명쾌하게 밝혀냈는데도 말이다. 한 가지 이유는 우울증의 역학이 겉보기만큼 단순하지 않다는 것이다. 우울증은 인간 조건의 심장부 깊숙이 파고들며 우리는 이 핵심을 간단하거나 쉽게 읽어낼 수 없었다. 무엇보다 우리 자신이 죽음과 삶에 대한 공포라는 개념을 매우 효과적으로 제거했다. 우리는 살아 있는 피조물의 공포에 그다지 감명받지 않았으므로 이 공포에 사로잡혀 고뇌하는 사람들의 고통과 변화를 이해할 수 없었다. 이를테면 아들러는 초기에 빼어난 일반 이론을 제시했음에도 우울증 환자의 이기심과 응석(자라서 삶의 책임을 받아들이기를 거부하는 '응석받이')을 언급함으로써 우리를 다소 실망시켰다. 물론 그의 말도 어느 정도 일리가 있으며 아들러는 자연 자체가 인간을 동물계에서 약골로 만들었음을 잘 알고 있었다. 하지만 강조점을 어디 두느냐가 중요한 법이다. 아들러는 개별화, 차이, 고

영웅주의의 실패

독, 뒷받침과 위임된 권력의 상실 등에 대한 순전한 공포를 더 강조해야 했다. 그는 사람들이 살기 위해 구사하는 '삶 거짓말'을 폭로했지만 이 거짓말이 대다수 사람들에게 이런저런 형태로 얼마나 필요한가를, 어떻게 해서 인간이 스스로의 힘에 의지할 수 없는가를 간과하는 경향이 있었다. 프로이트와 융 같은 거인이 단지 배표와 기차표를 사다가 힘이 빠져 졸도한 것을 생각하면 가련한 '평균인 씨'가 자신을 남들의 힘에 박아넣음으로써 고요한 영웅주의 비슷한 것을 매일같이 절충하려고 노력하는 것이 얼마나 엄청난 일인지 정확히 체감할 수 있을 것이다. 이 전술이 실패하고 자신의 삶 거짓말이 폭로될 위협에 처했을 때 우울증 증상에 휩싸여 나름의 방식으로 졸도하는 것은 얼마나 논리적인가.

우울증의 복잡한 역학 중에서 우리가 간과한 또다른 측면은 랑크가 우리에게 가르쳐준 것으로, 타인을 즐겁게 하고 타인으로 표상되는 행동 규범에 순응함으로써 불멸과 자기영속화를 이루려는 충동이다.[5] 사람들은 불멸을 갈망하며 가족의 작은 테두리 안에서든 한 명의 연애 상대에게서든 불멸을 얻을 수만 있다면 얻으려 한다. 전이 대상은 우리의 양심이 담긴 장소이자 선과 악의 온 우주가 담긴 장소다. 우리의 영웅 체계를 통째로 구현하기에 무작정 벗어날 수가 없다. 전이가 얼마나 완전하고 복잡할 수 있는지는 이미 살펴본 바 있다. 프로이트가 밝혀냈듯 우리가 권위자에게 평생 복종하는 것은 분리 불안 때문이다. 그들이 원한 것 이외의 일을 하려고 할 때마다 그들과 연관된, 또한 그들을 잃을지도 모른다는 불안감이 깨어난다. 따라서 그들의 힘과 승인을 잃는 것은 다름 아닌 우리의 삶을 잃는 것이다. 또한 우리는 전이 대상 자체가 존재의 **두렵고 매혹적인 신비를 구현한다는** 사실을 보았다. 이것이야말로 일차적 기적이다. 전이 대상은 구체적 존재이기에 단순한 상징적 명령을 초월하니 이 기적성에 순응하는 것보다 더 자연스러운 일이 어디 있겠는가? 우리는 여기에 랑크와 마찬가지로 한마디 덧붙여야 한다. 대상이 표상하는 도덕규범을 실천함으로써 불멸을 계속하여 추구하는 것보다 더 자연스러운 일이 어디 있겠는가? 전이는 영구적 자기영속화를 위해 대상을 긍정적으로 이용하는 방법이다. 전이와 그 힘이 오래가는(심지어 대상이 죽은 뒤까지) 사실이 이로써 설명된다. "살아 있지 않을지는 모르지만 뒤에 남은 것으로서 계속 그림자를 드리우고 심지어 보이지 않는 영적 세계에서 힘을 행사하는 이 대상을 계속 즐겁게 함으로써 나는 불멸한다." 명예와 예의범절의 가족 규범에 따라 살아가는 현대인뿐 아니라 조상을 숭배하던 고대인의 심리에는 이런 심정이 담겨 있다.

그렇다면 우울증은 삶과 죽음에 대한 공포와 자기영속화에 대한 갈망을 둘 다 요약한다. 그것은 어떻게 하면 영웅적 존재가 될 수 있는가다. 가족의 안전하고 작은 테두리 안에서나 사랑하는 사람과 함께 있을 때 영웅적이 되려고 노력하는 것, 이 영웅성을 고이 간직하려고 이따금 '고요한 후퇴'를 벌이는 것은 지극히 자연스럽다. 자신의 특별한 불멸을 보장하려고 독자적 재능을 우주에 베풀 수 있는 사람이 얼마나 되겠는가? 창조적인 사람만이 그런 일을 해낼 수 있다. 평범한 사람이 더는 안전한 영웅성을 확고하게 발휘하지 못하거나 스스로의 영웅이 되지 못한 실패를 감추지 못하면

영웅주의의 실패

그는 우울한 실패와 지독한 죄책감에 사로잡힌다. 나는 게일린의 통찰을 특히 좋아하는데, 그는 우울증에서 총체적 무력감과 의존성에 사로잡히는 것이 그 자체로 포유류가 동원할 수 있는 마지막이자 가장 자연스러운 방어기제라고 말한다.

> 의존은 인간 유기체의 기본적 생존 기제다. 성인이 자신의 대처 능력에 대한 희망을 포기하고 자신이 도피하지도 싸우지도 못한다고 생각하면 그는 우울증의 상태로 '위축'된다. 이 위축은 유아기의 무력감과 나란히 의존을 통해 생존의 문제를 해결해달라는 간청이 된다. 방어기제를 벗어버리는 행위야말로 일종의 방어조치가 되는 것이다.[6]

보스는 우울증 환자가 느끼는 지독한 죄책감이 실존적이라고 말한다. 즉, 죄책감은 스스로의 삶을 살지 못하고 타인의 눈에 '좋게' 보이려는 왜곡 때문에 자신의 잠재력을 실현하지 못하는 실패에서 비롯한다. 불멸 적격성을 판단하는 것은 타인이므로 자신이 살지 못한 삶은 타인의 차지가 된다. 따라서 관계는 늘 일종의 노예제이며 죄책감이라는 잔여물을 남긴다. 프레더릭 펄스 같은 현대 정신요법가는 환자에게 "그들은 상대방을 즐겁게 하려고 세상에 온 것이 아니며 상대방도 그를 즐겁게 하려고 세상에 온 것이 아님"을 상기시킴으로써 이 압제에 적극적으로 저항했다. 이것은 '불멸을 위한 개인적 실천'의 도덕에 참여하는 한 방법이었다. 나무랄 데 없는 방법이지만 환자가 느끼는, 적어도 스스로의 비난거리인 죄책감을 두루 아우르기에는 미흡하다. 무가치함에 대한 자책으로 판단컨대 환자는 어마어마한 죄책감의 짐을 느낀다. 우리는 이 자책을, 살지 않은 삶에 대한 죄책감의 반영으로서뿐 아니라 자신의 상황을 이해하는 언어로서도 이해해야 한다. 한마디로 비록 죄책감에 시달리는 영웅일지라도 그는 적어도 똑같은 영웅 체계에서의 영웅이다. 우울증 환자는 죄책감을 이용하여 대상에 매달리고 자신의 상황이 달라지지 않도록 한다. 그러지 않는다면 상황을 분석하거나 그로부터 벗어나고 초월할 수 있어야 할 것이다. 자유와 책임의 무지막지한 짐을 지는 것보다는 죄책감을 느끼는 편이 낫다. 선택의 시점이 인생을 다시 시작하기에는 너무 늦었다면 더더욱 그렇다. 타인을 처벌할 수 없다면, 심지어 타인이 내가 동일시하는 불멸 이데올로기를 표상하기에 그를 비난할 엄두조차 내지 못한다면 죄책감과 자기징벌이 더 낫다. 나의 신이 체면을 잃으면 나는 목숨을 잃는다. 악은 신이 아니라 자신 안에 있어야 한다. 그래야 살 수 있다. 죄책감을 느끼면 삶의 일부를 잃지만 죽음이라는 더 큰 악을 피할 수 있다.[7] 우울증 환자가 죄책감을 과장하는 이유는 가장 안전하고 손쉬운 방법으로 딜레마를 해소하는 방법이기 때문이다.[8] 아들러가 지적했듯 우울증 환자는 주변 사람들이 자신에게 반응하고 자신을 동정하고 자신을 귀하게 여기고 돌보도록 한다. 그들을 통제하고 자기연민과 자기증오를 통해 자신의 인격을 고양한다.[9] 그러면 이 모든 과정으로 인해 강박적 죄책감이 우울증 증후군에서 두드러지게 나타난다.

이렇듯 우리는 우울증의 복잡한 역학 중에서 일부를 들여다볼 수 있다. 우울증을 비영웅적 인생의 자연스러운 파국으로 개념화하면 매우 간단한데도 합의되고 단순한 방식으로 이해하기 힘든 것은 이런 복잡한 측면 때문이다. 우리에게 걸림돌이 되는 것 중에는 프로이트의 언어와 세계관도 있었다. 이를테면 프로이트주의자들은 갱년기 우울증이 초기의 거세 불안을 다시 경험하면서 촉발된다고 말했다. 이 설명을 비웃는 것은 쉬운 일이었다. 프로이트주의자들은 다시 한번 성인기 삶의 문제를 오이디푸스 시기와 자기네 가부장적 세계관으로 환원할 작정인 듯했기 때문이다. 그에 따르면 가련한 거세 여성은 타고난 불이익의 빚을 또 치르는 셈이었다. 나는 10년 전 경험 부족과 경솔함 때문에 당돌하게도 이에 맞서는 이론을 제시했다. 정반대 극단으로 치달아 오로지 사회적 역할의 실패에 치중한 이론이었다. 나는 완경을 맞은 여성이 더는 자신의 삶이 쓸모 있지 않다는 이유로 정신병원에 들어온 것을 종종 보았다. 황혼 이혼으로 아내로서의 역할에 실패한 경우도 있었고 자녀가 성장하여 결혼하는 바람에 어머니로서의 역할까지 끝나버려 이제 의미 있는 일이 아무것도 남지 않은 채 홀로 남은 경우도 있었다. 집안일 말고는 어떤 사회적 역할, 사업, 기술도 배운 적이 없었기에 가족이 필요로 하지 않으면 그녀는 말 그대로 무용지물이었다. 나는 우울증이 완경기에 찾아오는 것은 유용한 사회적 역할의 실패로만 이 질환을 설명할 수 있음을 잘 보여준다고 생각했다.

우리는 거의 모든 전환점에서 프로이트적 세계관과 언어를 독특한 과학적 문제로서 맞닥뜨린다. 거짓으로 보일 법한 문구에는 강력한 진실이 담겨 있다. 종종 우리는 둘을 떼어놓으려고 전전긍긍하는 우스꽝스러운 장면을 스스로 연출한다. 그러지 않을 때면 거짓된 강조점으로 진실을 발화한다. 전문가들이 넘쳐나는 현상황에서는 무슨 일이든 뻔뻔하게 할 수 있어야 한다고 생각하지만 이것은 위험한 일이다. 이따금의 냉소로 반세기에 걸친 임상적 관찰과 사유를 몰아낼 수는 없다. 과학에서 상존하는 위험은 성과가 있을 때마다 한때 탄탄히 붙어 있던 기반을 저버릴 우려가 있다는 것이다. 정신질환에 대한 작금의 '역할이론'은 **신체적** 사실들에 기반하여 프로이트적 도식을 내다버리겠다고 위협하는데, 과학의 위험을 이보다 더 잘 보여주는 것은 없다.

실제로 여성이 완경기에 거세를 다시 경험하는 것은 (프로이트가 제시한 지엽적 초점에서가 아니라 랑크, 실존주의자들, 브라운의 폭넓은 의미에서) 실제 현상이다. 보스가 근사하게 표현했듯 '거세 공포'는 모든 존재에 내재하는 불안이 자신의 세상으로 삐져들어올 수 있는 틈새에 지나지 않는다.[10] 이 지점에서 완경이 몸의 공포(실현 가능한 카우사 수이 기획으로서의 몸이 완전히 파산하는 것)를 다시 깨우는 것에 불과함을 이해하기란 어렵지 않다. 이것은 초기의 오이디푸스적 거세 불안을 일으키는 바로 그 경험이다. 여성은 자신이 동물적 존재임을 가장 우악스러운 방식으로 깨닫는다. 완경은 쇠퇴의 신체적 과정이 시작되었음을 알리는 일종의 '동물 생일'이다. 마치 자연이 사람에게 명확한 신체적 이정표를 달아두고는 벽을 세우고서 "너는 이제 삶으로 들어갈 수 없다. 너는 끝을 향해, 죽음이라는 절대적 종결을 향해 나아갈 것이다"라고 말하는 셈이다. 남성은 그런 동물 생일, 그런 구체적인 신체적 표지가 없기에 카우사 수이 기획으로서의 몸이 다시 한번 적나라하게 불명예를 당하는 일을 대개는 경험하지 않는다. 한 번이면 족하다. 남성은 문화적 세계관의 상징적 힘으로 문제를 덮는다. 하지만 여성은 그만큼 운이 좋지 못하다. 여성은 삶의 신체적 측면을 심리적으로 한꺼번에 따라잡아야 하는 위치에 처한다. 괴테의 금언을 빌리자면 죽음은 여성의 문을 두드리다 (남성이 자신의 노화를 무시하듯) 무시당하는 게 아니라 문을 박차고 들어가 자신을 고스란히 보여준다.■

다시 한번 우리는 정신분석학이 부모의 처벌에 대한 두려움이 아니라 죽음에 대한 두려움을 포함하도록 확장되어야 할 필요성을 본다. '거세하는 자'는 부모가 아니라 자연이다. 어쩌면 부모의 죄

■ 여기서 우리는 이 관점에서 볼 때 개인의 삶과 참된 성숙의 중요한 기획 중 하나는 노화 과정에 순응하는 것이라고 사족을 달 수 있을 것이다. 자신의 진짜 나이에 점차 동화되고 자신의 젊음을 항변하거나 인생에 끝이 없는 척하기를 중단하는 것은 중요한 일이다. 엘리오 자크는 참으로 뛰어난 짧은 에세이 "Death and the Mid-Life Crisis," in H. M. Ruitenbeek, ed., *Death: Interpretations* (New York: Delta Books, 1969), 13장에서 '자기애도' 개념을 아름답게 전개한다. 자기애도는 자신의 종국적 죽음을 애도함으로써 (정서적 성숙을 가로막는) 무의식에서 벗어나는 것이다. 말하자면 인간은 자신의 체제로부터 벗어나야 한다. 이 역학을 연구하면 인간이 자신의 지상적 조건과 피조물성에 순응하는 것이 얼마나 중요한지 알 수 있다. 또한 이것은 개인적 성장에서 내적인 정서적 붕괴의 자리에 대한 제임스의 초기 통찰을 과학적으로 온전히 종결지은 듯하다(James, *Varieties*, p. 99. 한국어판은 『종교적 경험의 다양성』). 우리는 이런 의미에서 프로이트가 총체적 순응의 역학을 발전시켰다고(자신은 해내지 못했음에도) 말할 수 있을 것이다. 그가 발견한 독창적 개념인 '애도 노동' 과정은 이제 개인 자신의 순응에 기본적인 것으로 이해할 수 있다. (*Ego, Hunger, and Aggression* [New York: Vintage Books], pp. 96-97에서 펄스의 중요한 평가를 보라. 그의 글은 이 과정의 총체적인 신체적 성격을 재확인한다.) 또한 뒤에서 보겠지만 우리는 삶의 단계에 대해 거짓말을 하고 자신의 세계관에서 스스로의 피조물성을 애도하기 위한 준비가 전혀 되어 있지 않고 자신을 확고하게 체념할 더 큰 영웅적 설계를 제시하지 않는 사회에서 문화적 힘들이 어떻게 공모하여 완경 우울증을 만들어내는지 더 잘 이해할 수 있다.

책감은 단지 추하고 참으로 무가치한 똥투성이 동물로서의 존재에 대한 새로운 **진짜** 자기평가를 나타내는지도 모른다. 하지만 이제 우리는 프로이트적 견해와 사회학적 견해가 어떻게 해서 자연스럽게 하나로 합쳐지는지도 본다. 정상적으로는 문화적 카우사 수이 기획이 거세 불안의 재경험을 감추지만 자연적인 동물적 무력감을 강화하는 것은 바로 사회적 역할, 문화적 기획의 실패다. 신체적 기획과 문화적 기획은 둘 다 상호적이고 반향하는 실패에 빠진다. 그렇다면 나이든 여성이 쓸모를 유지할 수 있는 위치를 박탈당하고 몸과 죽음을 초월하는 영웅주의의 수단을 빼앗기는 사회에서 갱년기 우울증이 독특한 현상으로 나타나는 것은 놀랄 일이 아니다. 우울증 환자가 자기영속화의 확고한 체계라는 우산 아래에서 (당연히 차지할 권리가 있는) 삶의 영원성을 누리지 못하고 오히려 파멸의 영원성이라는 저주를 받았다고 느끼는 것 또한 놀랄 일이 아니다.[11] 이 관점에서 보면 우리는 모든 현상을 고려한 뒤에 사회적 역할을 우울증 증상의 열쇠로 강조하는 것이 옳음을 인정해야 한다. 사회적 차원은 신체적 차원을 흡수하는 상위 차원의 문제이기 때문이다. 영웅주의는 죽음에 대한 두려움을 자기영속화의 안전으로 탈바꿈시킨다. 그러면 사람들은 죽음을 활기차게 직면할 수 있으며 심지어 이데올로기에 따라서는 죽음을 추구할 수도 있다.

게다가 개인을 떠받치는 사회적 역할을 강조하는 것은 실용적 관점에서 더욱 현실적이다. 영웅주의를 위한 꾸준한 수단이 없이는 대부분의 사람들이 일생에 걸친 대상 배태성에서 벗어나 자기 의존성과 자기지탱의 힘을 얻으리라 기대할 수 없기 때문이다. 한마디로 실존은 너무 무거운 짐이다. 대상 배태성과 신체적 쇠퇴는 보편적으로 인간의 운명이다. 일종의 '정당화 이데올로기'가 없을 때 사람들이 옴짝달싹 못하고 실패하는 것은 당연하다. 우리는 여기서 다시 랑크가 정신질환의 역사적 차원을 강조한 것이 얼마나 정확했는지 볼 수 있다. 이 물음은 결코 자연에 대한 것만이 아니라 자연을 초월하기 위한 사회적 이데올로기에 대한 것이기도 하다. 공통의 이데올로기 안에서 영웅이 되지 못하면 가족 안에서 잔소리하고 투덜대는 실패자가 될 수밖에 없다. 이 관점에서 영웅주의와 정신질환의 문제는 '누가 누구를 들볶는가?'의 문제가 될 것이다. 인간이 들볶는 것은 신인가, 타국의 군대인가, 자국의 지도자인가, 자신의 배우자인가? 삶에 대한 빚은 어떻게든 청산해야 한다. 인간은 자신에게 가능한 최선이자 유일한 방법으로, 우리의 빈곤해진 문화에서 하다못해 (해링턴이 옳게 표현했듯) "핀볼 기계를 다루는 기술에 대해서"라도[12] 영웅이 되어야 한다.

조현병

조현병은 역사적 관점에서 보면 더 풍부하게 이해할 수 있다. 어떤 유형의 사람에게 삶은 남들에게보다 더 난공불락의 문제이며 불안과 공포의 짐은 하루하루 숨쉬는 것처럼 끊임없이 그를 괴롭힌다. 랑크가 '신경증'이라는 용어를 붙인 유형은 환각이 없는 사람, 사물을 있는 그대로 보는 사람, 인간사의 허약함에 압도당하는 사람이다. 이런 의미에서 이 용어는 조현병적 유형에 대한 완벽한 묘사다. 조현병 환자는 윌리엄 제임스가 이 땅에서의 유기체적 삶의 공포에 대한 올바른 대응은 정신증적 대응이라고 말했을 때의 '현실주의자'다.[13] 하지만 랑크는 이런 종류의 '현실주의'야말로 가장 자멸적이라고 말한다.

아들러는 조현병 환자가 삶과 그 요구에 대한 두려움으로 인해, 또한 삶의 요구에 직면했을 때의 낮은 자기평가로 인해 어떤 장애를 겪는지 일찌감치 보여주었다. 조현병 환자는 스스로뿐 아니라 남들의 지식과 능력도 불신한다. 그가 보기에 삶과 죽음의 불가피한 공포를 극복할 수 있는 것은 (아마도 자신의 구원을 위해 만들어내는 공상적 관념화 체계 말고는) 아무것도 없다.[14] 주술적 전능함과 불멸의 느낌은 죽음에 대한 공포에 자신의 확고한 힘으로 맞설 능력이 전혀 없는 사람이 나타내는 반응이다. 심지어 정신증 환자는 대다수 사람들이 희망적으로, 은밀하게, 더 통제된 방식으로 사용하는 것과 똑같은 생각 방어 수단을 요란하고 노골적이고 과장된 방식으로 사용한다고까지 말할 수 있을지도 모른다. 우울증 환자가 나머지 사람들의 더 부드럽고 더 '정상적'인 우울(이따금 절망에 빠지는 것, 사랑하는 사람을 몰래 증오하는 것, 조용한 자책과 서글픈 죄책감)을 요란하게 방어 수단으로 쓰듯 말이다. 이런 의미에서 정신증은 우리 모두의 생활양식을 희화화한 것이다. 이것은 정신증이 우리를 그토록 거북하게 하는 이유 중 하나인지도 모르겠다.

아들러의 사상은 여러 사람에 의해 발전했는데, 그중에는 인간 조건을 누구보다 심오하고 섬세하게 연구한 사람들이 있다. 몇 명만 들자면 H. S. 설리번, H. F. 설스, R. D. 레잉 등을 꼽을 수 있다. 그 덕에 오늘날 우리에게는 조현병에 대한 빼어난 일반 이론이 누구나 읽을 수 있는 학문적 기록으로 남아 있다. 여기서 나는 조현병 증후군의 주된 특징만을, 즉 조현병이 그토록 특이한 공포 상태인 이유만을 언급하고자 한다. 조현병의 상태를 이해하는 데 오랜 시간이 걸린 이유는 이것이 SF를 방불케 하는 기묘한 현상이기 때문이다. 내가 말하는 현상은 인간 경험이 상징적 자아와 신체적 자아라는 두 양태로 나뉘고 경험의 이 두 양태가 전혀 별개일 수 있다는 사실이다. 어떤 사람에게는 두 양태가 하도 독자적이어서 통합되지 못하는데, 이런 사람들을 조현병 환자라고 부른다. 과민한 사람은 몸을 자신에게 낯선 무언가로, 전혀 믿을 수 없고 자신의 확고한 통제하에 있지 않은 무언가로 치부한다.[15]

이제 우리는 조현병 환자가 여느 사람과 마찬가지로 '이질적'인 동물 몸에 짓눌려 있음을 알 수 있다. 그가 유난히 짓눌리는 것은 자신의 몸에 탄탄히 뿌리내리지 못했기 때문이다. 그는 어릴 적 발달 과정에서 몸에 확고한 '자리'를 마련하지 못했으며 이 때문에 그의 자아는 자신의 신경 해부 구조에 단단히 뿌리내리지 못했다. 그는 남들이 삶과 죽음에 대한 두려움을 완충하고 흡수하는 데 이용하는 자연적인 유기체적 확장을 스스로에게 활용하지 못한다. 이 자연적인 동물적 풍요로움을 느끼지 못하는 것이다. 산타야나 말마따나 건전한 '동물적 신념'이 그에게는 부정되며 그가 생각의 복잡한 관념화 체계를 발달시켜야 하는 것은 이 때문이라고 말할 수 있을지도 모르겠다. 오늘날 우리는 공간, 시간, 대상 지각의 문화적 의미가 신경 구조 속에 말 그대로 건축되었음을 안다.[16] 문화적 불멸 이데올로기가 근육과 신경에 자리잡음에 따라 우리는 이 이데올로기를 일상 행위의 확고하고 확실한 일부로서 자연스럽게 살아낸다. 조현병 환자는 죽음에 맞서는 바로 이 신경·문화적 안전을, 또한 삶에 들어서기 위한 계획을 박탈당한 사람이라고 말할 수 있다. 그는 그 대신 죽음 초월을 보장하려고 애쓰는 정신 과정의 초확대에 의존한다. 그는 부실한 몸의 자리 내부로부터, 또한 매우 개인적인 방식으로 거의 완전히 관념적으로 영웅이 되려고 노력해야 한다. 그러니 그의 노력은 부자연스러울 수밖에 없다. 체스터턴은 확장의 여지가 있고 든든한 몸에 담긴 너그러운 감정과 동떨어진 채 생각에만 의존해야 할 때 사람이 얼마나 괴팍해질 수 있는지를 누구보다 잘 이해했다.[17]

조현병에는 인간에게서 가장 극단적으로 진화할 어떤 위험이 있다. 그것은 자신을 인식하고 성찰하고 자신의 동물 몸이 스스로에게 위협임을 이해하고 마는 동물을 만들어낼 위험이다. 이 몸에 심지어 단단히 붙박이지도 못하면 이것은 정말로 문제가 된다. 공포는 신경적인 무엇으로도, 자신이 디디고 선 장소의 신체적인 무엇으로도 흡수할 수 없는 것이 된다. 상징적 자각은 혼자서 극단적으로 격렬하게 떠다닌다. 이것은 실로 진화의 저주를 받은 동물이요 자연적 한계를 넘어 헤매는 동물이다. 경험과 자신의 불안에 고스란히 노출된 동물, 세상의 부분들에 신경물리학적으로 프로그래밍된 반응성을 전혀 나타내지 않는 동물을 우리는 상상할 수 없다. 조현병의 극단에서 순수한 형태로 관찰되는 이 무시무시한 조건을 달성하는 것은 인간뿐이다. 이 상태에서는 주변의 대상 하나하나가 거대한 문제로 불거지는데, 그 이유는 그 대상에 믿음직하게 대

영웅주의의 실패

응하기 위해 끌어낼 반응이 자기 몸안에 하나도 없기 때문이다. 적어도 우리는 본능 없는 동물이 (자신의 내밀하고 기본적인 소유물이라 부를 수 있는) 친근한 살덩어리 속으로 자신의 의지대로 빠져들 수 있으리라 희망할 수 있다(비록 이 살덩어리가 그에게 어떤 반응을 보이라고 '말하지'는 않지만). 조현병 환자는 이마저도 할 수 없다. 그의 몸은 그에게 완벽하게 '우연히 생겼'다. 그것은 악취를 풍기며 썩어가는 살덩어리다. 몸에 대해 유일하게 친밀한 것은 나약함을 전달하는 직접적 소통 경로라는 것이다. 바깥세상이 가장 내적인 자아에 닿을 수 있는 직접적 발판인 셈이다. 몸은 그의 배신이요 끊임없이 벌어지는 상처요 (폴란스키의 영화 〈혐오〉에서 카트린 드뇌브가 훌륭히 형상화했듯) 혐오의 대상이다. 이 '질병'이 인간을 가장 현혹하고 매혹하는 것은 놀랄 일이 아니다. 조현병은 이중적 조건에 대한 그 자신의 반발을 극한까지 밀어붙인다. 이것은 신경증적 개방성이 무력함의 극단까지 밀려난 것과 같다. 프로이트는 환상에서 자아를 부풀리는 것(최종 수단으로서, 삶에서의 물리적 힘 없이 **철저한 상징적 힘**을 얻으려는 시도로서의 완벽한 과대망상적 자기팽창)을 나타내는 이 증후군에 '자기애적 신경증'이라는 안성맞춤의 이름을 붙였다. 다시 말하지만 이것은 어디에서나 문화적 인간이 성취하려 분투하는 것이지만 '정상적'인 사람은 적어도 자신의 몸이 (자신감 있게 쓸 수 있는) 제 것이라고 느끼도록 신경적으로 프로그래밍되어 있다.

조현병은 인간의 문제를 극한까지 밀어붙임으로써 창조성의 성격도 드러낸다. 문화적 카우사 수이 기획에서 신체적으로 프로그래밍되지 않은 사람은 제 나름의 프로그램을 발명해야 한다. 남의 장단에 맞추지 못하기 때문이다. 그는 주변 사람들이 만들어낸 것이 거짓임을, 진실의 부정임을 안다. 그 진실이 대체로 취하는 형태는 대다수 사람들이 경험하는 것보다 더 온전하게 인간 조건의 공포를 보여준다. 그렇다면 창조적인 사람은 예술, 문학, 종교에서 자연의 공포를 전달하는 중개자요 그 공포에 승리하는 새로운 길을 일러주는 표지가 된다. 그는 인간 조건의 암울함과 두려움을 드러내며 이를 초월할 새로운 상징을 만들어낸다. 이것이야말로 샤먼으로부터 셰익스피어를 거쳐 지금에 이르는 창조적 일탈자의 역할이었다.

하지만 신경증 환자가 '덜된 예술가'라면 재능이 없고 창조적이지 않은 조현병 환자는 무엇일까? 그는 정신병동에서 보듯 완전히 도착되고 애처로운 실패자임에 틀림없다. 결핍되고 무력한 사람은 아무리 진실을 인식했더라도 동료나 자신에게 줄 선물이 하나도 없다. 창조적이지 못한 정신증 환자는 그저 삶과 죽음에 대한 두려움으로 인해 총체적으로 장애를 입었을 뿐이다. 이토록 복잡하고 거의 이해되지 않은 문제를 여기서 몇 마디로 정리할 수는 없다. 게다가 나는 이 문제를 깊거나 자세히 연구하지도 않았다. 하지만 분명한 사실은 이 문제가 단순한 물음 하나를 맴돈다는 것이다. 그것은 사람에게 자신의 주관적 경험을 다스릴(이 경험이 아무리 특이하더라도) 에고가 있는가다. 그렇다면 그는 자신의 고유한 인식에 형태를 부여한다. 그는 진화의 최전선에서, 즉 삶의 이중적 양태에서 활약하는 활기찬 삶의 과정을 얻으며 그 양태에 대한 반응으로서 이 과정을 전달하고 간직한다. 이것은 천재의 작업이 된다. 이 문제는 다음과 같이 예리하게 요약할 수 있겠다. 조현병 환자는 사회적 의미에 자동으로 반응하도록 신경적으로 프로그래밍되지 않았다. 그는 에고 반응을 일으킬 수 없으며 자신의 경험을 직접 통제할 수 없다. 그 자신에게서 분출되는 의미는 어떤 창조적 형태도 부여받지 못한다. 과장된 무력함 때문에 자신의 상징적인 내적 경험만을 경험의 닻으로, 기댈 무언가로 쓴다고 말할 수 있을 것이다. 그는 반사적으로 내적 경험을 지향하여 존재하며 이 경험을 재구성하고 이용하지 못한 채 이 경험에 휘둘리고 만다. 천재도 문화적 의미에 자동으로 반응하도록 프로그래밍되지는 않았지만 적어도 자신의 개인적 의미에 창조적 형태를 부여할 수 있는 강한 에고, 적어도 그러기에 충분한 에고의 자원이 있다. 내가 알기로 천재와 조현병 환자의 이러한 차이를 적어도 이런 총체적 측면에서 가장 훌륭히 이해한 사람은 라이히다.[18]

우리는 우울증과 마찬가지로 조현병에서도 영웅성의 문제가 적나라하게 드러난 것을 본다. 가진 자원이 거의 없는 처지에서, 삶과 죽음의 무서운 위험을 누구보다 뚜렷이 보지만 이에 맞설 내적 영광의 탄탄한 감정은 전혀 없는 처지에서 어떻게 영웅이 될 수 있을까? 그는 그런 감정을 최선의 방식으로 지어내야 한다. 그 방식은 서툴고 절름거리고 도착적일 것이다. 정신증적 전이가 (병적이지 않을 때) 그토록 총체적이고 격렬하고 몰입적이고 두려운 것은 놀랄 일이 아니다. 외로운 절름발이가 죽음을 영웅적으로 초월하려 시도하는 유일한 방법은 개인적 우상 숭배라는 완전한 노예 상태를 통하는 것, 타인의 인격체에 자아를 완전히 속박시키는 것이다. 그에게는 나머지 모든 인간이 사라지거나 떠나가지 않도록 빨아들여야 할 개인적 (아들러의 빼어난 표현을 빌리자면) "바닥짐"[19]이 너무 적다.

도착증

오늘날 뭔가 새로운 이야기를 하고 싶다면 도착증에 대해 쓰는 것은 무모한 짓이다. 이미 어마어마한 문헌이 쌓여 있다. 라이크가 피학증에 대해 쓴 것처럼 크고 두꺼운 책들, 스테켈이 온갖 도착증에 대해 쓴 것과 같은 여러 권짜리 책, 책꽂이 하나를 전부 차지한 동성애 관련서들, 그리고 학술지에는 논문마다 통찰과 임상 기록이 담겨 있다. 이 주제와 관련하여 한 세기 동안 학술 연구가 축적되었으며 모든 방면에서 상세한 탐구가 진행된다. 내 생각에 다양한 학파의 주요 논점을 요약하고 나름의 빼어난 관점을 덧붙인 최고의 책은 메다드 보스의 책이다.[20] 에르빈 슈트라우스가 평생에 걸친 연구 성과를 최근 「구두쇠」[21]라는 논문으로 집대성한 뒤로 우리는 학문에서 기대할 수 있는 가장 명쾌하고 풍성한 일반 이론을 손에 넣었다. 하지만 다시 말하건대 나무만 보고 숲은 보지 못할 위험이 있다. 모든 것에 대해 말하지 않고서는 도착증에 대해 조금이라도 말하는 것이 불가능해진 것이다. 우리에게 필요한 것은 어떤 종류의 소박하면서도 일반적인 진술이다. 편파적이지 않고 모든 주요 논점들을 하나의 뚜렷한 관점으로 종합하는 진술이 필요하다. 프로이트주의자, 실존주의자, 아들러주의자, 행동주의자는 대체로 서로 알아들을 수 없는 얘기를 한다. 그렇다면 도착증 문제에서 필수 성분을 골라낼 수 있는지 알아보자. 그러면 인간 본성과 영웅성의 문제를 훌륭히 들여다보고 요약하여 마침내 우리 연구의 결론에 도달할 수 있을 것이다.

도착증처럼 겉보기에 무척 난해하고 주변적인 주제를 성찰하는 것이 유익한 이유는 도착증이 실은 전혀 주변적이지 않기 때문이다. 도착증에 대해 수많은 글이 쓰인 이유는 바로 도착증이 인간 행위의 핵심 문제이기 때문이다. 도착증은 인간 행위에서 무엇이 관건인지를 어떤 행동보다 잘 보여주는데, 그 이유는 인간 행위를 본질로 수렴하기 때문이다. 이런 의미에서 도착증은 그야말로 인간학의 아원자적 이론이요 기본 입자와 에너지가 집중되는 핵이다. 유능하고 지적인 연구자가 도착증을 주로 연구하는 것은 이 때문이다. 하지만 우리가 많은 분야를 섭렵했기 때문에 나의 요약은 사실상 우리가 논의한 모든 것을 검토하는 셈이며 그래서 쉽게 이해할 수 있을 것이다.

앞의 몇 가지 예에서 보았듯 프로이트는 자신의 천재성으로 전혀 새로운 이해 영역을 개척했음에도 자신의 정식화를 지엽적이고 독단적으로 표현하는 바람에 논점을 흐리고 불필요한 학문 논쟁을 오랫동안 야기했다. 이것을 가장 잘 보여주는 것이 도착증 문제다. 프로이트는 도착증이라는 가장 험한 지형의 정복을 가능케 했으나 이번에도 우리로 하여금 불신에 어깨를 움츠리게 했다. 절편음란증을 예로 들어보자. 절편음란증은 분명히 도착증의 전형적 사례이며 프로이트는 절편음란증을 자신의 이론 체계 전체의 본보기로 삼았다. 절편음란증 환자가 구두나 코르셋 같은 물건 없이는 여인과 사랑을 나누지 못하는 이유는 무엇일까? 프로이트는 이렇게 답했다.

> 좀더 분명하게 설명하면, 절편음란물이란 남자아이가 한때 그 존재를 믿었던 여성의 남근, 혹은 어머니의 남근의 대체물이다. 우리가 잘 아는 여러 이유 때문에 남자아이는 여성에게 남근이 존재한다는 믿음을 쉽게 포기하지 않으려는 심리가 있다.[22]

마지막 구절에 담긴 자신감을 눈여겨보라. 그 '이유'는 여성 생식기가 거세의 실재성을 입증하며 스스로에게 거세 공포를 일깨운다는 것이다. 이 위협을 물리치는 유일한 방법은 여성에게 아무리 인위적이고 상징적일지언정 남근을 '주는' 것이다. 절편음란물은 바로 "거세 위협에 대한 승리감을 표시하고 방어하"는 표지다. 절편음란증 환자는 절편음란물이 있어야 성교를 할 수 있다. 절편음란물은 "여성들에게 성적인 대상물로서의 특징을 부여함으로써, 절편음란증 환자가 동성애자가 되는 것을 막아준"다. 한마디로 절편음란물은 절편음란증 환자에게 남자가 될 용기를 준다. 프로이트는 자신의 논리에 어찌나 자신감이 있던지 이렇게 단언했다.

> 여성의 생식기를 보면서 거세 불안을 느끼지 않는 남성은 아마 없을 것이다. (…) [여기서 프로이트는 의기양양하게 결론 내린다.] 절편음란증에 대한 연구는 거세 콤플렉스의 존재를 의심하[는] (…) 사람들에게 특히 더 필요할 것이다.[23]

프로이트 같은 거물이 만년에 자신의 연구 전체를 이토록 의기 양양하게 마무리하면 우리는 여기에 의심할 여지 없는 진리가 담겨 있다고 생각할 수밖에 없다. 하지만 이번에도 그는 우리를 정신 분석학의 독특한 역설에 빠뜨렸다. 가장 예리한 진리를 그토록 지엽적인 언어로 표현하는 바람에 진리를 알아볼 수 없게 해버린 것이다. 그렇다면 둘을 분리해보자. 역설에서 빠져나오는 방법을 우리에게 보여준 이는 아들러, 융, 랑크, 보스, 슈트라우스, 브라운 같은 사상가들이다. 거세 공포는 근친상간 처벌과 오이디푸스콤플렉스 위협에 대한 공포라기보다는 삶과 죽음에 대한 실존적 불안이며 이 불안은 동물적 몸에 초점을 맞춘다. 이것만은 확실하다. 하지만 프로이트는 어머니의 몸이라는 개념, 구체적으로 아동이 믿고 싶어하는 남근 달린 어머니라는 개념에 매달렸다. 이 개념은 후기의 정신분석학 문헌을 통틀어 환자의 환상에서 거듭 나타난다. 로버트 백은 최근에 발표한 글에서 프로이트의 기본 개념을 확고하게 재천명했다.

> 모든 도착증에서는 모성적 또는 여성적 남근의 환상이 퇴행적으로 되살아남으로써 거세에 대한 극화된 또는 제의화된 부정이 실행된다.[24]

메이 롬의 충실한 논문에서는 전형적 공상의 완벽한 묘사를 찾아볼 수 있다.

이따금 환자는 수음을 하다가 자신의 음경을 입에 넣어 완전한 원을 이룰 수 있다는 환상을 품었다. 이 시기에 그는 자신의 몸을 바라보며 자신에게 여성 같은 유방과 남성 성기가 있음을 알게 되는 꿈을 꾸었다. (…) 카속ⁿ을 입고 머리카락을 어깨까지 늘어뜨린 그리스인 성직자는 그에게 동정童貞 양성애자인 중성적 인물을 나타냈다.[25]

남녀추니 이미지

남녀추니 이미지는 인간 조건의 핵심에 곧장 파고들어 도착증의 역학을 우리에게 밝혀주는 관념으로, 장애를 가진 사람들이 이 세상에서 일종의 동물적 만족을 찾으려는 필사적 노력에 무엇이 걸려 있는가를 보여준다. 랑크와 융의 저작을 비롯한 많은 저작이 발표된 지금 남녀추니 상징은 신비로울 것이 전혀 없다. 다시 말하지만 문제는 이 상징에서 지엽적인 성적 함축을 벗겨내는 것이었다. 남녀추니는 성 문제가 아니라 인간 문제다. 자아는 낯선 몸 덮개에서 자신을 발견하며 이 양면성을 이해하지 못한다. 인간은 성기성의 임의적 성격에, 분리된 성적 발생의 우연성에 경악한다. 몸 덮개의 비영속성, 또는 남성이 되었다가 여성이 되었다가 하는 불완전성을 받아들이지 못한다. 몸은 신체적 물성에서는 우리에게

ⁿ 로마 가톨릭 및 다른 종파의 성직자들이 평상복으로 입거나 예배용 법복 밑에 받쳐 입는 긴 옷.

아무 의미가 없다. 이 물성은 우리를 특정한 종류의 운명에, 일면적 성역할에 붙들어 맨다. 남녀추니 이미지는 총체성을 향한 분투이며 이 분투는 성적인 것이 아니라 존재론적이다. 이것은 나머지 자연과의 (아가페적) 합일을 되찾고 자신 안에서 완전함을 얻기 위한 존재의 욕망이다. 자아와 몸, 자아와 타인, 자아와 세계의 양면성인 존재의 파열을 치유하려는 욕망이다. 여기에 몸의 바깥과 너머에서 자기영속화를 이루려는 자아의 욕망을 더하면 우리는 성 정체성의 불완전함이 어떻게 해서 더 큰 제약이자 위험인지 이해할 수 있다.

프로이트가 남근 달린 어머니 이미지의 중심성을 간파하고 이 것을 거세 콤플렉스와 직접 연관 지은 것은 옳았다. 하지만 이 문제의 성적 측면을 주요 핵심으로 부각하고 파생적인 것(성적인 것)을 일차적인 것(실존적 딜레마)의 자리로 끌어올린 것은 잘못이다. 남근 달린 어머니에 대한 소망, 여성 생식기에 대한 공포가 남자아이뿐 아니라 여자아이에게도 적용되는 인류 보편적 경험일 수는 있다. 하지만 그 이유는 아동이 전능한 어머니를, 자신을 보호하고 양육하고 사랑하는 기적적 원천을 양성 분리 사건 너머에 있는 신적인 완벽한 피조물로 여기고 싶어하기 때문이다. 따라서 어머니가 거세되리라는 위협은 어머니가 동물적 존재이지 초월적 천사가 아니라는 점에서 아동의 전 존재에 대한 위협이다. 그렇다면 그가 두려워하는 운명, 그로 하여금 겁에 질려 어머니에게서 돌아서게 하는 운명은 자신 또한 '추락한' 신체적 피조물이라는 운명, 그가 항문 훈련으로 극복하려고 분투하는 바로 그 운명이다. 그렇다면 여성 생식기에 대한 공포는 여섯 살이 되기 전 난데없이 철학자가 된 어린아이가 겪는 충격이다. 그는 자신의 시대가 찾아오기 오래 전에 인간이 되어야 하며 자신에게 없는 지혜와 힘을 끌어내야 하는 비극 배우다. 다시 말하지만 이것은 '원초적 장면'의 부담이다. 다만 원초적 장면은 아동의 내면에 감당 못할 성욕이나 아버지를 향한 공격적 증오와 질투를 일깨우는 것이 아니라 인간의 본성에 대해 그를 속속들이 혼란시킨다. 롬은 자신의 환자에게서 이 현상을 관찰했다.

> 그는 자신이 모든 사람을 불신하는 주된 이유가 부모의 성관계를 목격한 데 따른 실망감이라고 말했다. 천사여야 할 어머니가 인간이자 육체로 드러난 것이다.[26]

이것은 완벽한 설명이다. 도덕의 문화적 규약이 우위에 있음을 표상하고 몸의 부패를 '천사처럼' 초월하고서도 가장 내밀한 관계에서 이를 모두 저버리는 사람을 어떻게 신뢰할 수 있겠는가? 아동에게 부모는 가장 고귀한 승리의 기준을 정하는 신이며 부모가 이 기준을 더 확고하게 구현할수록 아동의 갓 생겨난 정체성은 더욱 탄탄해진다. 부모 자신이 교성과 신음을 동반하는 동물적 행위를 벌이면 아동은 이를 '역겹게' 여긴다. 확고한 의미가 훼손되면 혐오스러운 경험이 떠오른다. 친구들이 아동에게 네 부모가 남들처럼 성교를 한다는 사실을 알려줬을 때 대부분의 아동이 (원초적 장면을 한 번도 보지 못했을 경우) 곧이듣지 않는 것은 이 때문이다. 신생아와 자신은 엄청난 차이가 있지만 다섯 살배기와 자신은 거의 차이

영웅주의의 실패

가 없다는 톨스토이의 통찰은 얼마나 절묘했던가. 생후 5년간 아동은 인간 조건의 실존적 부담을 고스란히 짊어져야 한다. 인생의 나머지 시기에 자신의 기본적 운명에 대해 더 배워야 할 것은 사실 거의 없다.

융은 남녀추니 이미지의 소망적 의미와 중심성을 역사적 관점에서 매우 명료하게 간파했으며[27] 랑크의 모든 저작, 보스[28]와 브라운[29]도 마찬가지였다. "제 몸의 혐오스러운 덮개를 비난하"여 "이 피부를 벗겨낼 수 있었으면 좋겠어. 이 어리석은 몸이 없다면 내면에서 느끼는 것처럼 겉도 순수할 텐데"라고 말하는 여성 절편음란증 환자의 말보다 이를 더 유창하고 예리하게 보여주는 것은 없다.[30]

몸은 분명히 인간에게 장애물이다. 쇠퇴하는 몸은 내적 자유와 자아의 순수를 가로막는다. 이런 의미에서 삶의 기본 문제는 종(몸)이 개별성(내적 자아)에 우세할 것인가다. 이것으로 모든 건강염려증이 설명된다. 몸은 자기영속적 피조물로서 자신의 실존에 주된 위협이기 때문이다. 손이 발톱으로 변하는 아동의 꿈도 이로써 설명된다. 여기에 담긴 정서적 메시지는 아동이 자신의 운명에 대해 아무런 통제권도 없다는 것, 신체 형태의 우연성이 자유를 억제하고 좌우한다는 것이다. 아동기에 즐겨 하는 놀이 중에 '당나귀 꼬리 달기'□가 있다. 신체 부위를 붙일 때처럼 태평하게 자연을 흥겹게 재구성하는 것은 사물의 형태가 가진 우연성에 대한 불안을 떨쳐버리는 가장 좋은 방법이다. 본질적으로 아동은 외부 형태의 임

□ 눈을 가린 채 당나귀 그림에 꼬리를 붙이는 놀이.

의성에 저항하고 내적 정신의 우위를 천명하는 피카소들이다.[31] 몸에 대한 불안은 모든 '항문적' 꿈에서도 나타난다. 이런 꿈에서 사람들은 옷을 빼입은 채 중요한 일을 하다가 넘치는 변깃물이나 누군가의 튀는 소변에 더러워진다. 오해 말라. 변은 인류에게 진짜 위협이다. 정신분석학 문헌에서는 이렇듯 상징적 초월과 항문 기능을 혼동하는 사례를 수없이 찾아볼 수 있다. 롬의 환자는 "사회적·금전적·성적 불안을 느낄 때마다 고창□을 앓고 설사를 했"다. 이런 적도 있다. "그는 꿈속에서 아버지가 청중에게 연설하는 광경을 바라보고 있었는데, 갑자기 아버지의 음경이 노출되는 장면을 목격한다."[32]

말하자면 인간 조건에 대해 진실은 무엇인가? 진실은 몸에 있는가, 상징에 있는가? 이것이 분명하지 않다면 어딘가에 거짓이 있는 것이 틀림없다. 이것이 위협이다. 또다른 환자는 책 수집가였는데, "책방에 들어설 때마다 대변을 보고 싶어했"다.[33] 환자 자신의 문학적 업적이 신체적 두려움 때문에 방해를 받은 것이다. 여러 번 지적했듯 아동이 스스로 배변 훈련을 하는 이유는 몸에 대한 실존적 불안 때문이다. 아동이 무심코 오줌을 싸고서 당황하거나, 공중도덕을 빠르고 쉽게 받아들여 "남이 볼 수도 있"는 길거리에서는 소변이나 대변을 누지 않으려 드는 모습을 보면 애처로울 때가 많다. 아동은 아무리 무심한 부모 밑에서 자랐더라도 스스로 이런 행동을 한다. 아동이 자신의 몸을 부끄러워한다는 사실은 분명하다.

□   음식물의 이상 발효로 갑자기 가스가 차 배가 불룩해지는 병.

영웅주의의 실패

따라서 건강염려증과 공포증이라는 것은 동물이 되고 싶지 않은 동물이 삶과 죽음에 대해 느끼는 공포가 집약된 것이라고 자신 있게 결론 내릴 수 있다.

죽음과 부패가 강박 증후군의 주요 테마임은 '쥐인간'에 대한 프로이트의 초기 논문에서 이미 분명히 드러났으며 최근에는 슈트라우스를 비롯한 유럽 실존주의 정신의학자들의 연구가 이 주제를 아름답고 확고하게 발전시켰다.[34] 프로이트 이후 절편음란증에 대한 정신분석학 문헌들은 랑크가 이미 주장한바 몸이 정말로 아동의 걱정거리임을 똑똑히 보여준다. 필리스 그린에이커는 매우 중요한 논문들을 잇따라 발표하여 이 문제를 임상적으로 종결지었다. 그는 거세 불안이 실제의 오이디푸스 시기를 훨씬 앞서며 성에 국한된 문제가 아니라 전반적 나약함의 문제라는 데 동의했다. 이것은 프로이트에게서 벗어나 이룬 중요한 발전이다. 정신분석가들이 즐겨 쓰는 전문용어로 표현하자면 거세 불안은 "특히 구강적 성향과 항문적 성향의 강력한 혼합에서 비롯한"다.[35] 말하자면 거세 불안은 현실에 대해 몸 전체의 방향을 정하는 문제다. 절편음란증 환자들의 병력을 들여다보면 그들이 몸의 부패와 죽음에 대한 초기 외상에 사로잡혀 있음을 거듭 확인할 수 있다.

가장 중요한 외상은 신체가 훼손되는 죽음이나 사고, 수술, 임신 중단, 가정 분만 등 유난히 신체 훼손적인 사건을 목격하는 외상이다. (…) 프로이트는 1938년 논문에서 절편음란증의 발달을 개관하고 남근기가 시작될 때 여성 생식기를 목격하는 것이 자위와 거세 위협의 출현에 중요함을 강조하는데, 여기서 '거세 위협'을 '신체가 훼손되어 피를 흘리는 몸을 보는 것'으로 대체하면 적지 않은 아동에게서 어떤 일이 일어나는지 머릿속에 그릴 수 있으리라 생각한다.[36]

특히 아동 자신이 외상적 질환이나 고통스러운 수술을 겪었다면 이것은 자연스럽게 현실에 부합할 것이다.[37] 페니켈의 환자 하나는 탈장이 있었는데 똥을 눌 때마다 어머니가 곧은창자를 밀어넣었다. 그렇다면 환자가 자신의 창자가 변기에 떨어질지도 모른다는 두려움에 시달린 것은 놀랄 일이 아니다.[38] 창자를 밀어넣어야 한다는 것이 얼마나 취약한 처지인지 상상해보라. 그가 죽음의 공포에 사로잡히고 거세 불안에 시달렸으며 죽은 어머니나 누이의 음경이 똥과 변깃물처럼, 또는 자신의 창자처럼 배수구에 빠졌을지도 모른다고 생각한 것은 놀랄 일이 아니다. 세상은 몸에서 무엇이든 쏟아져나오게 할 수 있다. 신체 부위는 그냥 불가사의하게 사라진다. 로런드의 환자인 네 살짜리 남자아이는 캠프에서 본 여자아이가 왜 손가락이 없는지, 친척 한 명이 왜 다리가 없는지 이해할 수 없었다. 남자아이는 친척과 같은 방에 있는 것을 견딜 수 없었으며 그의 목소리를 들으면 비명을 지르며 달아났다. 남자아이가 두려운 눈빛으로 조용히 의사에게 물었다. "저를 사라지게 하지 않으실 거죠?"[39] 여기서 다시 우리는 철학자로서의 아동을 본다. 그의 말에는 유기체적 삶의 두 가지 거대한 악 중 하나("만물은 시든다")에 대한 화이트헤드의 근심이 서려 있다.

영웅주의의 실패

절편음란증 환자에 대한 그린에이커의 주요 결론 중 하나는 초기의 발달에 문제가 생기는 것이 과도한 외상, 모자 관계의 장애, 아버지의 부재, 또는 자녀의 본보기가 되지 못하는 나약한 아버지로 인한 가정 파탄 같은 여러 비슷한 요인들 때문이라는 것이다. 이런 종류의 장애 요인들은 하나의 주된 장애 요인으로 귀결된다. 일상 용어로 말하자면 이 사람들은 몸에 대한 확신이 약하다. 사이먼 내글러는 중요한 논문에서 절편음란증의 문제 전체가 낮은 자존감, 위화감, (그로 인한) 남성 역할에 대한 두려움에서 비롯한다고 주장했다. 이런 요인을 강조하는 것은 프로이트의 주장에서 중요한 측면을 수정한 것이다. 본능보다는 발달의 역할을 강조하기 때문이다. 프로이트는 자신의 시대 이후로 축적된 풍부한 발달 이론의 혜택을 입지 못했으므로, 왜 어떤 사람은 동성애자가 되고 또 어떤 사람은 절편음란증 환자가 되는 반면에 절대다수는 둘 다 되지 않고 여성 생식기에 대한 공포를 극복하는지 이해할 수 없었다.[40] 이 문제가 발달 경험에 비교적 영향을 받지 않는 본능의 문제였다면 정말로 수수께끼였을 것이다. 차별적 발달이 아니라 획일적 본능에 초점을 맞춘 것은 프로이트의 초기 연구에서 나타나는 주된 결점 중 하나였다. 사실 사이먼 내글러는 거세 공포를 싹 배제하고 싶어하기까지 하며 남근 달린 어머니 개념에도 의문을 제기한다.[41] 나도 한때는 절편음란증을 이해하려고 당돌하고 어설프게 시도하면서 프로이트의 주장에 동의했으나[42] 이제는 이런 지나친 강조가 어리석은 짓임이 분명해졌다. 포괄적 절편음란증 이론은 강인하고 남근 달린 어머니와 남녀추니 이미지의 중심성을 감안해야 한다. 일반화된 거세 공포를 몸의 나약함에 대한 기본적 감정으로 받아들여야 한다. 경험에 직면했을 때 어떤 사람이 남들보다 더 약하고 불안해지는 이유를 발달의 측면에서 설명할 수 있어야 한다.

낮은 자존감 개념도 물론 중요하지만 우리는 자존감이 애초에 상징적 문제가 아니라 능동적·유기체적 문제임을 명심해야 한다. 자존감의 뿌리는 유아의 기초적 신체 경험이다. 이때 그의 경험은 확고한 자기애, 즉 자신이 무탈하리라는 감각을 부여한다. 자존감이 높으면 무탈감이 커지는데, 여기에는 세 가지 기본적인 원천이 있다. 첫번째 방법은 타인의 힘으로부터, 미더운 버팀목이자 아동의 활동에 지나치게 간섭하지 않는 어머니에게서, 아동이 스스로를 동일시할 수 있는 강한 아버지에게서 이끌어내는 것이다. 나약함을 이겨낼 힘의 두번째 원천은 앞에서 언급했듯 자신의 몸을 스스로의 통제하에 있는 안전한 장소로 확고하게 소유하는 것이다. 우리는 외상과 초기 가족 환경의 질이 이 안정성을 해칠 수 있음을 보았다. 힘을 얻는 세번째 원천은 물론 문화적 카우사 수이 기획, 즉 동물적 나약함의 초월에 대한 상징과 극화다. (이 세번째 원천이 절편음란증에서 얼마나 중요한가는 잠시 뒤에 살펴보겠다.) 이 세 가지를 두루 살펴보아야만 절편음란증의 역학을 일관된 관점에서 들여다볼 수 있다.

개인 자유 대 종 결정론의 문제

그렇다면 대다수 사람들이 극단적 절편음란증에 빠지지 않는

영웅주의의 실패

이유는 자신의 몸을 "자연이 의도한 대로" 쓰는 힘을 어떻게든 얻기 때문이다. 사람들은 상대방과의 성교라는 (종으로서의) 역할에 위협을 느끼지 않고서 이를 이행한다. 하지만 몸이 자아에 엄청난 위협이 되면 논리적으로 보건대 종으로서의 역할은 두려운 일, 자신을 소멸시킬 수도 있는 경험이 된다. 몸이 그토록 나약하면 인간은 몸의 행위에 온전히 참여했다가 죽게 될까봐 두려워한다. 나는 이 개념이 절편음란증 환자의 경험을 간단하게 요약해준다고 생각한다. 이 관점에 서면 모든 도착증을 개별성이 종 표준화에 짓눌리지 않도록 하려는 저항으로 볼 수 있다.

랑크는 자신의 저작을 통틀어 이 개념을 발전시켰다. 이에 따르면 인류가 자연을 실제로 **통제**하여 그 위로 올라서는 유일한 방법은 성적 불멸을 개별적 불멸로 전환하는 것이다. 랑크는 이 논리의 의미를 매우 설득력 있게 요약한다.

> 본질적으로 성은 개인이 문명의 모든 단계에서 개별화하고 싶어하는, 즉 통제하고 싶어하는 집단 현상이다. 이것은 자위에서 온갖 도착에 이르는 개인의 모든[!] 성적 갈등—무엇보다 개인이 성적인 모든 것을 그 속에 있는 집단적 요소를 최대한 개별화하려는 개인적 성향의 표현으로서 비밀에 부치는 것—을 설명한다.[43]

말하자면 도착증은 종 동일성에 맞서 개별성이 신체에 짓눌리지 않도록 하려는 저항이다. 심지어 가족을 상대로 하는 개인적 자유의 초점이기도 하다. 모든 표준화에 맞서 자신을 긍정하는 나름의 은밀한 방법인 것이다. 랑크는 고전적 프로이트주의 해석에서 오이디푸스콤플렉스가 자신의 에고를 긍정함으로써 가족 구조, 아들딸로서의 의무적 역할, 집단으로의 흡수에 저항하려는 아동의 시도일지도 모른다는 놀라운 추측을 제기한다.[44] 그렇다면 그 생물학적 표현에서조차 오이디푸스콤플렉스는 가족 구조의 해체를 통해 고분고분한 자녀의 역할을 초월하고 섹스를 통해 자유와 개별성을 찾으려는 시도일지도 모른다. 이를 이해하려면 인간의 기본적 동기인 자기영속화를 다시 한번 강조해야 한다. 그러지 않고서는 꼭 알아야 할 사실을 하나도 이해할 수 없다. 인간의 경험은 신체적 경험과 정신적 경험, 또는 몸의 경험과 상징적 경험의 서로 다른 두 종류로 나뉜다. 따라서 자기영속화 문제는 서로 다른 두 가지 형태로 자신을 나타낸다. 그중 하나인 몸은 표준화되고 주어진 형태이며 다른 하나인 자아는 개인화되고 쟁취되는 형태다. 인간은 어떻게 자신을 계승할 것인가? 어떻게 자신의 복제물이나 자신의 일부를 남겨 살아가게 할 것인가? 몸의 복제물을 남길 것인가, 정신의 복제물을 남길 것인가? 신체적으로 재생산하면 계승의 문제를 충족하지만 그 대신 표준화된 종의 형태에 제약된다. 자신을 닮았을 수도 있고 자기 '피'와 조상의 신비한 성질 중 일부를 가지고 있을 수도 있는 자식에게서 스스로를 영속화하더라도 자신의 내적 자아, 독특한 인격, 정신 자체를 진정으로 영속화하는 것은 아니라는 생각이 들지도 모른다. 그는 단순한 동물적 계승 이상을 성취하고 싶어한다. 태곳적부터 인간의 독특한 문제는 삶에 영적 의미를 부여하는 것, 삶을 특별한 불멸의 차원으로, 나머지 모든 유기

영웅주의의 실패

체를 특징짓는 삶과 죽음의 순환을 넘어 끌어올려야 할 필요성이 었다. 이것은 성이 애초부터 금기시되었던 한 가지 이유다. 성은 신체적 생식의 차원에서 영적 차원으로 격상되어어 했다.

온전한 양면적 성격의 측면에서 계승, 또는 자기영속화 문제에 접근함으로써 랑크는 그리스의 동성애가 지닌 의미를 더 깊이 이해할 수 있었다.

> 이 측면에서 보면 플라톤 말마따나 사랑하는 젊은이의 향상과 완벽을 영원히 추구하는 남색은 틀림없이 상대방에서의 영적 완성처럼 보인다. 상대방은 이곳 지상에서 자신의 어엿한 계승자 속으로 전이된다. 이것은 자기 몸의 생물학적 재생산을 토대로 하는 것이 아니라 제자, 즉 젊은이 내면에 있는 영적인 불멸 상징의 의미를 가진다.[45]

말하자면 그리스인들은 자기 내면의 자아를, 자신의 정신 또는 영혼을 자신이 사랑하는 젊은이에게 각인하고자 했다. 이 영적 우정은 아들을 낳아 자신의 영혼이 그 안에서 살아남도록 하기 위한 것이었다.

> 남색에서 인간은 영적으로, 또한 제 영혼의 살아 있는 이미지를 수태시켰다. 이 이미지는 이상화되고 최대한 자기 몸과 같은 에고에서 구체화되는 듯하다.[46]

이 빼어난 추론 덕에 우리는 그리스인뿐 아니라 특히 미켈란젤로처럼 개별화되고 창조적인 사람들의 이상적 동성애 동기를 어느 정도 이해할 수 있다. 그런 사람에게 분명히 동성애는 사랑하는 사람의 생식기와 무관하며 "최대한 비슷한 존재"에게서 자신의 재탄생을 이루려는 투쟁이다. 랑크 말마따나 이것은 명백히 자신의 성에서 찾아야 한다.[47] 지금의 논의와 관련하여 우리는 이 시도가 완벽한 카우사 수이 기획임을 알 수 있다. 즉, 영적이고 지적이고 신체적으로 비슷한 복제를, 완벽하게 개별화된 자기영속화나 불멸 상징을 혼자 힘으로 만들어내는 것이다.

거세 콤플렉스란 자신의 동물 몸이 파산한 카우사 수이 기획임을 아동이 받아들인다는 의미다. 그렇다면 몸을 부정하는 가장 좋은 방법은 성적 역할을 깡그리 포기하는 것 아니겠는가? 이런 의미에서 도착증은 거세 콤플렉스로부터 완전히 해방되는 것과 마찬가지다. 종 동일성에 맞선 초저항인 셈이다. 하지만 랑크는 도착증의 긍정적이고 이상적인 측면을 너무 강조하다 전체 그림을 뭉개는 지경에 이르렀다. 우리는 더는 고대 그리스인이 아니며 우리 중에서 미켈란젤로는 극소수다. 한마디로 우리는 이상적 동기의 지배를 받지 않으며 천재의 지고한 힘을 갖고 있지도 않다. 일상적 도착증은 강함보다는 약함에서 비롯한 저항으로, 재능의 고갱이가 아니라 재능의 파산이다. 신경증 환자가 '덜된 예술가'라면 평범한 동성애자는 더더욱 '덜된 그리스인'이요 탄탄한 힘과 재능이 없는 미켈란젤로다. 도착증 환자는 자신의 개별성을 유지하는 역환각을 얻으려고 필사적으로, 하지만 제한된 재능과 힘을 가지고서 애쓰

영웅주의의 실패

는 서툰 예술가다. 여기서 성적 역할에 대한, 여성에게 집어삼켜지고 자신의 몸에 의해 휩쓸려버리는 것에 대한 두려움이 생긴다. 랑크의 초기 추종자 F. H. 앨런이 지적했듯 동성애자는 여성과의 차이에 대해 공포를 느끼고 이런 차이를 지탱할 만큼 강하지 못하기 때문에 자신과 같은 몸을 선택하는 사람이다.[48] 사실 도착증은 자신을 전혀 개별적인 존재로 느끼지 못하고 정체성을 지탱할 힘이 거의 없다는 바로 그 이유로 개별성을 추구하는 분투라고 말할 수 있다. 도착증은 예리하게 규정된 인격에 대한 빈곤하고 터무니없는 주장이다. 문제는 (그런 주장을 할) 초기 발달 훈련을 가장 미흡하게 받은 사람이 그렇게 한다는 것이다. 랑크 말마따나 도착증이 자유를 향한 분투라면 우리는 도착증이 일반적으로 자유를 감당할 역량이 가장 낮은 사람들에 의한 분투라는 말을 덧붙여야 한다. 그들이 종의 노예 상태에서 달아나는 것은 강하기 때문에 아니라 약하기 때문이요 자기네 본성에서 순수하게 동물적인 측면을 지탱할 수 없기 때문이다. 앞에서 보았듯 아동기 경험은 몸에 대한 확고한 감각, 아버지와의 탄탄한 동일시, 자신에 대한 강한 에고 통제, 미더운 대인관계술을 발달시키는 데 필수적이다. 이런 요소를 성취해야만 자기망각적 방식(그를 소멸 불안에 빠뜨리겠다고 위협하지 않는 방식)으로 "종 역할을 다할" 수 있다.

이 모든 문제를 종합하면 우리는 자신에 대한 종 표준화 위협으로서 섹스의 의미를 극복할 방법이 여러 가지임을 알 수 있다. 대부분의 방법은 자기확신과 통제보다는 절망과 재주의 스펙트럼에 놓여 있다. 가장 이상적인 방식, 가장 '숭고한' 방식은 물론 사랑

의 경험에 있다. 사랑을 통해 인간은 상대방과 총체적으로 동일화
되어 분리, 무력함, 몸을 마주한 불안한 자기인식의 위협을 제거한
다. 연인은 기쁨과 자기망각적 충만함에 빠져들어 자신을 내어주
고 몸은 신격화를 위한 귀중한 매개체가 되며 자신은 다름 아닌 종
동일성에 대해 참으로 고마움을 느낀다. 표준화된 몸이 사랑의 결
합을 허용하기에 이에 감사한다. 하지만 이상적 사랑이 없어도 인
간은 강한 육체적 욕망에 굴복하여 자기망각적 방식으로 스스로를
'휩쓸리게' 할 수 있다. 그러면 종은 자신의 고유한 내적 자아에 아
무런 위협도 되지 못한다. 남근적 자기애와 '색정증'이라는 형태의
질환에서 이를 볼 수 있다. 색정증 환자는 종 동일성에 격렬히 빠
져들어 그 속에 고스란히 잠기는 듯하다. 이렇게 하면 자아와 양면
성의 부담을 덜 수 있다. 종종 이것은 정신분석학에서 '역공포적'
태도, 즉 자신이 두려워하는 것이 어떤 불안도 일으키지 않는다고
항변하는 수단으로서 그것을 끌어안는 행위라고 불리는 것인지도
모른다. 프롬이 훌륭히 추론했듯 여러 형태의 가학·피학증에서 이
행위는 몸의 '진실'에 뛰어드는 것, 신체적인 것을 현실의 주된 영
역으로 긍정하는 것을 나타내기도 한다. 마지막으로 분열성 환자
는 종으로서의 몸과 연관된 불안이 너무 커서 (심지어 성교 행위를 하
는 중에도) 스스로를 몸으로부터 분리할 수 있다. 이런 식으로 그들
은 몸의 쇠퇴에 맞서 자기 내적 자아의 신성함을 지킨다. 매춘부도
자신이 육체적으로 아무리 비참하다고 느낄지언정 개인적 정체성
을 온전하고 순수하게 유지하려고 이런 종류의 자아/몸 분리를 적
극적으로 실천한다고 한다. 조현병에 걸린 한 소녀는 대뜸 이렇게

　　　　　　　　　　　　　　　영웅주의의 실패

말했다. "여기 오는 길에 강간당한 것 같아요." 이것은 내적 정신의 초월을, 몸으로부터의 전염에 대한 완전한 해방을 긍정하는 것이다. 이번에도 우리는 조현병이 인간 조건의 최전선임을, 진화가 우리에게 얹은 양면성 문제에 대한 자포자기식 해법임을 알 수 있다. 이런 종류의 자포자기는 희화화를 동반할 수밖에 없다. 괴테의 말을 비틀자면 인간은 자신의 몸을 던져버려도 그 몸에서 벗어나지 못한다. 살아 있는 동안 종으로서의 역할을 절대적으로 초월하는 것은 불가능하다. 미켈란젤로처럼 최고의 재능을 가진 사람들조차 우리를 인간 승리에 대한 의구심으로 가득 채우는데, 그보다 못한 존재들이 자신의 몸을 끌고 인생을 살아내며 이 몸을 이용하여 남과 교류해야 하는 안쓰러운 노력에 대해서는 뭐라고 말할 수 있겠는가?

절편음란물 대상과 극화

남녀추니 총체성, 자아와 몸, 강함과 약함, 종 결정론과 개인적 자유 등의 문제를 이해하면 절편음란증 환자들이 하려는 일이 무엇인지 조금이나마 이해할 수 있다. 이 문제를 조금만 탐구해도 알 수 있겠지만 이것이야말로 절편음란증에서 가장 매혹적인 영역임에 틀림없다.

절편음란증의 주된 수수께끼 중 하나는 그 대상이 무엇을 나타내는가, 구두나 코르셋, 가죽과 모피, 심지어 의족의 의미가 무엇인가였다.[49] 프로이트와 그의 추종자들은 절편음란증의 대상이 '매우 특별한 음경', 즉 어머니의 남근을 나타낸다는 주장을 고집했다.[50]

절편음란물이 남근, 질, 똥 등의 부정이라는 주장도 제기되었다. 이 모든 상황에서 짐작할 수 있듯 절편음란물이 무엇을 나타내는가는 분명하지 않았으며 각 환자에게 저마다 다른 것을 나타낼 수 있었다. 이것이야말로 절편음란증 문제의 진실임에 틀림없다. 하지만 분명한 사실이 또하나 있다. 그것은 절편음란물이 성행위에서 불거지는 문제와 관계가 있다는 것이다. 보스는 이를 빼어난 필치로 밝혀냈다.[51] 그의 연구와 그린에이커의 훌륭한 후속 논문 덕에 절편음란물 대상을 새롭고 온전하게 이해할 수 있게 되었다. 절편음란증이 성행위의 불안을, 종으로서의 기능이 상징적 동물에 가하는 위험을 나타낸다면 절편음란물이란 일종의 주술적 부적이 아니면 무엇이겠는가? 절편음란물 대상은 동물성을 초월적인 것으로 탈바꿈시킴으로써 표준화되고 단조롭고 지상에 얽매인 몸으로부터 인격을 해방시키는 주술적 수단이다. 이런 해방은 성행위를 할 용기를 인간에게 선사한다. 그는 동물적 방식으로서의 성행위에 얽매이지 않고 이미 이를 상징적으로 초월했기 때문이다. 절편음란물이 동성애를 막아준다는 프로이트의 말은 옳았다. 하지만 그것은 남근이어서가 아니다(아마도 보스 말마따나[52] 가장 약한 사람들을 제외한다면). 오히려 절편음란물은 현실을 변화시키는 방법이다. 보스는 자신의 환자 중 한 명에 대해 이야기한다.

그는 [여성용 부츠를] 보거나 만질 때마다 "세상이 기적적으로 달라졌"다고 말했다. "처량하고 외롭고 불운한 하루하루 속에서 잿빛으로 무미건조하게 보이던 것이 갑자기 제게서 떠나가고 빛과 마력이 가죽에서 제게로 분출됩니다." 가죽으로 만들어진 이 대상은 "신기한 후광"을 입고서 나머지 만물에 빛을 뿌리는 듯했다. "우스꽝스럽겠지만 동화 속 왕자가 되는 기분입니다. 어마어마한 힘인 마나mana가 이 장갑, 모피, 부츠에서 방출되어 저를 완전히 매혹합니다." 여인의 나신이나 장갑 끼지 않은 손, 특히 구두를 신지 않은 발은 정육점에 걸린 생명 없는 고깃덩이 같았다. 사실 여인의 맨발은 그에게 혐오감을 일으켰다. 하지만 여인이 장갑을 끼거나 모피를 걸치거나 승마용 부츠를 신으면 그 즉시 "오만하고 너무나 인간적인 개인적 차원 너머로 승화되었"다. 그러면 그녀는 "역겨운 생식기"를 가진 "평범한 여성의 편협함과 사악한 구체성"을 뛰어넘어 초개인적 영역("초인과 열등한 인간이 보편적 신성함 속에서 어우러지는 영역")으로 격상되었다.[53]

이렇게 놀라운 조사 결과 앞에서는 보탤 말이 별로 없다. 절편음란물은 "종으로서의 고깃덩어리"에 주술을 부린다. 비개인적이고 구체적이고 동물적인 요구는 오만하고 모욕적이다. 나는 몸을 맞닥뜨리며 (오로지 그 자체로, 오로지 그 살과 섹스에서 주어지는 조건에서) 그 몸과 관계를 맺어야 한다. 보스의 환자가 말한다. "성관계는 인간에게 무지하게 수치스러운 것이라는 생각이 늘 듭니다."[54] 절편음란물은 관계의 성격을 송두리째 탈바꿈시킴으로써 이 모든 상황을 변화시킨다. 만물이 영적인 것으로, 신령한 것으로 바뀐다. 몸은 더는 살이 아니요 더는 종의 비개인적 요구가 아니다. 후광을 입고 빛과 자유를 내뿜으며 정말로 인격적이고 개인적인 것이 된다.[55]

그린에이커가 탁월하게 논증했듯 알약과 알갱이도 절편음란물의 형태이며 불안과 몸의 공포를 확고한 주술적 방식으로 극복하는 방법이다.[56] 절편음란증은 알약에서 모피, 가죽, 비단, 구두에 이르기까지 온갖 사물에 존재한다. 그렇다면 우리는 일종의 상징적 주술을 부리기 위한 도구를 온전히 갖춘 셈이다. 절편음란증 환자는 절편음란물로 스스로에게 최면을 걸며 위협적 현실을 완전히 탈바꿈시키는 자신의 매혹적 기운을 만들어낸다.[57] 말하자면 인간은 문화적 인공물을 어떤 형태로든 자연적 현실을 초월하기 위한 부적으로 활용한다. 카우사 수이 기획으로서 몸을 버리고 문화적 초월의 새로운 주술을 선호하는 것은 사실 아동기의 문제가 통째로 연장된 것이다. 프로이트 자신이 언급했듯 절편음란증이 보편적인 것은 놀랄 일이 아니다. 자동차에서 달 탐사 로켓에 이르는 모든 문화적 고안물은 자기최면적 장치다. 지독한 제약을 받는 동물이 자연적 현실을 초월하는 힘을 가지고 스스로를 매혹에 빠뜨릴 수 있는 방법인 것이다. 자신의 고유한 내적 자아가 종으로서 짓눌리면 누구도 완전히 편안할 수 없기에, 세상과 관계를 맺을 때 누구나 약간의 주술을 쓴다.

절편음란물 대상이 부적이라면 이것은 자연스럽게 주술의 특징을 지닌다. 즉, 자신이 통제하려는 물건이 가진 성질의 일부를 가져야 한다. 그렇다면 몸을 통제하기 위해서는 몸과 친밀한 관계가 있음을 보여야 한다. 몸의 형태가 각인되고 몸의 냄새를 풍기고 몸의 구체성과 동물성을 입증해야 하는 것이다. 내가 생각하기에 구두가 가장 흔한 절편음란물인 것은 이 때문이다. 구두는 몸에 가장

영웅주의의 실패

가까우면서도 몸은 아니며, 절편음란증 환자에게 거의 언제나 가장 추한 것으로 통하는 부위, 즉 발가락에 굳은살이 박이고 발톱이 누래져 천대받는 발과 관계가 있다. 발은 우리의 비천한 동물성에 대한, 우리의 자랑스럽고 풍요롭고 생생하고 무한히 초월적이고 자유로운 내면의 정신과 지상에 얽매인 몸 사이의 불일치에 대한 절대적이고 온전한 증거다. 지인 한 명은 이를 완벽하게 요약했다. "발은 정말이지 한심한 놈이야." 프로이트에 따르면 구두가 절편화되는 이유는 두려운 생식기를 올려다보기 전 아동이 마지막으로 보는 물건이 구두여서 여기에 안전히 멈춰 부정을 할 수 있기 때문이라고 한다.[58] 하지만 발은 그 자체로 두려움의 대상일 뿐 아니라 구두라는 그 자체의 충격적이고 초월적인 부정과 대비를 동반한다. 생식기와 젖가슴이 속옷과 딱딱한 코르셋으로 인해 대비되는 것은 사실이지만(속옷과 코르셋은 인기 있는 절편음란물이다) 추하기로는 발만한 게 없고 대비와 문화적 고안물로는 구두만한 게 없다. 구두에는 끈, 버클, 가장 연한 가죽, 가장 우아하게 휘어진 아치, 가장 단단하고 매끈하고 번쩍거리는 뒤축이 있다.[59] 자연을 통틀어 뾰족한 하이힐에 버금가는 것은 결코 찾아볼 수 없을 것이다. 한마디로 여기에는 문화적 고안물과 대비의 정수가 있다. 구두는 몸과 사뭇 다르기에 인간을 몸과 동떨어진 안전한 세계로 데려다주면서도 몸과의 친밀한 관계를 간직한다.

또한 절편음란물이 부적이라면 그린에이커 말마따나 매우 개인적이고 은밀한 부적이어야 한다. 사회학 연구와 지멜의 저작을 통해 우리는 인간에게 은밀함이 얼마나 중요한지 익히 알고 있다.

비밀 제의, 비밀 클럽, 비밀 조제법 같은 것들은 인간에게 새로운 현실을, 자연의 일상 세계를 초월하고 변형할 방법을 만들어내며 다른 식으로는 소유할 수 없는 차원을 부여하고 신비한 방식으로 통제한다. 무엇보다 은밀함은 숨겨진 것에 의해 주어진 것을 통제하는 힘, 그리하여 주어진 것(자연, 운명, 동물적 숙명)을 초월할 힘을 의미한다. 그린에이커가 말한다. "은밀함은 가장 원초적인 수준에서 신체 기관과 신체 과정에 결부된다. 은밀함에는 죽음 공포와의 투쟁이 더 근본적으로 담겨 있다."[60]

말하자면 은밀함은 인간의 탁월한 환각이요 운명의 신체적 현실에 대한 부정이다. 인간이 젊음의 샘, 성배, 땅속에 파묻힌 보물처럼 운명을 순식간에 뒤바꾸고 사물의 자연적 질서를 변화시킬 전능한 힘을 가진 물건을 늘 찾아다닌 것은 놀랄 일이 아니다. 그린에이커가 안성맞춤의 사례를 들었는데, 나치 독일의 헤르만 괴링은 항문에 숨겨둔 독약 캡슐을 이용하여 마지막 저항의 몸짓으로 목숨을 끊었다고 한다.[61] 이것은 사물의 완전한 역전이다. 동물적 유류성의 장소를 초월의 원천으로, 운명의 여신을 속일 비밀 부적의 주머니로 이용했으니 말이다. 그럼에도 이것은 결국 항문성의 본질적 의미다. 모든 동물 중에서 인간만이 자기가 상상하고 만들어낼 수 있고 상징적으로 항문에서 뽑아낼 수 있는 것의 탁월함 덕에 마법에 걸린 삶을 영위할 수 있다는 사실의 입증이야말로 항문적 주술로서 인간이 만든 모든 문화적 고안물이 주장하는 바다.

신비한 제의의 마지막 특징은 극화된다는 것이다. 절편음란증 환자나 그와 유사한 (복장 도착자 같은) 변태 성욕자가 관찰자를 늘 매혹한 것은 바로 이 때문이다. 그들은 장면을 꼼꼼히 정확하게 구성하는 데서 만족을 얻는 복잡한 드라마를 연출한다. 정확한 공식을 조금만 어겨도 모든 것이 엉망이 된다. 올바른 말을 올바른 때에 내뱉어야 하고 구두를 일정한 방식으로 배치해야 하며 코르셋을 정확하게 착용하고 죄어야 한다.[62] 절편음란증 환자는 성교에서 안전을 기하는 데 꼭 **알맞은 방식**으로 성교를 준비한다. 거세 불안을 극복하려면 사물이 **알맞은 형태**를 갖춰야 한다. 이 패턴은 제의의 전체 개념을 요약한 것이다. 다시 말하지만 문화의 모든 것도 이와 같다. 인간이 만든 형태가 자연의 질서를 뛰어넘고 길들이고 변형하고 안전하게 바꾸는 것이다.

초월의 드라마가 특히 풍부하게 연출되는 것은 복장 도착의 경우에서다. 문화와 자연의 양면성을 이만큼 뚜렷하게 볼 수 있는 곳은 어디에도 없다. 복장 도착자들은 동물적 현실을 문화적 복장 속에 착용함으로써 이를 바꿀 수 있다고 믿는다. 자신이 여느 동물처럼 (몽테뉴의 표현을 빌리자면) "자신의 똥더미 위에"(그 왕좌가 아무리 웅장하더라도) 앉아 있음을 부정하려고 휘황찬란한 옷차림을 하는 사람들도 마찬가지다. 하지만 임상적 복장 도착자는 일반인보다 훨씬 헌신적이고 더 단순해 보이며 정체성을 만들어내는 복장의 힘에 강박적으로 매달린다. 인형에게 옷을 입히거나 자매끼리 옷을 바꿔 입으면서 서로 정체성을 바꾸는 놀이를 하는 경우도 많다.[63] 이 사람들에게 "놀이가 행위 자체"인 것은 분명하다. 실제로 옷이 의미하는 존재가 되려는 그들의 마음가짐은 무대 위의 배우만큼이나 절실하다.

그들은 무엇이 되고 싶은 걸까? 그들은 거세 콤플렉스를 물리치고 종 정체성, 양성으로의 분리, 단일 성의 우연성과 그로 인한 제약적 운명, 우리 각자의 내면에 있는 불완전함, 우리가 자연뿐 아니라 심지어 온전한 몸의 파편이라는 사실 등을 극복하고 싶어한다. 복장 도착자는 남근이 있으면서도 여성으로 행세함으로써 남녀추니의 현실성을 입증하고 싶어한다.[64] 한 환자는 이렇게 말했다. "누이가 되고서도 음경을 간직하고 싶어요."

도착 행위에 탐닉할 때 사정을 하자마자 빌린 옷을 최대한 빨리 찢는 것이 그의 습관이었다. 이와 관련하여 그는 자신이 다음과 같은 경고를 받았다는 암시를 품고 있었다. 그것은 얼굴을 찌푸렸을 때 시계가 울리면 얼굴이 계속 찌푸려져 있으리라는 것이었다. 이 때문에 그는 자신이 여성적 역할에 실제로 고정되고 그로 인해 남근을 빼앗길까봐 걱정했다.[65]

이것은 게임이 영원히 계속되고 놀이가 현실이며 시계가 열두 시를 울릴 때 붙잡히면 모든 것을 잃고 만다는 것을 긍정하는 한 가지 방법임에 틀림없다. 백도 비슷한 환자의 사례를 보고한다.

그는 거울 앞에서 옷을 입었다 벗었다 하는 습관에 오랫동안 빠져 있었다. 음경은 붕대로 배에 꽉 묶었으며 고환은 샅굴(서혜관)에 밀어넣었다. 그러면 극심한 거세 불안이 뒤따랐다. 그는 음경이 부러지거나 휘어지거나 정소관이 찢어져 불임이 될까봐 전

영웅주의의 실패

전긍긍했다.[66]

성을 놀이로 극화하여 통제하더라도 불안을 완전히 흡수할 수는 없는데, 이번에도 그 이유는 위험이 놀이의 현실감을 높인다는 사실과 자아가 양성의 형태 둘 다에서 몸에 완전히 압도된다는 것에 필연적 죄책감을 느낀다는 사실 때문이다. 이것은 개별화가 완전히 제지당함을 의미할 수밖에 없다.

복장의 주술적 효험에 맹목적으로 매달리는 현상에는 의심의 여지가 없다. 페니켈의 환자는 절름발이 소년을 보고서 "그와 옷을 바꿔 입으려는 충동을 느꼈다. 그 충동의 의미는 소년이 정말로 절름발이임을 부정하려는 것이었"다.[67] 하지만 이런 환상은 종종 현실로 바뀔 수 있다. 그린에이커의 환자 한 명은 남자아이를 여자아이로, 여자아이를 남자아이로 바꾸는 환상을 여러 차례 겪더니 결국 내분비학자가 되었다![68] 이로부터 우리는 복장 도착자와 절편음란증 환자가 환각에만 빠져 사는 것이 아니라고 결론지을 수 있다. 그들은 모든 사람이 짊어지고 살아가는 진실, 즉 문화가 자연적 현실을 실제로 탈바꿈시킬 수 있음을 엿보았다. 문화적 창조성과 자연적 창조성을 가르는 굳건한 경계선은 존재하지 않는다. 문화라는 상징체계는 거세 콤플렉스를 이겨낼 힘을 실제로 부여한다. 인간은 부분적으로 스스로를 창조할 수 있다. 사실 이 관점에서 보면 복장 도착증이 온전한 형태의 카우사 수이이자 스스로와의 직접적인(여성 상대방과의 '우회로'를 거칠 필요 없는) 성관계임을 이해할 수 있다. 버크너가 흥미로운 논문에서 지적했듯 복장 도착자는 자신 내면에 여성 인격을 발달시키는 듯하다. 이는 그에게 내면적 2인 관계를 부여하는데, 이것은 사실 '내적 결혼'이다.[69] 복장 도착자는 누구에게도 의존하지 않고서 성적 만족을 얻을 수 있는데, 이는 혼자서도 '이성 역할'을 할 수 있기 때문이다. 이것은 남녀추니적 완전성, 온 세상의 합일에 따른 논리적 귀결이다.

절편음란증적 창조성과 문화적 창조성의 경계가 흐려짐을 보여주는 가장 좋은 예는 고대 중국의 전족 풍습이다. 전족을 하면 발이 기형이 되는데, 남자들은 이렇게 변형된 발을 숭배의 대상으로 삼았다. 프로이트는 전족 풍습을 절편음란증과 관련하여 언급하면서 이렇게 말했다. "중국 남성들은 여성들이 기꺼이 거세에 굴복해준 사실에 대해 고마워하고 있는 것처럼 보인다."[70] 이번에도 심오한 통찰이 개념화되었으되 논점과 살짝 어긋나게 표현되었다. 오히려 전족 풍습은 동물의 발에 대한 문화적 고안물의 완벽한 승리(절편음란증 환자가 구두로 달성하는 바로 그것)를 나타낸다고 말해야 한다. 그렇다면 숭배도 마찬가지로 자연적 현실의 변형을 고마워하는 행위다. 변형된 발은 문화의 효험에 대한 기념물이자 징표적 희생 제물이다. 그렇다면 중국인이 발에서 숭배하는 것은 자신이요 자기네 문화다. 발이 신성해진 이유는 바로 일상적 동물 세계의 주어진, 또한 삭막한 현실에서 벗어났기 때문이다.

하지만 어딘가에서 창조성과 실패 사이에 선을 그어야 한다. 이 선이 가장 뚜렷해지는 것은 절편음란증에서다. 문화의 항문적 저항은 자멸적일 수 있다. 특히 우리가 여인들이 걷는 것을 좋아하거나 여인을 온전한 인간으로 대하고 싶다면 더더욱 그렇다. 이것이

영웅주의의 실패

야말로 절편음란증 환자가 할 수 없는 일이다. 은밀한 주술과 사적 극화에 진실이, 개인적 세계의 창조가 담겨 있을지도 모르지만 이 것은 문화적 고안물과 마찬가지로(문화적 고안물은 더 표준화된 차원에서이지만) 행위자를 현실과 분리한다. 그린에이커는 이를 매우 예리하게 이해했으며 은밀함에 야누스의 얼굴, 즉 타인과의 관계를 약화시키는 속임수가 있다고 언급했다.[71] 은밀한 내적 결혼 상태의 복장도착자는 실제로는 결혼 관계를 전혀 맺지 않는다. 이 모든 논의에서 우리는 절편음란증 환자와 복장 도착자가 전반적으로 피폐화된다는 사실(아버지와의 불안정한 동일시, 나약한 몸/에고)을 잊어서는 안 된다.[72] 도착증은 '사적 종교'라 불렸으며 실제로도 그렇다. 하지만 이 사실이 입증하는 것은 믿음이 아니라 두려움과 떨림이다. 도착증은 무엇에도, 자신의 힘에도, 인간관계 행위를 위한 공통의 문화적 지도에도 기댈 수 없는 사람이 통제와 안전을 독특하고 상징적으로 주장하는 것이다. 도착증 환자의 기발함이 안쓰러운 것은 이 때문이다. 절편음란증 환자는 평범한 문화적 행위자와 달리 억압과 몸/에고에서 안정감을 느끼지 못하기 때문에 여전히 성행위(자신의 몸 전체로 다른 누군가에게 **책임감 있는** 무언가를 하라는 요구)에 쩔쩔맨다. 롬은 자신의 환자에 대해 이렇게 말한다. "그는 아내에게 성관계 요구에 응하라며 매우 예민하게 굴었는데, 정작 아내가 성욕을 내비치면 욕구가 싹 달아났다."[73] 이것은 비개인적이고 도구적인 (종으로서의) 역할에 대한 거부로 간주할 수 있지만 실은 불안정에 바탕을 둔 거부이며 수행을 **요청**받았을 때 제기된다. 신경증의 주된 특징은 세상을 있는 그대로, 모든 우위성, 힘, 압도적 위력을 가진 것으로 보는 것이라는 랑크의 말을 기억하라. 절편음란증 환자는 부담스러운 대상을, 또한 자신이 해야 하는 일을 마주한 무력함의 진실을 느껴야 한다. 그는 단단한 억압과 몸/에고를 통해 신경적으로 충분히 확고하게 '프로그래밍'되지 않았기에 자신의 진짜 현실을 위조하지 못하며 따라서 동물적 역할을 무심하게 해내지도 못한다. 풍성한 머리카락, 덜렁거리는 젖가슴, 엉덩이, 배를 가진 대상은 위압적일 수밖에 없다. 스스로가 공허하게만 느껴지는데 이 모든 '물성'에 대해 어떤 태도를 취해야겠는가? 절편음란물 대상 자체가 절편음란증 환자에게 그토록 근사하고 매혹적인 이유 중 하나는 그가 다른 인간 존재의 경이로움을 그것에 전이하기 때문임이 틀림없다. 그렇게 되면 절편음란물은 자신이 다룰 수 있는 기적인 반면에 상대방은 그렇지 않다. 이 때문에 절편음란물은 후광 같은 효과로 잔뜩 물들게 된다.

롬의 환자는 사물을 순수한 상태로 보았으며 그 효과를 결코 넘어서지 못했다.

> 환자가 처음 떠올린 회상은 어머니가 머리를 감는 장면이었다. 그의 어머니는 머리카락을 볕에 말릴 때 종종 머리를 휘둘러 머리카락이 얼굴을 가리도록 했다. 그는 어머니의 얼굴을 보지 못하는 것에 매혹되면서도 겁에 질렸으며 얼굴이 다시 보이면 안도했다. 어머니가 빗질하는 모습은 그에게 대단히 매혹적이었다.[74]

한 차원에서는 이를 대상의 가장 개인적이고 인간적인 부분인 얼굴이 동물적 머리카락에 가려질 수 있다는 아동의 불안이 표출된 것으로 이해할 수 있을 것이다. 하지만 저 장면의 전체적 느낌은 창조된 대상의 기적에 대한 경외감이다. 대다수 사람은 자연적 대상의 최면적 성질을 이겨내는데, 내가 보기에 여기에는 두 가지 연관된 방법이 있다. 하나는 자신의 힘에 대한 감각을 얻음으로써 자신과 세상 사이에 일종의 균형을 확립하는 것이다. 그러면 우리는 대상에 대한 욕망에 휘둘리지 않고서 그 욕망을 다룰 수 있다. 하지만 두번째 방법도 반드시 동원해야 한다. 그것은 욕망 자체를 절편화하는 것이다. 우리는 총체적 대상 자체와 관계를 맺을 수 없으므로 성적 매력의 표준적 정의가 필요하다. 우리는 대상을 적당한 크기로 자를 수 있는 '실마리'의 형태에서 이것을 얻는다. 젖가슴이나 검은색 속옷을 볼 때 우리는 우리가 관계 맺는 총체적 개인을 고려하지 않아도 된다.[75] 이 두 가지 방법으로 우리는 상대방에게서 경이로움과 힘을 벗겨내어 그녀 앞에서 느끼는 전반적 무력감을 극복한다. 그린에이커의 환자 한 명은 이 문제를 완벽하게 보여준다.

> 그가 소녀를 계속 쳐다보면 소녀는 그에게 점점 혐오스러운 존재로 바뀌었다. 무엇보다 그의 관심이 그녀의 몸에 난 구멍에 집중될 수밖에 없었기 때문이다. 피부의 땀구멍조차 너무 두드러져 보이기 시작했으며 더 커지고 역겨워졌다. 또한 그는 소녀의 뒤에서 접근하여 자신과 소녀의 차이를 시각적으로나 촉각적으로 지나치게 자각할 필요가 없으면 더 성공적일 것임을 점차 깨달았다.[76]

(루소가 베네치아의 아름다운 매춘부를 찾아갔다가 그녀의 젖가슴에서 사소한 결점을 보고서 혐오감을 느낀 유명한 일화가 떠오른다.) 압도적 대상은 욕망의 단순한 매개체로 쪼그라들지 못하면 혐오스럽게 바뀔 수 있는데, 그 이유는 동물적 성질이 떨어져나와 점점 커지기 시작하기 때문이다. 절편음란증 환자가 대상의 경이로움과 우위성에 압도되면서도 그 동물성을 혐오하는 역설을 이로써 설명할 수 있을지도 모르겠다. 발이 추함의 본보기로서 그 자체로 문제가 되는 것은 우리 자신의 욕망과 의지가 안전하게 분출되는 와중에 몸에 융합될 수 없을 때뿐이다. 그러지 않는 한 발은 매력적인 여인의 중성적 부위다. 그렇다면 절편음란증 환자가 겪는 어려움은 아동의 경우와 정확히 일치한다. 즉, 실용적 행위 상황을 그에 필요한 평정심을 가지고 숙달하지 못한다는 것이다. 전형적인 남근적 자기성애자인 돈 후안 유형은 못생겼든 아름답든 똑같이 무관심하게 대하는데, 그 이유를 이로써 설명할 수 있을 듯하다. 그는 실제로는 대상을 총체적인 개인적 성질로서 고려하지 않는 것이다.[ ]

그렇다면 모든 도착증은 그야말로 '사적 종교'로, 인간 조건을 영웅적으로 초월하고 그 조건에서 일종의 만족을 얻으려는 시도로 볼 수 있다. 도착증 환자가 자신의 특정한 접근법이 무척 뛰어나고 삶을 향상시킨다고, 남들이 왜 그것을 좋아하지 않는지 도무지 이해할 수 없다고 늘 이야기하는 것은 이 때문이다. 이것은 모든 참된 신자에게 생명력을 불어넣는 바로 그 정서다. 진정한 영웅에 대한, 또한 무궁한 영광에 이르는 유일한 길에 대한 찬미인 것이다.

영웅주의의 실패

이 지점에서 도착증은 이른바 정상성과 만난다. 삶의 모든 것을 경험할 방법은 없다. 압도되지 않으려면 각자 삶의 커다란 부분을 차단(랑크의 표현을 빌리자면 '부분화')해야 한다. 죽음을 확실하게 회피하고 초월할 방법은 없다. 모든 유기체는 죽기 때문이다. 가장 거대하고 따스하게 탄탄하고 용감한 정신이라도 세상의 조각만을 베어 물 수 있을 뿐이다. 가장 작고 비열하고 겁먹은 정신은 가장 작은 조각을 베어 물 뿐이다. 근면한 이마누엘 칸트가 어떤 모임에서 유리잔이 깨졌을 때 취한 행동이 떠오른다. 그는 아무도 다치지 않

■ 이것은 '절편음란증 환자 중에 여성이 왜 이렇게 적은가'라는 오랜 문제를 제기한다. 이 문제를 해결한 것은 그린에이커와 보스다. 그들의 요점은 남성이 종으로서의 역할을 완수하기 위해 성행위를 해야만 한다는 것이다. 남성은 이를 위해 확고한 스스로의 힘을 필요로 하며, 또한 자신의 욕망을 불러일으키고 이끌 단서 또한 필요로 한다. 이런 의미에서 남성은 자연적으로, 또한 필연적으로 어느 정도 절편음란증 환자다. 스스로의 힘이 적을수록, 무서운 여성 신체의 공포가 클수록 더 절편음란적인 지엽성과 상징성이 필요하다. 여성에게 이 문제가 없는 이유는 역할이 수동적이기 때문이다. 여성의 절편음란증은 자기 몸의 주변에 흡수된다고 말할 수도 있으리라. 보스 말마따나 여성은 사랑의 육체적 측면에 대해, 또한 상대방의 구체성에 대해 위축되기에 완전한 불감증 반응을 보이는 것이 고작이다(*Sexual Perversions*, pp. 53 – 54). 그린에이커도 비슷한 설명을 내놓았다. "여성은 불감증을 감출 수 있기 때문에 그로 인한 패배감을 덜 수 있다"("Further Considerations," p. 188, 주). "남성은 정력에 지장을 주지 않고서는 여성만큼 불감증을 감추지 못한다"("Further Notes," p. 192). 또한 여성은 수동적이고 순종적인 역할을 맡고 있기에 종종 남성의 힘과 동일시함으로써 안전을 얻는다. 이것은 (남근 자체와 문화적 세계관의) 위임된 힘을 얻음으로써 나약함의 문제를 극복하는 것이다. 하지만 남성 절편음란증 환자는 어떤 원천으로부터도 확고한 위임된 힘을 갖지 못하며 여성에게 수동적으로 복종함으로써 얻을 수도 없다"(Greenacre, "Certain Relationships," p. 95 참고). 이 모든 논의를 요약하자면 불감증에 걸린 여성은 순종적이되 남성의 힘 속에서 자신이 안전하다고 확신하지 못하는 사람이다. 그녀는 행위를 수행할 필요가 없기에 아무것도 절편화할 필요가 없다. 발기 불능인 남성 또한 자신이 안전하다고 확신하지 못하지만, 누워 있는 것만으로는 종으로서의 역할을 완수할 수 없다. 남성은 행위를 수행할 수 있도록 부정의 힘이 깃든 장소로서의 절편음란물을 만들어내는 반면에 여성은 자신의 몸 전체를 부정한다. 폰 게브자텔의 절묘한 용어를 빌리자면 불감증은 '수동적 자기절편음란증'의 여성적 형태라고 말할 수 있다(Boss, *Sexual Perversions*, p. 53 참고)

도록 유릿조각을 안전하게 묻을 완벽한 장소를 찾으려고 신중하게 저울질했다. 가장 위대한 정신들조차도 동물적 나약함으로 인한 사고를 막으려면 절편음란증 환자의 주술적이고 제의적인 드라마에 몸담아야 하는 것이다.

가학·피학증의 자연스러움

가학·피학증 문제는 방대한 문헌에서 이미 다루고 있기에 새로 할 얘기는 하나도 없지만 여기서 이 도착증의 자연스러움을 다시 한번 강조하고자 한다. 가학증과 피학증은 놀랄 만큼 엄밀한 개념이자 인간 내면의 구석에 대한 비밀로, 현업 정신분석가에게만 온전히 드러나는 것처럼 보인다. 더 심하게는 인간의 정상적 규범에서 일탈한 드물고도 괴상한 현상처럼 보이기도 한다. 하지만 이런 추측은 둘 다 틀렸다. 이 책에서 되풀이하여 언급했듯 피학증은 인간의 자연스러운 성향이다. 인간은 본디 겸손하고 본디 은혜를 알고 본디 죄책감을 느끼고 본디 뒤처지고 본디 고통받는 자다. 작고 가련하고 연약하고 수동적이며, 우월하고 두렵고 전능한 힘을 가진 '너머'에 자연스럽게 자신을 의탁한다. 마찬가지로 가학증은 피조물의 자연스러운 활동이요 경험과 지배와 쾌락을 향한 욕동이요 스스로를 증가시켜 번성하려고 자신에게 필요한 것을 세상으로부터 얻으려는 욕구다.[77] 게다가 그 피조물은 자신을 잊어야 하고 자신의 고통스러운 내적 모순을 해소해야 하는 인간 피조물이다. 둘을 합친 용어인 가학·피학증은 양극단이 본디 상보적임을 뜻한다. 힘을 격렬히 집중하지 않으면 나약할 이유가 없고 더 큰 힘의

영웅주의의 실패

원천과의 확고한 융합에 의지하지 않고서는 힘을 쓸 수 없다. 그렇다면 가학·피학증은 보편적 인간 조건이자 대다수 사람들의 일상생활을 반영하며 세상의 본성과 자신의 (부여된 대로의) 본성에 따른 삶을 반영한다. 그렇다면 가학·피학증은 사실 '정상적' 정신 건강 상태다.[78]

   이를테면 오늘날의 혼란스러운 세상에서 강간이 증가하는 것이 이상하게 느껴지는가? 사람들은 점점 무력감을 느낀다. 이들이 어떻게 자신의 에너지를 표현하고 압도적인 투입과 빈약한 결과물 사이에서 균형을 잡을 수 있을까? 강간은 고통을 가하고 또다른 피조물을 총체적으로 조종하고 지배하는 능력을 통해 개인적 힘의 감각을 선사한다. 카네티가 절묘하게 간파했듯 독재자의 궁극적 경지는 모든 사람을 동물로 바꿔 소유물처럼 다루는 지배와 통제의 경험이다. 강간범은 완벽하게 자연스러워 보이는 것에서 같은 종류의 만족을 얻는다. 자신의 에너지가 완벽하게 맞아떨어지는 느낌(자신의 동물적 몸이 이 세상에서 지배를 확고히 다지는 데 필요한 힘, 또는 적어도 그 힘의 살아 있는 일부를 가지고 있음을 입증했을 때 찾아오는 들뜬 활력)을 삶에서 얻을 수 있는 상황은 강간 말고는 거의 없다.[79]■

   피학증 환자가 기꺼이 고통을 경험하는 것을 볼 때마다 어리둥절한가? 무엇보다 고통은 몸을 경험의 최전선으로 끌어낸다. 사람을 '느끼는 동물'로서 사물의 중심에 강제로 되돌려놓는다. 따라서 피학증은 자연스럽게 가학증을 보완한다. 둘 다 강력한 자기감정을 경험하는(한 번은 바깥을 향한 행위로, 한 번은 수동적으로 겪는 고통으로) 기법이다. 둘 다 모호함과 공허함을 대신하여 강렬함을 선사한다. 게다가 고통을 경험한다는 것은 고통을 통제하고 물리칠 가능성을 간직한 채 그 고통을 '이용'하는 것이다. 어빙 비버가 중요한 논문에서 주장했듯 피학증 환자가 '원하는' 것은 고통이 아니다. 고통의 원천을 알아내고 한데 모아 통제할 수 있게 되는 것이다. 따라서 피학증은 삶과 죽음의 불안, 실존의 압도적 공포를 작은 분량으로 응고시키는 방법이다. 그러면 인간은 무시무시한 힘으로부터 고통을 겪으면서도 소멸과 죽음의 궁극적 위협을 경험하지 않은 채 살아갈 수 있다. 질부르크가 예리하게 간파했듯 가학·피학증의 조합은 죽음에 대한 두려움을 변화시키기 위한 완벽한 방법이다.[80] 랑크는 피학증을 일컬어 죽음의 거악을 피할 수 있게 해주는 '작은 희생 제물' '가벼운 처벌' '유화책'이라고 불렀다. 따라서 피학증을 성에 적용할 경우 이것은 "최종적 분석에 따르면 죽음을 상징하는" 고통과 통증을 쾌락의 바람직한 원천으로 탈바꿈시키는

■ 이렇게 하면 가학증과 성의 관계가 자연스러움을 (둘을 본능적 토대에 놓지 않고서도) 설명할 수 있다. 가학증과 성은 적절한 힘과 고조된 활력에 대한, 서로를 강화하는 감각이다. 이를테면 남자아이가 (에드거 앨런 포의 단편소설) 「함정과 진자」 같은 유혈 낭자한 이야기에서 환상을 떠올리며 수음하는 이유는 무엇일까(Greenacre, "Certain Relationships," p. 81)? 우리는 이 환상이 남자아이에게 수음으로 강화되는 힘의 감각을 부여한다고 상상해야 한다. 그 경험은 무능력과 나약함의 부정이다. 이것은 단순한 성 경험을 훨씬 능가하는 반면에 불필요한 파괴적 욕동의 표출에는 훨씬 못 미친다. 대다수 사람들이 가학·피학적 환상에 은밀하게 반응하는 이유는 누구나 본능적으로 도착적이기 때문이 아니라 이 환상이 동물적 유기체로서 우리의 에너지와 한계가 가진 완벽한 적절함을 나타내기 때문이다. 세상의 한 부문을 전적으로 지배하거나 자신을 완전히 내려놓음으로써 자연의 힘에 복종하는 것보다 더 큰 만족을 주는 것은 없다. 대체로 사람들이 일상 세계의 상징적 사안들로 인한 스트레스로 고생할 때 이런 환상이 생기는 것은 지극히 적절하다. 사업상 모임이나 학술적 모임에 참석했을 때 루이스 부뉴엘의 영화 〈세브린느〉에 나오는 이미지들이 떠올라 떨쳐지지 않는 것은 이 때문이다.

방법이다.[81] 헨리 하트가 훌륭히 주장했듯 이것은 일종의 자기투약식 동종 요법이다. 에고는 고통, 총체적 패배, 완전한 소멸을 작은 분량으로 나눠 일종의 예방접종으로 경험함으로써 이를 통제한다.[82] 그렇다면 또다른 관점에서는 죽음의 상징인 고통을 희열과 더 많은 삶 경험으로 탈바꿈시킨다는 점에서 도착증에 매혹적인 창의성이 있음을 알 수 있다.**

하지만 이번에도 도착증의 창의성에는 한계가 뚜렷하다. 삶과 죽음의 공포를 어떤 사람에게 고통의 원천으로서 주술적으로 고정하면 그 공포는 통제할 수 있지만 그 사람을 지나치게 부풀리게 된다. 이것은 사적 종교로, 지나친 '가장假裝'으로 인해 피학증 환자를 다른 사람의 손아귀에 두어 그를 비하한다. 가학·피학증이 궁극적으로 당사자를 하찮게 만드는 것은 놀랄 일이 아니다. 가학·피학증은 조막만한 인물들이 연기하는 통제와 초월의 온실 속 드라마다. 모든 영웅주의는 일종의 '너머'와 관계가 있다. 문제는 어떤 종류냐는 것이다. 이 물음은 앞에서 논의한 문제를 떠올리게 한다. 그것은 너무 제한된 너머의 문제다. 이 관점에서 보면 도착증은 영웅적 신격화 드라마를 위해 자신이 선택하는 너머의 극심한 한계를 드러낼 뿐이다. 가학·피학증 환자는 한 사람을 마주한 채 자신의

**　보스는 가학·피학증에 훨씬 창조적인 의도를 (적어도 그 형태의 일부에서는) 부여한다(pp. 104 ff.를 보라). 자신이 인용하는 몇 가지 사례를 바탕으로 한 그의 일반화를 어디까지 따라가야 할지는 모르겠다. 환자의 합리화를 진정으로 이상적인 동기로 받아들이려는 듯한 그의 성향은 다소 거북하다. 나는 이것을 더 주의깊게 견주어보아야 한다고 생각한다.

영웅주의 드라마를 연기하는 사람이다. 그는 에로스와 아가페라는 두 존재론적 동기를 사랑의 대상에게만 행사한다. 한편으로 그는 사랑의 대상을 이용하여 자신이 가진 충만함과 힘의 감각을 확장하며 다른 한편으로 자신의 의지를 포기하고 자신 너머의 무언가에 완전히 융합됨으로써 평화와 성취를 얻으려는 욕구를 발산한다. 롬의 환자는 우주적 문제가 어떻게 한 명의 상대방으로 축소되는가를 완벽하게 보여준다.

> 그는 극심한 긴장을 가라앉히려고 한편으로는 아내에게 공격적이고 가학적인 지배적 남성이 되려는 소망과, 다른 한편으로는 남성성을 포기하고 아내에게 거세되어 발기불능과 수동성과 무력함의 상태로 돌아가려는 욕망 사이에서 몸부림쳤다.[83]

총체적 인간 조건에 대한 갈망을 자기 집 침대에서 안전하게 충족할 수 있다면 얼마나 수월하겠는가. 랑크 말마따나 우리는 상대방이 신과 같기를, 우리의 욕망을 뒷받침할 전능한 신, 우리의 욕망을 품을 넉넉한 신과 같기를 바라지만 이것은 불가능하다.

그리하여 가학·피학증이 인간 조건을, 우리의 존재론적 쌍둥이 동기로 인해 벌어지는 행위를 반영한다면 우리는 솔직한 피학증, 또는 성숙한 피학증에 대해 진정으로 말할 수 있을 것이다. 랑크가 『심리학을 넘어서』의 남다른 논의에서 다룬 것이 바로 이것이다.[84] 프로이트는 이 주제를 여러 번 언급했으나 자신의 생각을 이런 종류의 결론에까지 밀어붙일 수는 없었다. 이것이 그의 한계 중 하나였다. 프로이트는 가학증과 피학증의 세기, 깊이, 보편성에 깊은 인상을 받았기에 이것을 본능이라고 불렀다. 이 욕동이 인간 피조물의 핵심에 곧장 가닿는 것을 제대로 본 것이다. 하지만 여기서 비극적 결론을 끌어내고는 인류가 이 욕동을 없애지 못하리라 개탄했다. 이번에도 자신의 본능 이론에 사로잡혀 이 욕동을 진화적 조건의 흔적이자 특정한 성적 취향에 묶인 것으로 보았다. 반면에 랑크는 더 제대로 보았기에 가학증과 피학증을 임상적으로 부정적인 것에서 인간적으로 긍정적인 것으로 탈바꿈시킬 수 있었다. 그렇다면 피학증의 성숙 여부는 지향하는 대상에, 성숙한 피학증 환자가 스스로를 얼마나 소유하는지에 달려 있다. 랑크의 관점에서 어떤 사람이 신경증 환자인 것은 피학적이기 때문이 아니라 정말로 순종적이지 않고 그런 척하고 싶어할 뿐이기 때문이다.[85] 이 유형의 실패를 간단히 살펴보자. 이것이 우리가 제기한 정신질환의 총체적 문제를 아우르기 때문이다.

실패한 영웅성으로서의 정신질환

정신질환에 대한 우리의 개관에서는 매우 흥미롭고 일관된 한 가지 결론이 도출된다. 그것은 정신질환자가 모두 기본적 용기 문제를 가졌다는 아들러의 말이 옳다는 것이다. 그들은 자신의 독립적 삶을 책임지지 못한다. 삶과 죽음을 극도로 두려워하기 때문이다. 이 관점에서 보면 정신질환 이론은 사실 죽음 초월의 실패에 대한 일반 이론이다. 삶의 회피와 죽음에 대한 공포가 어찌나 깊이 얽히는지 인격은 불구가 된다. 사회의 다른 구성원들과 달리 '정상적인 문화적 영웅주의'를 발휘하지 못하는 것이다. 이 때문에 일상적인 영웅적 자기확장을 스스로에게 허용하지도 못하고 다른 구성원들처럼 상위의 문화적 세계관에 쉽게 굴복하지도 못한다. 그가 어떤 식으로든 남에게 짐이 되는 것은 이 때문이다. 그렇다면 정신질환은 삶과 죽음에 대한 지나친 두려움, 자신의 실패한 영웅성으로 남을 힘들게 하는 사람들에 대해 이야기하는 방법이기도 하다.

앞에서 보았듯 우울증 환자는 스스로를 타인의 안락한 힘과 보호 속에 밀어넣다 못해 자신의 삶을 몰수당한 사람이다. 아들러가 오래전에 가르쳤듯 우울증 환자 주변에 있는 사람들은 그 대가를 치러야 한다. 죄책감, 자기고문, 비난 또한 남을 강압하는 방법이다.[86] (용기의 실패를 적나라하게 반영하는) 조현병 환자의 주술적 전이보다 더 강압적인 것이 어디 있겠는가? 너무 나약하고 고독해서 어떤 관계라도 맺으려고 상상으로 증오의 대상을 만들어내는 편집증은 또 어떤가?[87] 편집증 환자가 조금이나마 활력을 느낄 수 있도록 하려면 우리는 증오받는 것에 동의해야 한다. 이것은 남에게 "죄책감을 불어넣"는 궁극적 형태다. '죄책감'을 영어로 '여행trip'이라고 부르는 것은 실제로 삶과 죽음을 통과하는 여행이기 때문이다. 나약하고 두려워하는 사람들은 이런 죄책감을 남에게 유난히 호되게 불어넣는다. 요점은 주술적 전이와 편집증으로 인해 강압받는 것이 우리라는 사실이다. 문제가 우리에게 있는 것이 아닐지도 모르는데 말이다.*

구체적 도착증에서는 이 강압을 거의 순수 배양 형태로 볼 수 있다. 강압은 총체적 개인으로서의 우리 자신에 대한 부정이 된다.

영웅주의의 실패

여성이 도착적 관계를 싫어하고 절편음란증 환자가 쓰는 인위적 수단을 불쾌해하는 이유는 그것이 총체적 개인으로서, 또는 그저 개인으로서 자신의 실존을 부정하기 때문이다.[88] 모든 도착증을 잇는 공통점은 책임 있는 인간 동물이 되지 못하는 무능력이다. 에리히 프롬은 일찍이 피학증이 자유의 부담을 없애려는 시도임을 훌륭히 서술한 바 있다.[89] 우리가 임상적으로 접하는 사람들 중 일부는 책임을 직면하는 일에 어찌나 나약한지 (비버가 상기시키듯) 건강과 활력의 양호한 상태를 누리는 자유조차 두려워한다.[90] 가장 극단적 도착증인 시체성애증에서는 프롬이 말했듯 삶과 사람에 대한 가장 극단적인 두려움을 볼 수 있다.[91] 브릴의 환자 한 명은 시체를

■ 이것을 가장 뚜렷이 보여주는 것은 치밀한 조사와 꼼꼼한 사유가 담긴 웨이트의 히틀러에 대한 논문이다("Adolf Hitler's Guilt Feelings," *Journal of Interdisciplinary History*, 1971, 1, No. 2: 229 – 249). 여기서 웨이트는 자신의 몸이 오물과 부패에 대해 무가치하고 지나치게 나약하다는 히틀러의 개인적 느낌 때문에 유대인 600만 명이 희생되었다고 주장한다. 히틀러는 이런 것들에 대한 불안감과 신체적 장애가 너무 컸기에 이에 대처하고 승리할 수 있는 독특한 도착증을 발달시켜야 했던 듯하다. "히틀러는 젊은(자기 어머니가 아버지에 비해 젊었던 것보다 훨씬 젊은) 여성으로 하여금 자신 위에 쪼그리고 앉아 소변을 보거나 자신의 머리에 똥을 누도록 함으로써 성적 만족을 얻었다"(*Ibid*., p. 234). 이것이 그의 '사적 종교', 즉 불안에 대한 그의 개인적 초월이자 초경험과 해소였다. 이런 식으로 히틀러는 유대인과 독일에뿐 아니라 자신의 정부情婦들에게 개인적 죄책감을 불어넣었다. 그의 정부가 모두 자살하거나 자살을 시도했음은 매우 의미심장하며 단순한 우연이 아니다. 그들은 그의 도착증이 가하는 부담을 견딜 수 없었을 가능성이 매우 높다. 도착증이 총체적으로 그들에게 가해졌으며 그 자체로, 그러니까 단순한, 또한 역겨운 신체적 행위로서가 아니라 지독한 부조리 속에서, 또한 히틀러의 공적 역할과 전혀 어울리지 않게 도착증은 그들이 살아내야 할 자신의 것이 되었다. 히틀러는 사회의 모두가 숭배하는 대상, 독일과 세계의 희망, 악과 오물을 물리친 승리자로 통하지만 당신과 한 시간만 함께 있으면 부디 자신에게 똥오줌을 누어달라고 은밀히 간청할 것이다. 생각건대 사적 미감과 공적 미감의 이 불일치는 감당하기에 벅찰 것이다. 마치 매춘부가 자신의 고객을 단순한 변태로, 열등한 삶의 형태로 간주하듯 그것을 조롱하거나 일축할 위치에 오를 수 없다면 말이다.

얼마나 두려워했던지 이 두려움을 극복하자 시체성애자가 되었다. 새로 얻은 자유에 매혹되었기 때문이다. 우리는 그가 시체성애증을 자신의 영웅성으로 이용했으며 장의사의 영안실은 그의 신격화 드라마가 펼쳐지는 무대였다고 말할 수 있을 것이다. 시체는 무력함 면에서 완벽하다. 시체는 나를 해치거나 모욕하지 못하며 나는 시체의 안전이나 책임에 대해 걱정할 필요가 없다.[92]

보스가 기술한 대변기호증 환자는 자신의 실존이 산산조각난 탓에 곧은창자의 산물에서만 창조적 영웅성을 찾을 수 있었다.[93] 여기서 우리는 종으로서의 역할에 대한 공포, 성행위 상대의 몸과 관계를 맺지 못하는 무능력을 고스란히 목격한다. 이 환자는 이 공포와 무능력이 너무 심해서 대인관계에서는 자신의 욕망을 전혀 표현하지 못할 정도다. 그는 똥에 의해, 똥이 삶의 참된 원천이라는 기발한 합리화에 의해 사실상 '구원'받았다. 자신이 가진 특별한 영웅성의 욕구 때문에 아내가 한갓 창자로 전락한 것은 그에게 별문제가 되지 않는다. 도착증이야말로 두려움과 나약함이 어떻게 삶으로부터의 도피로 이어지는지, 절름발이 영웅성이 어떤 결과를 낳는지 가장 적나라하게 보여준다. 심지어 슈트라우스는 시체성애증을 인색함과 갱년기 우울증, 즉 삶으로부터의 일반적인 후퇴라는 같은 문제와 연결하기까지 한다.[94] 나는 그 도식에 전혀 이의가 없다.

이제 정신질환과 도착증을 이론적으로 탄탄하게 이해했으니 이에 속한 모든 질환을 가볍게 거의 일화적으로 건너뛰어도 무방할 것이다. 이 모든 질환은 인간 조건을 감당하지 못하는 사람들이

영웅주의의 실패

느끼는 공포를 일컫기 때문이다. 바로 이 지점에서, 실패한 영웅성으로서의 도착증에 대한 우리의 논의는 다시, 또한 마지막으로 인간 본성의 제반 문제를 이상적 차원에서 종결짓는다. 결국 영웅성은 이상의 문제다. 키르케고르로부터 셸러, 호킹, 융, 프롬 등에 이르기까지 정신질환의 문제는 우상숭배 문제와 불가분의 관계였다.[95] 문제는 어떤 우주론에서 자신의 영웅성을 발휘할 것인가다. 내가 앞에서 주장했듯 가장 강한 사람조차 아가페적 동기를 행사해야 하고 자신을 넘어선 어딘가에 삶의 짐을 놓아야 한다면 우리는 다시 한번 거창한 물음을 묻게 된다. 가장 높은 현실, 진실한 이상, 참으로 위대한 모험이란 무엇인가? 어떤 종류의 드라마에서 어떤 종류의 영웅주의가, 어떤 종류의 신에 대한 복종이 요구되는가? 역사상 종교적 천재들이 주장했듯 진정으로 순종적인 것은 가장 높은 힘, 참된 무한과 절대적인 것에 순종하는 것이지 인간적 대체물, 연인, 지도자, 국가에 순종하는 것이 아니다.

이 관점에서 정신질환의 문제는 자신이 어떤 종류의 영웅성을 발휘하고 있는지 모르는 것이거나 설령 알더라도 자신의 절름발이 지엽성으로부터 영웅성을 확장하지 못하는 것이다. 따라서 정신질환은 (역설적으로 들릴지도 모르겠지만) 나약함과 어리석음의 문제다. 정신질환은 존재론적 쌍둥이 동기를 어떻게 충족시킬지 모르는 상태를 나타낸다. 결국 자신을 긍정하고 내려놓으려는 욕망은 매우 자연스럽다. 우리는 이를 위해 어떤 길이든, 어떤 대상이든, 어떤 수준의 영웅성이든 선택할 수 있다. 이 동기에서 비롯하는 고통과 악은 동기 자체의 본성으로 인한 결과가 아니라 이 동기의 충족과 관련한 우리의 무지로 인한 결과다. 이것이 (언뜻 보기에는 경솔하게 느껴질 수도 있는) 랑크의 통찰에 담긴 심오한 의미다. 그는 1937년 편지에 이렇게 썼다.

> 침대에 누워 쉬고 있는데 문득 '심리학 너머'에 무엇이 있을까, 하는 생각이 떠올랐다네. 그게 뭔지 알겠는가? 바로 어리석음이지! 인간 행동에 대한 온갖 복잡하고 정교한 설명은 행동의 가장 강력한 동기 중 하나, 말하자면 어리석음에 의미를 부여하려는 시도라네! 어리석음이란 못되거나 비열한 것보다 훨씬 강력하다는 생각이 들기 시작했네. 비열하게 보이는 행동이나 반응 중 상당수는 단지 어리석을 뿐이며 심지어 그것을 못됐다고 부르는 것을 정당화하기 때문일세.[96]

마지막으로, 그렇다면 우리는 정신의학의 영역과 종교의 영역이 얼마나 참으로 불가분의 관계인지 알 수 있다. 둘 다 인간 본성과 삶의 궁극적 의미를 다루니 말이다. 어리석음을 버리는 것은 삶을 영웅성의 문제로 자각하게 되는 것이다. 이것은 이상적 차원에서 삶이 어때야 하는가에 대한 성찰이 될 수밖에 없다. 이 관점에서 우리는 '사적 종교'의 도착증이 '참된 종교'에 비해 '틀리지' 않았음을 알 수 있다. 이런 도착증은 덜 확장적이고 인간적으로 덜 고귀하고 덜 책임질 뿐이다. 살아 있는 유기체는 모두 도착에 빠질 수밖에 없다. 그것은 자신을 압도하는 더 큰 총체성의 조각에 불과함에서 비롯하는 지엽성이다. 유기체는 이것을 이해하지도, 제대로 대처하지도 못하지만 그럼에도 여전히 살아가고 분투해야 한다. 그렇다면 여전히 우리는 지혜로운 노인 에픽테토스처럼 어떤 종류의 도착증이 인간에게 알맞은지 물어야 한다.▪

■ 이 장을 마무리하기 전에 도착증과 관련하여 내가 이제껏 접한 것 중에서 가장 풍성한 짧은 논문을 소개하지 않을 수 없다. 안타깝게도 여기서 논의하기는 이미 늦었지만 와이즈먼의 "Self-Destruction and Sexual Perversion," in *Essays in Self-Destruction*, edited by E. S. Shneidman, (New York: Science House, 1967)은 가장 뛰어난 설득력과 상상력을 가지고 이 견해들을 연결하고 심화한다. 무엇보다 어머니에게서 이런 말을 들은 환자의 사례에 주목하라. "성관계를 가지면 네 삶이 통째로 위태로워질 거란다." 이 때문에 환자는 오르가슴을 경험할 수 있도록 스스로 목이 반쯤 졸리거나 반쯤 질식하는 방법을 생각해냈다. 말하자면 **죽음을 방불케 하는 대가를 치렀다면** 죄책감을 억누르지 않고서도 쾌락을 누릴 수 있었다. 성행위에서 피해자가 되는 것은 성행위가 일어날 수 있도록 하는 절편음란물이 되었다. 와이즈먼의 환자들은 모두 중세적인 현실관과 죽음관을 지니고 있었다. 그들은 세상을 악으로, 압도적으로 위험한 곳으로 보았으며 중세의 참회자처럼 질병과 패배와 타락을 동치했다. 또한 중세의 참회자와 마찬가지로 삶을 유지할 자격을 얻고 죽음에서 벗어날 방법을 사기 위해 희생자가 되어야 했다. 와이즈먼이 그들을 '처녀 낭만파'라고 부른 것은 적절했다. 그들은 적나라한 신체적 현실을 견디지 못하기에 도착증이라는 수단으로 이를 더 이상화된 무언가로 탈바꿈시키려 든다.

3부

회고와 결론:
영웅주의의 딜레마

11장 정신분석과 종교: 영웅적 개인이란 무엇인가?

인간에게 정말로 필요한 학문이 있다면 그것은 내가 가르치는 학문이다. 그것은 인간에게 부여된, 창조에서의 자리를 어떻게 적절히 차지할 것인가, 인간이기 위해 어떤 존재여야 하는가를 그로부터 어떻게 배울 것인가다.

—이마누엘 칸트

우리는 어릴 때 우리가 존경하는 사람들이 바람직한 삶에 대해, 어떤 사람이 착한 사람인가에 대해, 어떻게 살아야 하는가에 대해 저마다 다른 생각을 가지고 있는 것에 어리둥절할 때가 많았다. 특별히 예민한 사람에게는 어리둥절한 것을 넘어 실망스러웠을 것이다. 그럴 때 대다수 사람들이 으레 하는 일은 자신의 지평에서 그때그때 누가 가장 커 보이는가에 따라 자신의 생각을 따랐다가 딴 사람의 생각을 따랐다가 하는 것이다. 가장 우렁찬 목소리, 가장 강렬한 외모, 가장 높은 권위와 가장 큰 성공의 소유자가 대체로 우리의 일시적 충성을 얻는다. 우리는 자신의 이상을 그에게 맞추려 애쓴다. 하지만 우리는 살아가면서 이에 대해 나름의 관점을 형성하며 이 모든 제각각의 진실에 다소 연민을 느끼게 된다. 각자 자신이 삶의 한계에 승리할 공식을 가졌으며 인간으로 사는 것이 무슨 뜻인지 확실히 안다고 생각한다. 그는 대체로 자신의 독특한 전매품을 따르는 추종자를 얻으려 노력한다. 오늘날 우리가 알고 있듯 사람들이 자신의 관점을 따르는 개종자를 얻으려고 그토록 애쓰는 이유는 이것이 단순히 삶의 전망에 머무르지 않기 때문이다. 이것은 불멸의 비법이다. 물론 이 장의 제사에 인용한 문장의 주인공인 칸트만한 권위가 누구에게나 있는 것은 아니지만, 불멸의 문제에서만큼은 누구나 같은 자기의自己義적 확신을 가지고 있다. 사물이 도착적으로 보이는 이유는 정반대 견해들이 똑같이 미칠 듯한 확실성으로 제시되기 때문이다. 똑같이 확실해 보이는 권위자들이 정반대 견해를 고집하는 장면을 상상해보라!

이를테면 인간 본성에 대한 프로이트의 원숙한 사유를, 투쟁하는 인간의 피라미드에서 자신이 어디 서 있는가에 대한 그의 생각과 비교해보라.

저는 전체로서의 인간에 대해 '좋은' 것을 거의 발견하지 못했습니다. 경험상 대부분의 인간은 쓰레기입니다. 이런저런 윤리적 신조를 공적으로 내세우든 전혀 내세우지 않든 상관없습니다. 윤리로 말할 것 같으면 저는 높은 이상을 추구하는데, 제가 만난 사람들은 대부분 극히 개탄스럽게 이 윤리를 저버렸습니다.[1]

이제껏 살았던 심리학자 중에 아마도 가장 위대한 인물이 '경험상'이라는 상투어를 내뱉으면 그것은 중세의 교황 칙서에 버금가는 권위를 지닌다. 물론 대부분의 인간이 쓰레기라는 프로이트의 말은 일부는 그렇지 않음을 함축한다. 그 소수의 예외 중 한 명이 누구인지는 능히 짐작할 수 있다. 한때 유행하던 우생학 서적들을 떠올려보라. 그런 책의 표지에는 잘생긴 저자의 사진이 예외 없이 박혀 있는데, 그 사진은 책의 주장에 해당하는 이상적 유형으로서 저자의 활력과 인격을 뿜어낸다.

우리가 예상할 수 있듯 프로이트의 자기평가에 모두가 동의할 가능성은 희박하다. 그에게 반대한 주요 제자들 거의 모두 그에게서 (어느 정도 업신여기는 듯한 연민을 비치며) 경멸할 만한 구석을 찾을 수 있었다. 한때 빌헬름 라이히는 프로이트가 정신분석 운동에 발목 잡히고 자기 제자와 자기 창조물의 덫에 빠졌으며, 그가 암에 걸린 것은 스스로에게 매몰되어 자유로운 행위자로서 말할 수 없었기 때문이라고 지적했다.[2] 보다시피 여기에도 우리의 문제가 있다. 라이히의 판단은 프로이트 이상으로 자신의 운동에 발목 잡히고 그로 인해 더 결정적이고 치욕스럽게 망가진 라이히 자신이 아니라 신에 의한 것이었다면 더 큰 권위를 지녔을 것이다. 융도 프로이트에게 크나큰 한계가 있다고 생각했지만 그는 이 한계를 프로이트의 다이몬, 즉 그의 천재성과 독특한 메시지의 필수적 일부로 여겼다. 하지만 이런 해석은 실은 연금술에 대한 융의 악마적 이끌림과, 샤먼을 방불케 하는 내적 삶의 성격을 반영하는지도 모른다.[3] 인간 연구자로서는 누구에게도 뒤지지 않는 에리히 프롬은 융을 신랄하게 비난했으며 그를 과학의 적으로 몰아세웠다. 서로를 향해 중대 선언을 쏟아내는 모든 거인들의 발치에서 허둥거리는 일반인은 얼마나 가련한가.

나는 프로이트의 한계에 대한 랑크의 강력한 견해는 언급하지도 않았다. 랑크의 사유 체계에서 프로이트의 한계에 대해 내릴 수 있는 가장 너그러운 판단은 신경증 환자의 인간적 약점이 프로이트에게도 있었다는 것이다. 프로이트는 환각을 만들어낼 능력이 없었다. 창조의 가능성에 대해 창의적 신화를 지어낼 능력도 없었다. 프로이트는 사물을 너무 '현실적으로' 보았으며 기적과 무한한 가능성의 기운을 느끼지 못했다. 그가 자신에게 허락한 유일한 환각은 자신의 과학에 대한 환각이었는데, 환각의 그런 원천은 불안정한 버팀목일 수밖에 없다. 강력한 '너머'에서가 아니라 자신의 에너지에서 비롯하기 때문이다. 제 나름의 새로운 의미를 창조하고 그것을 버팀목으로 삼아야 하는 것은 예술가에게 일반적인 문제다. 대화는 도치되는 일이 많아서 미덥지 못하다. 이 때문에 프로이트는 후세와 명성의 가치에 대해, 또한 진화의 파노라마 전체의 안정성에 대해 평생 양가적 태도를 취했다. 우리는 프로이트와 키르케고르를 비교하면서 이미 이 모든 문제를 살펴보았다. 이제 제자리로 돌아온 셈이다. 이상적인 인간 성격에 대해 이야기하려면 절대적 초월의 관점에 설 수밖에 없다. 키르케고르는 프로이트가 여전히 자부심을 가졌으며 참으로 분석된 인간의 피조물 의식이 결여되었다고, 불안의 학교를 온전히 수료하지 않았다고 말할 것이다. 키르케고르의 인간 이해에 따르면 카우사 수이 기획은 오이디푸스콤플렉스이며 인간이기 위해서는 이를 완전히 버려야 한다. 이 관점에서 프로이트는 여전히 자신의 오이디푸스콤플렉스를 철저히 분석하지 않았다. 그와 초창기 정신분석가들이 스스로를 분석했다고 아무리 자부하더라도 말이다. 프로이트는 상위의 힘에 정서적으로 굴복할 수 없었으며 초월적 차원에 관념적으로 순응할 수 없었다. 그는 여전히 오로지 가시적 세계의 차원에서 살았으며 그 차원에서만 가능한 것에 제약받았다. 따라서 그의 모든 의미는 그 차원에서 와야만 했다.

키르케고르는 인간의 의미가 무엇인지에 대해 나름의 도식이 있었다. 그는 그 도식을 표현한 빼어난 문장에서 이른바 '신앙의 기사'를 묘사한다.[4] 이 인물은 신앙 안에서 살아가며 창조주에게 삶의 의미를 맡긴 채 자신을 만든 이의 활력을 중심으로 살아간다. 이 가시적 차원에서 어떤 일이 일어나든 달게 받아들이고, 삶을 의무로서 살아가고, 태연히 죽음을 맞이한다. 어떤 하찮은 일도 그의 의미를 위협할 만큼 하찮지 않다. 어떤 과업도 그의 용기를 넘어설 만큼 두렵지 않다. 그는 온전히 세상 자체에 있으며, 보이지 않는 차원에 대한 신앙 덕분에 온전히 세상 너머에 있다. 이것은 칸트의 부모가 지녔던 오래된 경건의 이상과 매우 비슷하다. 이런 이상의 위대한 힘은 개방적이고 너그럽고 담대하며 그럼으로써 타인의 삶을 어루만지고 풍요롭게 하고 개방적으로 바꾼다. 신앙의 기사는 삶과 죽음에 대한 두려움이 없고 타인에게 이를 불어넣을 이유도 없으므로 타인을 스스로 움츠러들게 하지 않고 강압하지도 조작하지도 않는다. 그러므로 신앙의 기사는 '이상적 정신 건강'이라고 부를 만한 것, 즉 두려움의 죽음 같은 고통에서 벗어나 삶의 개방성을 유지하는 상태를 나타낸다.

　이 추상적 언어로 표현된 신앙의 기사라는 이상은 지금껏 인간이 제시한 이상 중에서 틀림없이 가장 아름답고 도전적인 것으로 손꼽을 만하다. 이 이상은 이런저런 형태로 대다수 종교에 포함되어 있지만 내가 생각하기에 이것을 최고의 재능으로 자세히 묘사한 사람은 키르케고르다. 이것은 여느 이상과 마찬가지로 인간을 끌어당기기 위한 창조적 환각이다. 그런데 인간을 끌어당기는 것은 쉬운 일이 아니다. 키르케고르가 말했듯 신앙은 가장 힘든 것이다. 그는 자신을 믿음과 신앙 사이에 두었으며 도약하지 못했다. 도약은 인간에게 달린 것이 아니다. 여기에 어려움이 있다. 신앙은 은총의 문제다. 훗날 틸리히가 말했듯 종교는 선물(은총)을 받을 때는 손바닥을 펴고 선물을 줄 때는 주먹을 쥔다. 신앙의 기사라는 선물을 주려면 우선 더 높은 이에게 기사로 임명받아야 한다. 내가 추구하는 요점은 우리가 믿음이 있는 기독교인으로서의 키르케고르의 삶을 받아들여 불가지론자로서의 프로이트의 삶에 맞세운다면 결코 대차대조표를 작성할 수 없으리라는 것이다. 어느 쪽이 타인을 더 위축시키거나 더 온전히 확장시켰는지를 누가 집계할 수 있겠는가? 프로이트에게서 지적할 수 있는 모든 결점은 키르케고르에게서도 발견할 수 있다. 프로이트가 보이는 것의 측면에서 잘못을 저질렀다고 말할 수 있다면 키르케고르는 보이지 않는 것의 측면에서 똑같이 잘못을 저질렀다고 단언할 수 있다. 키르케고르는

　회고와 결론: 영웅주의의 딜레마

(어느 정도는) 삶에 대한 두려움 때문에 삶으로부터 돌아섰으며 삶에서 실패했기에 죽음을 더 수월하게 받아들였다. 그 자신의 삶은 자유의지로 행한 자발적 희생이 아니라 가련하게 몰아붙여진 희생이었다. 그는 자신이 생각한 범주 안에서 살아가지 않았다.[5]

인류 역사에서 가장 확실한 위인들에 대한 나의 이 무미건조한 서술은 삶과 죽음의 놀이에서는 진짜 성자가 아닌 한 누구도 남보다 높이 설 수 없다고 말하는 것일 뿐이며 성자가 된다는 것 자체가 인간의 노력이 아니라 은총의 문제라고 결론짓는 것일 뿐이다. 요점은 인간에게 모든 것이 가능하지는 않다는 것이다. 종교적 피조물성과 과학적 피조물성 사이에서 무엇을 선택할 수 있단 말인가? 인간이 성취할 수 있는 최대치는 경험에 대한 어느 정도의 느긋함, 개방성이다. 이를 통해 타인에게 강제적 부담이 되는 것을 줄일 수 있다. 이중 상당수는 그가 재능을 얼마나 가졌는지, 얼마나 많은 다이몬이 그를 이끄는지에 달렸다. 무거운 짐보다는 가벼운 짐을 내려놓는 것이 더 쉬우니 말이다. 인간은 어떻게 자신의 모든 생 에너지로부터 사유 체계(프로이트가 그랬듯 이 세계의 문제를 온전히 지향하는 체계)를 만들어내고서는 그것을 보이지 않는 세계에 넘겨주는가? 말하자면 어떻게 성인이면서도 세계사적으로 중요한 과학적 운동을 조직할 수 있을 것인가? 어떻게 해야 신에게 기대고 모든 것을 신에게 내어주면서도 열정적 인간으로서 제 발로 설 것인가? 이것은 수사적 물음이 아니다. '어떻게 인간이 될 것인가'라는 문제, 현인 윌리엄 제임스가 알고 있었듯 아무도 남에게 만족스럽게 조언할 수 없는 문제의 핵심으로 직행하는 진짜 물음이다. 모든 것은 해결 불가능한 모호함으로 가득하다. 제임스 말마따나 각 사람에게는 매우 개인적인 경험의 범위 전체가 담겨 있으므로 그의 삶은 매우 독특한 문제이고 매우 개별적인 종류의 해법을 요한다. 키르케고르는 자신의 생활양식에 반대하는 사람들에게 같은 말을 했다. 그는 자신의 생활양식이 유일무이한 것은 자신이 살아가는 데 필요하도록 유일무이하게 설계되었기 때문이라고 말했다. 여기서 더할 것도 뺄 것도 없다.

또한 제임스는 보이는 세계와 보이지 않는 세계 둘 다에 양다리를 걸치고 살아가는 것이 얼마나 힘든 일인지 알았다. 한 세계는 우리를 다른 세계로부터 끌어당긴다. 제임스가 곧잘 되뇐 격언 중 하나는 이것이다. "인간의 아들이여, 내가 그대와 이야기할 수 있도록 그대의 발로 서게나." 인간이 신에게 너무 의지하면 이 세상에서 자신의 힘으로 성취해야 하는 것을 성취하지 못한다. 무엇이든 하려면 우선 나머지 모든 것과 떨어져 인간이 되어야 한다. 이는 성자의 근사한 이상을 모조리 의심에 빠뜨린다. 선한 사람이 되는 데는 여러 방법이 있기 때문이다. 노면 베순이 빈첸시오 드 폴보다 조금이라도 못한 성자였나? 내 생각에 그것은 이 세상에서 각 유기체가 자신의 에너지에 소비되려고 살아가며 가장 거침없이 소비되고 가장 빛나는 불꽃으로 타는 유기체가 (이 땅에서 무언가를 성취하는 것으로 따지자면) 자연의 목적에 가장 부합한다고 말하는 것과 같다. 또한 랑크와 같은 취지에서 유기체적 형태를 오로지 소비용으로만 쓰는 '비합리적' 생명력이 우선순위를 차지한다고 말하는 것과도 같다.

불가능한 영웅주의

이 모든 모호함에 비추어 보건대 우리는 인간 본성에 대한 현대의 예언자들을 이해의 눈길로 바라볼 수 있다. 나는 인간이 자신의 성격을 넘어서 진화할 수 없으며 성격에 얽매여 있다고 말했다. 괴테는 인간이 자신의 본성을 던져버려도 거기서 벗어나지 못한다고 말했다. 여기에다 심지어 신에게 던져버리려 하더라도 벗어날 수 없다는 말을 덧붙일 수도 있다. 이제 인간이 자신의 성격을 넘어서 진화할 수 없다면 성격 없이 진화할 수도 없는 것인지 살펴볼 때가 되었다. 이 물음은 현대사상에서의 거창한 논쟁 중 하나를 제기한다. 만일 유기체의 한계를 살아가는 비합리적 생명력에 대해 이야기하는 것에 그친다면 우리는 다음 단계로 나아가 오늘날 그토록 인기 있는 추상화, 즉 생명력이 아무런 한계가 없이 자연에서 갑자기 그리고 기적적으로 나타나는 것처럼 보이는 추상화로 발을 디디지 못할 것이다. 물론 내가 말하는 것은 마르쿠제와 브라운 같은 사람들이 말했듯 인간이 무엇을 성취할 수 있는가, 인간으로 살아간다는 것이 진정 무엇을 의미하는가에 대한 예언자적 사유다. 이 책 첫머리에서 나는 이 문제를 상세히 들여다보겠다고 약속했는데, 이제 때가 되었다.

노먼 브라운의『죽음에 맞서는 삶』을 예로 들어보자. 이만큼 탁월한 저작은 좀처럼 만나기 힘들다. 이만큼 치밀하고 탄탄한 논증으로 가득한 책이 이만큼 인기를 얻는 일은 드물다. 하지만 토대를 흔드는 메시지가 으레 그렇듯 이 책 또한 엉뚱한 이유로 인기를 끌었다. 이 책이 높은 평가를 받은 것은 죽음과 항문성에 대한 충격적 주장 때문이 아니라 억압받지 않는 삶에 대한 요청, 주된 쾌락의 원천으로서 몸의 부활, 수치와 죄책감의 폐기 같은 전적으로 그릇된 결론 때문이다. 브라운은 인류가 죽음에 대한 두려움으로 인한 무시무시한 대가를 초월하는 방법은 오로지 몸을 온전히 살아내는 것, '살지 못한 삶'이 실존을 오염시키고 쾌락을 시들게 하고 후회의 부스러기를 남기지 못하도록 하는 것뿐이라고 말한다. 인류가 이렇게 한다면 죽음에 대한 두려움이 더는 우리를 어리석음과 낭비와 파괴로 몰아가지 않을 것이라고 말한다. 인간은 경험의 '지금'에서 충만하게 살아감으로써 영원에서 신격화를 성취할 것이다.[6] 인류의 적은 기본적 억압, 즉 박동하는 신체적 생명에 대한 부정과 죽음의 망령이다. 브라운의 예언적 메시지는 억압에서 완전히 벗어난 삶, 그리하여 새로운 인간을 탄생시킬 삶을 제시한다. 브라운의 핵심 메시지를 그 자신의 말로 들어보자.

억압받지 않는 인간, 살 만큼 충분히 강하고 (따라서) 죽을 만큼 충분히 강하고 (따라서) 일찍이 누구도 이루지 못한 존재인 '개인'이 된 인간은 죄책감과 불안을 극복할 것이다. 이런 인간 안에서 기독교의 신비주의적 희망, 몸의 부활이 루터가 말한 대로 죽음과 오물로부터 자유로운 형상 속에서 이 땅 위에 성취될 것이다. 몸이 이렇게 변화되면 인간의 영혼은 조화를 이룰 수 있으며 인간의 에고는 다시 한번 처음에 설계된 모습, 즉 몸/에고와 몸의 표면이 될 수 있다. 인간의 에고는 죽을 만큼 강해져야 할 것이다. 죄책감을 제쳐둘 만큼 강해져야 할 것이다. 온전한 정신분석적 의식은 죄책감의 빚을 유아적 환상에서 끌어냄으로써 이를 무효화할 만큼 강해질 것이다.[7]

우리가 인간에 대해 아는 모든 것을 부정하고 브라운 자신이 앞에서 300쪽 가까이 서술한 인간 성격을 대부분 무시하는 이 번드르르한 계획 앞에서 뭐라고 말해야 할까? 위의 인용문에 담긴 오류가 너무나 명백하기에 브라운처럼 유능한 사상가가 이런 생각을 머릿속에 떠올리고 심지어 치밀한 논증으로 제시했다는 것은 충격적이다. 늘 그랬듯 이번에도 우리는 지붕에서 소리 높여 외치거나 굵은 글자로 크게 인쇄하지 않은 기본적 사실로 돌아왔다. 그것은 죄책감이 유아기 환상의 결과가 아니라 자의식적 성인기 현실의 결과라는 것이다. 신의 힘이 아니고서는 죄책감을 극복할 수 있는 힘은 없으며 신이 아닌 피조물이 피조물 불안을 극복할 방법은 없다. 아동은 자기 세계의 현실을 기적과 공포로서 부정한다. 그게 전부다. 고개를 어디로 돌리든 우리는 이 기본적 사실을 맞닥뜨린다. 마지막으로 반복하자면 죄책감은 진짜 압도적인 것, 아동의 세계에 있는 사물들의 적나라한 장엄함에서 비롯한다. 우리가 성인이어서 이 모든 것에 무뎌지고 갑옷의 보호를 받는다는 사실은 토머스 트러헌, 실비아 플라스, R. L. 스티븐슨 같은 시인들을 읽기만 하면 알 수 있다.

내가 이 삶을 하루하루 이어갈수록, 나는 더욱 당황해하는 어린애처럼 되어간다. 나는 이 세상에서 자식을 낳고, 유전시키고, 보고, 듣는 일에 익숙해질 수 없다. 아무리 평범한 일이라도 무거운 짐이 된다. 깔끔하고 잘 문질러진 공손한 삶의 표면, 그리고 노골적이고 진탕 마시고 떠드는 열광적인 삶의 근거는 어떠한 방식으로도 나의 삶과는 조화를 이루어내지 못하는 광경을 만들어낸다.[8]

미래의 어떤 인간에 대한 브라운의 전체 상은 죄책감을 이해하지 못하는 데서 완전히 허물어진다.[9] 죄책감은 '유아기 환상'에서가 아니라 현실에서 비롯한다.

말하자면, 너무나 중요하기에 마지막으로 다시 한번 강조하자면, 아동은 "스스로를 억압한"다. 아동이 자신의 몸에 대한 통제권을 장악하는 것은 자신의 욕망에 대해서가 아니라 경험의 총체성에 대한 반응으로서다. 랑크가 그토록 철저하고 결정적으로 주장했듯 아동의 문제는 실존적이다. 즉, 총체적 세계(몸이 무엇을 위한 것인가, 몸으로 무엇을 할 것인가, 이 모든 창조의 의미가 무엇인가)에 대한 것이다.[10] 억압은 아동이 불안 없이 행동하고 몸소 체험하고 그에 대해 신뢰할 만한 반응을 발달시키도록 하는 필수적 역할을 한다. 모든 아동이, 인간이 되기 위해서는 반드시 자신의 에고에 제약을 가해야 한다면 어떻게 우리가 죄책감과 불안 없이 새로운 인간이 될 수 있겠는가? "두번째 순수"[11]에서의 탄생은 있을 수 없는데, 그 이유는 브라운이 개탄하는 바로 그 역학, 즉 순수의 공포 가능성을 배제하는 역학이 우리에게서 되풀이되기 때문이다. 이것은 인간화의, 또한 에고 발달의 필수적 역학이다.

　브라운은 아리스토텔레스의 최초 원인들로 과감히 뛰어들어 인간 에고가 "애초에 설계된 목적이 몸/에고"라고 주장한다. 인간 동물의 진화가 일종의 불운이라는 주장을 브라운이 처음 한 것은 아니다. 트리건트 버로와 L. L. 화이트 같은 저명한 선배들이 있다. 이제 브라운은 자신이 쓴 훌륭한 글과 더불어 허튼소리로도 그들과 한 부류가 되었다. 어떻게 진화가 인간에 대해 실수를 저질렀고, 상징을 만들어내고 경험을 연기하여 후대에 전달하는 전뇌 능력의 발달이 자연에 의해 '의도'된 것이 아니라 인간이라는 유별난 동물에 구현된 자멸의 원인이라고 말할 수 있겠는가? 오히려 정반대로 에고는 경험과 잠재적 통제가 어마어마하게 확장되는 것을, 진정한 종류의 자연 내 아⊕신성으로 들어서는 것을 나타낸다. 우리에게 에고가 있다면 몸속 생명은 "우리가 가진 모든 것"이 아니다.[12] 또한 (우리가 판단할 수 있는 범위 안에서) 에고는 경험의 확장을 향하는, 더 많은 생명을 향하는 생명력 자체의 자연적 충동이다. 더 많은 생명을 향한 충동이 진화적 실수라는 말은 창조의 모든 것에 의문을 제기하는 것이며 '더 많은 생명'이 무엇이어야 하는가와 관련하여 우리 자신이 선호하는 비좁은 거푸집에 창조를 욱여넣는 것이다. 진화가 인간에게 자아를 부여하고 경험의 내적인 상징적 세계를 선사하면서 인간을 둘로 쪼개어 짐을 무겁게 한 것은 사실이다. 하지만 이 짐은 유기체가 더 많은 생명을 얻고 생명력이 경험과 자의식의 극한까지 발달하기 위해 치러야 하는 대가다. 브라운은 "자아와 몸의 재결합은 인간 에고의 소멸이 아니라 강화"라고 주장한다.[13] 하지만 지나가는 말처럼 언급한 이 문장은 공허하게 들린다. 실은 우리가 에고에 대해 아는 모든 것을 회피하는 정말로 공허한 지껄임이기 때문이다. 에고와 몸이 온전히 합쳐진 '새로운 인간'에 대해 이야기하는 것은 초인적 피조물이 아니라 인간 이하의 피조물에 대해 이야기하는 것이다.

에고가 조금이라도 발달하려면 부정을 해야 하고 시간의 매듭을 지어야 하고 몸을 멈춰야 한다. 말하자면 브라운 자신이 바라는 종류의 새로운 인간이 자신의 몸을 경험하려면 에고를 가져야 할 것이다. 즉, 에고는 스스로를 몸으로부터 분리하여 대립해야 한다. 이것은 아동이 자신의 경험을 등록할 수 있으려면 경험 속에 갇혀야 한다는 말과 같다. 우리가 아동을 '멈춰 세우지' 않으면 그는 자신의 감각을 거의 발달시키지 못하며 자동인형(자신의 표면에서 노니는, 자신의 세계 표면의 반영)이 된다. 임상적으로는 우리가 사이코패스라 부르는 이 성격 유형에 대해 방대한 문헌이 존재하며, 현상학적으로는 듀이의 『경험과 자연』으로부터 이 유형이 이해되기 시작했다.[14] 그렇다면 브라운의 전체 논지는 쌍둥이 실패를 겪는다. 그는 죄책감의 실제 정신역학을 이해하지 못할 뿐 아니라 아동이 자신의 몸에 경험을 등록하는 방법(삶의 풍성한 저장고가 되기 위해 이중적으로 발달해야 할 필요성)에 대해서도 등을 돌린다.[15]

브라운처럼 박식하고 예리한 사상가가 이런 실수를 저지르는 것을 보니 기분이 묘하다. 영웅적 차원의 사상가에게서 이렇게 터무니없는 실수를 발견하면 마음이 무겁다. 마르쿠제에게서 비슷한 실수를 발견했을 때는 덜 당혹스러웠다. 그는 프로이트의 재해석에서 훨씬 소심하기 때문이다. 하지만 그 또한 새로운 종류의 억압받지 않는 인간을 촉구한다. 한편으로 마르쿠제가 탈억압의 혁명을 촉구하는 것은 새로운 세계가 존재하도록 하려면 사회구조를 바꾸는 것만으로는 충분하지 않음을 알기 때문이다. 인간의 심리 또한 달라져야 한다. 하지만 다른 한편으로 그는 탈억압이 불가능함을 인정한다. 그것은 죽음이 있기 때문이다. "죽음이란 난폭한 사실이 억압 없는 현존재의 현실을 단연코 부정한다."[16] 그는 자신의 책 말미에서 인간이 인간이기 위해서는 에고가 몸의 쾌락 너머로 스스로를 확장해야 함을 현실적으로, 또한 애석해하며 인정한다. 하지만 새로운 세상과 새로운 인간을 다른 무엇보다 바라는 헌신적 사회 혁명가는 눈에 보이는 현실을 받아들일 수 없다. 그는 여전히 일종의 '최종적 해방'이 가능하다고 믿는다. 이 또한 공허하고 덧없는 생각처럼 들리는데, 사실이 그렇다. 심지어 마르쿠제는 살아 있는 경험에 완전히 등을 돌리고 추상화에 휩쓸려버린다. "인간은 그들이 사랑하는 것이 [새로운 유토피아 사회에 의해] 비참과 망각에서 보호된다는 사실을 알게 되면 불안 없이 죽을 수 있다."[17] 그는 마치 인간이 그 사실을 알 수 있으리라는 듯, 마치 우리의 자녀가 무정한 사고를 당해 죽지 않을 것이고 지구 전체가 거대 소행성과의 충돌로 박살나지 않을 것임을 당신과 내가 항상 확신할 수 있으리라는 듯 말한다.

명석한 사상가들이 이토록 무기력해지는 이유가 무엇일까? 왜 자신의 신중한 논증을 이토록 경솔하게 탕진하는 것일까? 아마도 그 이유는 그들이 자신의 임무를 진지하고 거창한 것, 즉 삶의 총체적 방식에 대한 비판으로 여기기 때문일 것이다. 그들은 스스로에게도 그와 똑같이 거창한 예언자적 역할을 부여한다. 그것은 가장 단호하게 최종적으로 출구를 가리키는 일이다. 그들이 엄청난 인기를 끄는 것은 이 때문이다. 그들은 예언자요 단순화하는 자다. 브라운과 마찬가지로 마르쿠제는 소외의 확실한 지표를, 자연에서 초점을 맞출 무언가를 바라며 이데올로기와 죽음 공포에서 그것을 찾는다. 참된 혁명가로서 그는 생전에 변화를 일으키고 싶어하며 새로운 세계가 탄생하는 것을 보고 싶어한다. 그는 이 성취에 너무 몰두한 나머지 도중에 멈춰 탈억압에 대한 자신의 의구심이, 죽음의 피할 수 없는 손아귀에 대한 자신의 인정이 무엇을 의미하는지 숙고하지 못한다. 죽음에 대한 두려움이 이데올로기보다 분명히 더 깊다는 것을. 하지만 이것을 인정하면 자신의 논지 전체가 모호해진다. 어떤 혁명가가 그런 결과를 바라겠는가? 그가 정말로 내놓아야 할 것은 전적으로 혁명적이지는 않은 계획, 억압을 허용하는 계획, 인간이 무엇이 될지 의문을 품는 계획, 얼마나 필연적으로 인간이 자신의 더 나은 이익에 반해 행동하는가와 어떻게 인간이 삶과 쾌락을 끊고 비합리적 영웅 체계를 따라야 하는가를, 즉 아무리 거대하고 철저한 혁명도 돌이킬 수 없는 악마성이 인간사에 깃들어 있음을 들여다보는 계획이다. 이것을 인정하면 마르쿠제는 변칙적인 인물("비극적 혁명가")이 될 것이며 단호한 예언자로서 자신의 역할을 잃어버릴 것이다. 그가 그렇게 하리라고 누가 기대할 수 있겠는가?

탈억압의 혁명가들이 저지른 오류에 머물러 있을 이유는 전혀 없다. 우리는 계속해서 나아갈 수 있다. 하지만 모든 것은 처음과 똑같은 기본적 사실로 돌아올 것이다. 억압 없이 살아가는 것이 불가능하다는 사실 말이다. 이 불가능성을 누구보다 확고하고 우아하게 논증한 사람은 필립 리프다. 내가 아는 한 이 문제는 그의 최근 저작으로 종결되었다.[18] 그는 전체 운동을 모로 돌려세운다. 억압은 세상을 위조하는 것이 아니다. 억압은 '진실', 인간이 알 수 있는 유일한 진실이다. 모든 것을 경험할 수는 없기 때문이다. 리프는 우리를 기초적 프로이트주의로, 삶의 한계에 대한, 그 부담과 우리 자신의 부담에 대한 스토아적 수용으로 우리를 불러들인다. 그는 남달리 아름다운 문장으로 이렇게 말한다.

> 가장 무거운 십자가는 내면의 십자가이며 인간은 육신의 짐을 뼈대로 떠받쳐 짊어질 수 있도록 십자가를 만든다. 이 내적 십자가의 표시 아래에 있으면 모든 것이 되고 싶고 모든 것을 가지고 싶은 유아적 욕망으로부터 어느 정도 내적 거리를 둘 수 있다.[19]

리프의 요점은 진정으로 인간적인 실존을 얻으려면 한계가 있어야 하며 우리가 문화나 초자아라 부르는 것이 그런 한계를 정한다는 고전적 주장이다. 문화는 인간으로서의 삶을 가능케 하는, 삶과의 타협이다. 리프는 마르크스의 도발적인 혁명적 구절을 인용한다. "나는 아무것도 아니며 모든 것이 되어야 한다." 리프에게 이것은 희석되지 않은 유아기 무의식적 발언이다. (나라면 랑크의 말을 빌려 신경증적 의식이라고 말하겠다. 자신의 세상을 '부분화'하지 못하는 사람의 '전부 아니면 전무'식 태도 말이다.) 그는 무한한 과대망상에 빠져 들어 모든 한계를 초월하거나 참으로 무가치한 죄인처럼 버러지로 전락한다. 현실의 섭취를 제한하거나 힘의 산출을 조절하는 탄탄한 에고 균형 같은 것은 존재하지 않는다.

삶에 비극적 한계가 있다면 가능성도 있다. 우리가 성숙이라고 부르는 것은 일종의 균형 안에서 한계와 가능성을 둘 다 볼 수 있는 능력이다. 그러면 우리는 창조적으로 그 속에 들어맞을 수 있다. 리프 말마따나 "성격은 가능성의 제한적 형성이다."[20] 이 모든 논의는 이번에도 탈억압의 예언자들이 인간 본성을 전혀 이해하지 못했다는 사실로 귀결된다. 그들이 꿈꾼 것은 내적 제약과 외적 권위에서 완전히 자유로운 유토피아였다. 이 발상은 우리가 각 사람에게서 발견한 부자유의 근본적 역학, 즉 전이의 보편성에 어긋난다. 이에 반해 리프는 이 사실을 잊는 일이 거의 없다. 그는 인간이 전이를 필요로 하는 이유가 자신의 도덕성이 구체화되는 것을 보고 싶어하고 자연의 끝없는 변화 속에서 버팀목을 필요로 하기 때문임을 안다.

> 추상화로는 결코 그럴 수 없다. 신의 언어는 예증되어야 한다. 인간은 규정할 수 있는 성격에 구현된 원칙을 갈망하며 자신과 경험의 다신교와의 사이에서 실질적인 선택적 중개자가 되고 싶어 한다.[21]

정신역학의 이해를 극한까지 밀어붙이지 못하는 이 실패는 어

회고와 결론: 영웅주의의 딜레마

떤 유토피아주의자도 넘지 못하는 장애물이다. 급기야 그들이 내세운 최고의 논증마저 무효가 된다. 여기서도 죽음의 공포를 인간 행동의 원동력으로 보는 앨런 해링턴의 엄청나게 효과적인 논증이 떠오른다. 해링턴은 브라운과 마찬가지로 가장 예리하고 치명적인 통찰에 완전히 허황하고 자멸적인 논지를 갖다붙인다. 죽음에 대한 두려움은 적인가? 그렇다면 해결책은 분명하다. 바로 죽음을 없애는 것이다. 이것이 허황한가? 그는 아니라고 대답한다. 과학이 이 문제를 해결하고 있기 때문이라는 것이다. 물론 우리가 죽음을 완전히 없앨 수는 없을지도 모르지만 수명을 부적 연장할 수는 있을 것이다. 어디까지 늘릴 수 있을지 누가 알겠는가? 우리는 사람들이 죽음의 공포를 떨쳐버릴 수 있을 만큼 오래 사는 유토피아를 상상할 수 있다. 그곳에서는 역사를 통틀어 인간을 그토록 굴욕적이고 파괴적으로 괴롭혔으며 이제 완전한 자멸을 가져다주겠노라 장담하는 사악한 이끌림도 떨쳐버릴 수 있을 것이다. 그러면 인간은 순수한 쾌락과 평화의 '영원한 지금'에서 살 수 있을 것이며 자신의 잠재력을 실현하여 참으로 신과 같은 존재가 될 수 있을 것이다.[22]

다시 말하지만 현대의 유토피아주의자들은 여전히 일방적인 계몽주의적 꿈을 꾸고 있다. 콩도르세는 이미 1794년에 이와 똑같은 환상을 품었다.

> 언젠가 죽음이 예외적 사건이나 활력의 느리고 점진적인 쇠퇴로 인한 결과에 지나지 않게 되고 인간의 출생과 사망 사이의 간

격에 한계가 없어지는 때가 와야만 한다.[23]

　하지만 쇼롱은 핵심을 찌르는 경고를 발함으로써 이 환상을 여지없이 깨뜨린다. "죽음의 연기는 죽음 공포라는 문제의 해결책이 되지 못한다. 때 이른 죽음에 대한 공포가 여전히 남아 있을 테기 때문이다."[24] 아무리 작은 바이러스나 아무리 어처구니없는 사건이라도 인간에게서 90년이 아니라 900년을 앗아갈 수 있다. 그러면 열 배는 더 어처구니없을 것이다. 콩도르세가 정신역학을 이해하지 못한 것은 용서할 수 있지만 오늘날 해링턴이 그러지 못한 것은 용납할 수 없다. 열 배 어처구니없는 것은 열 배 위협적이다. 말하자면 죽음은 위험의 원천으로서 '초절편화'될 것이며 장수의 유토피아에서 인간은 오늘날보다도 덜 확장적이고 덜 평화로울 것이다!

　이 유토피아는 어떤 면에서 많은 원시사회의 믿음을 닮았다. 그들은 죽음이 경험의 완전한 종말임을 부정했으며, 더 고차원적인 형태의 삶으로 올라가는 최후의 제의적 승격이라고 믿었다. 또한 이것은 망자의 보이지 않는 영혼이 산 자에게 힘을 발휘한다는 뜻이었으며 누군가 때 이르게 죽으면 그것은 악한 영혼이나 금기의 위반으로 인한 결과로 간주되었다. 그들에게 때 이른 죽음은 개인과 무관한 사고가 아니었다. 이 논리로 보건대 원시인은 나쁜 의지와 나쁜 행동을 피하는 데 가장 우선순위를 두었다. 그들이 종종 강박적이고 공포심에 사로잡혀 자신의 행동을 억제한 것처럼 보이는 것은 이 때문이다.[25] 전통은 어디서나 인간을 짓눌렀다. 유토피아의 인간 또한 원시인과 똑같이 '영원한 지금'을 살아갈지도 모르지만, 원시인과 똑같이 실제의 강박과 공포를 겪으리라는 것 또한 의심할 여지가 없다. 진짜 불멸에 대해 이야기하지 않는다면 그것은 인간의 성격 방어와 미신을 강화하는 것에 대해 이야기하는 것일 뿐이다. 흥미롭게도 유토피아인들이 어떤 신을 숭배할 것인지에 대한 해링턴의 추측으로 보건대 그는 이런 사실을 감지한 듯하다.

> 영원의 아이들은 다양한 형태의 운, 즉 통제될 수 없는 것을 숭배할지도 모른다. 운은 그들을 죽일 수 있는 유일한 요인일 것이다. 이런 이유로 그들은 운 앞에 무릎을 꿇을 것이다. 그들은 거대한 슬롯머신이나 룰렛 원반에 해당하는 미래의 물건 앞에서 제의를 행할지도 모른다.[26]

그 물건들은 신과 같은 피조물일 것이다! 이 모든 무익한 유토피아주의의 오류는 죽음에 대한 두려움이 삶의 유일한 동기가 아님을 간과한 것이다. 영웅적 초월, 인류 전체를 위한, 태어나지 않은 세대를 위한, 악에 대한 승리, 자신의 존재를 더 높은 의미로 성화하는 것—이 동기들도 그에 못지않게 필수적이며 인간 동물이 동물적 두려움 앞에서도 고결함을 간직할 수 있는 것은 이 때문이다. 대부분의 사람들은 향락주의를 영웅주의로 여기지 않는다. 고대의 이교도들은 이를 깨닫지 못했기에 유대교·기독교의 '비천한' 신조에 밀려났다. 현대인도 그들과 마찬가지로 이를 깨닫지 못하기에 영혼을 소비자본주의나 소비공산주의에 팔거나 랑크 말마따나 영혼을 심리학으로 대체했다. 오늘날 정신요법이 이토록 인기를 더해가는 것은 사람들이 왜 자신이 향락주의 안에서 불행한지 알고 싶어하며 스스로에게서 잘못을 찾기 때문이다. 필립 리프가 최근작에서 훌륭히 논증했듯 억압은 프로이트 이후로 유일한 종교가 되었다. 틀림없이 리프는 자신의 논증이 심리학의 역사적 역할에 대한 랑크의 주장을 수정하고 확장한 것임을 몰랐을 것이다.[27]

정신요법의 한계

4장에서 삶의 딜레마를 처음으로 언급하면서 이미 이 문제를 다뤘으니 여기서 기억을 되살려보자. 우리는 **진짜** 실존적 딜레마(필멸자인 동시에 자신의 필멸성을 의식하는 동물의 딜레마)는 극복할 방법이 전혀 없음을 알게 되었다. 사람은 오랜 세월을 들여 독자적 존재가 되고, 자기만의 재능을 발전시키고, 세상에 대한 분별력을 가다듬고, 취향을 넓히고 버리고, 삶의 실망거리를 감당하는 법을 배우고, 성숙하고 무르익어 마침내 자연 속의 고유한 피조물이 되고, 존엄과 고귀함을 갖춰 동물적 조건을 초월하며, 더는 휘둘리지 않고 더는 완전한 반사작용에 머물지 않고 어떠한 틀에서도 찍혀나오지 않는다. 그리고 나면 앙드레 말로가 『인간의 조건』에서 말한 진짜 비극이 시작된다. 60년간 어마어마한 고통을 겪어가며 그런 개인을 만들어놨는데, 이제 그가 잘하는 것은 죽는 일뿐인 것이다. 이 고통스러운 역설은 당사자도 모르는 바가 아니다. 아니, 그가 가장 잘 안다. 그는 자신이 괴롭도록 고유한 존재임을 느끼면서도 궁극적인 차원에서는 아무런 차이가 없음을 안다. 그는 메뚜기처럼 언젠간 죽을 신세다. 오래 걸릴지도 모르지만.

앞에서 말했듯 요점은 우리가 최고의 개인적 발전과 해방을 성취하더라도 인간 조건의 진짜 절망을 맞닥뜨린다는 것이다. 사실 그의 눈이 현실을 바라볼 수 있는 것은 그런 발전 때문이다. 안전하고 보호받는 삶의 위안으로 돌아갈 방법은 없다. 그는 자신의 모든 문제에 사로잡혀 있으면서도 스스로의 힘으로는 그로부터 어떤 의미도 끌어낼 수 없다. 카뮈 말마따나 이런 사람에게는 "나날의 무거운 삶의 짐은 지긋지긋하"다. 그렇다면 4장에서 의문을 제기했듯 '존재 인식' '온전하게 중심을 잡은 사람' '온전한 인간주의' '지고 체험의 기쁨' 같은 문구가 근사하게 들리긴 해도 이런 생각을 그에 서린 부담과 두려움으로 진지하게 희석하지 않으면 이 문구들에 무슨 의미가 있겠는가? 마지막으로, 이 물음들을 머릿속에 담고서 우리는 정신요법 사업 전체의 가식에 의문을 제기할 수 있음을 알게 되었다. 정신요법 사업은 온전히 각성한 사람에게 어떤 기쁨과 위안을 줄 수 있는가? 인간이 처한 참으로 절망적인 상황을 일단 받아들이면 우리는 신경증이 정상일 뿐 아니라 정신증적 실패조차도 삶의 길에서 여느 때보다 약간 더 비틀거리는 것에 불과함을 알게 된다. 억압이 살아질 수 없는 삶을 살아지게 하는 것이라면 자기지식은 어떤 사람에게서는 삶을 완전히 무너뜨릴 수 있다. 랑크는 이 문제에 매우 예민했으며 이에 대해 상세하게 이야기했다. 프로이트 자신의 스토아적 세계관에서 최고의 것을 요약하여 이례적으로 성숙하고 진지한 정신분석적 성찰을 보여주는 글을 여기에 길게 인용하고자 한다.

한 여인이 상담을 받으러 온다. 그녀는 뭐가 문제일까? 그녀는 일종의 장 증상을 겪고 있으며, 일종의 배탈 때문에 통증 발작을 일으킨다. 8년째 앓았으며 물리치료란 물리치료는 죄다 받아봤다. 그녀는 이것이 정서적 문제임에 틀림없다는 결론에 도달했다. 그녀는 미혼이며 나이는 35세다. 내가 보기에는—그녀 자신도 인정하는 바이지만—꽤 훌륭히 적응한 듯하다. 그녀는 결혼한 여형제와 함께 사는데, 둘은 잘 지낸다. 그녀는 삶을 즐기며 여름마다 시골에 간다. 그녀는 사소한 위장 장애가 있다. 나는 증상을 그대로 두는 게 어떻겠느냐고 말한다. 두 주에 한 번가량 일어나는 발작은 없앨 수 있더라도 그 아래에서 어떤 문제를 발견해야 할지는 알지 못하기 때문이다. 아마도 이 방어기제는 그녀의 적응 방식일 것이다. 어쩌면 그녀가 치러야 할 대가인지도 모른다. 그녀는 한 번도 결혼하거나 사랑을 해보지 않았기에 한 번도 자신의 역할을 완수하지 않았다. 모든 것을 가질 수는 없다. 그녀는 대가를 치러야 할 것이다. 어쨌든 그녀가 이따금 소화불량 발작을 겪는다면 뭐가 달라지는가? 나는 이따금 소화불량을 겪는다. 당신도 마찬가지일 것이다. 알다시피 신체적 이유 때문은 아니다. 누군가는 두통을 앓는다. 말하자면 문제는 우리가 환자를 치료할 수 있을 것인가, 그럴 수 있을까 없을까가 아니라 그래야 하는가 말아야 하는가다.[28]

어떤 유기체적 삶도 모든 방향으로 곧장 자기확장적일 수는 없

회고와 결론: 영웅주의의 딜레마

다. 어느 영역에서는 자신에게 돌아와 자연적 두려움과 한계에 대해 호된 대가를 치러야 한다. 아들러가 그랬듯 정신질환이 '살아가는 문제' 때문에 생긴다고 말하는 것은 괜찮지만 우리는 삶 자체가 해결 불가능한 문제임을 명심해야 한다.

그렇다고 해서 고통받고 압도당한 사람들에게 정신요법이 커다란 선물을 줄 수 없다거나 심지어 자기지식을 중요시하고 이용할 수 있는 모든 사람에게 존엄을 더할 수 없다는 말은 아니다. 정신요법은 사람들이 자신을 긍정하고, 자존감을 옥죄는 우상을 무너뜨리고, 신경증적 죄책감의 짐(타고난 실존적 죄책감 위에 얹힌 또 다른 죄책감)을 덜도록 해줄 수 있다. 신경증적 절망(자신의 안전과 만족에 지나치게 집중적으로 초점을 맞출 때 생기는 절망)을 없애줄 수도 있다. 우리는 덜 파편화되고 덜 차단되고 덜 봉쇄되면 참된 기쁨을 경험한다. 그것은 자신을 더 많이 발견하는 기쁨, 갑옷과 자신을 구속하는 반사작용에서 벗어나는 기쁨, 무비판적이고 자멸적인 의존의 사슬을 던져버리는 기쁨, 자신의 에너지를 통제하는 기쁨, 세상의 이모저모를 발견하는 기쁨, 정해진 인식에서 더 자유로워진 지금 이 순간의 격렬한 경험, 선택과 행위의 새로운 가능성 등이다. 그렇다. 정신요법은 이 모든 일을 할 수 있다. 하지만 할 수 없는 일도 많으며 그런 일들은 충분히 널리 알려지지 않았다. 정신요법은 종종 더 꾸준한 기쁨과 즐거움, 삶의 찬미, 완벽한 사랑, 완벽한 자유 따위를 선사한다며 지키지도 못할 약속을 하는 것처럼 보인다. 자기지식을 얻기만 하면 이런 것들을 쉽게 얻을 수 있다고, 이런 것들이 자신의 총체적인 각성적 자각을 특징지어야 하고 특징지을 수 있다고 약속하는 것처럼 보인다. '원초적 절규' 요법을 갓 받은 환자는 이렇게 말했다. "무척 환상적이고 경이로운 느낌이지만 이것은 시작에 불과해요. 5년만 있어보세요. 그땐 어마어마할 거라고요!" 그녀가 낙심천만하지 않기를 바랄 뿐이다. 프로이트는 신경증 환자의 고통을 치료하는 유일한 방법은 삶의 정상적 고통을 받아들이게 하는 것이라고 말했는데, 모두가 프로이트만큼 정직하지는 않다. 변함없는 기쁨을 아는 것은, 또는 그것을 견딜 수 있는 것은 천사뿐이다. 그런데도 우리는 '기쁨!'이나 '깨어남' 같은 요란한 제목을 단 심리 치유자들의 책을 접한다. 강의실이나 집단 치료실에서 그들을 직접 만난다. 그들은 내적이고 확고한 행복이라는 독특한 브랜드를 내세워 명확한 메시지("당신이 허락하기만 하면 우리는 당신을 위해서도 이렇게 해줄 수 있다")를 전달한다. 자기네가 줄 수 있다고 주장하는 완전한 해방의 위험을 언급하는 경우는 듣지도 보지도 못했다. 기쁨을 선전하는 광고판 옆에 '위험: 두려움과 공포의 각성이 일어나고 다시는 돌이키지 못할 가능성이 있음'이라는 작은 경고 표지판을 다는 사람은 아무도 없다. 이게 솔직한 처사이고 정신요법 과정에서 종종 일어나는 자살에 대한 죄책감을 덜어주는 방법일 텐데도 말이다.

하지만 지상낙원을 위한 간단명료한 처방을 모호하게 얼버무리는 것 또한 더없이 힘들 것이다. 자신이 내뱉는 메시지를 반쯤 철회하면서 버젓한 예언자가 될 수는 없다. 유료 고객과 헌신적 추종자가 필요하다면 더더욱 그렇다. 정신요법가들은 현대 문화에 얽매여 있으며 그 일부가 되기를 강요받는다. 상업적 산업주의는

회고와 결론: 영웅주의의 딜레마

서구인에게 지상낙원을 약속했다. '할리우드 신화'에 자세히 묘사된 이 낙원은 기독교 신화의 천국 낙원을 대체했다. 이제 심리학은 자기지식을 통한 낙원의 신화로 이 두 가지 신화를 모두 대체해야 한다. 이것이 심리학의 약속이다. 정신요법가들은 대체로 이 약속을 살아내고 구현해야 한다. 하지만 랑크는 이 주장이 얼마나 터무니없는지 간파했다. 그는 이렇게 말했다. "자기지식으로서의 심리학은 자기기만이다." 그 이유는 인간이 바라는 것인 불멸을 자기지식이 주지 않기 때문이다. 이보다 명쾌할 수는 없다. (부모나 그 대리인이 베푸는 보호의 힘 안에서 살아가는) 개인·부모 형태로든 (남들의 의견에 따르고 사회의 상징적 역할극 안에서 살아가는) 문화적 카우사 수이의 형태로든 반사적 불멸 이데올로기 아래에서 살아가던 환자는 자신을 보호하던 고치에서 벗어나면 이 이데올로기를 버린다. 정신요법의 자기지식은 이를 대신할 어떤 새로운 불멸 이데올로기를 제시할 수 있을까? 심리학에서 기대할 것이 없음은 분명하다. 랑크 말마따나 심리학 자체가 새로운 믿음 체계가 되지 않는다면 말이다.

내 생각에 심리학 자체가 적절한 믿음 체계가 될 수 있는 방법은 세 가지뿐이다. 그중 하나는 프로이트와 뒤이은 정신분석가들이 그랬듯 정신분석가로서 창조적 천재가 되어 자신을 위한 불멸의 수단으로 심리학을 이용하는 것이다. 다른 하나는 일상에서 정신요법의 언어와 개념을 사용함으로써 이것이 삶에 녹아든 믿음 체계가 되도록 하는 것이다. 이것은 종종 볼 수 있다. 치료된 환자들이 불안을 느낄 때 모든 상황에서 "이것은 남근 선망이 분명해.

이건 근친상간 끌림, 거세 공포, 오이디푸스 경쟁, 다형 도착이 틀림없어"라는 식으로 자신의 동기를 분석하듯 말이다. 제정신을 잃고 도착증에 걸릴 뻔한 젊은이를 만난 적이 있는데, 그는 새로운 종교인 프로이트교의 동기 부여적 어휘를 삶에서 구사하려고 애썼다. 하지만 어떤 면에서 이 태도는 강요된 것이다. 종교는 경험이지, 성찰해야 하는 지적 관념의 집합에 불과한 것이 아니기 때문이다. 우리는 종교를 살아내야 한다. 정신분석가 폴 바칸이 예리하게 지적했듯 이것은 프로이트의 지성 모형에서 새로운 경험 모형으로 옮겨간 한 가지 이유다.[29] 심리학이 현대의 종교가 되려면 살아낸 경험을 반영해야 한다. '출생의 외상'과 아동기에서 비롯하는 실제 절규, 꿈과 적대감의 행동화를 언급하고 지적으로 분석하는 것에서 벗어나야 한다. 이렇게 한다는 것은 정신요법 시간 자체를 제의적 경험으로, 즉 입회식이자 금기로 보호되는 신성한 영역으로의 거룩한 여행으로 만든다는 것이다. 환자는 삶의 또다른 차원을, 전에는 몰랐으며 낌새도 채지 못한 차원이자 일상의 세속적 세계와 분리된 참된 '신비 종교'를 들이마신다. 그는 비전秘傳의 행동에 참여하며 자신이 표현하리라고는 결코 생각지 못했거나 아예 자신에게 있다는 사실조차 몰랐던 인격의 측면들이 표현되도록 내버려둔다. 여느 종교에서와 마찬가지로, 잔뼈가 굵은 신자의 '굳센 믿음'은 자신이 종교를 살아냈음에서 비롯한다. 정신요법이 '참된' 이유는 이것이 살아낸 경험이기 때문이다. 이 경험을 설명하는 관념은 그 경험에 꼭 들어맞고 환자가 실제로 겪고 있는 일에 형체를 부여한다.

회고와 결론: 영웅주의의 딜레마

세번째이자 마지막 방법은 이것을 확장하고 다듬은 것에 불과하다. 심리학을 종교적·형이상학적 연관성을 통해 심화하여 어느 정도 폭과 깊이를 갖춘 종교적 믿음 체계로 만드는 것이다. 이와 동시에 정신요법가 자신은 꾸준하고 조용한 전이의 힘을 뽐어 종교의 구루 같은 인물이 된다. 우리 시대에 이런 심리학 구루를 쉽게 찾아볼 수 있는 것은 놀랄 일이 아니다. 이것은 믿음 체계로서의 심리학이 절편화되었을 때 일어나는 완벽하고도 논리적인 귀결이다. 그러면 믿음 체계는 필연적 차원으로 확장되는데, 그것은 불멸과 (그에 따르는) 생명 향상의 힘이다. 이 힘은 두 가지 형태를 띤다. 하나는 종교의 개념에서, 다른 하나는 구체적으로 구루 요법사 개인에게서 온다. 오늘날 매우 인기 있는 정신요법 형태 중 하나인 게슈탈트 요법이 대체로 전이 문제를 (마치 등을 돌리면 쫓아낼 수 있다는 듯) 무시하는 것은 우연이 아니다.[30] 실제로 지금 일어나고 있는 현상은 구루 무류성의 아우라가 고스란히 남아 안전과 확실성을 향한 환자의 깊은 갈망을 저절로 보호해준다는 것이다. 이 구루 요법을 시행하는 정신요법가들이 자기가 연기하는 인물처럼 보이도록 후광을 닮은 수염과 머리를 기르는 것 또한 우연이 아니다.

그렇다고 해서 그들이 솔직하지 못하다는 얘기는 전혀 아니다. 그들은 단지 인간이 스스로 사용하고 필요로 하는 온갖 것들의 적절성에 사로잡히는 경향이 있을 뿐이다. 정신요법 종교가 문화적으로 필요하다고 생각한다면 마음과 영혼을 다해 그 필요를 채우려고 노력하는 것은 최고의 이상이다. 이에 반해 전이는 의도가 아무리 선하더라도 어쨌거나 세뇌다. 알다시피 많은 정신분석가들이 전이를 분석하려고 매우 성실하게 노력하는가 하면 어떤 정신분석가들은 전이를 최소화하려고 애쓴다. 환자는 아무리 노력하더라도 정신요법가와 그가 쓰는 해방의 기법을 (그것이 아무리 사소하더라도) 어떤 면에서 노예처럼 숭배하게 된다. 우리가 이미 알고 있듯 프로이트가 사상에 지대한 영향을 미친 한 가지 이유는 우리 시대의 선도적 사상가 중 상당수가 프로이트적 분석을 받았으며 그리하여 프로이트적 세계관에 개인적·정서적으로 물들었기 때문이다.

전이에서 중요한 것은 매우 미묘하게 뿌리를 내린다는 것이요 그러는 동안 당사자는 제 발로 단단히 선 것처럼 보인다는 것이다. 환자는 자신이 어떤 세계관을 정신요법가나 분석가와의 관계 때문에 받아들였을지도 모른다는 사실을 의심하지 않은 채 자신이 믿게 된 세계관에 세뇌당할 수 있다. 우리는 인간을 자신의 '진정한 자아(그 안에 갇혀 있는 순수한 힘)'와 접촉하도록 돌려놓고자 하는 정신요법가들에게서 이것을 매우 섬세한 형태로 발견한다. 환자는 이 힘을, 자연의 이 내면을 활용하여 자기 유기체의 주관성에 깊이 파고들라는 주문을 받는다. 여기에 깔린 이론은 사회적 파사드(정면), 성격 갑옷, 무의식적 불안을 점차 벗겨냄에 따라 자신의 '참된 자아', 성격의 신경증적 방패 뒤에 있는 활력과 창조성의 원천에 닿게 된다는 것이다. 심리학을 완벽한 믿음 체계로 만들기 위해 정신요법가가 해야 할 일은 정통적 신비 종교에서 인격의 내면 깊은 곳을 일컫는 용어를 빌리는 것뿐이다. 그것은 '거대한 공허', 도교의 '내실內室', '본질의 영역', 사물의 근원, '그것', '창조적 무의식' 등 무엇으로 불러도 좋다.

모든 것이 매우 논리적이고 사실적이고 본성에 부합하는 듯하다. 인간은 갑옷을 벗고는 자신이 뿌리를 내린 존재의 땅으로부터 내적 자아를, 원초적 에너지를 펼친다. 어쨌듯 사람은 자신의 창조자가 아니다. 그를 항상 지탱하는 것은 생리화학 작용과 (그 아래에서는) 원자와 아원자 구조다. 이 구조 안에는 자연의 어마어마한 힘이 담겨 있기에, 우리가 "보이지 않는 허공"으로부터 끊임없이 "창조되고 유지된"다고 말하는 것은 논리적으로 보인다. 일차적 현실로 돌려보내지고 있는데 어떻게 정신요법에 배신당할 수 있겠는가? 참선 같은 수련법에서 보듯 '그것'의 세계에 입문하는 것은 분해와 재통합의 과정에 의해 일어나는 것이 분명하다. 이 과정은 사회의 가면을 벗기고 코뚜레를 헐겁게 한다는 점에서 서구 정신요법과 매우 비슷하다. 하지만 참선에서는 원초적 힘이 인간을 사로잡는다고 가정한다. 인간이 그 힘들에 자신을 열면 그를 통해 작용하는 것이다. 그는 그 힘들의 도구이자 운반체가 된다. 이를테면 궁도에서는 궁사가 과녁을 향해 화살을 쏘지 않는다. '그것'이 쏜다. 자연의 내부가 수련자의 완벽한 무아無我를 통해 세상에 분출되어 활시위를 놓는 것이다. 우선 수련자는 자신을 내면에 맞추는 오랜 과정을 거쳐야 한다. 이것은 스승에게 오랫동안 복종함으로써 이루어지는데, 수련자는 스승의 세계관을 받아들이고 평생 제자로 남는다. 운이 좋다면 심지어 스승에게서 활을 물려받을 수도 있다. 이 활에는 스승의 개인적인 영적 힘이 담겨 있다. 전이는 구체적 선물을 통해 작용한다. 힌두교의 모든 수행에서도 수행자는 스승을 따라다니며 스승이 없으면 방황하고 어쩔 줄 모른다. 수행자는 스승 본인이나 스승의 사진, 우편을 통한 메시지, 적어도 스승이 쓰던 정확한 수련법(물구나무서기와 호흡법 등)을 주기적으로 필요로 한다. 이것은 전이 대상의 힘을 되찾아 그 힘을 순조롭게 행하도록 해주는 절편화되고 주술적인 수단이 된다. 그러면 수행자는 '자신의' 발로 서고 '자신'이 될 수 있다.

따라서 심리학과 종교의 융합은 논리적일 뿐 아니라 종교가 작용하려면 필수적이다. 외부의 지지대 없이 자신의 중심에 설 방법은 없다. 달라진 점은 이 지지대가 내부에서 비롯한 것처럼 보인다는 것뿐이다. 수행자는 자신의 통제하에서 자신의 중심으로부터, 자기 내부에 깃든 영적 힘으로부터 기능하도록 조건 지어져 있다. 물론 이 지지대는 실은 수행자가 하는 일이 참되고 선함을 인정하는 스승의 전이 증명에서 비롯한다. 한때 명성이 자자하던 F. M. 알렉산더의 알렉산더 테크닉 같은 재조건화 신체 요법조차도 오늘날 참선의 사상을 자기네 요법에 한껏 도입하고 구르지예프⁰ 같은 사람들과의 유사성을 들먹인다. 몸에 일종의 주술적 지속력을 부여하지 않고서는 몸을 재통합할 방법이 없는 듯하다. 종교에 대해 온전한 제자 됨을 얻는 가장 좋은 방법은 적어도 그것을 솔직하게 종교적으로 만드는 것이다.[31]

정신요법들이 인간을 발가벗겨 적나라한 고독을, 경험의 진짜 본성과 삶의 문제를 드러냈을 때 '너머'에서 비롯하는 일종의 형이상학적 힘과 정당화에 빠져드는 것은 놀랄 일이 아니다. 어떻게 그

⁰ 유사종교운동을 창건한 신비주의자이자 철학자.

곳에서 홀로 떨 수 있겠는가? 그에게 창조의 공백과, '그것'의 힘과, 신과의 유사성과 신비주의적으로 접촉할 가능성을 부여해야 한다. 적어도 자신의 강력한, 또한 조화로워 보이는 모습으로 이것들을 보증하는 스승의 도움이 필요하다. 인간은 떠받침을 얻기 위해 꿈에 손을 내밀어야 한다. 그를 지탱하고 그의 삶을 가치 있게 만드는 희망의 형이상학을 추구해야 한다. 희망에 대해 이야기하는 것은 문제에 올바로 초점을 맞추는 것이다. 이렇게 하면 인간의 문제에서 핵심을 짚은 위대한 사상가들조차 이러한 앎에서 비롯하는 인간 운명의 비극적 성격에 대한 견해에 만족하지 못한 이유를 이해할 수 있다. 빌헬름 라이히가 프로이트와 마르크스주의 사회 비판을 합치는 방향으로 계몽주의를 계속 추구하다 결국 원초적 우주 에너지인 오르곤에 이르고 만 것은 잘 알려져 있다. 융 또한 고대 중국의 주술서 『주역』을 지적으로 옹호하는 글을 쓰지 않았던가. 리프가 통렬하게 주장했듯 이 점에서 이 사람들은 자신의 스승인 위대한 스토아주의자 프로이트보다 열등한 지위에 있다.[32]

인간 본성의 한계

인간에게 무엇이 가능한가에 대한 앞선 논의에서 나는 인간이 자신의 성격에 얽매여 있으며, 성격을 뛰어넘어 또는 성격 없이 진화할 수는 없다고 말했다. 인간이 무엇이 될 수 있는지에 한계가 있다면 우리는 종교 요법이 그에게 무엇을 해줄 수 있는지에도 한계가 있다고 결론 내릴 수밖에 없다. 하지만 정신요법 종교론자들은 정반대로 주장한다. 생명력이 자연에서 기적적으로 생겨날 수 있고 생명력 자신이 매개체로 쓰는 몸을 초월할 수 있으며 인간 성격의 한계를 부술 수 있다고 말이다. 그들은 현재 모습의 인간이 전혀 새로운 무언가의 출현을 위한 수단에 불과하며 이 수단은 새로운 형태의 인간적 삶을 통해 초월될 수 있다고 주장한다. 주도적인 현대사상가 중 상당수가 이런 신비주의(자연의 내부가 새로운 존재로 뿜어져들어가리라는 어떤 내재성의 종말론)에 빠져 있다. 융은 『욥에의 응답』에서 이런 주장을 펼쳤다. 욥의 탄식에 대한 융의 응답은 인간의 조건이 언제나 같지는 않으리라는 것이었다. 새로운 인간이 창조의 자궁 밖으로 탈출할 것이기 때문이다. 에리히 프롬은 한때 삶이 이토록 괴로운 짐인데 더 많은 사람들이 미치지 않은 것이 의아하다고 지적한 뒤에[33] '너희도 신처럼 되리라'라는 제목의 책을 썼다. 우리는 신이 광기의 경계에 걸쳐 있다고 가정해야 한다.

다행히도 이 문제의 형이상학적 측면을 살펴볼 필요는 전혀 없다. 리프뿐 아니라 라이어널 트릴링, 그리고 중요한 역사비판 저작을 발표한 존 패스모어에 이르기까지 우리 시대의 가장 훌륭한 비판적 정신들이 열정적이면서도 냉철하게 지적인 태도로 들여다보고 있으니 말이다.[34] 이 논의를 가장 단순하고 예리하게 요약하면 다음과 같다. 에고에 조종되는 동물이 어떻게 자신의 구조를 바꿀 수 있을까? 자의식을 가진 피조물이 어떻게 실존의 딜레마를 바꿀 수 있을까? 인간 조건의 한계를 초월하거나, 인간성을 가능케 하는 심리적인 구조적 조건을 바꿀 방법은 전무하다. 그런 동물에게서 새로운 것이 나타나 자신의 본성을 정복한다는 것은 무엇을 의미할 수 있을까? 인간이 가장 먼 과거부터 가장 섬세하고 중대한 방

회고와 결론: 영웅주의의 딜레마

식으로 그런 관념을 되풀이했음에도, 사회적 행위와 생각의 움직임 전체가 그런 사상에 의해 영감을 받았음에도, 패스모어가 우리에게 훌륭히 상기시켰듯 그런 관념은 여전히 환상이다. 나 또한 인간의 '영혼'을 발달시킨다거나 '새로운 탄생'의 약속 같은 발상을 즐겨 썼지만 새로운 피조물을 만들어낼 생각은 전혀 없었다. 오히려 내가 생각한 것은 새로운 적응을 가져오는 새로운 탄생, 우리의 문제에 대한 새로운 창의적 해결책, 현실에 대한 케케묵은 인식을 다루는 새로운 개방성, 현실을 끊임없이 바꿀 새로운 형태의 미술과 음악과 문학이었다. 하지만 그 뒤에 있는 것은 모두 똑같은 유형의 진화적 피조물일 것이며 이들은 자신을 계속해서 초월하면서 세상에 대해 제 나름대로 독특하게 응답할 것이다.[■]

정신요법가와 과학자가 그토록 쉽사리 형이상학에 빠져든다면 우리는 똑같은 이유로 신학자를 비난해서는 안 된다. 하지만 얄궂게도 오늘날 내재성과 그 가능성을 가장 진지하게 탐구하는 것은 종종 신학자들이다. 폴 틸리히를 생각해보라. 그에게도 '새로운 존재'[□]의 형이상학이 있었다. 그는 자연과 더 조화를 이루고 외부의 힘에 덜 휘둘리고 감수성이 더 풍부하고 자신의 창조적 에너지를 더 많이 접하고 우리 시대의 집단성을 대체하는 참된 공동체, 우리

■ 필립 리프는 몇 해 전 토론회에서 내가 내재성 개념을 허투루 쓴다고 지적했다. 그는 특유의 솔직하고 극적인 태도로 자신이 (여느 사람과 마찬가지로) "부분적 인간"임을 인정하고는 "전인적 인간"이 무슨 의미가 있겠느냐는 물음을 청중에게 던짐으로써 우리 모두가 부분적 인간이라는 사실을 인정하라고 요구했다.

□ 이후에 나오는 '새로운 존재'는 인용 부호가 붙지 않아도 모두 New Being의 번역어다.

의 물질주의적 문화가 만들어낸 객관적 피조물을 대신하는 더 진정한 사람들의 공동체를 이룰 새로운 유형의 인간이 탄생할 것이라 믿었다. 하지만 새로운 존재에 대한 틸리히의 환상은 대다수 정신요법 종교론자보다 적었다. 그는 이 사상이 실은 신화요 온전히 실현할 수 없는 이상임을 간파했다. 자연의 내면에 붙박인 진실이 아님을 알고 있었다. 이 점이 중요하다. 그는 솔직하게 토로했다. "새로운 존재의 이 복음이 진실함을 입증하는 유일한 논거는 메시지가 그 자신을 진실하게 한다는 것이다."[35] 인간학에서는 이것을 이념형적 명령이라고 말할 수도 있으리라.[36]

　수전 랭어는 인간의 내적 삶에서 무엇이 가능한가의 문제를 '내적 삶의 신화'라는 문구로 송두리째 요약했다.[37] 그녀가 염두에 둔 것은 음악 경험이었지만, 이 용어는 무의식에 대한, 또한 자연의 핵심으로부터 새로운 에너지의 출현에 대한 형이상학 전체에도 적용되는 듯하다. 하지만 '신화'라는 단어가 비하적 의도로 쓰이거나 단순한 '환각'을 나타내지는 않음을 덧붙이고자 한다. 랭어가 설명했듯 어떤 신화에는 생장의 힘이 있어서 실제의 관념적 힘, 어렴풋한 진실에 대한 진짜 이해, 우리가 놓치고 있는 것을 날카롭고 분석적인 이성으로 그리는 일종의 보편적 묘사를 만들어낸다. 무엇보다 윌리엄 제임스와 틸리히가 주장했듯 현실에 대한 믿음은 사람들의 실제 행동에 영향을 미쳐 새로운 것을 세계에 들여오도록 한다. 인간에 대한, 인간 본성에 대한, 인간이 무엇이 될 것인가에 대한 믿음에 대해서는 더더욱 그렇다. 세상을 바꾸려는 우리의 노력에 무언가가 영향을 미친다면 그것은 어느 정도 그 세상을 바꿀 수밖에 없다. 이렇게 하면 에리히 프롬 같은 정신분석학의 예언자들과 관련하여 혼동되던 사실 하나를 이해할 수 있다. 그것은 인간의 노력을 비극적으로 제약하는 인간 조건의 딜레마를 어떻게 그리 쉽게 잊어버릴 수 있는가다. 그 이유는, 한 차원에서는 비극을 인간에 의한 일종의 희망적인 창조적 노력을 일깨우는 기획의 일환으로 내버려둬야 하기 때문이다. 현실이 부분적으로 인간 노력의 결과이기에 자신이 "확고한 현실주의자"라고 뻐기고 희망적 행동을 꺼리는 사람은 사실 인간적 임무를 회피하는 것이라는 듀이의 논지를 프롬은 근사하게 논증했다.[38] 현실을 빚어내기 위한 인간의 노력, 이상, 희망을 이렇게 강조하는 것을 보면 프롬이 실은 "심정적 랍비"이며 인간을 구원해야 한다는 책임감을 느끼고 세상을 그대로 내버려두지 못한다는 비난은 잘못인 듯하다. 대안이 현재 인간 조건을 숙명론적으로 받아들이는 것이라면 우리 모두는 랍비다. 또는 랍비가 되는 것이 낫다.

하지만 이렇게 말한다고 해서, 창조적 신화를 옹호하는 현실주의적 주장을 내세운다고 해서 현실 세계의 본성에서 그렇게 쉽사리 벗어날 수는 없다. 그저 정신요법 종교론자들에 대해 더 불편한 기분이 들 뿐이다. 그렇다면 틸리히처럼 새로운 존재의 신화를 가지기 위해서는 이 신화를 한갓 즐거움에 대해서가 아니라 가장 고귀하고 어려운 시도에 대한 요청으로 사용해야 한다. 창조적 신화는 그저 편안한 환각에 빠져드는 것이 아니다. 참된 창조력을 발휘하려면 최대한 대담해야 한다.

새로운 존재에 대한 틸리히의 생각이 돋보이는 이유는 터무니

없는 소리가 하나도 없기 때문이다. 틸리히는 인간이 스스로의 모습으로 살아가려는 용기를 가지고 두 발로 서고 현실 세계의 영원한 모순과 맞서야 한다고 말한다. 이런 종류의 용기에서 말하는 대담한 목표는 최대한의 비존재를 자신의 존재 속으로 흡수하는 것이다. 존재로서, 모든 '존재'의 확장으로서 인간에게는 유기체적 충동이 있다. 그것은 삶의 문제를 최대한 자신의 조직 속으로 받아들이는 것이다. 그러면 그의 일상생활은 참된 우주적 규모의 의무가 되며 무의미의 불안을 맞닥뜨리는 그의 용기는 참된 우주적 영웅주의가 된다. 더는 하늘에 있는 상상의 인물을 상대하며 신이 바라는 대로 행동하지 않는다. 그는 자연 발생적 존재의 창조력이 지금껏 하등 생명체에서 달성한 일, 삶을 무효화하는 것을 극복하는 일을 자기 안에서 달성하려고 노력한다. 무의미의 문제는 비존재가 우리 시대에 그 자신에게 부여하는 형태다. 그렇다면 틸리히 말마따나 진화적 운명의 절정에 이른 의식적 존재의 임무는 지각 있는 삶에 대한 이 새로운 자연 발생적 장애물을 맞닥뜨리고 쳐부수는 것이다. 새로운 존재의 이 같은 내재성의 존재론에서 우리가 묘사하는 것은 어떤 기적적 방식으로 탈바꿈하고 세상을 탈바꿈시키는 피조물이 아니라 세상의 더 많은 부분을 스스로 받아들이고 새로운 형태의 용기와 끈기를 발달시키는 피조물이다. 이것은 오이디푸스에게서 표현된 것과 같은 아테네적 이상이나 인간이 된다는 것에 대한 칸트의 의미와 별반 다르지 않다. 적어도 이것은 새로운 종류의 인간에 대한 이상이며, 자신의 에너지에 "참으로 집중하"는 틸리히적 신화가 왜 급진적인지 보여준다. 이것은 인간에게서의

회고와 결론: 영웅주의의 딜레마

중심성에 대한 모든 회피, 즉 언제나 무언가, 또는 누군가의 일부가 되는 것, 바깥의 힘 내부를 자신의 보호막으로 삼는 것을 지목한다. 전이에는 필요하고 이상적인 측면도 있음을 인정하지만, 그럼에도 전이는 인간 자신의 힘에 대한 어떤 보편적 배신을 반영한다. 인간이 더 큰 사회구조에 늘 짓눌려 있는 것은 이 때문이다. 그는 자신을 노예로 삼는 바로 그것에 이바지한다. 구루 요법에 대한 비판도 이 점을 문제삼는다. 자유를 자진하여 포기해놓고서 자유의 이상 운운할 수는 없으니 말이다. 이 사실 때문에 케스틀러는 동양에 등을 돌렸으며[39] 틸리히는 동양의 신비주의가 서구인에게 알맞지 않음을 설득력 있게 논증했다. 이것은 존재할 용기를 회피하는 것이며 자신이 최대한의 무의미를 흡수하지 못하도록 한다.[40] ■ 틸리히의 요점은 신비주의적 경험이 완벽한 신앙과 가까워 보이지만 실은 그렇지 않다는 것이다. 신비주의에 결여된 것은 바로 회의주의의 요소다. 회의주의는 잠재적 무의미함을 더 급진적으로 경험하고 더 인간답게 맞닥뜨리는 것이다. 게다가 대중적으로 행해지는 신비주의가 대체로 주술적 전능감으로 가득함을 잊어서는 안 된다. 이것은 사실 조증적 방어이며 피조물성의 부정이다.[41]

■ 내 생각에 틸리히는 존재의 용기를 찾는 과정에서 우상 하나를 꿰뚫어보지 못했다. 그가 집단 무의식 개념을 좋아한 이유는 존재의 내적 깊이라는 차원을 표현하고 본질의 영역에 닿을 가능성이 있기 때문이었을 것이다. 그가 평상시에 보이던 분별력을 생각하면 이것은 놀랄 만한 실수인 듯하다. 어떻게 융이 상상한 것만큼 쉽게 존재의 토대에 접근할 수 있겠는가? 내가 보기에 이 관념은 타락의 개념을 송두리째 무너뜨릴 것이다. 어떻게 인간이 본질의 영역을 (말하자면) '상비'할 수 있겠는가? 설령 그럴 수 있더라도 은총에 대한 틸리히의 이해는 인간의 노력을 넘어선 순수한 선물로서의 의미를 모두 잃지 않겠는가?

다시 말하지만 우리는 최고의 이상적인 것들에 대해 이야기하고 있다. 이런 것은 언제나 지극히 비현실적으로 보인다. 하지만 그보다 못한 것을 어떻게 받아들일 수 있겠는가? 우리에게는 가장 대담한 창조적 신화가 필요하다. 이 신화는 인간을 채찍질할 뿐 아니라 무엇보다 그가 자기 조건의 현실을 보도록 도와주어야 한다. 우리는 현실과 가능성에 대해 최대한 냉철해야 한다. 이 관점에서 보면 정신요법 혁명에서 두 가지 커다란 문제가 제기됨을 알 수 있다. 첫번째 문제는 이렇게 새로이 해방된 사람들이 얼마나 성숙하고 비판적이고 진지할 것인가다. 그들은 진정한 자유를 향해 얼마나 노력했는가? 현실 세계와 그 문제, 자기 자신의 쓰라린 역설을 얼마나 회피했는가? 남들에게, 환각에, 확실성에 의존함으로써 자신의 해방에 대해 얼마나 주저했는가? 프로이트 혁명이 현대사상에서 일말의 의미라도 가질 수 있다면 그것은 사회 비판과 더불어 새로운 차원의 성찰을 가져온다는 것임에 틀림없다. 우리는 이것을 학계의 지적 인식에서뿐 아니라 대중의 마음에서, 또한 주류 신문의 독자 편지와 칼럼에서 이미 확인한 바 있다. 35년 전이었다면 남자친구가 도덕적 이유로 성관계를 거부한다는 사연에 대해 그가 자신의 무능력을 그녀에게 '투사'하고 있는 것인지도 모른다고 조언하는 글을 읽을 수 있었겠는가?

하지만 이것은 정신요법 혁명에서 제기된 두번째 커다란 문제를 끄집어낸다. '그래서 어쨌다고?'라는 물음이다. 아무리 많은 집단이 진정으로 해방된다 하더라도 세상이 조금이라도 더 즐겁거나 덜 비극적인 곳이 될 것이라고 상상할 수는 없다. 심지어 우리가

회고와 결론: 영웅주의의 딜레마

알지 못하는 방식으로 더 나빠질 수도 있다. 틸리히가 경고했듯 실존의 조건과 한계에 처한 새로운 존재는 새롭고 더 예리한 역설, 새로운 긴장, 더 고통스러운 부조화("더 격렬한 귀신 숭배")를 일으키는 데 그칠 것이다. 현실이 무정한 것은 신들이 땅 위를 걷지 않기 때문이다. 인간이 비존재의 거대한 심연을 담는 고귀한 저장고가 될 수 있다면 그들은 심지어 정신을 차리지 못하고 휘둘리는 광인인 오늘날의 우리보다 덜 평화로울 것이다. 게다가 정신요법 혁명의 이상이 이 지구의 거대한 덩어리, 러시아의 현대적 기계 인간, 10억에 육박하는 중국의 순한 양 같은 추종자들, 인간성과 지성을 잃은 거의 모든 대륙의 사람들에게 하나라도 닿을 수 있을까? 캘리포니아주 버클리의 해방적 분위기에서 살거나 제 고장 정신요법 집단의 소박한 해방에 도취하여 산다는 것은 나머지 세상의 현실과 이 세상이 진짜로 돌아가는 상황을 차단하는 온실 속에서 살아가는 것과 같다. 우리가 완전히 바보가 되지 않으려면 이 정신요법 과대망상을 재빨리 간파해야 한다. 프로이트가 잘 알았듯 오이디푸스콤플렉스를 분석했다고 해서, 또는 수많은 사람들이 믿고 있듯 다정하게 사랑을 나눌 수 있다고 해서 세상의 경험적 사실들이 사라지지는 않는다. 꿈 깨시길. 이런 의미에서 프로이트가 여전히 현대적인 것은 그의 진지한 비관주의, 특히 『문명 속의 불만』 같은 후기 저작 때문이다. 인간은 압도적으로 비극적이고 악마적인 세상에서 살아갈 운명이다.

과학과 종교의 융합

정신요법 종교는 유대교, 대부분의 기독교, 불교 등의 메시지를 전파하는 전통 종교를 결코 대체할 수 없다. 전통 종교들은 인간이 현재의 형태로 빚어질 운명이고 더는 진화할 수 없으며 인간이 성취할 수 있는 모든 것은 창조에서의 고독이라는 진짜 악몽 속에서만, 그리고 지금 자신이 가진 에너지로부터만 성취할 수 있다고 주장했다. 인간은 적응하고 기다려야 한다. 기독교에서는 새로 태어남이 그를 유지하고 끊임없이 새롭게 할 것이라고 말한다. 히브리인들은 그가 완전한 의와 믿음을 얻고 이것이 이웃들에게 널리 전파되면 하느님 당신이 행동할 것이라고 말한다. 인간은 최선의 지능과 노력을 발휘하여 적응과 생존을 담보하면서 기다려야 한다. 이상적인 것은 기적과 신비에 마음을 열고 창조의 체득된 진실 속에서 기다리는 것이다. 이렇게 하면 살아남아 구원받기가 쉬워질 것이다. 자신을 무효화하려는 충동을 덜 느끼고 창조주를 기쁘게 하는 모습(경외감으로 가득찬 채 나머지 창조 세계와 조화롭게 살려고 노력하는 피조물)을 더욱 닮을 것이기 때문이다. 오늘날에는 여기에 나머지 창조 세계를 덜 해치려는 노력을 덧붙일 수 있으리라.[42]

창조의 체득된 진실이란 무엇을 의미하는가? 우리가 의미하는 세상은 상대적 탈억압의 조건에서 인간에게 보이는 대로, 즉 압도적이고 장엄한 우주에 비추어, 피조물의(심지어 단 하나의 피조물에서라도) 이루 말할 수 없는 기적에 비추어 자신의 진정한 나약함을 절감한 피조물의 눈에 보이는 대로, 지구 최초의 인간에게와 샤먼, 예언자, 성자, 시인, 예술가의 역할을 해낸 극도로 예민한 유형의 사람들의 눈에 보이는 대로의 모습이어야 한다. 그들의 현실 인식이 남다른 이유는 창조에 내재한 **공포**에 대해 살아 있기 때문이다. 실비아 플라스는 어딘가에서 신에게 '공포 대왕'이라는 이름을 붙였다. 하긴 공포는 기괴한 것의 왕으로 손색이 없다. 온갖 종류의 이빨로 물어뜯고, 식물의 줄기와 동물의 살과 뼈를 어금니로 짓이기고, 기뻐하며 육질을 게걸스럽게 식도로 내려보내고, 먹이의 정수를 자신의 체제에 통합하고, 그러고 나서 악취와 가스를 내뿜으며 잔여물을 배설하는 것이 유기체의 일상적 활동인 창조 세계를 어떻게 이해해야 하는가. 먹을 수 있는 타자를 제 몸속에 넣으려고 모두 달려들고 있지 않은가. 피로 몸을 부풀리는 모기, 구더기, 매섭고 사악하게 공격하는 사나운 벌, 자신의 내장이 찢겨나가면서도 끊임없이 먹이를 물어뜯어 삼키는 상어를 보라. 페루에서 지진으로 7만 명이 산 채로 매몰되고 미국에서만 1년에 5만 명 이상이 자동차 사고로 목숨을 잃고 인도양에서 해일이 25만 명 이상을 쓸어버리는 온갖 '자연적' 사건에서 매일같이 벌어지는 신체 훼손과 학살은 말할 것도 없다. 창조는 수억 년간 모든 피조물의 피에 젖은 행성에서 일어나는 거대한 악몽이다. 약 30억 년간 지구에서 실제로 일어난 일을 보면서 우리가 내릴 수 있는 가장 온건한 결론은 지구가 거대한 거름더미로 바뀌고 있다는 것이다. 하지만 태양이 언제나 피를 말리고 그 위에서 만물이 자라게 하고 자신의 온기로써 유기체의 안락과 확장에 따르는 희망을 선사하며 우리의 눈길을 돌린다. 미켈란젤로는 "태양이 나를 데우고 나로 하여금 사랑하게 하네"라고 노래했다.

과학과 종교는 이런 종류의 진실을 인식하지 못하도록 방해하는 행위를 비판하며 한목소리를 낸다. 과학이 우리를 배반하는 것은 체득된 진실을 모두 제 안으로 흡수하려 할 때다. 모든 행동주의 심리학, 모든 인간 조작, 모든 억압적 유토피아주의에 대한 비판은 여기로 귀결된다. 이 수법들은 세상을 본모습과 다르게 만들고 세상으로부터 기괴한 것을 빚어내고 '온당한' 인간 조건을 선포한다. 심리학자 케네스 클라크는 미국심리학회 회장 취임 연설에서 인간의 공격성을 완화하여 세상을 덜 위험한 곳으로 만드는 새로운 화학물질을 제조할 것을 촉구했다. 왓슨파, 스키너파, 파블로프파 모두 문제를 해결하는 나름의 방법이 있다. 심지어 프로이트도 세상이 제정신을 차리는 것을 보고 싶어했으며 체득된 진실을 기꺼이 과학에 흡수하려는 듯했다(어쨌든 그도 계몽주의적 인간이었으니까). 그는 한때 정신요법으로 진짜 변화를 일으키려면 대중에게 도달해야 하며 이렇게 하는 유일한 방법은 제 안의 구리를 정신분석의 순금에 섞는 것이라고 생각했다. 말하자면 전이를 통해 덜 사악한 세상을 강제로 만들어낸다는 것이었다. 하지만 프로이트는 그보다는 분별력이 있었다. 그는 세상의 악이 사람들 안에만 있는 것이 아니라 바깥 자연에도 있음을 점차 깨달았다. 그가 만년의 저작에서 더 현실적이고 비관적으로 바뀐 것은 이 때문이다.

과학으로 사람을 조종하려 드는 모든 사람의 문제는 삶을 충분히 진지하게 받아들이지 않는다는 것이다. 이 점에서 모든 과학은 '부르주아적'이요 관료적이다. 내 생각에 삶을 진지하게 받아들인다는 것은 인간이 지구상에서 무엇을 하든 창조의, 기괴한 것의, 만

회고와 결론: 영웅주의의 딜레마

물 아래에서 울리는 으스스한 웅성거림의 공포라는 체득된 진실 속에서 해야 한다는 뜻이다. 그러지 않으면 거짓이다. 무엇을 성취하든 그것은 피조물의 주관적 에너지 속에서, 열정과 이상과 고통과 두려움과 슬픔을 억누르지 않고서 한껏 발휘하여 성취되어야 한다. 릴케가 그랬듯 우주의 의미에서 우리가 차지하는 부분이 슬픔 속의 리듬 아닐는지 어떻게 알겠는가? 조작적이고 유토피아적인 과학은 인간의 감수성을 둔하게 함으로써, 승리 충동에 깃든 영웅적 요소를 인간에게서 빼앗을 것이다. 우리는 영웅성의 상실이 우리를 공허하게 하고 최대의 경험을 받아들이지 못하게 함으로써 우리의 투쟁을 헛되게 함을 절실히 알고 있다. 이것은 고유하게 인간적인 것(또한 심지어 '고유하게 유기체적인 것'이라고 말해야만 할 것이지만)의 종말을 뜻한다.

삶은 지구상에서 진화를 통해 우리에게 부여되는 신비로운 방식으로 자신의 확장을 향해 밀고 나간다. 우리가 삶을 이해하지 못하는 것은 창조의 목적을 알지 못하기 때문이다. 우리는 삶이 우리 자신 속에서 꿈틀거리는 것을 느끼고 삶이 서로를 집어삼키면서 서로 엎치락뒤치락하는 것을 볼 뿐이다. 삶은 알 수 없는 이유로 인해 알 수 없는 방향으로 확장되려 한다. 심리학조차도 이 신성불가침의 활력에 간섭해서는 안 된다는 것이 랑크의 결론이다. 이것이야말로 그가 '비합리적인 것'을 삶의 토대로 선택하는 것의 의미다. 그의 선택은 실증적 경험에 바탕을 둔다. 우리가 이해하지 못하는 신비 뒤에는 추진력이 있으며 여기에는 이성만 포함되는 것이 아니다. 그렇다면 우주적 영웅주의를 향한 충동은 신성하고 신비로우며 과학과 세속주의에 의해 말끔하게 정돈되고 합리화될 수 없다. 결국 과학이라는 신조는 삶과 죽음에 대한 두려움을 자기 속으로 흡수하여 부정하려고 시도했으며 우주적 영웅성을 위한 역할의 스펙트럼에서 또하나의 경쟁자에 불과하다.

현대인은 자각에서 벗어나려고 술과 마약에 탐닉한다. 쇼핑으로 시간을 보내는 것도 마찬가지다. 그의 문화는 자각이 요청하는 영웅적 헌신을 더는 제공하지 못하므로 사회는 그가 망각하기를 획책한다. 또는 자각이 그 자체만으로 자신의 문제에 대한 일종의 주술적 해결책이 되리라는 믿음으로 그 스스로 심리학에 빠져들기도 한다. 하지만 심리학은 공유된 사회적 영웅주의가 무너지면서 탄생한 만큼 기본적으로 믿음과 의지의 문제이며 이상에 대한 헌신의 문제인 새로운 영웅주의의 창조를 넘어 전개될 수밖에 없다. 리프턴은 최근에 랑크와 거의 똑같은 개념적 논점으로부터 같은 결론에 이르렀다.[43] 노먼 브라운 같은 저명한 사상가도 만년에 『사랑의 몸』을 쓰면서 같은 논점에 도달했다. 브라운은 실존의 자연적 모순을 넘어서는 유일한 방법은 닳고 닳은 종교적 방식에 있음을 깨달았다. 그것은 자신의 문제를 신과 같은 인물에게 투사하는 것, 모든 것을 보듬고 모든 것을 정당화하는 '너머'에게 치유받는 것이다. 이런 언어로 말하는 것은 정신요법 종교론자의 언어로 말하는 것과 결코 같지 않다. 랑크는 지나치게 고지식하지도, 지나치게 과격하지도 않았다. 그는 인간이 언제나 자신의 몸 너머를 지향해야 하고 건강한 억압에 토대를 두어야 하며 분명한 불멸 이데올로기

와 영웅적 초월의 신화를 추구해야 함을 간파했다.[■]

우리는 이렇게 결론 내릴 수 있다. 인간적 한계에 대한 승리를 과학적·신화적으로 구성하는 것과 같은 원대한 기획은 과학으로 프로그래밍할 수 있는 것이 아니다. 게다가 이런 기획은 창조의 악몽 속에서 식은땀을 흘리는 대중의 필수적 에너지에서 비롯하며 심지어 인간의 손으로 프로그래밍할 수 있는 것도 아니다. 앞으로 삶을 나아가게 하는 동력이 어떤 형태를 띨지, 우리의 고통스러운 탐색에서 어떤 쓰임새를 찾아낼지는 아무도 모르는 일이다. 우리가 할 수 있는 최선은 무언가(대상이나 우리 자신)를 만들어내어 혼란에 빠지게 하고 그것을 (말하자면) 생명력에 제물로 바치는 것이다.

■ 브라운이 최종적으로 도달한 지점이 논리적으로 올바른 곳임은 언급할 가치가 있다. 하지만 개인적으로는 그의 후기 저작이 매우 불만족스럽다. 혹자는 그가 자신의 새로운 입장을 제시하면서 왜 이렇게 경구를 남발하는지, 모호하고 극단적으로 간결하고 종종 불가사의한 사상을 뒤죽박죽으로 섞어 가장 오래된 신비주의 기독교와 마지막 심판의 날 간구로 마무리하고 마는지 의아해한다. 적어도 이 점에서 그의 후기 저작은 초기 저작과 완전히 일치한다. 몸의 좌절스러운 한계에 갇힌 자연적 실존은 총체적이고 '전부 아니면 전무'식의 위안을, 탈억압에서든, 마침내 세상의 종말에서든 요구하기 때문이다.

주

저자 서문

1. Rank, 1933년 2월 8일자 편지, 출처는 Jessie Taft의 빼어난 전기 *Otto Rank* (New York: Julian Press, 1958), p. 175.
2. LAD, p. 322.
3. F. S. Perls, R. F. Hefferline, and P. Goodman, *Gestalt Therapy* (New York: Delta Books, 1951), p. 395, 주.
4. I. Progoff, *The Death and Rebirth of Psychology* (New York: Delta Books, 1964).
5. P. Roazen, *The Virginia Quarterly Review*, Winter, 1971, p. 33.

1장

1. William James, *Varieties of Religious Experience: A Study in Human Nature*, 1902 (New York: Mentor Edition, 1958), p. 281. 한국어판은 『종교적 경험의 다양성』(한길사, 2009) 447쪽.

1부 영웅주의의 심층심리

2장

1. S. Freud, "Thoughts for the Times on War and Death," 1915, *Collected Papers*, Vol. 4 (New York: Basic Books, 1959), pp. 316-317. 한국어판은 『문명 속의 불만』(열린책들, 2006) 69쪽.
2. 이를테면 A. L. Cochrane, "Elie Metschnikoff and His Theory of an 'Instinct de la Mort,'" *International Journal of Psychoanalysis* 1934, 15:265-270; G. Stanley Hall, "Thanatophobia and Immortality," *American Journal of Psychology*, 1915, 26:550-613 참고.

3. N. S. Shaler, *The Individual: A Study of Life and Death* (New York: Appleton, 1900).

4. Hall, "Thanatophobia," p. 562.

5. Alan Harrington, *The Immortalist* (New York: Random House, 1969), p. 82 참고.

6. Jacques Choron의 빼어난 연구서 *Death and Western Thought* (New York: Collier Books, 1963)를 보라.

7. H. Feifel, ed., *The Meaning of Death* (New York: McGraw-Hill, 1959), 6장; G. Rochlin, *Griefs and Discontents* (Boston: Little, Brown, 1967), p. 67를 보라.

8. J. Bowlby, *Maternal Care and Mental Health* (Geneva: World Health Organization, 1952), p. 11.

9. Walter Tietz, "School Phobia and the Fear of Death," *Mental Hygiene*, 1970, 54:565-568 참고.

10. J. C. Rheingold, *The Mother, Anxiety and Death: The Catastrophic Death Complex* (Boston: Little, Brown, 1967).

11. A. J. Levin, "The Fiction of the Death Instinct," *Psychiatric Quarterly*, 1951, 25:257-281.

12. J. C. Moloney, *The Magic Cloak: A Contribution to the Psychology of Authoritarianism* (Wakefield, Mass.: Montrose Press, 1949), p. 217; H. Marcuse, "The Ideology of Death," in Feifel, *Meaning of Death*, 5장.

13. LAD, p. 270.

14. G. Murphy, "Discussion," in Feifel, *The Meaning of Death*, p. 320.

15. James, *Varieties*, p. 121. 한국어판은『종교적 경험의 다양성』207쪽.

16. Choron, *Death*, p. 17.

17. *Ibid.*, p. 272.

18. G. Zilboorg "Fear of Death," *Psychoanalytic Quarterly*, 1943, 12: 465-475. 섬세한 논의로 가득한 아이슬러의 논문집 K. R. Eissler, *The Psychiatrist and the Dying Patient* (New York: International Universities Press, 1955), p. 277에서 죽음에 대한 불안 과 죽음에 대한 공포의 엄밀한 구분을 보라.

19. Zilboorg "Fear of Death," pp. 465-467.

20. James, *Varieties*, p. 121. 한국어판은『종교적 경험의 다양성』207쪽.

21. Zilboorg, "Fear of Death," p. 467. 또는 아이슬러의 관점에서 더 정확히 말하자면 소멸에 대한 두려움이라고 할 수도 있다. 이것은 에고에 의해 죽음에 대한 의식으 로 확장된다. *The Psychiatrist and the Dying Patient*, p. 267을 보라.

22. *Ibid.*

23. *Ibid.*, pp. 468-471 *passim*.

24. Shaler, *The Individual* 참고.

25. C. W. Wahl, "The Fear of Death," in Feifel, pp. 24-25.

26. Moloney, *The Magic Cloak*, p. 117 참고.

27. Wahl, "Fear of Death," pp. 25-26.

28. In Choron, *Death*, p. 100.

29. 이를테면 I. E. Alexander et al., "Is Death a Matter of Indifference?" *Journal of Psychology*, 1957, 43:277-283; I. M. Greenberg and I. E. Alexander, "Some Correlates of Thoughts and Feelings Concerning Death," *Hillside Hospital Journal*,

1962, No. 2:120 – 126; S. I. Golding et al., "Anxiety and Two Cognitive Forms of Resistance to the Idea of Death," *Psychological Reports*, 1966, 18: 359 – 364 참고.

30. L. J. Saul, "Inner Sustainment," *Psycholoanalytic Quarterly*, 1970, 39:215 – 222.

31. Wahl, "Fear of Death," p. 26.

3장

1. Erich Fromm, *The Heart of Man: Its Genius for Good and Evil* (New York: Harper and Row, 1964), pp. 116 – 117. 한국어판은 『인간의 마음』(문예출판사, 2002).

2. Erich Fromm, *The Sane Society* (New York: Fawcett Books, 1955), p. 34. 한국어판은 『건전한 사회』(범우사, 2013).

3. LAD.

4. Lord Raglan, *Jocasta's Crime: An Anthropological Study* (London: Methuen, 1933), 17장 참고.

5. LAD, p. 186.

6. *Ibid.*, p. 189.

7. *Ibid.*, pp. 186 – 187.

8. E. Straus, *On Obsession, A Clinical and Methodological Study* (New York: Nervous and Mental Disease Monographs, 1948), No. 73.

9. *Ibid.*, pp. 41, 44.

10. Freud, *Civilization and its Discontents*, 1930 (London: The Hogarth Press, 1969 edition), p. 43. 한국어판은 『문명 속의 불만』 284쪽.

11. LAD, p. 118.

12. *Ibid.*, p. 120.

13. Sandor Ferenczi, *Final Contributions to the Problems and Methods of Psycho-analysis* (London: The Hogarth Press, 1955), p. 66.

14. PS, p. 38.

15. LAD, p. 124.

16. *Ibid.*, p. 123.

17. *Ibid.*

18. *Ibid.*, p. 128.

19. *Ibid.*, p. 127.

20. ME.

21. Freud, *A General Introduction to Psychoanalysis* (New York: Garden City Publishing Co., 1943), p. 324. 한국어판은 『정신분석 입문』(선영사, 2009) 427쪽.

22. Geza Roheim, *Psychoanalysis and Anthropology* (New York: International Universities Press, 1950), pp. 138 – 139.

23. Ferenczi, *Final Contributions*, pp. 65 – 66.

24. 롤로 메이는 최근에 이에 대한 랑크의 관점을 되살렸다. 그의 탁월한 논의 "Love and Death" in *Love and Will* (New York: Norton, 1971)을 보라.

25. ME, p. 52.

26. *Ibid.*, p. 53.

27. LAD, pp. 127 – 128.

4장

1. Ortega, *The Revolt of the Masses* (New York: Norton, 1957), pp. 156 – 157. 한국어판은 『대중의 반역』(역사비평사, 2006) 215~216쪽.
2. E. Becker, *The Structure of Evil: An Essay on the Unification of the Science of Man* (New York: Braziller, 1968), p. 192.
3. 그의 훌륭한 논문 두 편, "The Need to Know and the Fear of Knowing" *Journal of General Psychology*, 1963, 68:111 – 125; and "Neurosis as a Failure of Personal Growth," *Humanitas*, 1967, 3:153 – 169를 보라.
4. Maslow, "Neurosis as a Failure," p. 163.
5. *Ibid.*, pp. 165 – 166.
6. Rudolf Otto, *The Idea of the Holy*, 1923 (New York: Galaxy Books, 1958).
7. Maslow, "The Need to Know," p. 119.
8. *Ibid.*, pp. 118 – 119.
9. Freud, *The Future of an Illusion*, 1927 (New York: Anchor Books Edition, 1964), 3장과 4장 참고. 한국어판은 『문명 속의 불만』(열린책들, 2004) 187, 182, 179, 198, 222쪽.
10. Freud, *The Problem of Anxiety*, 1926 (New York: Norton, 1936), pp. 67 ff.
11. 또한 현대의 실존적 정신의학에 대한 하이데거의 견해를 계승한 Médard Boss, *Meaning and Content of Sexual Perversions: A Daseinanalytic Approach to the Psychopathology of the Phenomenon of Love* (New York: Grune and Stratton, 1949), p. 46 참고.
12. F. Perls, *Gestalt Therapy Verbatim* (Lafayette, Calif.: Real People Press, 1969), pp. 55 – 56.
13. A. Angyal, *Neurosis and Treatment: A Holistic Theory* (New York: Wiley, 1965), p. 260.
14. Maslow, *Toward a Psychology of Being*, second edition (Princeton: Insight Books, 1968), 8장.
15. LAD.
16. ME, p. 13, 강조는 저자.
17. Harold F. Searles, "Schizophrenia and the Inevitability of Death," *Psychiatric Quarterly*, 1961, 35:633 – 634.
18. Traherne, *Centuries*, C.1672 (London, Faith Press edition, 1963), pp. 109 – 115, 여기 저기.
19. Marcia Lee Anderson, "Diagnosis," Searles, "Schizophrenia," p. 639에서 재인용.
20. LAD, p. 291.

5장

1. Kierkegaard, *Journal*, May 12th, 1839.
2. O. H. Mowrer, *Learning Theory and Personality Dynamics* (New York: Ronald Press, 1950), p. 541.

3. 특히 Rollo May, *The Meaning of Anxiety* (New York: Ronald Press, 1950); Libuse Lukas Miller, *In Search of the Self: The Individual in the Thought of Kierkegaard* (Philadelphia: Muhlenberg Press, 1962) 참고.

4. Kierkegaard, *The Concept of Dread*, 1844 (Princeton: University Press edition, 1957, translated by Walter Lowrie), p. 41. 한국어판은 『불안의 개념』(한길사, 2008) 166쪽.

5. *Ibid.*, p. 38. 한국어판은 160쪽.

6. *Ibid.*, p. 39. 한국어판은 163쪽.

7. *Ibid.*, p. 139. 한국어판은 395~396쪽.

8. *Ibid.*, p. 40. 한국어판은 164쪽.

9. *Ibid.*, p. 140. 한국어판은 398쪽.

10. Kierkegaard, *The Sickness Unto Death*, 1849 (Anchor edition, 1954, combined with *Fear and Trembling*, translated by Walter Lowrie), p. 181. 한국어판은 『죽음에 이르는 병』(한길사, 2007) 114쪽.

11. Kierkegaard, *Dread*, pp. 110 ff. 한국어판은 『불안의 개념』 331쪽 이하.

12. *Ibid.*, p. 124쪽. 한국어판은 360~361쪽.

13. *Ibid.*, pp. 112−113. 한국어판은 336~337쪽.

14. *Ibid.*

15. *Ibid.*, pp. 114−115. 한국어판은 339~341쪽.

16. *Ibid.*, pp. 115−116. 한국어판은 341~342쪽.

17. Miller, *In Search of the Self*, pp. 265−276 참고.

18. Kierkegaard, *Sickness*, pp. 184−187, *passim*. 한국어판은 『죽음에 이르는 병』 118~122쪽.

19. *Ibid.*, pp. 174−175. 한국어판은 102~103쪽.

20. *Ibid.*

21. *Ibid.*, pp. 162 ff. 한국어판은 84쪽 이하.

22. E. Becker, *The Revolution in Psychiatry* (New York: Free Press, 1964)와 이 책 10장 참고.

23. Kierkegaard, *Sickness*, p. 163. 한국어판은 『죽음에 이르는 병』 85쪽.

24. *Ibid.*, pp. 164, 165. 한국어판은 93~94쪽.

25. *Ibid.*, pp. 169−170. 한국어판은 94~95쪽.

26. *Ibid.* 한국어판은 96쪽.

27. *Ibid.*, p. 165쪽. 한국어판은 88쪽.

28. Becker, *The Revolution in Psychiatry*.

29. Kierkegaard, *Sickness*, pp. 166−167. 한국어판은 『죽음에 이르는 병』 90쪽.

30. *Ibid.*, pp. 170−172. 한국어판은 97, 99쪽.

31. *Ibid.*, p. 172. 한국어판은 99쪽.

32. *Ibid.*, p. 173. 한국어판은 101쪽.

33. *Ibid.*, pp. 174−175, *passim*. 한국어판은 103쪽.

34. Freud, *Civilization and Its Discontents*, p. 81. 한국어판은 『문명 속의 불만』 328쪽.

35. Kierkegaard, *Sickness*, p. 196. 한국어판은 『죽음에 이르는 병』 137~138쪽.

36. *Ibid.*, p. 198. 한국어판은 139쪽.

37. *Ibid.*, p. 199. 한국어판은 140쪽.

38. *Ibid.*, p. 156. 한국어판은 73쪽.

39. Miller, *In Search of the Self*, pp. 312 – 313 참고.

40. Kierkegaard, *Dread*, p. 144. 한국어판은 『불안의 개념』 406쪽.

41. Ibid., p. 140. 한국어판은 397, 398쪽.

42. Miller, *In Search of the Self*, p. 270 참고.

43. Kierkegaard, *Sickness*, p. 199. 한국어판은 『죽음에 이르는 병』 139, 140쪽.

44. James, *Varieties*, p. 99. 한국어판은 『종교적 경험의 다양성』 175~176쪽.

45. Ortega, *The Revolt of the Masses*, p. 157. 한국어판은 『대중의 반역』 216~217쪽.

46. Kierkegaard, *Dread*, pp. 140 ff. 한국어판은 『불안의 개념』 397쪽 이후.

47. *Ibid.*, pp. 141 – 142. 한국어판은 400~401쪽.

48. *Ibid.*, p. 104. 한국어판은 321쪽.

49. *Ibid.*, p. 145. 한국어판은 408, 409쪽.

50. R. May, *The Meaning of Anxiety*, p. 45 참고.

6장

1. Freud, *Civilization and Its Discontents*, p. 43. 한국어판은 『문명 속의 불만』 283, 284쪽.

2. LAD, p. 188.

3. C. G. Jung, *Memories, Dreams and Reflections* (New York: Vintage, 1965), pp. 149 – 151. 한국어판은 『칼 융 자서전』(범조사, 1985) 237~238쪽.

4. *Ibid*. 한국어판은 239쪽.

5. Vincent Brome, *Freud and His Early Circle* (London: Heinemann, 1967), p. 103에서 재인용.

6. LAD, p. 103.

7. Freud, *The Future of an Illusion*, 1927 (New York: Anchor Books Edition, 1964), p. 32 참고. 한국어판은 『문명 속의 불만』.

8. Freud, *Beyond the Pleasure Principle*, 1920 (New York: Bantam Books edition, 1959), p. 61. 한국어판은 『쾌락원리 너머』(부북스, 2013) 52쪽.

9. *Ibid.*, p. 66. 한국어판은 102쪽.

10. 프로이트 이론의 문제에 대한 C. Rank의 예리한 지적은 WT, p. 115; 또한 브라운의 논의 LAD, pp. 97 ff를 보라.

11. *Beyond the Pleasure Principle*, pp. 93, 105, 106 주 및 LAD, pp. 99 – 100을 보라. 한국어판은 『쾌락원리 너머』.

12. LAD, pp. 101 ff.

13. WT, p. 130.

14. LAD, p. 109 참고.

15. WT, p. 116.

16. *Ibid.*, pp. 121 – 122, 강조는 저자.

17. *Ibid.*, p. 115.

18. ME, p. 38을 보라.

19. Levin, "The Fiction of the Death Instinct," pp. 277 – 278.

20. E. Jones, *The Life and Work of Sigmund Freud*, abridged edition (Doubleday Anchor,

1963), p. 198.

21. *Ibid.*, p. 354.

22. *Ibid.*, p. 194.

23. *Ibid.*, p. 197.

24. *Ibid.*, p. 194 주.

25. *Ibid.*, p. 197 주.

26. Jones, *Freud*, abridged edition, p. 354.

27. Zilboorg, *Psychoanalysis and Religion* (London: Allen and Unwin, 1967), p. 233에서 재인용.

28. *Ibid.*, pp. 232–234, passim.

29. *Ibid.*, p. 234.

30. Roazen, *Brother Animal, The Story of Freud and Tausk* (London: Allen Lane the Penguin Press, 1969), p. 172 주에서 재인용.

31. C. G. Jung, *Memories*, p. 156. 한국어판은 『칼 융 자서전』 247쪽.

32. Ibid., p. 157. 한국어판은 248쪽.

33. Paul Roazen, *Freud: Political and Social Thought* (New York: Vintage Books, 1970), pp. 176–181.

34. *Ibid.*, p. 176. 프롬도 비슷한 언급을 한다. *Freud's Mission*, p. 64.

35. *Ibid.*, p. 178.

36. Jung, *Memories*, p. 157 참고. 한국어판은 『칼 융 자서전』 249쪽.

37. Roazen, *Freud*, p. 179.

38. Jung, *Memories*, p. 156. 한국어판은 『칼 융 자서전』 247쪽.

39. Jones, *The Life and Work of Sigmund Freud*, 3 volume edition (New York: Basic Books, 1953), vol. 1, p. 317.

40. Brome, *Freud*, p. 98에서 재인용.

41. 브롬의 훌륭하고 치밀한 논의 *Ibid.*, p. 125 참고.

42. Roazen, *Freud*, p. 180.

43. E. Fromm, *The Heart of Man*, pp. 43–44. 한국어판은 『인간의 마음』.

44. Jones, *Freud*, vol. 2, p. 55.

45. *Ibid.*, pp. 145–146.

46. *Ibid.*

47. E. Becker, *The Structure of Evil*, p. 400; *Angel in Armor* (New York: Braziller, 1969), p. 130 참고.

48. Jones, *Freud*, vol. 1, p. 8 및 주 "j."

49. Jones, *Freud*, abridged edition, p. 329.

50. Jones, *Freud*, vol. 1, p. 317.

51. Jung, *Memories*, p. 157. 한국어판은 『칼 융 자서전』 248쪽.

52. Jones, *Freud*, vol. 2, p. 420.

53. *Ibid.* 또한 Fromm, *Freud's Mission*, p. 56 참고.

54. Brome, *Freud*, p. 127에서 재인용.

55. Roazen, *Brother Animal*, p. 40에서 재인용.

56. Zilboorg, *Psychoanalysis and Religion*, p. 226.

57. pp. 133 – 134, *Psychoanalysis and Faith: The Letters of Sigmund Freud and Oskar Pfister*, (New York: Basic Books, 1963).

58. Zilboorg, *Psychoanalysis and Religion*, p. 242.

59. *Ibid.*, p. 255. 또한 이 엄격함에 대한 퓨너Helen Walker Puner의 탁월한 분석 *Freud*, pp. 255 – 256, *passim*을 보라.

60. Jung, *Memories*, pp. 152 – 153. 한국어판은『칼 융 자서전』241~242쪽.

61. *Ibid.*, p. 154. 한국어판은 243쪽.

2부 영웅주의의 실패

7장

1. Camus, *The Fall* (New York: Knopf, 1957), p. 133. 한국어판은『전락』(책세상, 2010) 135쪽.

2. Levi, *Of Fear and Freedom* (New York: Farrar-Strauss, 1950), p. 135.

3. Olden, "About the Fascinating Effect of the Narcissistic Personality," *American Imago*, 1941, 2:347 – 355를 보라.

4. Jung, *Two Essays on Analytical Psychology* (Cleveland: Meridian Books, 1956).

5. *Vancouver Sun*, 70-08-31, "From Champion Majorette to Frank Sinatra Date," by Jurgen Hesse.

6. Freud, *A General Introduction to Psychoanalysis*, 1920 (New York: Garden City edition, 1943), p. 384. 한국어판은『정신분석 입문』508쪽.

7. Benjamin Wolstein의 빼어난 임상 연구 *Transference: Its Meaning and Function in Psychoanalytic Therapy* (New York: Grune and Stratton, 1954)를 보라.

8. Freud, *A General Introduction*, pp. 387 – 388. 한국어판은『정신분석학 개요』(열린책들, 2006).

9. S. Ferenczi, "Introjection and Transference," 2장 in *Contributions to Psychoanalysis* (London: Phillips, 1916); 또한 Herbert Spiegel, "Hypnosis and Transference, a Theoretical Formulation," *Archives of General Psychiatry*, 1959, 1:634 – 639와 비교하라.

10. Ferenczi, "Introjection and Transference," p. 59.

11. *Ibid.*, p. 61.

12. *Ibid.*, pp. 72, 78, 79; 강조는 원문.

13. *Ibid.*, p. 68.

14. Freud, *Group Psychology and the Analysis of the Ego*, 1921 (New York: Bantam Books edition, 1965), p. 68. 한국어판은『문명 속의 불만』135쪽. 또한 T. W. Adorno's important appreciation of this reorientation: "Freudian Theory and the Pattern of Fascist Propaganda," *Psychoanalysis and the Social Sciences*, 1951, p. 281, 각주 참고.

15. Freud, *ibid.*, p. 60. 한국어판은『문명 속의 불만』128, 142, 143쪽.

16. Otto Fenichel, "Psychoanalytic Remarks on Fromm's Book, *Escape From Freedom*," *Psychoanalytic Review*, 1944, 31:133 – 134.

17. Freud, *Group Psychology*, p. 16. 한국어판은『문명 속의 불만』86쪽.

18. *Ibid.*, p. 9.

19. Fromm, *Heart of Man*, p. 107. 한국어판은 『인간의 마음』 185쪽.
20. Fritz Redl, "Group Emotion and Leadership," *Psychiatry*, 1942, 573 – 596.
21. *Ibid.*, p. 594.
22. W. R. Bion, "Group Dynamics—A Review," in Melanie Klein, ed., *New Directions in Psychoanalysis* (New York: Basic Books, 1957), pp. 440 – 447.
23. *Ibid.*, 특히 pp. 467 – 468. 또한 비언은 앞서 레들과 같은 맥락에서—집단의 유형이 다르며 따라서 지도자의 '쓰임새'도 다르다는 것—논증을 전개한다.
24. Paul Schilder, in M. Gill and M. Brenman, *Hypnosis and Related States* (New York: Science Editions, 1959), p. 159.
25. Canetti, *Crowds and Power*, p. 332.
26. Wolstein, *Transference*, p. 154.
27. Freud, "The Dynamics of the Transference," 1912, *Collected Papers*, vol. 2, p. 319; 또한 *A General Introduction*, p. 387 참고.
28. Freud, "The Dynamics of the Transference," p. 315.
29. Freud, *The Future of an Illusion*, 1928 (New York: Doubleday Anchor edition, 1964), p. 35; 3장 전체를 보라. 한국어판은 『문명 속의 불만』 190쪽.
30. Heinz and Rowena Ansbacher, eds., *The Individual Psychology of Alfred Adler* (New York: Basic Books, 1956), pp. 342 – 343.
31. W. V. Silverberg, "The Concept of Transference," *Psychoanalytic Quarterly*, 1948, 17:319, 321.
32. Fromm, *Beyond the Chains of Illusion: My Encounter with Marx and Freud* (New York: Simon and Schuster, 1962), p. 52. 한국어판은 『정신분석과 유물론』(선영사, 2006) 181쪽.
33. C. G. Jung, *The Psychology of the Transference* (Princeton: Bollingen Books, 1969), p. 156.
34. Roy Waldman, *Humanistic Psychiatry: From Oppression to Choice* (New Brunswick, N.J.: Rutgers University Press, 1971), p. 84.
35. Jung, *Transference*, p. xii.
36. T. S. Szasz, *Pain and Pleasure: A Study of Bodily Feelings* (London: Tavistock, 1957), pp. 98 ff.
37. Jung, *Transference*, p. 156.
38. ME, p. 178; WT, p. 82.
39. BP, pp. 130, 136. 한국어판은 『심리학을 넘어서』 147쪽.
40. WT, p. 82.
41. A. Angyal, *Neurosis and Treatment: A Holistic Theory* (New York: Wiley, 1965), PP. 120 – 21.
42. WT, pp. 82 ff 참고.
43. Freud, *An Autobiographical Study* (London: Hogarth, 1946); 또한 *A General Introduction*, p. 387 참고. 한국어판은 『정신분석학 개요』 244쪽.
44. Ferenczi, "Introjection and Transference," pp. 38, 44.
45. Searles, "Schizophrenia and the Inevitability of Death," p. 638; 또한 Helm Stierlin, "The Adaptation to the 'Stronger' Person's Reality," *Psychiatry*, 1958, 21:141 – 147 참고.

46. E. Becker, *The Structure of Evil*, p. 192.
47. AA, p. 407 참고.
48. Harrington, *The Immortalist*, p. 101.
49. AA, p. 411.
50. *The Immortalist*, p. 46에 실린 해링턴의 경이로운 표현.
51. Freud, *Group Psychology*, pp. 37 – 38.
52. 이 모든 논의에 대해 Harold Orlansky의 빼어난 르포 "Reactions to the Death of President Roosevelt," *The Journal of Social Psychology* 1947, 26:235 – 266; 또한 D. De Grazia, "A Note on the Psychological Position of the Chief Executive," *Psychiatry*, 1945, 8:267 – 272 참고.
53. Cf. Becker, *The Structure of Evil*, p. 328.
54. *Ibid.*
55. WT, pp. 74, 155; BP, p. 195; AA, p. 86; ME, p. 142.
56. AA, pp. 370, 376.
57. PS, pp. 142, 148; BP, pp. 194 – 195 참고.
58. AA, p. 42.
59. BP, p. 198. 한국어판은 『심리학을 넘어서』.
60. ME, pp. 232 – 234.
61. BP, p. 168. 한국어판은 『심리학을 넘어서』 188쪽.
62. Jung, *Transference*, pp. 71 – 72.
63. Melville, *Moby Dick*, 1851 (New York: Pocket Library edition, 1955), pp. 361 – 362. 한국어판은 『모비 딕』(작가정신, 2010) 738쪽.
64. *Structure of Evil*, p. 261에서 이에 대한 나의 논의를 보라.
65. Ferenczi, "Introjection and Transference," p. 47.
66. 또한 J. A. M. Meerloo and Marie L. Coleman, "The Transference Function; A Study of Normal and Pathological Transference," *The Psychoanalytic Review*, 1951, 38:205 – 221—전통적 견해에 대한 중요한 수정으로 가득한 논문; T. S. Szasz's important critique, "The Concept of Transference," *International Journal of Psychoanalysis*, 1963, 44:432 – 443를 보라.

8장
1. BP, p. 196. 한국어판은 『심리학을 넘어서』 220쪽.
2. G. K. Chesterton, *Orthodoxy*, 1908 (New York: Image Books, 1959), p. 80. 한국어판은 『G. K. 체스터턴의 정통』(아바서원, 2016) 81쪽.
3. AA, 2장; PS, 4장; BP, 4장 등을 보라.
4. BP, p. 168; PS, p. 192; WT, p. 303.
5. ME, p. 232.
6. WT, p. 62.
7. *Ibid.*, p. 304.
8. ME, p. 232.
9. WT, p. 302.

10. BP, p. 234. 한국어판은 『심리학을 넘어서』 261쪽.

11. Roheim, "The Evolution of Culture," p. 403.

12. ME, p. 44.

13. *Ibid.*, pp. 46 ff.

14. *Ibid.*, p. 43.

15. BP, p. 234. 한국어판은 『심리학을 넘어서』 262쪽.

16. 또한 Rollo May의 *Love and Will*에서 이 문제에 대한 현대적 비평을 보라. 한국어판은 『사랑과 의지』(한벗, 1981).

17. PS, p. 92.

18. BP, pp. 196-197. 한국어판은 『심리학을 넘어서』.

19. WT, p. 62 참고.

20. E. Becker, *The Birth and Death of Meaning*, second edition, 12장 참고.

21. WT, p. 287.

22. WT, p. 131.

23. BP, p. 197. 한국어판은 『심리학을 넘어서』 198쪽.

24. WT, p. 304.

25. PS, p. 92.

26. 성과 타인에 대한 랑크의 분석이 얼마나 '기독교적'인지 알려면 Reinhold Niebuhr의 빼어난 연구서 *The Nature and Destiny of Man* (New York: Scribner and Sons, 1941), Vol. 1, pp. 233-240을 보라. 한국어판은 『인간의 본성과 운명』(종문화사, 2013).

27. BP, pp. 186, 190. 한국어판은 『심리학을 넘어서』 208쪽.

28. Jung, *The Psychology of the Transference*, p. 101.

29. AA, p. 86.

30. AA, p. 42; WT, p. 278.

31. E. Becker, *The Structure of Evil*, pp. 190 ff 참고.

32. WT, p. 147.

33. BP, p. 272. 한국어판은 『심리학을 넘어서』 306쪽. 융은 프로이트의 회합 자체가 아버지 종교라고 생각했다. *Modern Man in Search of a Soul*, 1933 (New York: Harvest Books edition), p. 122.

34. *Ibid.*, pp. 273-274. 한국어판은 307쪽.

35. *Ibid.*, p. 194. 한국어판은 218쪽.

36. *Ibid.*, pp. 188-201.

37. Tillich, *Systematic Theology*, Vol. 3, pp. 75-77 참고. 한국어판은 『조직신학』(한들출판사, 2001).

9장

1. WT, pp. 251-252.

2. *Ibid.*, 12장.

3. *Ibid.*, p. 195.

4. *Ibid.*, p. 241; JORA, June 1967, p. 17.

5. WT, pp. 73, 155, 303.

6. *Ibid.*, p. 149; JORA, Dec. 1970, pp. 49-50.

7. WT, pp. 148 – 149.
8. Freud, *Introductory Lectures* III, p. 445; Jung, *Psychology of the Transference*, p. 8, 주 16에서 강조.
9. Roy D. Waldman, *Humanistic Psychiatry* (New Brunswick: Rutgers University Press, 1971), pp. 123 – 124; 또한 뛰어난 논문인 Ronald Leifer, "Avoidance and Mastery: An Interactional View of Phobias." *Journal of Individual Psychology*, May, 1966, pp. 80 – 93을 보고 Becker, *The Revolution in Psychiatry*, pp. 115 ff와 비교해보라.
10. WT, p. 149.
11. BP, p. 50. 한국어판은 『심리학을 넘어서』.
12. WT, pp. 146 – 147.
13. JORA, June, 1967, p. 79.
14. WT, pp. 146 – 147.
15. *Ibid.,* p. 151.
16. *Ibid.,* p. 149.
17. AA, pp. 376 – 377.
18. *Ibid.,* p. 372.
19. *Ibid.,* p. 27.
20. WT, p. 93.
21. *Ibid.,* pp. 95, 173.
22. Nin, JORA, June, 1967, p. 118.
23. WT, p. 195.
24. *Ibid.,* pp. 251 – 252.
25. *Ibid.,* p. 173.
26. Turney-High, *Primitive War*, p. 208.
27. WT, pp. 74, 287.
28. *Ibid.,* p. 288.
29. 중요한 역사적 논문인 James M. Baldwin, "The History of Psychology," *International Congress of Arts and Science*, vol. 5, St. Louis, 1904, pp. 606 – 623; Stephan Strasser의 중요한 저작 *The Soul in Metaphysical and Empirical Psychology* (Pittsburgh, Pa.: Duquesne University Press, 1962); PS, 1장, pp. 84 ff., 7장을 보라.
30. PS, p. 192.
31. ME, p. 143.
32. PS, p. 10; 또한 Becker, *The Revolution in Psychiatry*, pp. 120 – 121 참고.
33. PS, p. 10.
34. BP, 1장과 8장; PS, 1장과 7장을 보라. 또한 Progoff의 빼어난 요약인 *Death and Rebirth*, pp. 221 – 228, 258 – 259을 보라.
35. ME, p. 143.
36. *Ibid.,* pp. 143, 232.
37. JORA, Fall 1966, p. 42; ME, p. 45. 또한 O. H. Mowrer의, 심리학자들의 격렬한 반발에 부딪힌 중요한 저작 *The Crisis in Psychiatry and Religion* (New York: Insight Books, 1961), 특히 8장을 보라.
38. WT, pp. 74, 152, 205, 241, 303 – 304.

39. *Ibid.,* pp. 92 – 93.
40. *Ibid.;* 또한 Waldman, *Humanistic Psychiatry,* p. 59와 빼어난 대목인 pp. 117 – 127 참고. 이 저작은 현대 정신의학에서 죄와 신경증의 방정식을 결정적으로 재도입한 계기로 인정받아야 마땅하다. 또한 Mowrer, *The Crisis in Psychiatry,* 3장과 4장 참고.
41. WT, pp. 93, 304.
42. AA, p. 27; Waldman, *Humanistic Psychiatry,* p. 120. 월드먼은 랑크가 아니라 아들러를 원용하는데, 아들러는 랑크에게 뚜렷한 영향을 미쳤다. 아들러 이후에 캐런 호니는 특히 신경증에서의 자기찬미와 자기비하의 역학에 대해 방대한 글과 뛰어난 통찰을 남겼다. 무엇보다 중요한 것은 영웅적 승리와 완벽의 필요성과 신경증 환자에게서 이것들에 어떤 일이 일어나는가에 대한 논의다. 특히 *Neurosis and Human Growth* (New York: Norton, 1950)을 보라.
43. BP, p. 193; WT, p. 304; ME, p. 141. 한국어판은 『심리학을 넘어서』 217쪽.
44. ME, pp. 142 – 144.
45. WT, pp. 150, 241; AA, p. 86; WT, p. 94.
46. Chesterton, *Orthodoxy,* pp. 18 – 29. 한국어판은 『정통』. 또한 ME, p. 47 참고.
47. BP, p. 49. 한국어판은 『심리학을 넘어서』 53쪽.
48. BP, pp. 166, 197; WT, p. 303; Becker, *Birth and Death,* 2판 13장 참고.
49. Freud, "Observations on Transference-love," p. 388.
50. Van der Leeuw, *Religion in Essence,* vol. 2, p. 467.
51. ME, pp. 44 – 45.
52. 또한 G. P. Conger의 중요하면서도 간과된 책 *The Ideologies of Religion* (New York: Round Table Press, 1940) 참고.
53. Jung, *Psychology of the Transference,* p. 69 참고.
54. ME, p. 232.
55. Becker, *Structure of Evil,* pp. 190 – 210.
56. AA, p. 429.
57. Jung, *Psychology of the Transference,* pp. 101 – 102.
58. Jung, *Memories,* p. 288. 한국어판은 『칼 융 자서전』 429쪽.

10장

1. Boss, *Meaning and Content of Sexual Perversions,* pp. 46 – 47.
2. Alfred Adler, *The Practice and Theory of Individual Psychology* (London: Kegan Paul, 1924), 21장. 한국어판은 『개인 심리학에 관한 아들러의 생각』(부글북스, 2017).
3. "The Miser," in *Patterns of the Life-World,* ed. by J. M. Edie (Evanston: Northwestern University Press, 1970), 9장에 담긴 슈트라우스의 빼어난 사유.
4. M. Boss, *Psychoanalysis and Daseinanalysis* (New York: Basic Books, 1963), pp. 209 – 210.
5. BP, p. 169. 한국어판은 『심리학을 넘어서』.
6. W. Gaylin, ed., *The Meaning of Despair* (New York: Science House, 1968), p. 391.
7. Rank, WT, pp. 126, 127, 131.
8. Becker, *The Revolution in Psychiatry* 참고.

9. Adler, *Individual Psychology*, p. 252.

10. Boss, *Sexual Perversions*, p. 46.

11. W. Bromberg and P. Schilder, "The Attitude of Psychoneurotics Towards Death," p. 20.

12. Harrington, *The Immortalist*, p. 93.

13. James, *Varieties*, p. 138. 한국어판은 『종교적 경험의 다양성』.

14. Adler, *Individual Psychology*, pp. 256 – 260.

15. 정신분석학 내에서 이 기능적 양면성을 가장 훌륭히 이해한 사람은 빌헬름 라이히다. 그의 초기작 *Character Analysis*, 1933 (New York: Noonday Press, third edition, 1949), pp. 431 – 462에 담긴 그의 빼어난 이론을 보라.

16. Becker, *The Revolution in Psychiatry* 참고.

17. Chesterton, *Orthodoxy*, 특히 2장. 한국어판은 『정통』.

18. Reich, *Character Analysis*, pp. 432, 450.

19. Adler, *Individual Psychology*, p. 257.

20. Boss, *Sexual Perversions*.

21. 9장, in J. M. Edie, ed., *Patterns of the Life-World*.

22. Freud, "Fetishism," 1927, *Collected Papers*, vol. 5, p. 199. 한국어판은 『성욕에 관한 세 편의 에세이』(열린책들, 2004) 320쪽.

23. *Ibid.*, pp. 200, 201. 한국어판은 322, 323, 324쪽.

24. Bak, "The Phallic Woman: The Ubiquitous Fantasy in Perversions," *Psychoanalytic Study of the Child*, 1968, 23:16.

25. M. E. Romm, "Some Dynamics in Fetishism," *Psychoanalytic Quarterly*, 1949, 19:146 – 147, 강조는 저자.

26. *Ibid.*

27. Jung, *Transference*, 10장.

28. Boss, *Sexual Perversions*, pp. 24, 32, 33, 37, 119, 136.

29. LAD, pp. 132 – 134.

30. Nancy T. Spiegel, "An Infantile Fetish and its Persistence into Young Womanhood," *Psychoanalytic Study of the Child*, 1967, 22:408.

31. Greenacre, "Perversions: General Considerations Regarding Their Genetic and Dynamic Background," *Psychoanalytic Study of the Child*, 1968, 23:57 참고.

32. Romm, "Some Dynamics," p. 148 – 149.

33. S. M. Payne, "Observations on the Ego Development of the Fetishist," *International Journal of Psychoanalysis*, 1938, 20:169.

34. 그의 "On Obsession"을 보라.

35. P. Greenacre, "Certain Relationships Between Fetishism and Faulty Development of the Body Image," *Psychoanalytic Study of the Child*, 1953, 8:84.

36. Greenacre, "Certain Relationships," p. 93; 또한 그녀의 "Perversions," pp. 47 – 62를 보라.

37. Bak, "Phallic Woman," p. 20; Greenacre, "Certain Relationships," p. 80; "Perversions"; "Further Considerations Regarding Fetishism," *Psychoanalytic Study of the Child*, 1955, 10:192 참고.

38. Otto Fenichel, "The Psychology of Transvestism," *International Journal of Psycho-analysis*, 1930, 11:220.
39. A. S. Lorand, "Fetishism in Statu Nascendi," *International Journal of Psychoanalysis*, 11:422.
40. Freud, "Fetishism," p. 201. 한국어판은 『성욕에 관한 세 편의 에세이』.
41. S. Nagler, "Fetishism: A Review and a Case Study," *Psychiatric Quarterly*, 1957, 31:725.
42. Becker, *Angel in Armor* 참고.
43. ME, p. 52.
44. *Ibid.*, pp. 199 – 200.
45. AA, pp. 54 – 55.
46. PS, p. 43.
47. *Ibid.*
48. F. H. Allen, "Homosexuality in Relation to the Problem of Human Difference," *American Journal of Orthopsychiatry*, 1940, 10:129 – 35.
49. M. Balint, "A Contribution on Fetishism," *International Journal of Psychoanalysis*, 1935, 16:481.
50. Freud, "Fetishism," p. 199. 한국어판은 『성욕에 관한 세 편의 에세이』.
51. Boss, *Sexual Perversions*, pp. 50 ff.
52. *Ibid.*, p. 52.
53. *Ibid.*, pp. 41 – 42.
54. *Ibid.*, p. 74.
55. *Ibid.*, p. 51.
56. Greenacre, "Further Notes on Fetishism," *Psychoanalytic Study of the Child*, 1960, 15:191 – 207.
57. Greenacre, "The Fetish and the Transitional Object," *Psychoanalytic Study of the Child*, 1969, 24:161 – 162.
58. Freud, "Fetishism," p. 201. 한국어판은 『성욕에 관한 세 편의 에세이』.
59. Greenacre, "The Fetish and Transitional Object," p. 150 참고.
60. Greenacre, "Further Notes," p. 200.
61. *Ibid.*, p. 202.
62. James Glover, "Notes on an Unusual Form of Perversion," *International Journal of Psychoanalysis*, 1927, 8:10 – 24 참고.
63. Fenichel, "Transvestism," p. 219.
64. Bak, "Phallic Woman," p. 16; Fenichel, "Transvestism," p. 214 참고.
65. Fenichel, "Transvestism," p. 219.
66. Bak, "Phallic Woman," p. 25.
67. Fenichel, "Transvestism," p. 219.
68. Greenacre, "Certain Relationships," p. 81.
69. H. T. Buckner, "The Transvestite Career Path," *Psychiatry*, 1970, 33:381 – 389.
70. Freud, "Fetishism," p. 204. 한국어판은 『성욕에 관한 세 편의 에세이』 326쪽.
71. Greenacre, "Further Notes," p. 204.

72. *Ibid.*, p. 206.
73. Romm, "Some Dynamics," p. 147.
74. *Ibid.*, p. 140.
75. Becker, *Angel in Armor*, 1장 참고.
76. Greenacre, "Certain Relationships," p. 67.
77. Rank, JORA, Dec. 1970, p. 49.
78. Becker, *Angel in Armor* 참고.
79. Bieber, "The Meaning of Masochism," *American Journal of Psychotherapy*, 1953, 7:438.
80. Zilboorg, "Fear of Death," pp. 473–474.
81. WT, pp. 129–131.
82. Hart, "The Meaning of Passivity," *Psychiatric Quarterly*, 1955, 29: 605.
83. Romm, "Some Dynamics," p. 145.
84. BP, pp. 185–190; cf. also his letter to Jessie Taft, Nov. 9, 1937, p. 240 of Taft, *Otto Rank*.
85. BP, p. 189. 한국어판은 『심리학을 넘어서』.
86. Ansbacher, *Alfred Adler*, pp. 271–273 참고.
87. D. A. Schwartz, "The Paranoid-Depressive Existential Continuum," *Psychiatric Quarterly*, 1964, 38:690–706 참고.
88. Adler in Ansbacher, p. 427 참고.
89. Fromm, *Escape From Freedom* (New York: Avon Books, 1941), pp. 173 ff. 한국어판은 『자유로부터의 도피』.
90. Bieber, "The Meaning of Masochism," p. 441.
91. Fromm, *The Heart of Man*, 3장 참고. 한국어판은 『인간의 마음』.
92. A. A. Brill, "Necrophilia," *Journal of Criminal Psychopathology*, 1941, 2:440–441.
93. Boss, *Sexual Perversions*, pp. 55–61.
94. Straus, "The Miser," pp. 178–179.
95. Jung, *Transference*, p. 69; Fromm, *Beyond the Chains of Illusion* (New York: Simon and Schuster, 1962), pp. 56 ff. 한국어판은 『정신분석과 유물론』.
96. Jessie Taft에게 보낸 편지, Sept. 26, 1937, *Otto Rank*, p. 236.

3부 회고와 결론: 영웅주의의 딜레마

11장

1. Freud, *Psychoanalysis and Faith: Dialogues with the Reverend Oskar Pfister* (New York: Basic Books, 1963), pp. 61–62.
2. *Reich Speaks of Freud*, M. Higgins and C. M. Raphael, eds. (New York: Noonday Press, 1967), pp. 20–21.
3. 특히 융의 *Memories, Dreams, Reflections* pp. 192, 199 참고. 한국어판은 『칼 융 자서전』.
4. Kierkegaard, *Fear and Trembling*, pp. 49 ff. 한국어판은 『공포와 전율』(치우, 2011)

74쪽 이하.

5. Lev Shestov의 고전적 저작 *Athens and Jerusalem* (Athens, Ohio: Ohio University Press, 1966), pp. 229 ff에 실린 그의 확고한 논평 참고.

6. LAD, p. 308 참고.

7. *Ibid.*, pp. 291 – 292.

8. R. L. Stevenson, James, *Varieties*, p. 85 주에서 재인용. 한국어판은 『종교적 경험의 다양성』 155쪽.

9. 실제로 그는 268쪽에서 자신이 어떤 실패를 했는지 자인한다.

10. 이 랑크적 관점에 대한 David Bakan의 재확인 참고. *Sigmund Freud and the Jewish Mystical Tradition* (New York: Schocken Books, 1965), PP. 275 – 276.

11. LAD, p. 270.

12. *Ibid.*, p. 293.

13. *Ibid.*, p. 292.

14. Becker, *Revolution in Psychiatry* 참고.

15. LAD, pp. 31, 39 참고.

16. Marcuse, *Eros and Civilization* (New York: Vintage Books, 1962), p. 211. 한국어판은 『에로스와 문명』(나남, 2009) 270~271쪽.

17. *Ibid.*, p. 216. 한국어판은 277쪽.

18. Rieff, "The Impossible Culture: Oscar Wilde and the Charisma of the Artist," *Encounter*, September 1970, pp. 33 – 44.

19. *Ibid.*, p. 41.

20. *Ibid.*, p. 40.

21. *Ibid.*, p. 41.

22. Harrington, *The Immortalist*.

23. Jacques Choron, *Death and Western Thought*, p. 135에서 재인용.

24. *Ibid.*, pp. 135 – 136.

25. *Ibid.*, pp. 135 – 136.

26. Harrington, *The Immortalist*, p. 288.

27. Rieff, *The Triumph of the Therapeutic: Uses of Faith After Freud* (New York: Harper and Row, 1966)를 보라.

28. Jessie Taft, *Otto Rank*, p. 139에서 재인용.

29. 개인적 대화에서 발췌.

30. J. Fagan and I. L. Shepherd, eds., *Gestalt Therapy Now* (Palo Alto: Science and Behavior Books, 1970), pp. 237 – 38 참고.

31. F. M. Alexander, *The Use of the Self: Its Conscious Direction in Relation to Diagnosis, Functioning, and the Control of Reaction*, John Dewey 서문 (New York: Dutton, 1932); G. D. Bowden, *F. M. Alexander and the Creative Advance of the Individual* (London: Fowler, 1965) 참고.

32. Rieff, *The Triumph of the Therapeutic*.

33. Fromm, *The Sane Society* (New York: Fawcett Books, 1955), p. 34. 한국어판은 『건전한 사회』(범우사, 2013).

34. Passmore, *The Perfectibility of Man* (London: Duckworth, 1970).

35. Tillich, "The Importance of New Being for Christian Theology," in *Man and the Transformation: Papers from the Eranos Yearbooks*, vol. V, ed. by Joseph Campbell, translated by Ralph Manheim (New York: Pantheon Books, 1964), p. 172, 또한 p. 164.

36. 내재론의 의미에 대한 개념과 언어의 신중한 사용을 위해서는 George P. Conger 의 중요한 저작인 *The Ideologies of Religion* (New York: Round Table Press, 1940); Frank B. Dilley, *Metaphysics and Religious Language* (New York: Columbia University Press, 1964)를 보라.

37. Langer, *Philosophy in a New Key* (New York: Mentor Books, 1942), p. 199.

38. Fromm, *Man For Himself* (New York: Fawcett Books, 1947), pp. 95 ff. 한국어판은 『자기를 위한 인간』(나무생각, 2018).

39. A. Koestler, *The Lotus and the Robot* (New York: Macmillan, 1960).

40. P. Tillich, *The Courage to Be* (New Haven: Yale University Press, 1952), pp. 177 ff. 한국어판은 『존재의 용기』(예영커뮤니케이션, 2006).

41. E. Jacques, "Death and the Mid-life Crisis," pp. 148-149를 보라.

42. J. V. Neel, "Lessons from a 'Primitive' People," *Science*, Vol. 170, No. 3960, Nov. 20, 1970, p. 821 참고.

43. R. J. Lifton, *Revolutionary Immortality* (New York: Vintage Books, 1968) 서문. 이것은 Peter Homans가 최근에 쓴 난해한 저작 *Theology After Freud* (Indianapolis: Bobbs-Merrill, 1970)의 논지와도 일맥상통한다.

죽음의 부정

초판 인쇄 2025년 5월 19일
초판 발행 2025년 5월 30일

지은이 어니스트 베커
옮긴이 노승영

펴낸곳 복복서가㈜
출판등록 2019년 11월 12일 제2019-000101호
주소 03720 서울특별시 서대문구 연희로28길 3
홈페이지 www.bokbokseoga.co.kr
전자우편 edit@bokbokseoga.com
마케팅 문의 031)955-2689

ISBN 979-11-91114-87-4 03100